权威·前沿·原创

皮书系列为
"十二五""十三五"国家重点图书出版规划项目

广州蓝皮书

BLUE BOOK OF
GUANGZHOU

广州青年发展报告
（2019）

ANNUAL REPORT ON YOUTH DEVELOPMENT OF GUANGZHOU
(2019)

主　编／涂敏霞

社会科学文献出版社
SOCIAL SCIENCES ACADEMIC PRESS (CHINA)

图书在版编目（CIP）数据

广州青年发展报告. 2019 / 涂敏霞主编. -- 北京：
社会科学文献出版社，2019.9
（广州蓝皮书）
ISBN 978 - 7 - 5201 - 5419 - 2

Ⅰ.①广… Ⅱ.①涂… Ⅲ.①青年工作 - 研究报告 -
广州 - 2019 Ⅳ.①D432.6

中国版本图书馆 CIP 数据核字（2019）第 184140 号

广州蓝皮书
广州青年发展报告（2019）

主　　编 / 涂敏霞

出 版 人 / 谢寿光
责任编辑 / 杜文婕
文稿编辑 / 李　伟

出　　版 / 社会科学文献出版社·城市和绿色发展分社（010）59367143
　　　　　　地址：北京市北三环中路甲 29 号院华龙大厦　邮编：100029
　　　　　　网址：www.ssap.com.cn
发　　行 / 市场营销中心（010）59367081　59367083
印　　装 / 天津千鹤文化传播有限公司

规　　格 / 开　本：787mm×1092mm　1/16
　　　　　　印　张：25.25　字　数：378 千字
版　　次 / 2019 年 9 月第 1 版　2019 年 9 月第 1 次印刷
书　　号 / ISBN 978 - 7 - 5201 - 5419 - 2
定　　价 / 98.00 元

本书如有印装质量问题，请与读者服务中心（010 - 59367028）联系

广州蓝皮书系列编辑委员会

《广州青年发展报告（2019）》
编 委 会

摘　要

《广州青年发展报告（2019）》由一个总报告、十二个分报告、一个专题报告组成。总报告从总体上勾勒了广州青年发展的多重背景及基本状况；分报告则从广州青年的劳动就业人口、思想道德、教育与学习、身心健康、婚恋、就业、消费现状与发展、社会参与、社会融入、权益、互联网运用、社会保障十二个方面展开深入系统的实证研究，从人口学、社会学、社会工作、心理学、教育学、犯罪学、政治学等多个学科视角，深入研究、分析当代青年的价值诉求、思想观念、思维方式与生活方式，全面客观地反映了当代广州青年生存与发展的基本特征与趋势，及时回应了时代新期待和新要求。专题报告则对近十年广州青年价值观的发展变迁进行了纵向比较。

研究发现，广州青年劳动力资源与基本结构发生了转折性变化，青年就业人口三次产业结构总体呈现以第三产业为主导的现代类型。在生活幸福观方面，身体健康、生活富有、事业成功和婚姻美满构成广州青年评判生活幸福的"四大支柱"，"努力＋才能"是决定广州青年人生成功的核心要素。同时，广州经济社会发展为青年教育、学习提供了良好的经济基础和物质条件，广州青年追求更高学历的趋势日益明显，学习内容和方式也更为多元化。在身心健康方面，收入不够用、学习紧张和工作压力是其主要压力源。在婚恋价值观层面，广州青年更加理性和包容，婚恋观趋于现实和多元化。在就业发展维度，继续学习深造、考取"体制内"单位是广州青年未来工作规划的重要方向；收入、工作稳定性、工作是否符合自身兴趣等是广州青年择业时主要关注的因素。在消费方面，在职青年群体网络购物占消费总额的比重超过1/3，远高于大学生和中学生；并且广州青年群体普遍不再拘泥于传统的节俭消费模式，持有学会消费、享受消费的现代观念。在青年参与方面，广州青年政治参与和政治表达的热情空前高涨，展现出参与国家发展的责任担当。在社会融入方面，广州青年的文化融入和经济融入程度较高，心理融入和社区融入状况相对较差。在权益方面，教育、医疗和个人发展是广州青年较为关注的权益内容；他们的维权意愿较高，愿意通过合法的渠道维护自身的合法权益，但真正采取维权行动的比例较低。广州青年上网内容集中在社交、听歌追剧、购物游玩三大领域，抖音、快手、动漫制作成为他们自我展示的新潮流。在社会保障方面，广州青年享受社会保障的状况总体较好，社会保险参保率高，青年发展环境有较大改善，但青年对社会保障的满意度评价状况一般。

从整体上看，广州青年正朝着积极的方向发展，但亟须推动青年发展路径的正确规划。要促进广州青年进一步全面健康地发展，应该从理念、政策和机制上科学规划、统筹安排、有力执行，通过理念创新、政策完善、机制生效，开创广州青年发展的新环境，形成广州青年工作的新局面，为青年提供更多机会，让青年发挥更大作用。

前　言

一　研究背景

2017 年，习近平总书记在中国政法大学考察时指出，"中国的未来属于青年，中华民族的未来也属于青年。青年一代的理想信念、精神状态、综合素质，是一个国家发展活力的重要体现，也是一个国家核心竞争力的重要因素"。青年作为承上启下的人口世代，既是一个国家和民族可持续发展的关键力量，也是一个国家和民族的未来和希望。因此，支持青年健康成长和快速发展，就成为各级党委和政府的基础性工作。2017 年 4 月 13 日，中共中央、国务院印发并实施的《中长期青年发展规划（2016～2025 年）》，为新时代中国青年工作指明了方向和提出了要求，为新时代中国青年发展提供了制度保障和政策支持。

为了有效落实《中长期青年发展规划（2016～2025 年）》的各项工作任务和要求，为了推动广州青年工作更好更稳健地发展，也为了更好地了解新时代广州青年群体的基本特点和发展趋势，在广州团市委的支持下，在各级党委和政府有关部门的配合下，广州市团校主持开展了每两年一次的广州青年发展状况调查，共计开展了 5 次，横跨 10 年。往年广州青年状况调查包括教育与学习、价值与道德、身心健康与发展、就业与择业、社会与政治参与、婚恋与家庭、消费与生活方式、网络运用与信息素养、闲暇生活与娱乐等基本内容。2018 年广州青年状况调查时，广州市团校主持开展了第 5 次广州青年发展状况调查，为了配合和落实国家层面的《中长期青年发展规划（2016～2025 年）》，本次广州青年状况调查对调查内容和具体指标进行了相应的调整，主要包括思想道德和教育、健康心理和婚恋、就业创业及工作福利、社会融入与社会参与、权益保护和预防犯罪、消费和生活方式、信息化情况和社会保障等基本内容。

二 研究目的

开展广州青年发展状况研究，具有以下几个目的。

一是为广州落实《中长期青年发展规划（2016~2025年）》找准问题、定位目标和提供建议。《中长期青年发展规划（2016~2025年）》聚焦当前我国青年成长发展迫切需要关注的核心权益，从青年工作最重要和最关键的10个领域，有针对性地提出各个领域的具体发展目标，并针对各领域青年发展面临的突出问题，有重点地提出发展措施。为贯彻和落实好中长期青年发展规划对广州青年的要求和任务，有必要开展广州青年发展状况调查，全方位收集和了解广州青年在思想道德和教育、健康心理和婚恋、就业创业及工作福利、社会融入与社会参与、权益保护和预防犯罪、消费和生活方式、信息化情况和社会保障等方面的基本情况、发展水平和存在问题，为新时期贯彻落实中央部署和推动广州青年工作顺利开展提供基础性的数据资料、动态信息和演变趋势。

二是建立具有动态演变趋势、体现多时段特征的广州青年发展状况数据库，为推动相关学术研究、决策研究提供一手数据资料。每两年一次的广州青年发展状况调查已经开展了5次，历经10年时间，积累了5份不同时点的大规模调查数据，涵盖广州青年在思想道德和教育、健康心理和婚恋、就业创业及工作福利、社会融入与社会参与、权益保护和预防犯罪、消费和生活方式、信息化情况和社会保障等不同层面、不同内容的截面数据。通过汇总和整理不同时点的截面数据，可以建立丰富、连续的广州青年数据库。此外，基于多时点、连续的青年数据库，可以开展有关青年发展和变迁的学术研究，也可以开展关于青年工作的决策研究，从而为各级党委政府了解青年、分析研究、服务青年提供重要的资料借鉴。

三是为开展新时期广州青年工作提供思路和指导。发展是第一要务，人才是第一资源，创新是第一动力，而青年是最重要的人才资源和创新动力来源。创新驱动发展战略的实现，新时代改革开放的推进，离不开青年的支撑；全面建成小康社会，实现中华民族的伟大复兴，需要发挥青年生力军和突击队的作用；奋力实现"四个走在全国前列"，把广东建设成为践行习近平新时代中国特色社会主义思想、向世界展示我国改革开放成就的重要窗口和国际社会观察我国改革开放的重要窗口，同样离不开青年的参与和努力。开展广州青年发展状况调查，能够了解当前广州各种青年政策的运行情况，比如其制度是否合理适度、其效用发挥是否科学有效、其发展是否稳健可行、其目标是否扎实可靠等。此次调查数据能够对广州青年政策和青年工作的发展水平、发展阶段和发展质量进行科学系统的评估，从而为新时期广州青年工作提供思路和指导。

三 抽样方法和样本基本情况

（一）青年概念界定

青年人口是指年龄介于 15～34 岁之间的广州市范围内的常住人口。按照 15～34 岁青年人口的分布状态，本次调查将研究对象区分为在校学生（含初中、高中和大学）和社会青年两大群体。

（二）样本配额情况

受时间、经费等因素的限制，本次调查 3000 份样本。

按照广州市统计局最新公布的广州市 2015 年全国 1% 人口抽样调查的汇总数据推算，至 2015 年年末，广州市常住总人口中，青年人口达到504.67 万人。

2015 年广州市统计年鉴显示，全市普通高校在校学生人数为 1043221人，中职 237130 人，技工学校 236323 人，普通高中 178564 人，普通初中336664 人，合计 2031902 人，即 203.19 万人。可见，初中到大学在校生数约占全市青年人口的 40.3%。

因此,调查的学生样本数为 3000 × 40.3% = 1209 人,调查的社会青年样本数为 3000 × (1 - 40.3%) = 1791 人。

不同青年群体的样本配额数分布如表 1 所示:

表 1 不同青年群体的样本配额数

单位:人

调查样本总数	社会青年样本数	学生样本数
3000	1791	1209

此外,从青年人的性别比来看,15~34 岁青年人口的男女比例为 104.1:100,即男性样本为 1530 份,女性样本为 1470 份。

(三)不同类型样本配额数

1. 学生样本配额情况

学生样本数为 1209 份。根据不同类型学生数占各类学生总数的比重,可以计算出不同学生类型的样本配额数,具体如表 2 所示。

表 2 学生样本配额情况

2015 年各类在校学生情况	人数(人)	占各类学生总数的比重(%)	样本量(人)
大学生	1043221	51.4	621
中职生	237130	11.7	142
技校生	236323	11.6	141
高中生	178564	8.8	106
初中生	336664	16.5	199
合计	2031902	100.0	1209

此外,需要指出的是,初中生主要调查初三学生,因此,初中生实际调查样本仅约占计划配额的 1/3,即 67 人。因此,学生样本的最终配额情况如表 3 所示。

表3　学生样本配额数

单位：人

2015 年各类在校学生情况	样本量
大学生	621
中职生	142
技校生	141
高中生	106
初中生（仅初三）	67
合计	1077

2. 社会青年样本配额情况

社会青年样本配额为 1791 人，再加上初中生样本减少的 132 人，合计为 1923 人。因此，各区样本数量按照各区青年人口总量占全市青年人口总量的比重进行配额，具体如表 4 所示。

表4　各区社会青年样本配额情况

地区	青年人口（万人）	占全市青年比例（%）	样本配额（人）
荔湾区	26. 94	5. 34	103
越秀区	33. 48	6. 63	127
海珠区	53. 59	10. 62	204
天河区	66. 68	13. 21	254
白云区	102. 02	20. 22	389
黄埔区	38. 65	7. 66	147
番禺区	62. 49	12. 38	238
花都区	36. 05	7. 14	137
南沙区	24. 90	4. 93	95
从化区	21. 55	4. 27	83
增城区	38. 30	7. 59	146
合计	504. 67	100. 00	1923

根据各区不同行业就业人群的占比情况，可以计算得出不同行业就业人群的样本基本情况。

首先，2015 年 1% 人口抽样调查显示，各区不同职业类别的就业人数如表 5 所示。

表5　各区不同职业类别就业人数分布情况

单位：人

地区	党的机关、国家机关、群团和社会组织、企事业单位负责人	专业技术人员	办事人员和有关人员	社会生产服务和社会生活服务	农、林、牧、渔业生产及辅助人员	生产制造及有关人员	不便分类的其他从业人员	合计
荔湾区	937	1689	1251	6703	90	1156	24	11851
越秀区	779	3555	2472	7926	10	813	14	15570
海珠区	350	4075	2838	11199	18	4342	9	22832
天河区	1746	4574	3630	13847	16	1506	69	25387
白云区	2892	3643	3087	15999	1265	9417	117	36418
黄埔区	281	1078	767	3246	7	2131	73	7582
番禺区	1436	3217	2388	9411	770	8568	262	26051
花都区	558	1350	1534	6113	726	4479	135	14895
南沙区	171	620	844	3184	1646	4746	54	11267
萝岗区	185	844	622	2194	438	2946	99	7328
从化区	260	581	659	2444	1667	1872	5	7489
增城区	593	1694	1381	6141	2854	4061	59	16783

其次，各区不同职业类别就业人数占各区就业人口的比例情况，如表6所示。

表6　各区不同职业类别就业人数的占比情况

单位：%

地区	党的机关、国家机关、群团和社会组织、企事业单位负责人	专业技术人员	办事人员和有关人员	社会生产服务和社会生活服务	农、林、牧、渔业生产及辅助人员	生产制造及有关人员	不便分类的其他从业人员	合计
荔湾区	7.91	14.25	10.56	56.56	0.76	9.75	0.20	100.0
越秀区	5.00	22.83	15.88	50.91	0.06	5.22	0.09	100.0
海珠区	1.53	17.85	12.43	49.05	0.08	19.02	0.04	100.0
天河区	6.88	18.02	14.30	54.54	0.06	5.93	0.27	100.0
白云区	7.94	10.00	8.48	43.93	3.47	25.86	0.32	100.0

地区	党的机关、国家机关、群团和社会组织、企事业单位负责人	专业技术人员	办事人员和有关人员	社会生产服务和社会生活服务	农、林、牧、渔业生产及辅助人员	生产制造及有关人员	不便分类的其他从业人员	合计
黄埔区	3.71	14.22	10.12	42.81	0.09	28.11	0.96	100.0
番禺区	5.51	12.35	9.17	36.13	2.96	3.289	1.01	100.0
花都区	3.75	9.06	10.30	41.04	4.87	30.07	0.91	100.0
南沙区	1.52	5.50	7.49	28.26	14.61	42.12	0.48	100.0
萝岗区	2.52	11.52	8.49	29.94	5.98	40.20	1.35	100.0
从化区	3.47	7.76	8.80	32.63	.22.26	25.00	0.07	100.0
增城区	3.53	10.09	8.23	36.59	17.01	24.20	0.35	100.0

最后，按照各区样本配额数，可以计算出不同职业类型青年的调查样本数。此外，需要指出的是，黄埔区和萝岗区已经合并，最终的职业类型样本需要汇总在一起。具体如表7所示。

表7　不同区不同职业类别青年样本数

单位：人

地区	党的机关、国家机关、群团和社会组织、企事业单位负责人	专业技术人员	办事人员和有关人员	社会生产服务和社会生活服务	农、林、牧、渔业生产及辅助人员	生产制造及有关人员	不便分类的其他从业人员	合计
荔湾区	8	15	11	58	1	10	0	103
越秀区	6	29	20	65	0	7	0	127
海珠区	3	36	25	100	0	40	0	204
天河区	17	46	36	139	0	15	1	254
白云区	31	39	33	171	14	100	1	389
黄埔区	5	21	15	63	0	42	1	147
番禺区	13	29	22	86	7	79	2	238
花都区	5	12	14	56	7	42	1	137

续表

地区	党的机关、国家机关、群团和社会组织、企事业单位负责人	专业技术人员	办事人员和有关人员	社会生产服务和社会生活服务	农、林、牧、渔业生产及辅助人员	生产制造及有关人员	不便分类的其他从业人员	合计
南沙区	1	5	7	27	14	41	0	95
从化区	3	6	7	27	18	22	0	83
增城区	5	15	12	53	25	35	1	146
合　计								1923

广州市团校

广州市穗港澳青少年研究所

2019 年 6 月

目 录

Ⅰ 总报告

Ⅱ 分报告

Ⅲ　专题报告

皮书数据库阅读**使用指南**

总 报 告

General Report

B.1
迈向新发展机遇期的广州青年

沈 杰 董艳春*

摘　要：　新时代中国经济和社会发展处于重要战略机遇期，广东省置身于我国改革开放的前沿，广州青年发展则是我国青年发展的代表之一。广州青年发展表现出的主要特征为：**价值观稳定，价值取向明确；教育追求提升，学习热情高涨，学习方式多元；重视身体健康；婚恋观日趋开放，兼具包容性和理性；就业率稳中有升；消费观念和消费行为均呈现出理性化发展趋势；互联网运用普及，技术水平较高；社会参与程度逐年提升，社会融入度较高；青年权益意识较强，社会保障状况较好**。从整体上看，广州青年发展呈现良好态势，但同时也存在一些问题，主要是教育发展不平衡、就业满意度较

---

* 沈杰，博士，中国社会科学院研究员、中国社会科学院大学教授。董艳春，博士，天津商业大学公共管理学院讲师。

低、创业率有待提高、心理状况堪忧等。因此，对于促进和提升广州青年在今后一个时期的发展来说，需要提出更有针对性和操作性更强的对策建议。

关键词： 新时代 广州 青年发展

一 广州青年发展的多重背景

（一）迎接重要战略机遇期的新时代中国经济和社会发展

在 2019 年 3 月召开的第十三届全国人民代表大会第二次会议上，国务院总理李克强在政府工作报告中指出，过去的 2018 年，在以习近平同志为核心的党中央坚强领导下，全国各族人民以习近平新时代中国特色社会主义思想为指导，砥砺奋进，攻坚克难，完成全年经济社会发展主要目标任务，决胜全面建成小康社会又取得新的重大进展：经济运行保持在合理区间，经济结构不断优化，发展新动能快速成长，改革开放取得新突破，三大攻坚战开局良好，人民生活持续改善。[1] 综合分析国内外形势，2019 年我国发展面临的环境更复杂更严峻，可以预料和难以预料的风险挑战更多更大，要做好打硬仗的充分准备。困难不容低估，信心不可动摇，干劲不能松懈。中国发展仍处于重要战略机遇期，拥有足够的韧性、巨大的潜力和不断迸发的创新活力，人民群众追求美好生活的愿望十分强烈。我们有战胜各种困难、迎接各种挑战的坚定意志和能力，经济长期向好趋势没有也不会改变。

2019 年是新中国成立 70 周年，是全面建成小康社会、实现第一个百年奋斗目标的关键之年。在纪念五四运动 100 周年之际，习近平总书记发表了

---

[1] 李克强：《2019 年国务院政府工作报告》，2019 年 3 月 5 日，国务院总理李克强在第十三届全国人民代表大会第二次会议上所做报告。

重要讲话。他指出新时代中国青年运动的主题，新时代中国青年运动的方向，新时代中国青年的使命，就是坚持中国共产党领导，同人民一道，为实现"两个一百年"奋斗目标、实现中华民族伟大复兴的中国梦而奋斗。[①] 青年是整个社会力量中最积极、最有生气的力量，国家的希望在青年，民族的未来在青年。为此，习近平总书记对新时代的青年发展提出六条建议：第一，新时代中国青年要树立远大理想；第二，新时代中国青年要热爱伟大祖国；第三，新时代中国青年要担当时代责任；第四，新时代中国青年要勇于砥砺奋斗；第五，新时代中国青年要练就过硬本领；第六，新时代中国青年要锤炼品德修为。

（二）处于改革开放潮头的广东经济和社会发展

刚刚过去的 2018 年是广东省改革发展史上具有重要意义的一年。在这一年里广东省认真贯彻落实中央宏观调控政策，全力做好稳就业、稳投资等各项工作，全省经济保持平稳健康发展；坚持以人民为中心，各项民生事业取得新成效，人民群众获得感幸福感安全感持续增强。[②] 但是，在保持经济平稳运行、推动经济高质量发展、解决环境污染问题、缩小城乡区域发展差距等方面，广东省仍然面临着较大的压力和挑战。为此，党和国家领导人也对广东省的经济和社会发展表示了特别的关心。

党的十八大后习近平总书记考察调研的第一站就是深圳，时隔六年在改革开放 40 周年之际，总书记再次来到了广东省，向世界宣布中国的改革不停顿、开放不止步。2018 年 10 月习近平总书记在广东省考察时指出，广东是改革开放的排头兵、先行地、实验区，改革开放以来党中央始终鼓励广东大胆探索、大胆实践[③]。在进一步推动广东经济发展方面，总书记给出了四

---

① 习近平：《在纪念五四运动 100 周年大会上的讲话》，http：//news. cnr. cn/native/gd/20190430/20190430_ 52 4598130. shtml，2019 年 4 月 30 日。

② 马兴瑞：《2019 年广东省政府工作报告》，2019 年 1 月 28 日，广东省省长马兴瑞在广东省第十三届人民代表大会第二次会议上所做报告。

③ 中华人民共和国中央人民政府：《习近平在广东考察》，http：//www. gov. cn/xinwen/2018 – 10/25/content_ 53 34458. htm，2018 年 10 月 25 日。

条发展建议：一是深化改革开放，二是推动高质量发展，三是提高发展平衡性和协调性，四是加强党的领导和党的建设。在考察过程中习近平总书记通过走进清远市青年电商创业培训中心，询问学员们的学习收获和个人打算，以及参加澳门大学横琴校区举办的"中华传统文化与当代青年"主题沙龙活动等方式，表达了对广东省青年发展的关切。

2019 年两会期间李克强总理在参加广东省代表团审议时，充分肯定了2018 年广东经济社会发展取得的成绩，希望广东坚持以习近平新时代中国特色社会主义思想为指导，贯彻党中央、国务院决策部署，着力保持经济运行在合理区间，稳定就业包括外来务工人员就业，继续为全国发展挑重担、做贡献。① 在改革开放上积极探索，在营造国际一流营商环境、激发市场活力上勇立潮头，与港澳一道推进粤港澳大湾区建设，共建高水平、同受益的国际经济合作新平台。在实施创新驱动上持续发力，大力推动双创，攻克更多关键核心技术，做强先进制造业和现代服务业，加快新旧动能转换，在推动高质量发展上走在前列。保障和改善民生，弘扬中华优秀传统文化，满足人民群众美好生活需要。

（三）迈向一个新的发展机遇期的广州青年发展

面对复杂多变的国内外经济形势，广州市保持战略定力，把工作着力点放在实体经济上，狠抓打基础、利长远工作，坚定不移推动经济高质量发展。② 2019 年，广州市要坚持稳中求进工作总基调，保持经济持续健康发展和社会大局稳定，努力实现老城市新活力，在综合城市功能、城市文化综合实力、现代服务业、现代化国际化营商环境方面出新出彩，推动国家中心城市建设全面上新水平，着力建设国际大都市。同时，在推动青年发展方面，广州市的有关工作走在全国前列。

---

① 《李克强在参加广东省代表团审议时强调：希望在激发市场活力上勇立潮头》，人民网，http：//gd. people. com. cn/n2/2019/0308/c123932 - 32717693. html，2019 年 3 月 8 日。
② 温国辉：《2019 年广州市政府工作报告》，2019 年 1 月 15 日，广州市市长温国辉在第十五届人民代表大会第四次会议上所做报告。

习近平总书记指出，把青年一代培养造就成德智体美劳全面发展的社会主义建设者和接班人，是事关党和国家前途命运的重大战略任务，是全党的共同政治责任①。各级党委和政府、各级领导干部以及全社会都要充分信任青年、热情关心青年、严格要求青年，关注青年愿望、帮助青年发展、支持青年创业，做青年朋友的知心人、青年工作的热心人、青年群众的引路人。为了更好地落实中共中央、国务院印发的《中长期青年发展规划（2016～2025年）》，并形成具有广州特色的青年服务体系，广州共青团成立课题组牵头编制广州市中长期青年发展规划，并在广泛开展调研的基础上，形成了《广州市中长期青年发展规划（初稿）》②，下一步广州共青团将多方征求意见，进一步修改完善后将按程序报批，推动规划尽快出台。依照《粤港澳大湾区发展规划纲要》，广州、深圳等具有较好产业技术储备、人才教育基础、历史文化积累、国际交流基础的重点城市，要构建粤港澳青年科技创新创业平台、粤港澳青年公益创新创业平台、粤港澳青年成长创新创业平台、粤港澳青年文化创新创业平台③，打造一个面向数字经济领域，聚焦新技术应用和产业融合的粤港澳大湾区青年创新创业平台和交流展示中心。

二 广州青年发展的基本状况

为了跟踪研究广州青年发展状况，在广州团市委的指导和协调下，广州市团校组织实施了2018年广州青年发展状况调查工作，重点关注了广州青年的价值观、教育、健康、婚恋、就业、消费、互联网运用、社会参与、权益保障等方面的基本情况。

---

① 习近平：《在纪念五四运动100周年大会上的讲话》，http://news.cnr.cn/native/gd/20190430/20190430_52 4598130.shtml，2019年4月30日。
② 陈子垭、罗飞宁：《广州市中长期青年发展规划形成初稿》，《信息时报》2018年11月19日A2版。
③ 武勇：《建设粤港澳大湾区青年创新创业平台》，http://ex.cssn.cn/zx/bwyc/201903/t20190313_4846825.shtml，2019年3月13日。

（一）广州青年的价值观具有稳定性，表现出明显的个人取向

长期以来，青年价值观作为一个经验层面的组合型概念被反复讨论和研究①。"广州青年价值观"这一概念由两个经验概念组成，表层上呈现的是广州青年这一社会群体的价值观发展和演变情况，深层上探讨的是广州青年价值观基本现状和发展演变背后的因果机制和作用机理。在生活幸福观方面，身体健康、生活富有、事业成功和婚姻美满，构成了广州青年生活幸福的"四大稳定支柱"，这一情况与以往的调查结果较为一致。在人生成功观方面，"努力＋才能"是广州青年人生成功观的两大基石。但2018年的调查结果还表明，家庭背景对人生成功的重要性受到青年的认同。在宗教信仰观方面，有近四成（39.3%）广州青年认可个人信教具有精神支柱作用，但也有超过三成（32.4%）广州青年不清楚宗教信仰对个人生活的影响。同时，与2016年相比，2018年调查结果表明宗教信仰对广州青年的重要性有明显下降。在社会主流文化方面，从总体上看，有近七成广州青年认可学校开展的思想政治教育工作，社会主义核心价值观的知晓率较高，超过六成广州青年知道社会主义核心价值观包括三个倡导的24字内容。

（二）广州青年的教育追求不断提升，学习热情持续高涨，学习方式日趋多元

广州市作为"广东省推进教育现代化先进市"，围绕粤港澳大湾区建设、国际化大都市城市建设的战略定位，坚守"为学生的全面发展和终生幸福奠基"的核心理念，推进教育治理体系和治理能力现代化，为青年教育学习构建了宽广的平台。随着中国特色社会主义建设进入新时代，广州青年对教育的期待，以及青年的教育观念、学习方式和平台等都发生了新的变化，展现出新的特点。广州经济社会发展为青年教育学习提供了良好的经济基础和物质条件，广州青年追求更高学历的趋势明显，以互联网为基础的新

---

① 陈玉君：《当代中国青年价值观研究透视》，《前沿》2010年第17期。

技术构建了新型的智慧学习环境，拓宽了青年学习的渠道和路径，学习内容和方式更为多元化。从总体上看，广州青年的受教育程度，呈现出"中间大、两端小"的橄榄型结构，其中"大学本科"学历占大多数。不过，广州青年越来越看重学历对未来发展的作用和影响，他们对学历的期望越来越高，希望获得较高学历特别是"研究生以上的"高学历的比重逐年攀升，其增长呈现逐步扩大的态势。在学习方式方面，从"线下"逐步延伸至"线上"，其中在线课程和网络学习潮流"势不可当"，成为"数字一代"不可或缺的学习方式。此外，"海外留学"逐渐成为广州青年获得学历的重要途径。在继续教育深造方面，广州青年热情高涨，选择也更加多元化，其中"职业技能"、"教育技能"和"英语培训"成为广州青年的"首选"。在家庭教育观念方面，父母对下一代教育的重视达到前所未有的高度。

（三）广州青年较为重视身体健康，但心理健康状况不太理想

广州青年平均锻炼时间呈现上升趋势，坚持锻炼的人的比例明显提升到七成以上，完全不锻炼的人所占比例为23.9%；同时，存在群体差异，在职青年明显缺乏锻炼，完全不锻炼的比例高达28.6%。广州青年存在一定的生理健康问题，但亚健康情况不严重。广州青年的极端消极应对行为发生率较低，虽然存在波动，但总体变化不大，2018年暴饮暴食的应对方式呈现历年最低。超过五成青年感觉压力大。近十年广州青年的压力感呈现细微变化，整体变化不明显，主要压力源仍是收入不够用、学习紧张、工作压力大。广州青年的心理健康状况不太理想，存在波动情况，但整体变化不大。广州青年遇到困难或挫折时主要求助对象主要包括朋友、父母、配偶或情侣、自己面对，而且从历年的数据来看，朋友基本上稳居第一位，父母基本上是第二位，其他因素的排序则会在不同年份而略有变化。

（四）广州青年的婚恋观日趋开放，兼具包容性、多元化和理性化

从历年数据来看，广州青年的择偶观整体变化不大，日趋现实和多元化。道德品质、性格和价值观是择偶时首先考虑的标准，排序一直稳居前

列。郎才女貌依然受青年追捧，感情靠后，颜值担当。从性别角度来看，男性更重视感情、性格和兴趣爱好，女性更重视家庭背景、个人收入和价值观。相对于男性，女性在择偶上更为现实。从年龄角度看，"90后""00后"更看重个性和精神层面的追求。就恋爱观而言，由于当代青年工作节奏加快、网络使用时间延长，出现了"剩男剩女""宅男宅女"等问题。加上网络社交媒体的增多，人们感受到了交友的便捷性，出现了现实社交减少、网络社交增多现象。就婚姻观而言，广州青年普遍接受婚前性行为和婚前同居，不接受未婚生子和子随母姓，夫妻平等意识逐渐上升，普遍接受婚前财产公证、婚后家务均担和夫妻双方收入自理。多数青年拒绝婚外恋等，仍有两成持模棱两可的态度。当今青年在婚姻问题上存在较多困惑，一方面，他们仍然尊重传统观念，对"男大当婚、女大当嫁"等观念遵从的人较多；另一方面，他们追求个性和幸福，对婚姻持"宁缺毋滥"态度。就生育观而言，广州青年理想的子女数是一儿一女最"好"；同时，越来越多的青年对丁克现象表示接纳，而且近四成青年表示由于经济原因不敢多生。此外，随着社会的发展和认知提升，青年对性的认识更加理性和包容，开始慢慢了解到性观念在生活中的重要地位，尤其认可正确的性教育、性知识、性道德的普及和传播有助于改变大众认知。

（五）广州青年的就业比率稳中有升，但创业比率有待进一步提高

广东高校毕业生人数逐年增加，整体就业率稳中有升，九成以上的高校毕业生选择留粤就业。广州对毕业生的吸引力最大。广东高校毕业生较少选择创业，创业比例偏低。在就业方面，继续学习深造、考取"体制内"单位是广州青年未来工作规划的重要方向，男性未来规划创业的比例高于女性；学历越高者越倾向体制内单位；城镇户籍的青年对目前的工作状态更加满意；收入和工作的稳定性、工作是否符合自身兴趣等，是广州青年择业时主要关注的因素。择业时，在职青年更加关注上下班时间是否合适；学生群体则比较看重工作是否符合自己的兴趣志向；工资待遇反超工作稳定性，成为广州青年求职中考虑的最主要因素，提高薪酬待遇依然

是广州青年职业发展中最迫切的需求，男性青年提高薪酬待遇的需求高于女性青年；学生青年及时获得就业信息与求职应聘技巧指导的需求高于在职青年。在创业方面，两成以上青年有创业经历，在职青年创业比例高于大学生，证明自己的能力是广州青年创业最主要的动机，性别、婚姻状况、政治面貌等因素也会影响青年的创业动机；广州青年认为找准正确的投资方向是创业成功的关键因素，他们期待政府从资金、审批、组织化等方面进行创业扶持。在工作满意度方面，广州青年工作强度适宜，工作时间合理，青年劳动权益保障较为全面，但保障力度有待提高。从整体上看，广州青年的工作满意度一般，与2016年相比，青年对经济收入、福利保障、升迁机会等的满意度略有提高。广州青年更换工作的频率整体上呈加快趋势，职业流动性增强。

（六）广州青年的消费观念与消费行为呈现出理性化趋势

横向剖析而言，广州青年消费情况良好，保持在较高的水准，其中饮食与网络购物占消费总额比重较大。同时结合社会人口属性发现，男性青年月均消费高于女性，但不同户籍属性与各年龄段对消费造成的影响不尽相同。在消费态度方面，广州青年群体普遍不再拘泥于传统节俭消费模式，持有应学会消费、享受消费的现代观念，不再愿意为了有所积蓄而放弃当前的生活风格。与此同时，在现实层面上大部分人都能合理控制消费，平衡收支，较少盲目地提前消费、借贷消费。纵向比较而言，广州市青年的整体消费水平逐年增长，女性增长速度低于男性，在不同的社会身份中，大学生消费水平增长速度最快，已经赶超在职青年。在网络消费方面，从性别来看，女性绝对支出和消费增速都高于男性；从户籍来看，外地户籍、农村户籍者的增速都较大。在消费观念方面，超前消费和节俭消费都略有波动，但整体上平稳。值得注意的是，从性别消费观念差异上可以看到，超前消费与节俭消费并不冲突，只要合理利用，超前消费并非洪水猛兽。整体来看，广州市青年的消费行为与观念都展现出了理性化趋势，但仍然需要注意在超前消费方面的自我控制与在支出结构方面的合理分配。消费行为的一个显著特点是具有可模仿性，盲目跟风、追求奢侈很容易诞生于网络消费行为和超前消费观念之中，造成消费的非理性。

（七）广州青年的互联网运用十分普遍，互联网技术水平相对较高

从上网时长来看，随着移动互联网的迅猛发展，青年上网时长大幅提升。调查显示，青年每天上网时长平均超过 6 小时，较 2016 年的 3.73 小时有了大幅度提高，主要原因在于通过移动智能手机设备上网的时长增加了。除此之外，青年上网时长还与年龄大小以及职业背景有关，具体表现为：年龄越大，总上网时间越长；从事第三产业主要是服务业的青年上网时间更长。从上网内容来看，社交、娱乐是青年的主要上网内容，不同群体喜好有明显区别。青年上网内容占比最高的是社交类平台或 App，第二位是看直播、听歌、追剧，第三位是购物、玩游戏、查找旅游指南。从网络消费来看，青年网络消费表现理性，多使用移动支付。支付宝、微信、银联钱包等手机移动支付方式改变了以往的消费模式，青年每月通过网络产生的消费已占当月总消费额的 1/3，平均每月网络消费支出 1094 元。消费内容主要集中于日常必需品方面，具体为"买护肤品、衣服""外卖订餐""生活支出"。从网络社交来看，网络语言便于青年交流沟通，玩抖音、快手成为时尚潮流。41.8% 的青年为便于交流沟通而使用网络语言，还有一些人因为随大流和受网络环境影响或者含蓄表达一些不能直说的内容而使用网络语言。28% 的青年爱用抖音、快手录制视频上传到网络，展示自我、进行社交。从网络技术来看，青年会使用互联网技术创办微博、制作短视频。青年使用的互联网技术排在前三位的依次是"创办微博、微信公众号（如小说推送、美文分享等）""创作动漫、短视频作品""用互联网技术来设计表情包符号"。

（八）广州青年社会参与程度逐年提升，社会融入状况总体良好

从广义的社会参与角度来看，广州青年的社会参与主要体现为政治参与、社会组织参与、志愿服务参与这三个层面。在政治参与和政治表达方

面，广州青年的政治态度主基调呈现积极向上的特征，青年对政治时事关注程度高，对选举投票认同程度持续提升，政治行为的主观意愿强烈。在社会组织参与方面，逾七成青年曾经参加社会组织，他们最青睐的社会组织类型是公益志愿服务组织，青年参与社会组织的动机集中表现为个体需求。在志愿服务参与方面，近五成青年曾参与志愿服务，参与率逐年提升，志愿服务动机凸显利他价值观。

从社会融入角度来看，主要表现为广州青年的社会融入总体良好，但存在一定的层次性差异。第一，广州青年总体上社会融入状况良好，青年积极融入广州社会发展。心理融入方面，超过三成青年认可自己广州人的身份，超过四成青年在广州生活感觉很自豪，近五成青年把自己看成这个城市的一部分；经济融入方面，超过五成青年表示广州有更多机会让自己去实现梦想，近六成青年表示广州的包容性与兼容性高，超过四成青年感觉在广州生活很幸福；文化融入方面，五成以上青年表示喜欢广府文化，六成多青年粤语说得流利，近六成青年喜欢吃粤菜、喝广式早茶；社区融入方面，两成以上青年熟悉所在社区的邻里。第二，青年社会融入存在一定层次性差异，广州青年整体上在经济融入和文化融入方面状况较好，心理融入和社区融入方面状况较差。广州青年的社会融入状况，受到个体主观因素和客观因素的影响，年龄、在广州居住时间、文化程度、职业、婚姻状况、居住的社区类型等都是影响青年社会融入状况的重要因素。第三，青年社会融入存在群体差异性。在职青年群体、大学生、本地青年、新广州青年群体的融入状况较好，中学生、外来青年群体的融入状况相对较差。

（九）广州青年的权益意识较强，社会保障状况总体较好

就广州青年的权益方面的状况而言，青年普遍关注自身的生存权益和发展权益，青少年对权益法律公约有浅显认知，关注校园欺凌现象，青年的维权意愿较高，愿意通过合法有序的方式维护自身权益，三成青年遭遇自身权益受损，较少采取维权行为，青年对维权手段、效果和维权结果满意度评价一般。就青年维权的影响机制来看，社会支持状况影响青年维权意识和维权

行为，法律条例认知对青少年维权意识和维权行为有影响，青年维权效果及满意度对维权意识有影响。

就广州青年的社会保障状况方面来说，一是现有的青年社会保障政策分散在国家社会保障政策及其他相关部门政策中，内容上包括青年的社会保险、青年的社会救助、特殊青年的社会福利和社会优抚以及与青年需求相关的就业、住房等保障。二是广州青年享受社会保障的状况总体较好，在职青年、大学生和中学生都能享受到相应的社会保障政策，社会保险参与率较高。三是广州青年对社会保障的满意度评价状况一般，在社会保障各方面的满意度评价中，"一般"评价比重最高。四是广州青年发展环境正处于不断优化改善的进程，尤其是以往满意度评价稍差的家庭环境和成长环境安全问题在本次调查中明显增多。五是青年社会保障政策体系存在诸如针对性不强、政策碎片化、管理体制不畅、发展不均衡等问题需要解决。

三 广州青年发展存在的问题及其原因分析

广州青年发展在整体上呈现出良好态势，但在局部上仍然存在着一些亟待解决的问题。对这些问题及相关原因的探讨，有助于全面认识甚至改善广州青年的发展状况。

（一）在人生成功观方面，部分广州青年出现了不信任个人努力和才能，而更信任家庭背景的倾向

虽然绝大部分广州青年都认可个人努力、个人才能对人生成功的重要性，但是坚信凭借个人才能可以实现人生成功的比例呈现出下降趋势。2014年和2016年分别有27.7%和28.6%的广州青年认为个人才能对实现人生成功有重要影响，但这一比例到2018年下降为23.9%，较2014年下降3.8个百分点，较2016年下降4.7个百分点。与此同时，2018年调查结果表明，广州青年相信家庭背景对人生成功具有重要影响的比例出现了较为明显的增加，2018年为14.1%，分别较2014年增长了6.6个百分点、较2016年增

长了 8.1 个百分点。可见，随着青年人口的代际更替，在经济社会发展的新的进程中，在家庭背景因素对于个人成功所发挥的作用这一问题上，广州青年的看法正在发生一些值得高度关注的变化。

（二）广州青年的教育发展不平衡，现代网络教育和传统家庭教育均面临新挑战

广州青年教育与学习的整体状况较好，但他们的教育发展仍然存在非均衡性的问题，大数据所构筑的智慧学习、家庭规模小型化等趋势为广州青年教育学习发展提出新的问题和挑战。第一，教育发展不平衡、优质教育资源非均衡性配置的"顽疾"依然存在。目前广州市仍然存在大量农村地区，事实上存在农村青年和城市青年两大群体。户籍青年中，26.4%生活在农村地区，优质教育资源分布不均衡、中心城区优质教育资源相对集中、外围城区和农村地区优质教育资源相对缺乏的情况依然存在。第二，互联网时代的智慧学习对青年教育和学习发展提出挑战。智慧学习是"互联网＋"时代教育发展趋势所在，然而，如何从教育理念的转变、信息技术的支持、环境的构建和教师能力的提升方面，顺应智慧学习的潮流，回应信息社会、网络社会和大数据教育教学的新环境、新模式、新挑战，是未来广州青年教育需要解决的重要问题。第三，核心家庭规模小型化背景下家庭教育面临的问题。我国历来重视家庭教育，发挥家庭的教育功能是青年教育学习的重要部分。"二孩"政策放开后，独生子女家庭在广州青年家庭中的比例有所下降，随着核心家庭规模的小型化、家庭对子女教育重视程度的大幅提升，传统家庭教育受到不同程度的挑战与冲击，家庭教育的功能形态和特征也发生了新的变化。

（三）广州在职青年的身体健康和心理健康状况应该引起高度重视

从整体上看，广州青年锻炼时间较多，平均锻炼时间呈上升趋势，合理锻炼的比例也明显上升；但是，与此同时则存在分化现象，完全不锻炼的比例较高，其中又以在职青年最甚，他们不仅锻炼时间较少，而且完全不锻炼

的比例高达 28.6%，这一现象值得关注。广州青年存在一定的生理健康问题，"经常感到疲劳、精神不佳""经常腰痛、颈痛，关节酸痛"发生率较高，其他的亚健康问题相对较少。当遭遇较大压力却无法通过合理渠道宣泄时，青年中仍然存在一定的极端消极行为，其中又以男性、独生子女身上的发生率相对较高，这和男青年相对不爱表达、沟通，独生子女相对孤独等特征有关。广州一直处于改革开发的前沿，广州青年一方面较内地青年有更多的机会和优势，另一方面无疑也会面临更大的挑战和压力。此次调查结果显示，广州青年的心理健康状况不太理想。

（四）广州青年对于稳定感情、幸福婚姻的追求心和认同度有所下降

对于"当前青年婚恋面临的主要问题是什么"这一问题，广州青年排在前六位的回答依次是：离婚率高、房价太高、闪婚闪离、婚外恋、剩男剩女、宅男宅女。当前，由于社会的急剧转型，西方文化与传统文化碰撞导致社会价值观多元化，人们尤其是青年人对传统道德的认同度下降，道德约束力减弱，从而产生了道德"真空地带"，引发一系列社会问题。青年对中国传统文化宣扬的至死不渝的坚贞爱情、对从一而终的神圣婚姻已经不那么向往了。又由于社会节奏快、房价过高、青年生活压力大等原因，青年在择偶和婚恋上出现功利化、物质化现象，感情重要性排序不断靠后。在张扬个人价值的今天，他们对于感情问题的容忍度降低了，因而出现了离婚率居高不下以及婚外恋等一系列问题。只有认清并正视这些问题，才能做到有的放矢，帮助青年重塑健康的恋爱婚姻家庭观念。

（五）广州青年的就业满意度相对较低，创业面临的困难较多

广州青年在就业创业方面主要存在两个问题。其一是青年就业质量一般，工作满意度有待提高。就业质量体现在工资收入与权益保障等方面。从收入水平来看，广州从业青年的收入较低，46%的受访者年收入在 5 万元以下，年收入 10 万元以上的只占 17% 左右。收入低也体现在对"经济收入"最不满意以及目前最希望解决的问题为"薪酬待遇偏低"。对广州青年工作满意度的调查发现，他们对目前工作的满意度一般，大部分的受访者对各个维度的满意度选择均为"一般"或"比较满意"。其二是青年创业面临资金缺乏、同行交流平台少、教育培训不足等困难。访谈资料显示，青年创业面临的困难，首先是启动资金短缺，青年自我积累有限，大多缺乏创业的"第一桶金"，他们迫切希望政府能在税收、贷款等政策层面优化青年创业的环境；其次是缺少畅通的信息渠道，缺乏管理经验和社会经验，他们迫切希望政府能加强创业服务机构建设、开设创业教育培训以及提供与同行交流的平台等。

（六）广州青年的超前消费意识不断增长，网络借贷事件时有发生

从总体上看，广州市青年的消费行为与消费观念都表现出了理性化趋势，但仍然需要注意在超前消费方面的自我控制与在支出结构方面的合理分配。调查数据显示，自2014年以来，青年的超前消费意识呈现出不断上涨趋势，具体表现在越来越多的青年表示"购物时我喜欢刷信用卡、只要有机会我会尽可能申请贷款、我经常面临'挣得多不如花的多'的情况、我觉得人就应该享受，有钱就该花"。消费行为的一个显著特点是具有可模仿性[1]，盲目跟风、追求奢侈很容易诞生于网络消费行为和超前消费观念之中，形成了消费的不理性状态。青年对于超前消费的偿还负担能力不稳定，一旦发生不理性的超前消费行为，非常容易造成恶性后果。花呗、白条等常见的超前消费手段都来自网络消费的盛行，同时，网络中鱼龙混杂，更是给非法学生贷款等提供了藏身之处。

（七）广州青年存在部分非理性网络行为，网络监管难度比较大

青年运用互联网时呈现出的一些非理性的行为现象值得关注。第一，网络文化变迁形成众多亚文化圈，青年思想易受网络舆论影响。青年人根据他

---

① 张腾：《大学生消费新趋势的社会学分析》，《中国矿业大学学报》（社会科学版）2008年第1期。

们自己的喜好，关注偶像明星、动漫人物、美食美妆博主，形成一个个亚文化小圈子。当一些不良的亚文化不断发酵到全网皆知，并获得大批粉丝拥护时，就具备了冲击主流文化的实力。第二，青年使用网络技术展现才华，网络内容监管难度增大。本次调查发现，越来越多的广州青年开始学习、运用互联网技术，他们会创办微博、微信公众号，创作动漫、短视频作品，设计表情包；伴随着网络技术而来的问题是，通过各类平台所发布的网络内容各式各样，监管难度增大了。第三，网络是青年自我表达和社会参与的最自由场域，但须警惕网络语言暴力。网络是当今世界上发表言论最自由的场域，在网上发表言论已成为青年人最主要的言论方式，但在这些言论中，人们常常可以发现一些非理性的评论。青年人由于生活阅历尚浅，面临的网络世界信息纷繁复杂，他们往往轻信网络信息，在与网友的讨论中容易情绪化和偏激化，更有甚者演变为网络暴力事件。

（八）广州青年对社会组织和志愿服务的参与程度还不够充分

青年参与社会组织和志愿服务的普及度不高，不同群体之间的参与意愿存在显著差异。主要表现在年龄较小青年的参与意愿高于年龄较大青年，广州户籍青年的参与意愿高于外地户籍青年。这主要是受到个人教育程度和政治面貌的影响。一方面，目前青年高等教育的高普及率使他们对参与社会组织、志愿服务有更多的了解和更高的需求。有的高校要求学生必须要有社会组织参与经历或志愿服务经历，所以，不论是自身的意愿还是外在的要求，受过高等教育的青年中有很多人都有社会组织参与或志愿服务参与的经历。年龄较小的、广州城镇青年由于高等教育普及率高，他们的参与意愿高于年龄较大的、外地户籍青年。另一方面，受政治面貌的影响，党员青年的社会参与意愿和志愿服务参与意愿显著高于共青团员和群众青年，表明党员青年在社会组织参与、志愿服务参与方面比共青团员和群众青年更具有先进性。总体来看，青年社会组织参与和志愿服务参与还不够普及。因此，在青年的社会组织参与和志愿服务参与方面，如果要更加充分地发展，就必须深入带动不同背景的青年共同参与。

（九）广州青年的维权意识较强，但实际的维权行动较少

通过调查发现，广州青年较为关注自身的生存权益和发展权益，主要体现在关注教育、医疗和个人发展等方面的权益。虽然他们对有关权益的法律条款有一定程度的了解认知，但普遍缺少系统学习。虽然维权意愿较高，愿意通过合法的渠道维护自身的合法权益，但当利益受损时，真正采取维权行动的比例较少，青年对维权手段、效果和维权结果的满意度评价一般。另外，青年的社会支持状况、法律认知和维权效果会对青年的维权意愿和行动有显著的影响。因此，如果想保障青年的合法权益，就必须为青年完善政府支持、共青团协助、社会参与的多维支持体系。同时，还要加强青年对自身权益的认知以及相关法律的学习，提高青年维权的效果和满意度，形成良好的社会氛围。

四 促进广州青年更好发展的相关建议

要促进广州青年进一步全面健康地发展，应该从理念、政策和机制上科学规划、统筹安排、有力执行，通过理念创新、政策完善、机制生效，开创出广州青年发展的新环境，形成广州青年工作的新局面，为青年提供更多机会，让青年发挥更多作用。

（一）推动思想再解放，提升青年群体的价值观共识

进入21世纪以来，如果思想不解放，就很难看清价值观固化的症结所在，很难找准突破的方向和着力点。应高度重视青年价值观教育，针对青年价值观多元多样多变的现状，要下更大力气做好统一思想、凝聚共识的工作，针对在青年价值观方面存在的思想认识上的差异，着力回答好、阐释好"是什么、为什么、怎么干"的问题。要传承弘扬岭南文化的兼容并蓄传统，以建设粤港澳大湾区"人文湾区"为契机，将广东打造成为思想文化创新的沃土，将广州打造成为文化多样性的文化先锋阵地，从而不断满足广州青年在文化生活和价值塑造方面的诉求。

（二）推进青年教育领域供给侧改革，完善家庭教育服务和保障体系

面对广州市青年教育和学习发展中遇到的问题，我们需要进一步实现公共教育的均等化，及时转变教育观念、创新教育模式，以适应新时代广州青年教育学习的需要。首先，实施公共教育资源服务的差异化、共享式、开放式供给，均衡区域教育发展。以基础教育、高等教育、职业教育为主要构成的青年教育学习体系，迫切需要深化教育领域供给侧结构性改革。其次，构建网络化、数字化、个性化、终身化的智慧教育体系。从体制上确保信息技术深入到教育实践的各个结构、流程等方面的深层次、系统化、整体性变革，充分回应和满足广州青年教育学习的新需求，使之在此方面大有可为。利用大数据、物联网、人工智能等先进信息技术，构建"人人皆学、处处能学、时时可学"的学习型社会①。再次，顺应当代家庭结构变迁，关注解决青年家庭教育中的"痛点"问题。作为国民教育的三大支柱，家庭教育更具有基础性、早期性、终身性和独特性，对青年教育学习的影响非常重要。促进家庭教育的发展，引导和传播正确的家庭教育理念，建立家庭教育服务和保障体系，丰富家庭教育资源，解决家庭教育中的"痛点"问题，是青年教育学习发展的迫切需求。进一步推动"家校联合"和家长、学校的优化和创新，鼓励和利用社会各方资源为家庭教育提供服务；加强家庭教育立法，明确政府、社会、学校、家庭在教育中的法律义务和责任，进一步规范家庭教育市场，建立完善的社会机构参与家庭教育的市场准入和监管机构；顺应当代青年特点，回应当代青年需求，以青年乐于接受的方式传播家庭教育知识。

（三）构建多主体、全方位、适应性强的青年健康社会支持系统

在帮助青年树立正确的健康观方面，可以从政府、学校、家庭和青年自

---

① 任友群、冯仰存、郑旭东：《融合创新，智能引领，迎接教育信息化新时代》，《中国电化教育》2018 年第 1 期。

身四个方面着手。第一，政府方面，要根据时代变迁和青年发展的特点，制定相关的社会支持系统。积极适应新媒体时代青年的个性需求的多元化和在虚拟社会中的活跃程度及创造性，全面考量当今青年面临的压力，制定相关合理的政策，创造更多的平台，减轻青年的生活紧张，营造相对宽松的社会环境，促进青年更好成长、更快发展。第二，学校和家庭方面，重视情商教育和家庭教育，希望形成政府、家庭、学校、社会联动的教育工作体系。在学校和家庭中引入情商教育，按不同年龄层次因材施教，贯穿幼儿园到高中整个学校生涯，学校、家庭和社区一起努力，从小培养儿童青少年情绪管理能力，帮助他们认识自己，掌握化解自己不良情绪的能力，建立良好的人际关系，希望形成政府、家庭、学校、社会联动的家庭教育工作体系。第三，青年自身方面，养成良好的体育锻炼习惯，建立有效的心理调节机制，提高情绪管理能力和社会适应能力。合理的锻炼有利身心健康已经成为全人类的共识，世界卫生组织推荐的体育活动指南表明：健康成年人每周应进行至少两个半小时的中等强度运动，或 75 分钟的高强度运动，外加至少两天的肌肉锻炼①。社会急剧变迁，工作标准提高，生活节奏加快，无形中会对社会成员造成各种压力，青年要正视现实，客观看待外在环境，做出有效调适；了解自己，根据自己的能力，合理定位人生目标。接纳自己，用积极的方式宣泄不良情绪，寻求适合自己的减压方法，培养压力管理意识，把压力调控在自身可以承受的范围之内，提高心理抗压能力；合理利用资源，主动寻求帮助；以恰当的方式承担社会责任，建立有效的心理调节机制，提高自身的素质和社会适应能力。

（四）帮助青年树立正确的婚恋观，规范和拓宽青年婚恋平台、项目和服务

针对广州青年婚恋观方面呈现的问题，可以从以下几个方面着手解决。

---

① 李雪梅：《40~49 岁成年人健步走健身效果评价的研究》，北京体育大学博士学位论文，2011。

第一，帮助青年树立正确的婚恋观。在环境中人具有能动性，教育可以促进人的改变，青年尚处在个性养成阶段，青年的婚恋观及性观念具有可塑性。塑造正确的婚恋观和性观念，让青年懂得爱情的真谛，理解婚姻的内涵，有助于他们正确地把握与处理恋爱婚姻中的问题，为爱情和婚姻的完美提供智力支撑。第二，规范和拓展青年社交平台。针对"宅男宅女"和"剩男剩女"突出现象，搭建青年社交平台，融合线上线下活动，广泛开展各类联谊活动，扩大青年交友择偶机会。家庭、学校、社区、政府、企业等可以形成多方联动机制，拓展青年的社交平台。第三，在青少年集中的地方开展青春健康项目。针对青年早恋和晚婚并存的现象，要提前介入，大力开展婚恋健康教育。在校园、工厂、社区等青少年聚集地组织实施青春健康项目，对重点人群开展青春健康教育。第四，开展多元化青年婚恋辅导和服务。培育青年婚恋服务机构，提高婚恋服务机构专业化服务水平。培育发展婚恋服务类社会组织，鼓励婚姻家庭指导师、专业社会工作者、心理师等参与咨询服务，提高专业服务人员的专业能力，为青年婚恋家庭服务提供专业化的辅导和支持。依托社工服务站点、青年地带等服务平台，以项目化和社会化形式，开展专业化家庭治疗服务。

（五）提升青年综合素质，转变青年就业观念，完善青年就业创业保障机制

针对广州青年就业中存在的相关问题，立足青少年群体多样性和需求多元化现状，结合广州经济社会发展的实际状况，从促进广州青年就业的政策完善方面着力。第一，创新青年就业创业机制，有效服务青年就业创业。建设广州特色青年就业创业孵化基地，提供系统化落地扶持服务，对广州青年就业创业孵化基地进行分层分类管理，开展广州青年就业创业孵化示范基地第二批认定工作，重点聚焦广州"IAB"计划、"NEM"计划重点战略产业园区，打造符合广州产业发展及青年就业创业需求的示范基地。建议将青年的就业创业培训纳入现有的技能职业培训政策序列，建立教育部门、共青团组织、青年创业组织等方面联动的就业创业培训模式，形成全市教育资源、

组织资源、社会资源共同促进青年就业创业的格局。第二，完善青年就业质量保障，提高青年职业满意度。有关职能部门应按照《劳动法》《就业促进法》等法律法规，规范企业用工行为，通过政策和制度的保障，切实加强对青年就业权益的保护，不断提升青年就业质量。畅通员工晋升渠道，提高其职业满意度。员工职业满意度与其收入水平、升迁机会显著相关，用工单位需不断完善工资分配制度，实行与员工工作业绩挂钩的绩效工资制度，使员工的付出与回报成正比，实行公正公开的内部晋升制度，让肯干能干的人在合适的位置上发挥最大效能。第三，全面提升青年综合素质，合理转变就业观念。帮助青年树立科学的职业观，使其积极投身新产业、新业态就业和灵活就业。在大众创业、万众创新的经济新常态下，"互联网＋"各行各业已经在蓬勃发展，各种新业态、新模式如雨后春笋般展现经济活力。青年应关注市场的新变化，关心国家就业创业的政策风向，树立与时俱进的职业观，适时调整自身的就业期望和职业目标，积极响应国家"双创"号召，勇于尝试在中小微企业或"互联网＋"产业领域就业实践，到贫困地区、经济较落后地区或者人才匮乏的产业、乡镇就业创业，为国家经济、社会建设奉献青春智慧。

（六）引导青年树立绿色消费观念，完善青年健康消费的保障机制

青年消费应该坚持伦理底线，将经济评价和伦理评价相统一，超前消费和合理适度相统一，俭而有度和合理消费相统一，最终实现绿色消费、科学消费与适度消费①。首先，提高青年群体对消费的思想认识。青年需要提高自己的判断能力，面对铺天盖地的广告宣传，应坚持理性的消费观念；面对花呗、白条等提前消费平台时，需要合理评估自己的负担能力；面对各类学生贷款时，更需要慎重对待。提高青年审美水平，注重思想文化修养，调整自身消费结构。青年应当重视学习型文化消费投入，例如学习型书籍、课程等，在面对娱乐型消费时，更加需要合理规划，切勿盲目跟风，造成资源浪

---

① 于博瀛：《当代消费伦理规范体系构建的三个维度》，《社会科学战线》2016 年第 12 期。

费。其次，加强社会、学校、家庭对青年消费的正确引导。全社会需要提倡正确的消费观念，倡导积极、文明的消费理念，向青年宣传有关消费的正确态度，并从心理学、法学等专业角度出发，助力健康消费理念的普及；提升校园文化是培育青年正确消费习惯的重要途径，定期举办消费讲座，开设消费类公共课，帮助青年系统学习消费知识。家庭对于青年树立正确消费观念、养成良好的消费习惯具有不可替代的影响，家庭应该加强消费观念教育，父母以身作则为子女树立正确的消费榜样。再次，应该建设青年消费管理与保护系统。加强网络消费监管、打击非法借贷平台、限制合法借贷平台，尤其是对于以青年群体为主要用户的平台，更需要建立起一套相对完善的体系，为青年消费者提供安全的网络消费环境。

（七）引导青年合理运用互联网，同时加强网络法治进程建设

规范和引导青年互联网运用方面的重点内容有如下四点。第一，合理分配休闲时间，防止手机成瘾等问题。进一步加强文化体育设施建设，加大马拉松赛事的举办力度，还可考虑以公益徒步的方式，鼓励更多的青年人加入全民运动；通过宣传引导，倡导人人自律，让青年人认识到时间宝贵，过度使用手机危害健康，要由人支配手机，而不是人被手机绑架和奴役；学校可以充分开发兴趣社团的功能，让学生更多地参加现实世界的活动，建立现实世界的人际关系，引导他们更多地关注现实。第二，关注亚文化圈子，引导青少年理智追星。关注青年网络亚文化圈子，发掘、制作带有正能量的、积极的文化产品，能够与主流文化兼容，例如，在B站上传播的"那年那兔"系列动漫，就是将中国近代史的内容融入卡通动漫故事中，获得众多青年粉丝；引导青少年理智追星，要加强青少年媒介素质教育，提高大众传媒的职业道德要求，偶像人物应规范自身行为并加强道德自律，向粉丝传播正能量，学校教育要注重对青少年的人文关怀。第三，加强网络舆情监控，研发多样化的舆论引导方式。积极争取信息源的主导位置，官方媒介影响舆论的办法应当从统一信息口径，转变为争取信息源的主导地位；完善新闻发布制度，注重时效，快速反应，及时、主动向社会提供信息，提高发布时效，力

求在第一时间发布权威准确信息；加强同用户的沟通交流，将希望推送给青年人的内容制作成短视频，制作、开发富含主流文化引导作用的动漫、宣传片。第四，努力推动互联网法治建设进程，规范网络空间秩序。2018 年 9 月 28 日，广州互联网法院正式挂牌办案①。自此，杭州、北京、广州三家互联网法院相继落成，开始探索互联网空间司法治理的"中国路径"。万物互联的时代，对互联网法治建设提出了更高的要求。一是要集中力量、加快办理各类案件，通过专项治理行动震慑网络违法犯罪行为，规范网络空间秩序；二是要加强对网络文化市场内容的清理，尤其是加强对抖音等网络直播和短视频网站内容的审查；三是引导各类网络平台、组织沿着正确的政治方向开展业务，促使其在法制轨道上健康有序地发展。

（八）畅通青年社会参与渠道，拓宽青年社会融入方式

我国首次出台的国家层面上的青年政策《中长期青年发展规划（2016～2025 年）》，明确提出"要进一步丰富和畅通青年社会参与的渠道和方式，实现青年群体积极有序、理性合法地参与社会主义现代化建设"②。新时代青年的社会参与，更多的是"正在实现从'群众'到'公民'的转变，不再是旁观者与从属者，而转变为充满负责精神去积极建设自己认同的世界，成为社会参与的主导力量"③。在引导和扩大青年社会参与方面，其一，要畅通青年政治参与的有效渠道。随着受教育程度的提高与新技术手段的运用，青年参与政治生活和社会公共事务的意愿越来越强烈，参与途径日益多样，通过移动网络、新媒体等加入政治的宣传与互动平台。进一步明确与细化青年政治参与的主体地位、权利与责任、形式与程序等，尤其是对涉

---

① 《广州互联网法院挂牌办案》，人民网，http://bbs1.people.com.cn/post/129/1/2/169295529.html，2018 年 9 月 29 日。
② 中华人民共和国中央人民政府：《中共中央国务院印发〈中长期青年发展规划（2016～2025 年）〉》，http://www.gov.cn/zhengce/2017-04/13/content_5185555.htm#1，2017 年 4 月 13 日。
③ 中国青少年研究中心"新世纪中国青年发展报告"课题组：《新世纪中国青年发展报告（2000～2010）》，《中国青年研究》2012 年第 4 期。

及青年自身成长发展重大问题进行充分协商与论证，赋予青年表达利益诉求的机会，不断研究拓展青年参与社会公共事务的渠道、范围、机制等问题，使青年政治参与制度化、规范化、程序化，确保青年的政治效能感的有序提升。其二，要构造青年社会参与的全方位格局。社会参与是青年个体或群体借以呈现其利益需求的一种表达方式，是青年通过合法的方式和途径参与社会生活和公共事务，表达利益诉求并影响政府决策、监督决策实施的具体行为。全面系统地梳理青年社会参与的制度、政策、法规、条例，随着政府职能的转变与青年社会参与动机的变化，制定出台更多科学合理的青年社会参与政策，并不断优化已有的制度法规；充分运用新媒体，持续有效地宣传青年社会参与的政策、途径、方式。

在提高青年社会融入程度方面，应做以下三方面的努力。第一，推动青年群体间的融合发展，建设青年融合发展型城市。以青年发展为导向，推动青年群体间的融合发展，汇聚各类青年群体的力量，促进活力城市的发展。城市的发展依托于青年力量，青年得到了发展，城市也就充满了发展潜力。积极促使青年人才来广州发展，为青年的发展搭建舞台，建设青年融合发展型城市，为各地的青年提供追梦的希望与依托。第二，以社区为着眼点，借助社工和志愿者力量推动青年的社区融入。社区是青年在广州发展的落脚点，社区是促进青年社会融合的重要平台。要依托社区组织，借助专业的社工队伍和广泛的社区志愿者力量推动青年的社区融入，解决青年在社区融入方面遇到的困难或问题。当前，广州一些社区已开始探索青年的社会融入项目，以推动青年的社会融入为导向，积极营造"共建共治共享"的社区融合发展局面，提升青年对所在社区的归属感。充分发挥社区的引领作用，引导青年参与社区公共生活，搭建社区青年交流平台，提升青年的社区关系网络，积累良好的社会资本。第三，提升青年服务工作，培养广州青年对城市的认同感与归属感。以青年社会融入发展需求为导向，解决青年融入广州社会所面临的问题，促进广州青年的深度融合，在服务青年工作方面走在全国的前列。当前青年社会融入方面比较迫切的需求是住房，广州在解决青年住房问题方面已经进行了积极探索，建立了大批青年公租房、青年人才公寓等。以解决青年住房需求为出发点，满足青年的社会融入需求，服务青年的发展需求，最终实现以服务吸引、凝聚青年。

（九）构建青年权益保护体系，完善青年社会保障机制

在保障青年权益方面需要进一步做好以下几点。首先，构建青年权益保护的社会支持体系。动员、引导、支持市场和社会的多元化力量参与青年公共事务的治理，维护青年的合法权益；建设青年社工队伍，在政府购买服务指导性目录中加入青年事务社会工作服务内容，建设青年事务社会工作人才队伍管理的信息系统平台。其次，完善青年权益保护的法律法规和政策保障。制定并完善青年教育培训、医疗卫生、劳动就业、社会保障等重点领域的政策法规，监督涉及青年发展权益的法律法规和政策执行，代表青年群体向有关部门反映问题、提出建议，推动及时有效地解决青年发展面临的现实困难和突出问题，切实保障和落实青年的发展权利。再次，健全青年权益保护工作机制。青年的权益包括多个方面，应该针对不同的权益保护，落实相关部门的责任制，建立多部门联动的合作机制，统筹推进青年维权体系建设。同时，必须设立监管监督机制，保障青年权益保护工作落实到位。拓宽青年合法维权渠道，保证青年维权渠道畅通，提高青年维权的效果。最后，关注特殊青年群体的权益保障。除保障普通青年、青少年的合法权益外，必须有针对性地保障特殊青年群体的合法权益，包括退役青年军人、残疾青年、流浪未成年人，以及失学、失业、失管青年等，鼓励和引导社会各界参与、支持特殊青年群体的权益维护，培育理解、尊重、关心、帮助特殊青年群体的社会风尚。

在改进和完善青年社会保障机制方面，一是要尽快出台广州市青年中长期发展规划和青年社会保障工作推进实施细则。贯彻落实国家和省发展规划精神，结合广州的实际制订广州青年发展的总体规划，为青年社会保障提供原则指导和政策支持。二是要探索建立融合青年特征的青年社会保障体系。梳理和整合分散在各个制度框架内涉及青年的社会保障政策和规定，分析判

断青年群体的时代特征，利用大数据信息平台收集青年群体多方面的发展需求信息，对青年发展需求进行精细化分类与处理，针对不同青年群体和青年的不同层面发展需求，制定相应的社会保障政策。三是要强化青年社会保障工作的领导责任意识，构建包括青年社会保障政策在内的青年政策制定和组织实施的专门机构。习近平总书记在 2018 年同团中央新一届领导班子成员集体谈话时强调：青年工作，抓住的是当下，传承的是根脉，面向的是未来，攸关党和国家前途命运[1]。各级党委要关注、关心青少年成长，为他们成长成才、施展才华创造良好条件，构建完善的青年社会保障体系。四是要充分发挥共青团组织统筹青年工作的作用，更好地联系服务青年，扩大共青团工作覆盖面，强化服务意识、提升服务能力，千方百计为青年排忧解难，做广大青年信得过、靠得住、离不开的贴心人，增强共青团的吸引力和凝聚力。

参考文献

1. 陈玉君：《当代中国青年价值观研究透视》，《前沿》2010 年第 17 期。
2. 陈子垤、罗飞宁：《广州市中长期青年发展规划形成初稿》，《信息时报》2018 年 11 月 19 日 A2 版。
3. 李克强：《2019 年国务院政府工作报告》，2019 年 3 月 5 日，国务院总理李克强在第十三届全国人民代表大会第二次会议上所做报告。
4. 李雪梅：《40~49 岁成年人健步走健身效果评价的研究》，北京体育大学博士学位论文，2011。
5. 马兴瑞：《2019 年广东省政府工作报告》，2019 年 1 月 28 日，广东省省长马兴瑞在广东省第十三届人民代表大会第二次会议上所做报告。
6. 《广州互联网法院挂牌办案》，人民网，http://bbs1.people.com.cn/post/129/1/2/169 295529.html，2018 年 9 月 29 日。
7. 《李克强在参加广东省代表团审议时强调：希望在激发市场活力上勇立潮头》，

---

① 中华人民共和国中央人民政府：《习近平同团中央新一届领导班子成员集体谈话并发表重要讲话》，http://www.gov.cn/xinwen/2018-07-02/content_5303003.htm，2018 年 7 月 2 日。

人民网，http：//gd. people. com. cn/n2/2019/0308/c123932 – 32717693. html，2019 年 3 月 8 日。

8. 任友群、冯仰存、郑旭东：《融合创新，智能引领，迎接教育信息化新时代》，《中国电化教育》2018 年第 1 期。

9. 温国辉：《2019 年广州市政府工作报告》，2019 年 1 月 15 日，广州市市长温国辉在第十五届人民代表大会第四次会议上所做报告。

10. 武勇：《建设粤港澳大湾区青年创新创业平台》，http：//ex. cssn. cn/zx/bwyc/ 201903/t2019 0313_ 4846825. shtml，2019 年 3 月 13 日。

11. 习近平：《在纪念五四运动 100 周年大会上的讲话》，http：//news. cnr. cn/ native/gd/ 2019 0430/ 20190430_ 52 4598130. shtml，2019 年 4 月 30 日。

12. 于博瀛：《当代消费伦理规范体系构建的三个维度》，《社会科学战线》2016 年第 12 期。

13. 张腾：《大学生消费新趋势的社会学分析》，《中国矿业大学学报》（社会科学版）2008 年第 1 期。

14. 中国青少年研究中心"新世纪中国青年发展报告"课题组：《新世纪中国青年发展报告（2000~2010）》，《中国青年研究》2012 年第 4 期。

15. 中华人民共和国中央人民政府：《习近平同团中央新一届领导班子成员集体谈话并发表重要讲话》，http：//www. gov. cn/xinwen/2018 – 07/02/content _ 5303003. htm，2018 年 7 月 2 日。

16. 中华人民共和国中央人民政府：《习近平在广东考察》，http：//www. gov. cn/ xinwen/2018 – 10/25/content_ 53 34458. htm，2018 年 10 月 25 日。

17. 中华人民共和国中央人民政府：《中共中央国务院印发〈中长期青年发展规划（2016 ~ 2025 年）〉》，http：//www. gov. cn/zhengce/2017 – 04/13/content _ 5185555. htm#1，2017 年 4 月 13 日。

分 报 告

Topical Reports

B.2
广州青年劳动就业人口发展状况研究

阎志强 彭 橙 林炳龙*

摘 要： 报告采用2015年全国1%人口抽样调查和全国人口普查数据，
考察了1990~2015年特别是2010~2015年广州青年劳动就
业人口总量与增长、性别与年龄结构、就业水平，以及就业
人口的产业和行业结构、职业结构的状况及其变动特征。研
究发现，广州青年劳动力资源与基本结构发生了转折性变化，
青年劳动年龄人口规模、就业人口规模从2010年达到峰值后
开始减少，占全市劳动年龄人口比例、就业人口比例均为25
年来新低。青年就业人口的三次产业结构和行业结构出现重
要转型，青年就业人口三次产业结构总体呈现第三产业主导

---

* 阎志强，中山大学社会学与人类学学院、中山大学人口研究所副教授，研究方向为人口社会
学；彭橙，中山大学社会学与人类学学院硕士研究生；林炳龙，中山大学社会学与人类学学
院硕士研究生。

的现代类型,产业和行业优化升级提速。青年就业人口职业结构经历高级化转变过程,青年就业人口的职业结构两端较小、中间较大。青年劳动就业人口及其产业和行业结构、职业结构存在较大的性别和年龄差异。广州青年劳动就业人口发展变化的趋势性特征将持续。报告分析了主要的青年劳动就业人口问题并提出了对策建议。

关键词: 广州青年 劳动年龄人口 就业人口 就业结构 职业结构

劳动力资源是国家和地区人口总量的组成部分,是最重要的经济社会资源。在人口总量低速增长、人口老龄化加速的趋势下,我国15~59岁的劳动年龄人口规模于2011年达到峰值后持续下降①。2017年,我国16~59岁的劳动年龄人口为90199万人,占全国总人口的64.9%,分别比2013年减少1755万人和2.7个百分点。② 我国在高质量经济发展阶段面临的一个长期的挑战性问题就是劳动力资源可持续发展问题。青年劳动力资源状况在很大程度上决定了我国劳动力资源的基本特征。在新一轮改革开放浪潮中,全国多个特大城市、大城市出台优惠政策吸引青年大学毕业生就业创业、安家落户,愈演愈烈的"抢人大战"凸显青年劳动力资源的重要性。广州是我国的超大城市和国家重要中心城市之一,在粤港澳大湾区建设中将发挥核心增长极作用。《广州青年发展报告(2017)》指出,2010~2015年广州市人口总量继续增长,但15~34岁青年人口规模呈现缩减态势。在此背景下,深入研究广州青年劳动就业人口发展状况具有较大现实意义和典型意义。

---

① 《国务院关于印发国家人口发展规划(2016~2030年)的通知》(国发〔2016〕87号),http://www.gov.cn/zhengce/content/2017-01/25/content_5163309.htm。
② 根据中华人民共和国2013年、2017年国民经济和社会发展统计公报的数据计算。

本报告基于 2015 年全国 1% 人口抽样调查以及 1990 年、2000 年、2010 年全国人口普查数据，考察了 1990 年以来特别是 2010~2015 年广州青年劳动年龄人口、青年就业人口规模及其性别年龄构成以及青年劳动参与状况的变化特点，描述了青年就业人口的产业、行业、职业的构成状况及其变化特点，探讨了青年就业人口发展的主要问题和对策建议。

一　青年劳动年龄人口及其劳动参与状况

劳动力资源状况常用的衡量指标是劳动年龄人口状况及其劳动参与状况。劳动年龄人口是一定年龄范围内可以参加社会劳动的人口。根据我国劳动法规和就业统计制度，本报告将劳动年龄人口界定为 16~59 岁的人口，青年劳动年龄人口是 16~34 岁的人口。

（一）青年劳动年龄人口数量变化

1. 青年劳动年龄人口规模从峰值转为下降

根据广州市 2015 年全国 1% 人口抽样调查的汇总数据①推算，2015 年末，广州市常住人口②中，青年劳动年龄人口为 494 万人，是 1990 年的两倍。广州青年劳动年龄人口规模扩张主要在 1990~2000 年的 10 年，增长量为 212.65 万人；2010 年达到峰值 539.6 万人后趋降，2010~2015 年减少 45.6 万人，但 2015 年的规模仍大于 2000 年。这种升降轨迹与青年人口规模的变化趋势是同步的。③ 由于青年劳动年龄人口三个时期增长率略高于青

---

① 广州市 2015 年 1% 人口抽样调查汇总数据是按广东省统一的调查抽样比进行换算的加权数据。广州市常住人口加权样本规模为 38.47 万人，其中 15~34 岁青年人口为 14.38 万人。

② 按照汇总数据分类，常住人口包括 4 种人：居住本乡、镇、街道，户口在本乡、镇、街道的人；居住本乡、镇、街道，户口在外乡、镇、街道，离开户口登记地半年以上的人；居住在本乡、镇、街道，户口待定的人；原住本乡、镇、街道，现在国外工作或学习的人。

③ 徐柳、张强主编《广州青年发展报告（2017）》，社会科学文献出版社，2017，第 18~19 页。

年人口，其占青年人口的比例呈现稳中趋升的态势，2015 年为 97.89%，比 1990 年提高 1.57 个百分点。(见表 1)

表 1 1990～2015 年广州青年劳动年龄人口数量及其变化

单位：万人，%，百分点

类别	1990 年	2000 年	2010 年	2015 年	增减		
					1990～2000 年	2000～2010 年	2010～2015 年
青年劳动年龄人口	246.58	459.23	539.60	494.00	212.65	80.37	-45.60
占青年人口比例	96.32	97.48	97.73	97.89	1.16	0.25	0.16
占劳动年龄人口比例	60.11	62.73	54.60	49.76	2.62	-8.13	-4.84

注：1990 年为年中数，2000 年、2010 年为 11 月 1 日数；2015 年为年末推断数。
资料来源：广州市人口普查办公室：《广州市 1990 年人口普查资料：电子计算机汇总》，1991；广州市人口普查办公室：《广东省 2000 年人口普查资料汇编（广州市）》，广东经济出版社，2002；广州市统计局、广州市人口普查办公室：《广州市 2010 年人口普查资料》，中国统计出版社，2012；广州市统计局：《广州市 2015 年全国 1% 人口抽样调查主要数据公报》，广州市统计信息网，http：//www.gzstats.gov.cn/tjgb/glpcgb/201702/t20170221_ 25655.html；广州市统计局：《广州市 2015 年全国 1% 人口抽样调查资料》，广州市统计信息网，http：//www.gzstats.gov.cn/pchb/2015rkcy/。以下各表、图资料来源相同。

2. 青年劳动年龄人口占全市劳动年龄人口比例下降到不足 50%

2015 年青年劳动年龄人口占全市劳动年龄人口比例为 49.76%，比 2010 年下降 4.84 个百分点。该比例从 1990 年逐步升至 2000 年峰值的 62.73% 后连续 15 年大幅度下滑，并下降至 25 年的最低水平。这表明广州青年劳动力资源供给从充足型转向偏紧型，广州劳动力人口高龄化趋势不断加剧。这种变化源自青年劳动年龄人口与全市劳动年龄人口增长速度上的显著差异。与全市劳动年龄人口保持 25 年持续增长但增长率逐步走低的情形不同，青年劳动年龄人口经历了"高速增长 - 低速增长 - 低速负增长"的过程，即其规模持续增长 20 年，前 10 年为高速增长期，后 10 年为低速增长期，而在 2010～2015 年转为低速负增长期。青年劳动年龄人口年平均增长率 1990～2000 年高达 6.20%（全市劳动年龄人口年平均增长率为 5.77%），2000～2010 年陡降为 1.63%（全市劳动年龄人口年平均增长率为 3.05%），2010～2015 年为 -1.69%（全市劳动年龄人口年平均增长率为 0.09%）。广州青年劳动年龄人口总量和比例"双降"是广州人口生育率长期走低、人口年龄结构变动和人口流动综合因素作用的结果。

3. 流动人口占青年劳动年龄人口的比例创新高，但绝对量开始减少

人口流动是广州青年劳动年龄人口增长变化的主要影响因素。2015年，广州青年劳动年龄人口约2/3是常住地与户籍登记地不一致的流动人口，数量为329.14万人。1990～2010年广州青年劳动年龄人口规模持续增长主要得益于青年流动人口的大幅增长，特别是前10年剧增212.44万人（几乎是同期青年劳动年龄人口增量的全部），年均增长率高达21.01%。从表2看出，青年劳动年龄人口中，本地户籍人口在1990～2000年几乎未变，2000～2015年连续下降，非本地户籍人口（流动人口）则在最近5年才呈现减少态势。1990～2015年，青年流动劳动年龄人口占比不断提高，从13.89%升至66.63%。2015年的青年流动劳动年龄人口以省内本市以外流入为主（占45.20%），其次是省外流入（占44.08%），市区内人户分离人口占10.72%。

表2　1990～2015年广州分户籍的青年劳动年龄人口数量及其变化

单位：万人，%，百分点

类别	1990年	2000年	2010年	2015年	增减		
					1990～2000年	2000～2010年	2010～2015年
本地户籍	212.33	212.54	197.43	164.86	0.21	-15.11	-32.57
非本地户籍	34.25	246.69	342.17	329.14	212.44	95.48	-13.03
非本地户籍人口比例	13.89	53.72	63.41	66.63	39.83	9.69	3.22

（二）青年劳动年龄人口性别与年龄构成变化

1. 青年劳动年龄人口男性多于女性，性别结构差异缩小

2015年，青年劳动年龄人口的性别结构比较均衡，男性、女性分别占50.90%、49.10%，性别比为103.65%，分别小于青年人口（104.10%）和全市劳动年龄人口（105.75%）。25年间，青年劳动年龄人口的性别比经

历"下降－上升－下降"的波动性下降态势，2015 年比 1990 年下降 9.57 个百分点，降幅明显大于全市劳动年龄人口（4.58 个百分点），总体上性别结构差异趋于缩小（见表 3）。

表 3　1990～2015 年广州青年劳动年龄人口性别比及其比较

单位：%

类别	1990 年	2000 年	2010 年	2015 年
青年劳动年龄人口	113.22	108.03	110.21	103.65
青年人口	112.93	107.94	110.30	104.10
全市劳动年龄人口	110.33	110.32	110.61	105.75

2. 各年龄性别比趋于降低

2015 年 4 个年龄组青年劳动年龄人口性别比从 16～19 岁的 101.20% 逐渐升高至 30～34 岁的 105.06%，除了 16～19 岁性别比比 2000 年显著高出 12.54 个百分点，各年龄组性别比均低于 1990 年、2000 年和 2010 年（见表 4）。

表 4　1990～2015 年广州青年劳动年龄人口的分年龄性别比

单位：%

年龄（岁）	1990 年	2000 年	2010 年	2015 年
16～19	108.20	88.66	111.00	101.20
20～24	119.25	105.84	109.67	102.55
25～29	115.60	115.16	109.21	104.18
30～34	108.13	121.27	111.69	105.06

由图 1 可见，2015 年分年龄青年劳动年龄人口性别比 19～21 岁较低，23～25 岁较高，低谷和峰值分别为 21 岁的 95.47%、23 岁的 109.67%。除了 16 岁、17 岁、18 岁、19 岁性别比高于 2000 年外，分年龄性别比普遍比前三个年份有所降低。这意味着分年龄青年劳动年龄人口的性别结构更趋于均衡。

3. 青年劳动年龄人口的年龄结构大龄化趋势明显

2015 年青年劳动年龄人口主要集中在 25～29 岁（占广州青年劳动年龄

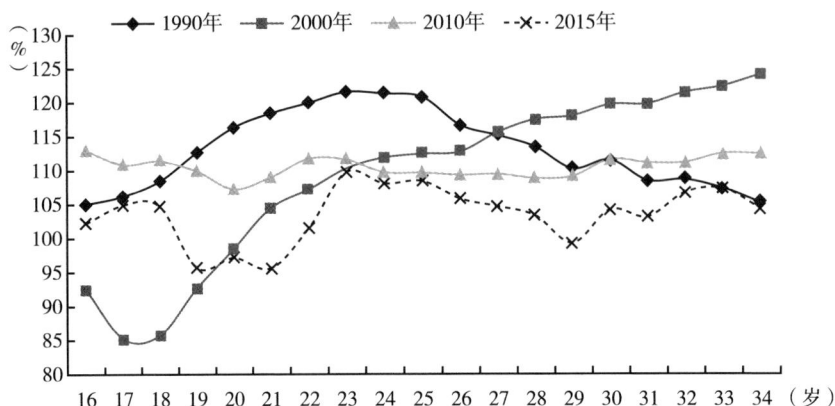

图1　1990～2015年广州青年劳动年龄人口的分年龄性别比

人口的32.92%），其次是30～34岁（占广州青年劳动年龄人口的29.73%），分别比2010年上升5.70和7.13个百分点。25年间，较大的两个年龄组占比稳中趋升，较小的两个年龄组占比趋降。16～19岁组持续下降，特别是2000年以来加速下降，从20.12%降至2010年的15.67%、2015年的12.66%，15年降幅为7.46个百分点。2010～2015年，20～24岁降幅高达9.82个百分点（见图2）。

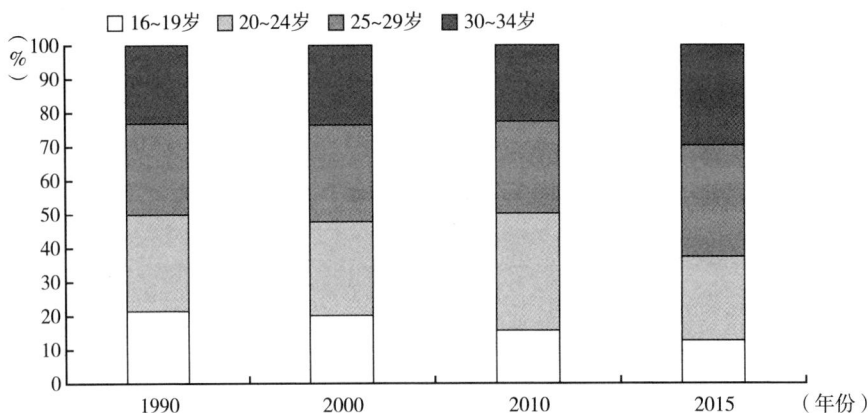

图2　1990～2015年广州青年劳动年龄人口年龄构成

　　图3反映出青年劳动年龄人口的年龄模式发生了较大变化。1990年、2000年为双峰形态的年龄模式，2010年为单峰左偏的年龄模式，2015年为

单峰右偏的年龄模式。2015 年的年龄曲线在 25 岁之前基本低于前三个年份，之后基本高于前三个年份，而且曲线相当平滑。这些变化说明广州青年劳动力资源大龄化趋势比较严重。

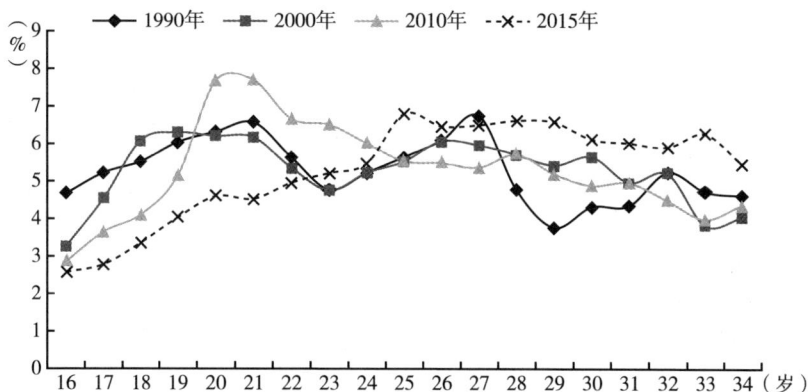

图 3 1990～2015 年广州青年劳动年龄人口的年龄分布

从年龄中位数变化（见表 5）可以更直观地发现 2010～2015 年广州青年劳动力人口大龄化显著加速态势。2015 年青年劳动年龄人口的年龄中位数为 26.91 岁，说明半数的青年劳动年龄人口大于该年龄。1990～2010 年年龄中位数在 25 岁上下起伏，每 10 年变化幅度不超过 0.6 岁，而 2010～2015 年间提高 1.94 岁。无论男女，2015 年的年龄中位数均比 2010 年大幅提高约 2 岁。这说明男、女青年劳动年龄人口大龄化进程加快。由于 2000 年男、女年龄中位数增减互现，年龄中位数的性别差异从 1990 年的男性小于女性转变为 2000 年开始男性大于女性，且差异缩小。

表 5 1990～2015 年广州青年劳动年龄人口的年龄中位数

单位：岁

性别 \ 年份	1990	2000	2010	2015
合计	25.02	25.41	24.97	26.91
男	24.98	25.79	24.97	26.92
女	25.07	24.98	24.96	26.90

4. 流动青年劳动年龄人口更集中在20~30岁

与全市青年劳动年龄人口年龄分布相比，2015年流动人口总体上集中在20~30岁，而16~19岁、31~34岁分布较少（见图4）。

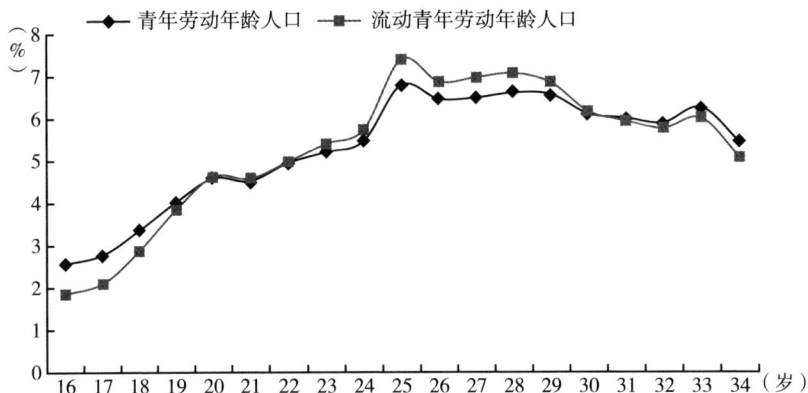

图4　2015年广州流动青年劳动年龄人口年龄分布

从图5看出，流动青年劳动年龄人口内部各群体年龄分布差异较大，省外户籍的流动人口明显比省内户籍的年龄大些，表现是16~22岁比例均低2%以上（20岁低3.02%），24~34岁比例较高（28岁高2.17%）；省内户籍中市区人户分离人口两端分布较多，特别是16~18岁人口显著集中，16岁、17岁分别比省内市外户籍高2.50%、1.48%。这反映出市区人户分离人口中低龄人口以上学、大龄人口以就业和（或）安家为流动目的的差异性。

（三）青年劳动年龄人口劳动参与状况与变化

劳动年龄人口中实际参与经济活动的人口只是其中的就业人口，即从事一定社会劳动并取得劳动报酬或经营收入的人口（也称为就业人员、从业人员或在业人口）。从青年就业人口规模和青年就业人口比（青年就业人口占青年劳动年龄人口的比例）可以了解青年劳动力资源的实际利用情况，判断青年人口就业水平以及就业是否充足。

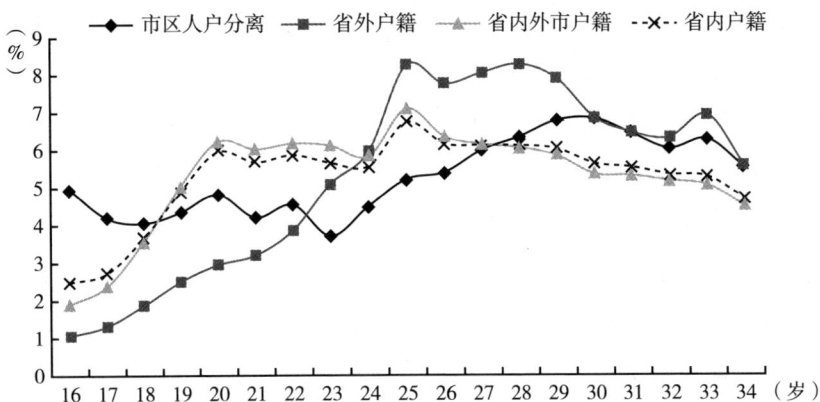

图5 2015年广州各类流动青年劳动年龄人口年龄分布

1. 青年就业人口规模缩小,就业人口比下降

2015年末,广州青年就业人口为346.84万人,比2010年减少32.4万人。1990~2015年,青年就业人口规模经过前20年的持续扩张后转为缩减,比2000年仅多约10万人。三个阶段的青年就业人口的年平均增长率不断走低,1990~2000年为5.49%,2000~2010年为1.20%,2010~2015年为-1.71%。青年就业人口在规模、增长量和增长率上的变化受到青年劳动力的供给即青年劳动年龄人口的制约,其变化轨迹与上文描述的青年劳动年龄人口变化具有相似性。2010~2015年,青年就业人口规模减小是影响全市就业人口规模减小的重要原因。2015年,青年就业人口占全市就业人口的比例降至49.35%,为25年的新低(见表6)。

表6 1990~2015年广州青年就业人口数量及其变化

单位:万人,%,百分点

类别	1990年	2000年	2010年	2015年	增减		
					1990~2000年	2000~2010年	2010~2015年
青年就业人口	193.97	336.75	379.24	346.84	142.78	42.49	-32.4
占全市就业人口比例	57.18	60.88	53.46	49.35	3.70	-7.42	-4.11
青年就业人口比	78.66	76.12	70.30	70.21	-2.54	-5.82	-0.09

2015 年，广州青年就业人口比（即占青年劳动年龄人口比例）为 70.21%，稍低于全市水平（70.49%）。25 年间，广州青年就业人口比呈现降中趋稳的态势，2015 年比 1990 年低 8.45 个百分点。广州青年劳动力资源的实际利用率还比较低，其下降趋势需要进一步关注。

2. 低龄青年就业人口比显著下降

青年人口就业水平存在较大的年龄差异，主要表现是低龄青年就业人口比低，高龄青年就业人口比高。16～24 岁随着年龄增大，就业人口比升幅明显，25～34 岁基本稳定在较高水平。25 年间分年龄青年就业人口比基本上呈现各年龄组降低趋势，特别是 16～19 岁、20～24 岁组降幅巨大，2015 年分别比 1990 年降低 28.65、17.07 个百分点。2010～2015 年，25～29 岁、30～34 岁的就业人口比降幅超过 3 个百分点，显著高于 2000～2010 年 10 年的变化幅度（见表 7）。

表 7　1990～2015 年分年龄广州青年就业人口比

单位：%，百分点

年龄（岁）	1990 年	2000 年	2010 年	2015 年	增减		
					1990～2000 年	2000～2010 年	2010～2015 年
16～19	51.48	50.79	34.39	22.83	-0.69	-16.40	-11.56
20～24	79.93	77.10	62.88	62.86	-2.83	-14.22	-0.02
25～29	87.93	86.35	85.99	82.09	-1.58	-0.36	-3.90
30～34	91.44	84.75	86.42	83.33	-6.69	1.67	-3.09

青年就业人口比受到在校学生和家务劳动者的影响以及失业的影响。16～19 岁和 20～24 岁组青年人口大多处于高中学龄和大学学龄，其劳动就业水平降低说明越来越多的青年人口接受高中、中专、大专和本科教育。2015 年，16～21 岁每岁就业人口比 25 年间的降幅超过 22%，其中 18～20 岁超过 30%（见图 6）。青年人口积累较多的教育人力资本，较晚进入劳动力市场，这表明广州青年劳动力素质不断提高，有利于广州经济高质量发展和保持较强的人才竞争力。但大龄青年就业比降低的问题值得关注。

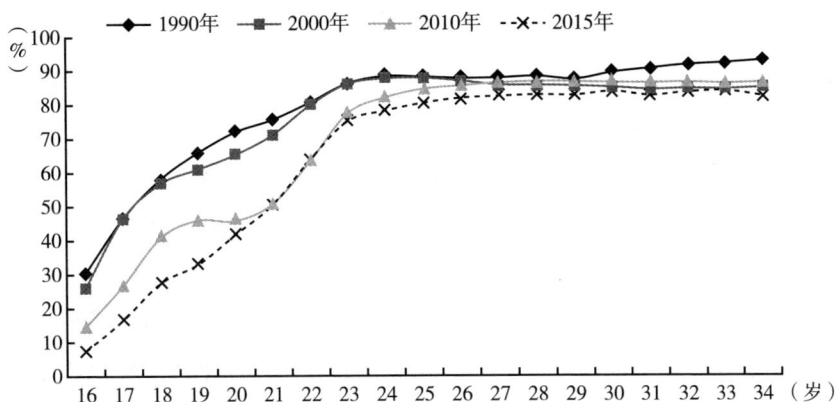

图6 1990～2015 年分年龄广州青年就业人口比

3. 青年就业人口比男高女低的差异扩大

青年就业状况的性别差异较大。2015 年，男性青年就业人口比为76.19%，女性为 64.00%，这表明男青年劳动参与程度高于女青年。1990～2015 年，分性别青年就业人口比的变化趋势差异较大，男性呈现小幅波动变化，25 年间稍降 1.29 个百分点；女性呈现连续下降走势，下降 16.01 个百分点。青年就业人口比的性别差异从 1990 年男性低于女性 2.53 个百分点，转变为 2000 年、2010 年、2015 年男性分别高于女性5.42 个、7.70 个、12.19 个百分点。这表明 2000 年以来，女性与男性青年劳动参与水平的差距呈现扩大趋势（见表8）。

表8 1990～2015 年分年龄分性别广州青年就业人口比

单位：%

年龄 \ 年份 性别	1990		2000		2010		2015	
	男	女	男	女	男	女	男	女
合计	77.48	80.01	78.77	73.35	74.00	66.30	76.19	64.00
16～19 岁	47.26	56.06	44.32	56.40	35.06	33.64	26.40	19.20
20～24 岁	77.47	82.86	76.35	77.87	64.36	61.27	67.69	57.91
25～29 岁	88.83	86.89	92.35	79.69	91.49	80.11	88.23	75.68
30～34 岁	91.80	91.06	91.35	77.04	93.64	78.58	90.71	75.56

2015 年分年龄青年男性就业人口比均高于女性，而且年龄越大性别差异越显著，16～19 岁男女相差为 7.20 个百分点，20～24 岁相差 9.78 个百分点，25～29 岁相差 12.55 个百分点，30～34 岁组相差 15.15 个百分点。2010～2015 年，除男性 20～24 岁就业比有所上升，男女就业人口比普遍下降，16～19 岁降幅最大，女性尤其显著，下降 14.44 个百分点，就业人口比已低于 20%。

从 25 年的变化看，男女都是 16～19 岁降幅最大，男性就业人口比下降了 20.86 个百分点，女性下降了 36.86 个百分点；其他年龄女性降幅都超过 10%，明显大于男性，特别是 20～24 岁女性降幅高达 24.95 个百分点。16～19 岁、20～24 岁组就业人口比从 1990 年、2000 年男性低于女性转变为 2010 年、2015 年男性高于女性，而且差距扩大。2000 年、2010 年和 2015 年 25～29 岁、30～34 岁男性就业人口比均显著高于女性，差距改变很小。提高广州青年就业水平，应重视开发女性劳动力资源。

（四）青年就业人口的性别与年龄构成变化

1. 青年就业人口男性多于女性，性别比偏高

2015 年广州青年就业人口中，男性占 55.24%，女性占 44.76%，男性比例高于女性 10.48 个百分点；男女性别比值为 123.41%，比男女均衡性别比 100% 高 23.41 个百分点。25 年间青年就业人口男女性别比升高 13.77 个百分点，其中 2000～2010 年升幅较大，达到 8.78 个百分点。

2015 年各年龄组青年就业人口性别比都高于 100%，特别是 16～19 岁组高达 139.12%。从表 9 看，25 年间较低年龄与较高年龄就业人口性别比变化趋势有较大差别。16～19 岁、20～24 岁组就业人口性别比先降后升，特别是 16～19 岁组从 1990～2000 年低于 100% 转变为高于 100% 并持续大幅度走高；25～29 岁、30～34 岁组先升后降。这反映出较低年龄段青年在上学与就业选择中的性别差异以及劳动力市场上低龄女工从充裕到偏紧的变化。较高年龄青年就业人口的性别结构差异有所缩小。

表9 1990～2015年广州青年就业人口分年龄性别比及其变化

单位：%

年龄	1990年	2000年	2010年	2015年	1990～2000年	2000～2010年	2010～2015年
16～19岁	91.22	68.14	115.40	139.12	-23.08	47.26	23.72
20～24岁	111.50	100.72	114.06	119.86	-10.78	13.34	5.80
25～29岁	118.17	128.57	122.24	121.46	10.40	-6.33	-0.79
30～34岁	109.00	138.61	129.23	126.12	29.61	-9.38	-3.11
合计	109.64	112.27	121.05	123.41	2.63	8.78	2.36

从图7看，16～22岁组就业人口性别比从1990～2000年的偏低转变为2000～2015年的大幅攀升，随年龄增大趋近总体平均水平。27～34岁就业人口性别比随着年龄增大，从1990～2000年性别比趋于升高转变为2000～2015年性别比趋于下降，但仍然处于偏高水平。该年龄段女性面临婚育、家庭和就业选择上的矛盾以及就业难的困境。

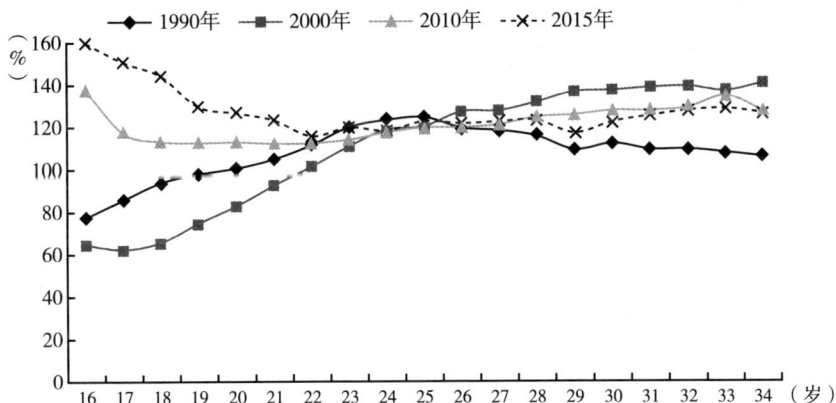

图7 1990～2015年广州青年就业人口分年龄性别比变化

2. 青年就业人口的年龄结构大龄化趋势显著

从图8可以看出，伴随着青年劳动年龄人口明显大龄化，广州青年就业人口年龄结构大龄化程度加剧。2015年，16～19岁、20～24岁青年就业人口比例为4.11%、22.11%，分别比2000年减少3.41和8.27个百分点；25～29岁、30～34岁的比例为38.49%、35.28%，分别比2000年增加4.57

个和7.10个百分点。2010～2015年广州青年就业人口的年龄构成格局发生较大转变。1990～2010年，青年就业人口年龄构成都呈以25～29岁为主、20～24岁居次的格局。2015年已形成比较典型的以中高龄青年为主的年龄构成格局。25年间，16～19岁就业人口比例持续下降，20～24岁组波动下降，25～29岁、30～34岁组上升趋势显著。2010～2015年变化更显著，特别是20～24岁降幅、30～34岁升幅都较大，这表明青年就业人口大龄化趋势显著。

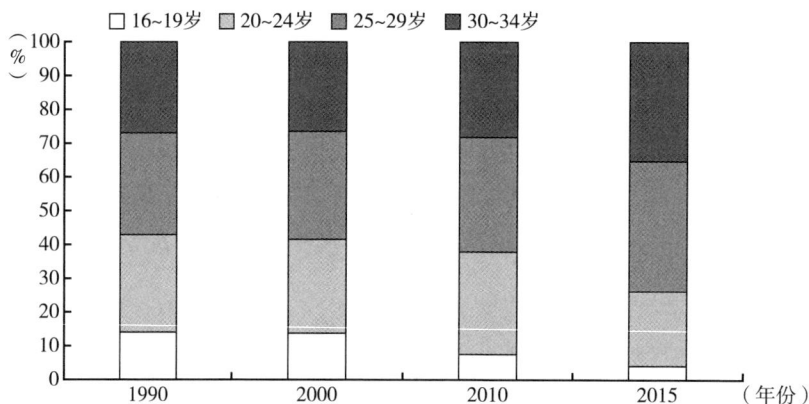

图8 1990～2015年广州青年就业人口年龄构成

2015年，广州青年就业人口的年龄中位数为28.11岁，比青年劳动年龄人口高1.2岁，这说明青年就业人口年龄较大，半数大于该年龄。广州青年就业人口的年龄中位数从1990～2010年呈现稳中渐升的态势，20年共增加0.66岁，而2010～2015年则增加了1.34岁，增幅明显加大。25年间，男性青年就业人口的年龄中位数均高于女性，其差距呈现先扩大再缩小的态势（见表10）。

表10 1990～2015年广州青年就业人口的年龄中位数

单位：岁

性别 \ 年龄 \ 年份	1990	2000	2010	2015
	26.11	26.32	26.77	28.11
男	26.20	26.92	26.92	28.13
女	26.01	25.54	26.59	28.08

3. 流动青年就业人口的年龄较大

2015 年广州流动青年劳动年龄人口中，主要因为工作就业而流动的占 72.45%。这部分青年流动人口的年龄分布状况，近似反映了流动青年就业人口的年龄特点。与流动青年劳动年龄人口相比，因工作就业流动的青年人口在 16 ~ 22 岁的比例较低，其中 16 ~ 20 岁均低 1 个百分点以上（19 岁 1.57%），23 ~ 34 岁比例均高 1 个百分点以下。这表明流动青年就业人口的年龄结构偏大（见图 9）。

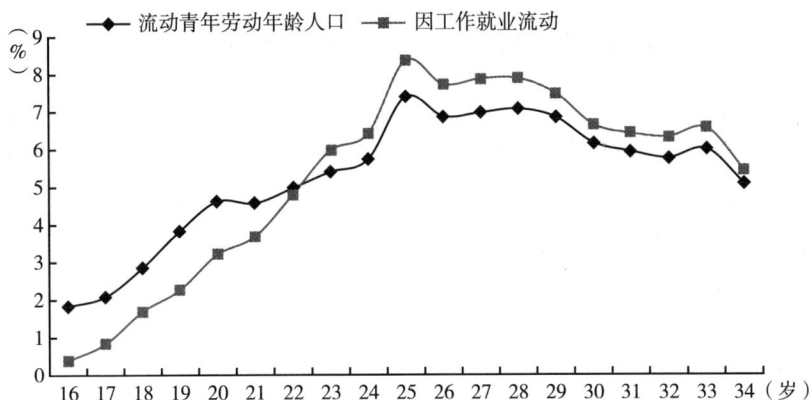

图 9 2015 年广州流动青年劳动年龄人口及其因工作就业流动者的年龄分布

二 青年就业人口的产业与行业结构

就业人口的产业结构和行业结构是人口的社会经济结构的重要组成部分，指的是一个国家或地区就业人口在国民经济三次产业、行业门类中的具体数量分布和比例关系。2000 ~ 2015 年三次全国人口调查分别依据 1994 年、2002 年和 2011 年《国民经济行业分类》国家标准汇总行业人口数据。三个数据年份行业分类的最大变化是 2000 年行业门类是 16 个，2010 年、2015 年均为 20 个。为保证各时期数据具有较高的可比性，这里以 2015 年 1% 人口抽样调查的行业门类为标准，主要考察 2000 ~ 2015 年青年就业人口的三次产业结构和2010～2015年青年就业人口的行业结构状况与变化特征。按行业门类划分三次产业,第一产业为农、林、牧、渔业;第二产业包含采矿业,制造业,电力、热力、燃气及水生产和供应业,建筑业四个行业门类;其他门类的行业均划归第三产业。本节从青年就业人口总体、分性别的青年就业人口和分年龄的青年就业人口三个方面描述其产业、行业结构的现状与变化特征。

(一)青年就业人口的三次产业结构与变化

1. 青年就业人口三次产业结构呈"3-2-1"分布格局,五年间优化升级速度加快

2015年,广州青年人口从事三次产业的比例依次为2.06%、34.82%和63.12%,第一产业比例极小,第三产业即服务业吸收了超过六成的青年就业人口。第一产业比同期全市就业人口低2.18个百分点。第二产业和第三产业分别高0.69和0.49个百分点。这说明青年就业人口的三次产业结构"3-2-1"分布格局更为显著,即青年人口产业结构更为完善,更多的青年从事劳动生产率更高的第二、三产业。

人口学把不同时期就业人口产业结构划分为传统型、发展型和现代型三种类型,从传统型到发展型再到现代型的就业人口产业结构转变是产业结构升级换代的规律。现代型的就业人口产业结构特征为第一产业占15%以下,第二产业占35%左右,第三产业占50%以上。[1] 2015年广州青年就业人口的产业结构已经完全属于现代型就业人口产业结构。

2000～2015年,广州青年就业人口产业结构发生了很大变化,第二产业的青年就业人口比例大幅下降11.75个百分点,第三产业的青年就业人口比例则大幅上升13.68个百分点。2010～2015年间这两个比例的升降幅度明显大于2000～2010年,说明广州第三产业经济活动发展迅速,聚集了大量的青年就业,青年就业人口产业结构现代化转型进入了增速发展时期(见表11)。

---

[1] 李仲生:《中国产业结构与就业结构的变化》,《人口与经济》2003年第2期。

表 11　2000～2015 年广州青年就业人口分性别的产业结构

单位：%

年份	第一产业			第二产业			第三产业		
	合计	男	女	合计	男	女	合计	男	女
2000	3.99	3.84	4.16	46.57	48.19	44.67	49.44	47.97	51.17
2010	3.74	3.61	3.90	43.83	46.14	41.02	52.43	50.25	55.08
2015	2.06	2.19	1.88	34.82	37.48	31.54	63.12	60.33	66.58

2. 男性就业人口集中于第二产业，女性就业人口集中于第三产业

2015 年，男性青年就业人口在第一产业、第二产业分别比女性就业人口多 0.31 个和 5.94 个百分点，在第三产业少 6.25 个百分点。这说明男、女就业人口分别在第二产业、第三产业占优势（见表 11）。

2000～2015 年分性别的青年就业人口三次产业结构变动趋势与全部青年就业人口基本一致，即男、女青年就业人口在第一、二产业比例不断下降，第三产业比例不断上升，但下降和上升幅度不同，第一产业由前 10 年女高于男转变为女低于男。第二产业男高于女的差距扩大，由 2000 年的 3.52 个百分点增加至 2015 年的 5.94 个百分点。

3. 青年就业人口第一、二产业的性别比明显高于第三产业，差距持续加大

2015 年，青年就业人口第一、二产业的性别比偏高，男性就业人口分别比女性就业人口多 43.82% 和 46.64%。这与第一、二产业对劳动者体力要求高密切相关，男性在这两大产业中占据明显优势。第三产业性别比则相对均衡，男性就业人口比女性就业人口多 11.81%（见表 12）。

15 年间，第一、二产业青年就业人口性别比持续快速上升，且在 2010～2015 年加速上升（分别上升 31.77 个和 10.47 个百分点）。第三产业的就业人口性别比变化甚微，5 年间仅提高 1.39 个百分点，这说明第三产业服务业对两性劳动力的吸引力和性别需求差异很小。

4. 低年龄组的第一、二产业的青年就业人口性别比更加偏高，15年间各产业高低年龄组性别比分化明显

2015 年，第一、二产业的青年就业人口在 16～19 岁、20～24 岁的性别比失衡严重，尤其是在第一产业，男性就业人口在这两个年龄组分别比女性

多103.57%和88.06%，第三产业的青年就业人口在16～19岁年龄组的性别比也较高。第二产业的青年就业人口在25～29岁、30～34岁的性别比偏高程度大于第一产业（见表12）。

表12　2000～2015年广州青年就业人口分三次产业分年龄的性别比

单位：%

年龄\年份\产业	第一产业			第二产业			第三产业		
	2000	2010	2015	2000	2010	2015	2000	2010	2015
合计	108.43	112.05	143.82	126.66	136.17	146.64	110.05	110.42	111.81
16～19岁	154.49	160.40	203.57	64.77	115.87	156.18	69.72	111.48	126.69
20～24岁	121.02	122.52	188.06	111.22	127.70	150.38	93.31	101.48	104.21
25～29岁	100.96	105.48	123.68	160.65	144.34	141.01	119.09	109.69	111.96
30～34岁	101.76	104.27	139.78	188.04	147.53	149.41	120.83	120.15	115.06

2000～2015年，第一产业的青年就业人口在16～24岁的性别比均明显高于25～34岁，而且年龄组性别比不断提高，这说明男性在各年龄比女性更集中于第一产业。第二产业的青年就业人口在16～24岁的性别比不断升高，在25～34岁呈现持续下降态势，这说明第二产业的青年就业人口在低年龄组的性别偏高状况加重，在高年龄组的性别失衡则有所缓和。第三产业的青年就业人口在16～24岁的性别比由2000年低于100转变为2015年大于100，在25～34岁的性别比则由大于100而有所降低，这说明第三产业的性别比在各年龄失衡现象有所缓和。

5. 低年龄组青年就业人口的产业结构优化升级较快，与高年龄组的差距缩小

2015年，青年就业人口各年龄组的三次产业结构均呈现"3－2－1"的现代型人口产业结构的特点（见表13）。第一产业的比例在16～24岁随着年龄的增加而降低，在25～34岁随着年龄的增加而升高；第二产业的比例随着年龄的增加而不断降低，极差为6.69个百分点；第三产业的比例随着年龄的增加先升高后趋稳，极差为6.23个百分点。

与2000年相比，2015年第一产业的25～29岁、30～34岁青年就业人口比例降幅较大；第二产业、第三产业则是16～19岁、20～24岁分别出现

显著的降幅、升幅，25~29岁、30~34岁的降升幅度收窄。这说明广州市经济从第二产业向第三产业进一步的转型对低龄青年人口影响更大。

表13　2000~2015年广州青年就业人口分年龄的三次产业结构

单位：%

年龄	第一产业			第二产业			第三产业		
	2000年	2010年	2015年	2000年	2010年	2015年	2000年	2010年	2015年
16~19岁	2.79	3.34	2.09	63.75	58.53	40.29	33.46	38.13	57.65
20~24岁	2.54	3.02	1.77	51.95	48.55	35.86	45.51	48.43	62.37
25~29岁	3.94	3.89	1.79	43.01	40.40	34.77	53.05	55.71	63.44
30~34岁	6.12	4.44	2.52	37.47	38.94	33.60	56.41	56.62	63.88

6. 第一产业的平均年龄和年龄中位数最大，5年间第一、二产业大龄化趋势显著

2015年，第一产业青年就业人口的平均年龄（28.32岁）最大，分别比第二产业、第三产业高0.71岁、0.48岁。第一产业的年龄中位数（29.00岁）也是最大，分别比第二产业、第三产业高1.08岁、0.85岁（见表14）。这与产业对就业人口劳动技能、知识经验的积累要求以及对青年人口的吸引力大小有关。

2000、2010、2015年三个年份的青年就业人口第一产业平均年龄和年龄中位数都是最大的，第三产业次之，第二产业最小。这说明自21世纪初以来，第二产业的青年就业人口年龄结构一直处于相对年轻状态。2000~2015年，三次产业青年就业人口年龄结构均有一定程度的大龄化趋势，不过第二、三产业是连续单调加深的，而第一产业青年就业人口的平均年龄和年龄中位数则表现出先减小后增大的趋势特征，并且2010~2015年各产业均呈现大龄化趋势，第一、二产业表现尤其显著，青年就业人口的平均年龄和年龄中位数增加幅度均超过1岁。

表14　2000~2015年广州青年就业人口分产业平均年龄、年龄中位数

单位：岁

产业	2000年		2010年		2015年	
	平均年龄	年龄中位数	平均年龄	年龄中位数	平均年龄	年龄中位数
第一产业	27.84	28.61	27.31	27.65	28.32	29.00
第二产业	25.42	25.32	26.12	26.01	27.61	27.92
第三产业	26.94	27.24	27.10	27.29	27.84	28.15

（二）青年就业人口的行业结构和变化

1. 制造业、批发和零售业吸纳了大半的青年就业人口，5年间青年就业人口从制造业向技术密集型行业明显转变

2015 年，广州青年就业人口所从事行业中比例排在前五位的行业依次是制造业，批发和零售业，住宿和餐饮业，交通运输、仓储和邮政业以及信息传输、软件和信息技术服务业，其中仅制造业、批发和零售业两个行业就吸纳了 56.53% 的青年就业人口。排在最后五位的依次为科学研究和技术服务业，电力、热力、燃气及水生产和供应业，水利、环境和公共设施管理业，采矿业和国际组织，其比例极小，数值在 0.01%～1.32%。剩余 10 个行业中，青年就业人口的比例基本都在 4% 以下（见表15）。

表15　2010～2015 广州青年就业人口的行业结构及其变化

单位：%，百分点

行业	2010 年	2015 年	增减	2015 年全市
农、林、牧、渔业	3.74	2.06	−1.68	4.24
采矿业	0.05	0.07	0.02	0.10
制造业	41.16	31.57	−9.59	28.31
电力、热力、燃气及水生产和供应业	0.44	0.52	0.08	0.79
建筑业	2.18	2.66	0.48	3.93
批发和零售业	21.99	24.96	2.97	22.92
交通运输、仓储和邮政业	4.68	5.64	0.96	6.18
住宿和餐饮业	6.08	5.98	−0.10	5.74
信息传输、软件和信息技术服务业	2.45	3.80	1.35	2.68
金融业	2.04	3.26	1.22	2.87
房地产业	2.02	2.59	0.57	2.89
租赁和商务服务业	2.23	3.21	0.98	2.80
科学研究和技术服务业	0.77	1.32	0.55	1.15
水利、环境和公共设施管理业	0.31	0.28	−0.03	0.52
居民服务、修理和其他服务业	2.48	3.06	0.58	3.64
教育	2.63	2.93	0.30	3.76
卫生和社会工作	1.45	1.97	0.52	2.18
文化、体育和娱乐业	1.08	1.42	0.34	1.18
公共管理、社会保障和社会组织	2.22	2.70	0.48	4.12
国际组织	0.00	0.01	0.01	0.00

与广州全市就业人口的行业结构比较可以发现，全市就业人口在制造业，批发和零售业的比例在 20 个行业中也位居前两位，但低于青年就业人口在这两个行业的比例（分别低 3.26 个和 2.04 个百分点）。青年就业人口在更高级的技术密集型行业（如信息传输、软件和信息技术服务业，金融业等）中的比例更高，而在传统的和管理服务性质的行业（如农、林、牧、渔业，公共管理、社会保障和社会组织等）中青年就业人口的比例则低于全市就业人口。

相比 2010 年，2015 年从事制造业的青年就业人口比例大幅度降低 9.59 个百分点，农、林、牧、渔业，住宿和餐饮业，水利、环境和公共设施管理业这 3 个行业则小幅度下降。从事批发和零售业的青年就业人口比例升幅较大（上升 2.97 个百分点），信息传输、软件和信息技术服务业，金融业的升幅超过 1 个百分点，其余 13 个行业比例均有所上升。这反映了广州青年就业人口的行业结构升级换代的主要领域。

2. 男青年比女青年更集中在对体力要求更高的行业，女青年更集中在商贸、金融、教育和卫生等行业，5 年间行业分布比例增幅的性别差异明显

2015 年，无论是男性还是女性青年就业人口，制造业，批发和零售业都是排在前两位的行业。男性青年就业人口比女性青年就业人口更集中在制造业，建筑业，交通运输、仓储和邮政业等对劳动者体力要求更高的行业，而女性青年就业人口比男性更集中在批发和零售业、金融业、教育、卫生和社会工作等行业，这体现了劳动者性别分工的差异（见表 16）。

相比 2010 年，在比例增加的行业，青年男性就业人口在建筑业，交通运输、仓储和邮政业，信息传输、软件和信息技术服务业，居民服务、修理和其他服务业等行业的增加幅度大于女性；女性则在金融业，房地产业，租赁和商务服务业，教育，卫生和社会工作，公共管理、社会保障和社会组织等行业的增加幅度大于男性。在比例减小的行业，青年女性就业人口在农、林、牧、渔业，制造业等行业的减幅大于男性。

表16 2010～2015年广州青年就业人口分性别的行业分布及其变化

单位：%，百分点

行业	2010年		2015年		增减		2015年全市	
	男	女	男	女	男	女	男	女
农、林、牧、渔业	3.61	3.90	2.19	1.88	-1.42	-2.02	4.03	4.52
采矿业	0.07	0.03	0.10	0.04	0.03	0.01	0.12	0.06
制造业	42.39	39.68	32.99	29.81	-9.40	-9.87	28.65	27.86
电力、热力、燃气及水生产和供应业	0.54	0.31	0.64	0.38	0.10	0.07	1.01	0.49
建筑业	3.15	1.00	3.75	1.31	0.60	0.31	5.56	1.72
批发和零售业	19.70	24.77	22.72	27.73	3.02	2.96	21.33	25.07
交通运输、仓储和邮政业	6.37	2.63	7.48	3.36	1.11	0.73	8.39	3.17
住宿和餐饮业	5.70	6.54	5.71	6.32	0.01	-0.22	5.11	6.60
信息传输、软件和信息技术服务业	2.75	2.10	4.30	3.20	1.55	1.10	3.00	2.24
金融业	1.76	2.39	2.82	3.81	1.06	1.42	2.48	3.40
房地产业	2.26	1.74	2.72	2.44	0.46	0.70	3.12	2.59
租赁和商务服务业	2.09	2.40	2.77	3.75	0.68	1.35	2.63	3.04
科学研究和技术服务业	0.8	0.70	1.37	1.26	0.54	0.56	1.23	1.03
水利、环境和公共设施管理业	0.34	0.27	0.30	0.25	-0.04	-0.02	0.52	0.53
居民服务、修理和其他服务业	2.49	2.46	3.32	2.73	0.83	0.27	3.24	4.17
教育	1.57	3.91	1.69	4.46	0.12	0.55	2.46	5.53
卫生和社会工作	0.76	2.27	0.97	3.20	0.21	0.93	1.31	3.36
文化、体育和娱乐业	0.98	1.19	1.34	1.52	0.36	0.33	1.14	1.24
公共管理、社会保障和社会组织	2.66	1.69	2.83	2.55	0.17	0.86	4.67	3.37
国际组织	0.00	0.01	0.00	0.01	0.00	0.00	0.00	0.01

3. 九个行业青年就业人口性别比差异悬殊，15年间差异缩小

从2000年、2010年以及2015年三次人口调查统计口径基本相同的九个行业的性别比差异及其15年变化可以发现，分行业青年就业人口性别比偏高现象趋于减弱。

第二产业的四个行业青年就业人口性别比普遍很高（见表17）。2015

年，制造业，采矿业，电力、热力、燃气及水生产和供应业以及建筑业这四个门类的行业性别比都很高，后三个行业性别比均超过200%，是典型的男性占据主要优势的行业。性别比最高的建筑业（352.32%）与最低的制造业（136.56%）差距悬殊。这与行业的体力劳动强度、工作条件密切相关。从2000～2015年这15年间，除了制造业的性别比从接近100%的均衡转向偏高，其他三个行业的性别比偏高现象均有所减弱，特别是建筑业，青年就业人口性别比（370.03%）下降超过一半，但依然是男青年最集中的行业。

表17　2000～2015年广州九个行业青年就业人口的性别比

单位：%

行业	2000年	2010年	2015年
采矿业	378.26	262.26	273.68
制造业	99.97	129.32	136.58
电力、热力、燃气及水生产和供应业	246.44	211.15	210.18
建筑业	722.35	380.33	352.32
交通运输、仓储和邮政业	289.66	292.77	274.58
批发和零售贸易、餐饮业	99.31	98.16	103.02
金融业	82.11	89.02	91.16
房地产业	180.86	157.08	137.85
科学研究和技术服务业	183.45	143.02	134.35

相比上述4个行业，2015年属于第三产业的交通运输、仓储和邮政业，批发和零售贸易、餐饮业，金融业，房地产业，科学研究和技术服务业等5个行业有4个青年人口性别比在140%以下（见表17）。交通运输、仓储和邮政业的性别比为274.58%，说明从事该行业的男性青年就业人口数量远远超过女青年数量，从2000年到2015年，该指标呈先上升后下降的变化趋势。从事批发和零售贸易、餐饮业的青年人口性别比比较均衡，15年稍有上升。从事金融业的女性青年人口数量多于男性（2015年多8.84%），15年间性别比持续上升，性别比趋于平衡。房地产业，科学研究和技术服务业这两大行业的就业人口性别比状况相似，都是男性就业人口数量大于女性，但是从2000～2015年15年间就业人口性别比下降，性别比失衡有缓和的

趋势。

4. 低年龄组青年就业人口集中分布于制造业、批发和零售业、住宿和餐饮业，高年龄组在现代服务行业分布趋于增加

2015 年，四个年龄组的青年就业人口主要从事制造业、批发和零售业，合计平均比例接近 58%。16～19 岁的青年就业人口从事制造业，住宿和餐饮业的比例显著高于其他三个年龄组，但在一些对劳动者资历和经验技能要求更高的行业（如信息传输、软件和信息技术服务业，金融业，科学研究和技术服务业，国际组织等）中，这个年龄组青年就业人口的比例就比其他三个年龄组低。2015 年 20～24 岁、25～29 岁以及 30～34 岁这三个年龄组的青年就业人口行业分布特征与全部青年就业人口基本保持一致（见表18）。

随着年龄的增加，少数行业，如制造业，住宿和餐饮业，居民服务、修理和其他服务业，文化、体育和娱乐业等行业的青年人口比例呈现下降趋势；多数行业，如电力、热力、燃气及水生产和供应业，建筑业，交通运输、仓储和邮政业，金融业，卫生和社会工作，公共管理、社会保障和社会组织等行业的青年人口比例呈现上升趋势。在较高年龄组，青年就业人口行业结构相对稳定和优化。

表 18　2015 年广州青年就业人口分年龄的行业分布

单位：%

行业	16～19 岁	20～24 岁	25～29 岁	30～34 岁
农、林、牧、渔业	2.09	1.77	1.79	2.52
采矿业	0.00	0.05	0.08	0.09
制造业	38.00	32.99	31.71	29.77
电力、热力、燃气及水生产和供应业	0.20	0.36	0.49	0.71
建筑业	2.09	2.46	2.50	3.30
批发和零售业	23.76	26.26	25.18	24.04
交通运输、仓储和邮政业	3.34	4.81	5.85	6.18
住宿和餐饮业	13.85	7.61	5.40	4.68
信息传输、软件和信息技术服务业	1.45	3.89	4.08	3.73
金融业	0.89	2.42	3.54	3.77
房地产业	1.40	2.41	2.76	2.67

行业	16～19岁	20～24岁	25～29岁	30～34岁
租赁和商务服务业	1.65	3.02	3.37	3.33
科学研究和技术服务业	0.30	1.07	1.45	1.45
水利、环境和公共设施管理业	0.10	0.19	0.28	0.35
居民服务、修理和其他服务业	4.38	3.36	3.04	2.72
教育	2.51	2.21	2.60	3.79
卫生和社会工作	0.98	1.53	1.95	2.37
文化、体育和娱乐业	2.56	1.91	1.23	1.18
公共管理、社会保障和社会组织	0.49	1.66	2.70	3.62
国际组织	0.00	0.00	0.01	0.01

5. 不同行业青年人口的平均年龄和年龄中位数差异较大，5年间农业、制造业和传统服务行业的青年人口大龄化趋势显著

2015年，公共管理、社会保障和社会组织的青年就业人口平均年龄最大（29.11岁），住宿和餐饮业的平均年龄最小（26.57岁），相差2.54岁。制造业，批发和零售业，信息传输、软件和信息技术服务业，居民服务、修理和其他服务业，文化、体育和娱乐业的平均年龄也比较小，都在28岁以下，说明这几个行业的青年就业人口年龄结构比较年轻。其他行业的平均年龄都大于28岁（见表19）。

2015年，从年龄中位数来看，电力、热力、燃气及水生产和供应业青年就业人口的年龄中位数最大（29.68岁），住宿和餐饮业的年龄中位数最小（26.78岁），相差2.90岁。公共管理、社会保障和社会组织，教育，采矿业，水利、环境和公共设施管理业，卫生和社会工作，农、林、牧、渔业等6个行业的年龄中位数也都达到或超过29岁。批发和零售业，制造业，居民服务、修理和其他服务业，文化、体育和娱乐业等4个行业的年龄中位数低于28岁。

2010～2015年，除了教育、国际组织2个行业，其他18个行业的平均年龄和年龄中位数均有所增加，增幅最大的是制造业，分别增加了1.54岁和2.01岁。农、林、牧、渔业和采矿业的平均年龄增加幅度都大于1岁。教育、国际组织两个行业的平均年龄有所降低。农、林、牧、渔业，住宿和

餐饮业，采矿业，居民服务、修理和其他服务业，电力、热力、燃气及水生产和供应业，批发和零售业等6个行业的年龄中位数都增加1岁或超过1岁。水利、环境和公共设施管理业，建筑业，文化、体育和娱乐业，教育等4个行业的年龄中位数增幅不足0.5岁。国际组织的年龄中位数降低。这说明了大部分的行业的青年人口年龄结构呈现大龄化趋势，农业、制造业和传统服务行业的青年人口大龄化趋势比较明显。

表19　2010年、2015年广州青年就业人口分行业的平均年龄与年龄中位数及其变化

单位：岁

行业	2010年		2015年		增减	
	平均年龄	年龄中位数	平均年龄	年龄中位数	平均年龄	年龄中位数
农、林、牧、渔业	27.31	27.65	28.32	29.00	1.01	1.35
采矿业	27.93	28.13	28.96	29.31	1.03	1.18
制造业	26.00	25.83	27.54	27.84	1.54	2.01
电力、热力、燃气及水生产和供应业	28.27	28.61	28.98	29.68	0.71	1.07
建筑业	27.84	28.26	28.18	28.64	0.34	0.38
批发和零售业	26.83	26.94	27.66	27.94	0.83	1.00
交通运输、仓储和邮政业	27.71	27.98	28.26	28.58	0.55	0.60
住宿和餐饮业	25.75	25.43	26.57	26.78	0.82	1.35
信息传输、软件和信息技术服务业	27.27	27.36	27.95	28.13	0.68	0.77
金融业	27.87	27.96	28.61	28.89	0.74	0.93
房地产业	27.50	27.73	28.07	28.32	0.57	0.59
租赁和商务服务业	27.63	27.79	28.09	28.34	0.46	0.55
科学研究和技术服务业	28.01	28.17	28.46	28.68	0.45	0.51
水利、环境和公共设施管理业	28.34	28.88	28.83	29.29	0.49	0.41
居民服务、修理和其他服务业	26.45	26.43	27.29	27.58	0.84	1.15

行业	2010 年		2015 年		增减	
	平均年龄	年龄中位数	平均年龄	年龄中位数	平均年龄	年龄中位数
教育	28.75	29.29	28.62	29.37	-0.13	0.08
卫生和社会工作	28.08	28.34	28.57	29.03	0.49	0.69
文化、体育和娱乐业	26.56	26.60	26.78	26.92	0.22	0.32
公共管理、社会保障和社会组织	28.31	28.67	29.11	29.64	0.80	0.97
国际组织	29.56	29.25	28.50	28.75	-1.06	-0.50

三 青年就业人口的职业结构

职业是就业人口所从事的具体工作种类。青年就业人口的职业分布及其比例关系即职业结构状况不仅反映青年劳动者职业活动类型及技能素质特征,而且可以反映社会经济发展程度和社会分层状况。2015 年全国 1% 人口抽样调查把职业分为七大类:①党的机关、国家机关、群团和社会组织、企事业单位负责人;②专业技术人员;③办事人员和有关人员;④社会生产服务和社会生活服务人员;⑤农、林、牧、渔业生产及辅助人员;⑥生产制造及有关人员;⑦不便分类的其他从业人员。与 2010 年人口普查的职业分类相比,第一、四、五、六大类职业名称不同,第三、四、五、六大类职业的下属中类有较大变化。① 为保证可比性,本节按照 2015 年 1% 人口抽样调查

---

① 2010 年人口普查职业分为七大类:国家机关、党群组织、企业、事业单位负责人;专业技术人员;办事人员和有关人员;商业、服务业人员;农、林、牧、渔、水利业生产人员;生产、运输设备操作人员及有关人员;不便分类的其他从业人员。第一、四、五、六大类职业名称与 2015 年不同;2010 年属于第三大类的中类(邮政和电信业务人员)于 2015 年被调入第四大类,2010 年属于第五大类的中类(水利设施管理养护人员)被调入 2015 年的第四大类,2010 年属于第六大类的电力设备安装、运行、检修及供电人员,广播影视制品制作、播放及文物保护作业人员,环境监测与废物处理人员和检验、计量人员这四类职业被调入 2015 年的第四大类。

的职业分类标准采用 2010 年人口普查所分职业大类、中类数据，并调整 2010 年职业的第三、四、五、六大类数据。为便于描述，将七大类职业简称为负责人、专业人员、办事人员、服务人员、生产人员、农业人员、其他（该大类数据很小，不做分析）。

（一）青年就业人口的总体职业结构与变化

1. 青年就业人口最主要分布在服务人员、生产人员两大类职业中

从表 20 可以看出，2015 年的青年就业人口职业构成比例最大的是服务人员（45.90%），其次是生产人员（24.36%），这两大职业约占青年就业人口的 70%，说明了广州市服务业和制造业的蓬勃发展。专业人员、办事人员的比例均超过 10%。负责人、农业人员所占比例最低，反映了处在职业分层两端的青年就业人口受到年龄和职业前景的双重影响。

2. 以脑力劳动为主的职业比例上升或基本保持不变，以体力劳动为主的职业呈现升降剧烈的转变，职业构成继续向高级化转变

2010 ~ 2015 年，总体上前三大类以脑力劳动为主的职业比例上升或者基本上保持不变，后三大类以体力劳动为主的职业比例显著上升与下降并存（见表 20）。

表 20　2010 年、2015 年广州青年就业人口的职业结构及其变化

单位：%，百分点

职业	2010 年	2015 年	增减
负责人	3.47	3.46	- 0.01
专业人员	12.11	13.52	1.41
办事人员	9.60	10.42	0.82
服务人员	34.32	45.90	11.58
生产人员	36.63	24.36	- 12.27
农业人员	3.72	1.94	- 1.78
其他	0.15	0.40	0.25

具体来看，在青年就业人口职业大类比例中，负责人占比基本上没有变化。办事人员和专业人员这两大类职业占比呈现小幅度上升。服务人员占比

上升幅度最大，达到 11. 58 个百分点，说明这 5 年间广州市的服务业对于青年就业人口的需求巨大，也进一步反映了广州市服务业发展的迅速。生产人员占比大幅度下降了 12. 27 个百分点，说明广州制造业转型迅速。

与 1990～2010 年青年就业人口职业结构变化特点相比[①]，生产人员占比在经历 1990～2000 年较大幅度上升和 2000～2010 年较大幅度下降后，2010～2015 年呈现加速下降的态势，而服务人员占比则持续稳步上升，并在 2010～2015 年加速上升，取代了生产人员，成为占比第一的职业大类。农业人员占比经历 20 年持续大幅度下降后，在 2010～2015 年只是小幅度下降。负责人和办事人员在 1990～2010 年比例稳步上升，2010～2015 年后基本保持不变或小幅度上升。专业人员比例在 1990～2010 年波动上升，2010～2015 年小幅度上升。这进一步说明广州市青年就业人口职业构成继续向高级化转变。

3. 青年就业人口职业分层两端较小、中端较大，与全市就业人口相似

从表 21 可以看出，青年就业人口和全市就业人口占最大比例的职业都是服务人员，均超过了 40%。比例排在第二位和第三位的职业分别是生产人员和专业人员，全市就业人口和青年就业人口在这两大类职业的比例都较为接近。

表 21 2015 年广州青年就业人口职业结构与全市比较

单位：%，百分点

职业	青年就业人口	全市就业人口	差值
负责人	3.46	5.04	-1.58
专业人员	13.52	13.37	0.15
办事人员	10.42	10.61	-0.19
服务人员	45.90	43.65	2.25
生产人员	24.36	22.78	1.58
农业人员	1.94	4.10	-2.16
其他	0.40	0.23	0.17

---

① 涂敏霞、邱服兵主编《广州青年发展状况研究报告（2009～2010）》，广东人民出版社，2010，第 24～25 页；阎志强、钟英莲：《1990～2010 年广州青年人口增长及其社会构成变动》，《南方人口》2013 年第 6 期。

青年就业人口与全市就业人口职业构成存在一定差异。在职业分层两端，即负责人和农业人员这两大类职业，青年就业人口在这两大类职业的比例分别比全市就业人口少 1.58 个和 2.16 个百分点。负责人通常要达到一定年龄和资历才可以担任，因此在青年就业人口中比例低。而青年就业人口由于劳动技能和文化水平较高，较少从事体力劳动类的职业，因此在农业人员中的比例也比全市就业人口低。

同时，青年就业人口在服务人员、生产人员和专业人员三大类职业的比例分别比全市就业人口高 2.25 个、1.58 个和 0.15 个百分点，这说明青年就业人口更多选择和集中于服务业、制造业和专业化的职业，职业结构的高级化趋势明显。这对广州市产业升级和经济转型起到了重要作用。从图 10 可以直观地看出广州青年的职业结构与全市的大同小异。

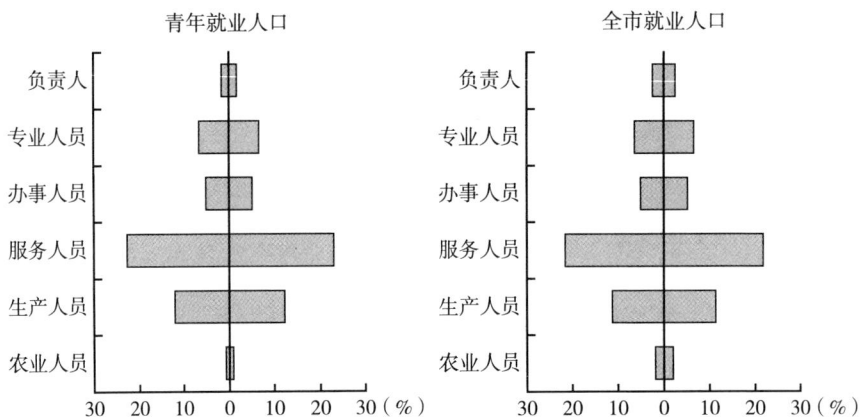

图 10　2015 年广州青年就业人口职业结构与全市就业人口职业结构

（二）青年就业人口职业结构的性别差异

1. 青年人口职业构成的性别差异主要体现在"男工女专"

2015 年，不管是男性青年就业人口，还是女性青年就业人口，服务人员、生产人员所占比例最大（分别合计为 75.36% 和 63.97%），这与总体青年职业构成的特点一样。性别差异主要体现在女性青年就业人口比男青年更聚集于专业人员和办事人员，分别比男青年高 6.69 个和 5.90 个百分点，男青年就业人口比女青年更聚集于生产人员，占比高 7.12 个百分点。性别差异的特点除了反映男女性别分工的传统差异，更说明了女性的劳动素质和劳动技能的提升（见图 11）。

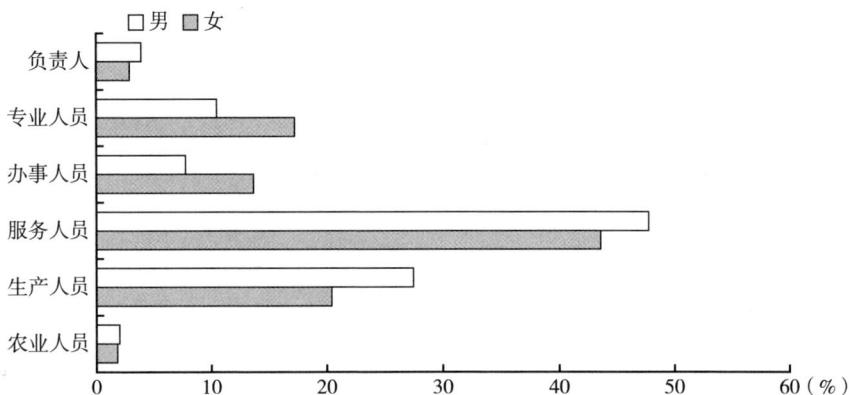

图11　2015 年广州青年就业人口分性别的职业结构

与 2010 年相比，青年就业人口分性别职业分布最主要的变化在于男、女青年的服务人员比例都有较大幅度上升，男性比女性多上升 9.93 个百分点，性别差异由女性比例高于男性转变为男性比例高于女性，这与生产类服务业的迅速发展有关。生产人员比例则刚好相反，两性有较大幅度下降，男性比女性多下降 4.63 个百分点，从而性别差异缩小。专业人员和办事人员女性更占优势，性别差异扩大。这说明相较于男性，青年女性的职业结构变化更大，而且高级化进程更快（见表 22）。

广州青年职业的性别隔离程度有所减低。2010 年、2015 年青年就业人口的职业性别隔离指数（即邓肯指数①）分别为 0.13、0.125，2015 年稍有

---

① 邓肯指数（用 D 表示）是最早用来体现不同性别在不同职业之间分布状况并衡量这种隔离的量化指数，它等于每个职业中女性和男性比例差的绝对值之和的 1/2。若 D=0，则意味着男女两性在不同职业中就业比例一样；若 D=1，则表示完全隔离，即没有男性或女性在同一职业中就业。也可将这个指数理解为女性（或男性）将要变换多大比例才能消除职业间的比例差别。

下降。这意味着 2015 年有 12.5% 的男性或女性在职人员需要转换他们的工作以达到职业的性别平衡。相对来讲，这样的一个职业性别隔离指数不是很高，但是，相对于 2015 年广州市全市就业人口职业的邓肯指数（0.08）来讲，青年就业人口的性别隔离程度还有降低的空间。

表 22　2010 年、2015 年广州青年就业人口分性别的职业结构

单位：%，百分点

职业	2010 年			2015 年		
	男	女	差异	男	女	差异
负责人	3.95	2.91	1.04	3.92	2.89	1.03
专业人员	9.91	14.93	−5.02	10.53	17.22	−6.69
办事人员	8.83	10.64	−1.81	7.78	13.68	−5.90
服务人员	31.94	37.60	−5.66	47.81	43.54	4.27
生产人员	41.60	29.85	11.75	27.55	20.43	7.12
农业人员	3.59	3.92	−0.33	2.04	1.81	0.23
其他	0.17	0.14	0.03	0.37	0.43	−0.06

2. 负责人和生产人员性别比偏高较严重，专业人员和办事人员性别比偏低

从分职业性别比来看（见表 23），2015 年，各职业大类的男女性别比都出现失衡的情况，多数职业男性占优势。性别比高于 100% 的有负责人、服务人员、生产人员和农业人员四大类职业。其中，负责人、生产人员的性别比失衡较为严重，男性比女性分别高 67.32% 和 66.44%。性别比低于 100% 的有专业人员、办事人员，男性比女性分别低 24.55% 和 29.82%。

与 2010 年相比，办事人员、服务人员、农业人员的性别比变化显著。办事人员性别比 5 年里大幅度下降 31.37 个百分点，服务人员、农业人员的性别比大幅度上升 31.72% 和 27.24%。值得注意的是，性别比变化较大的这三大类职业在 2010 年的青年就业人口中都是相当均衡的（分别为 101.55%、103.79%、和 112.09%）。这说明了 5 年来广州市青年就业人口出现部分职业性别比严重失衡的情况。

表 23　2010 年、2015 年广州青年就业人口分职业的性别比及其变化

单位：%，百分点

职业	2010 年	2015 年	增减
负责人	166.00	167.32	1.32
专业人员	81.26	75.45	-5.81
办事人员	101.55	70.18	-31.37
服务人员	103.79	135.51	31.72
生产人员	170.54	166.44	-4.10
农业人员	112.09	139.33	27.24
其他	144.78	106.84	-37.94

3. 负责人、服务人员在中高年龄组的性别比随着年龄的增加趋于升高

2015 年，广州青年就业人口分职业性别比存在年龄差异。负责人、服务人员在中高年龄组（20～34 岁）的性别比随着年龄的增加而不断上升，都在 30～34 岁组达到最大值，失衡最严重（男性比女性分别多 75.51% 和 42.27%）。另外四大类职业的性别比随着年龄的增加性别不平衡状况有所减缓。其中，性别比偏低的专业人员和办事人员性别比趋于升高，性别比偏高的生产人员和农业人员性别比趋于降低。低年龄组（16～19 岁）部分职业呈现性别比偏高最严重的现象，这与该年龄段就业人数少而且样本存在误差可能有较大的关系（见表 24）。

表 24　2015 年广州青年就业人口分职业分年龄的性别比

单位：%

年龄（岁）	负责人	专业人员	办事人员	服务人员	生产人员	农业人员	其他
16～19	450.00	77.25	58.47	135.70	175.93	200.00	190.91
20～24	144.90	70.43	54.44	124.23	178.51	185.94	125.81
25～29	159.92	73.47	68.14	137.05	162.50	121.58	95.71
30～34	175.51	79.59	83.14	142.27	160.72	132.49	97.44

（三）青年就业人口职业结构的年龄差异

1. 随着年龄增加，青年就业人口高度集中在服务人员和生产人员的趋势减弱，前三大类职业分布显著增加，5年间较低年龄组的职业结构变化明显

2015 年，青年就业人口分年龄的职业结构存在较大差异。低年龄组

（16～19岁）高度集中于服务人员和生产人员（合计达84.53%）。以脑力劳动为主的前三大类职业比例随年龄增加而明显增加，负责人、专业人员和办事人员三大类职业的比例在30～34岁组都达到最大，分别比16～19岁组高4.22个、8.47个和6.53个百分点。服务人员和生产人员的比例随着年龄增加而下降，特别是生产人员大幅度下降12.71个百分点（见表25）。

五年间，青年就业人口分年龄职业结构变化最明显的体现是各年龄组服务人员、生产人员大幅度的一升一降，而且16～19岁组的升降幅度都最大，前者升幅为16.10个百分点，后者为19.98个百分点。其他职业在各年龄组的比例则呈现小幅度上升或下降。这五年的分年龄的各职业比例变化说明了较低年龄的职业结构比较高年龄的职业结构变动更为剧烈，高年龄的职业结构相对稳定和均衡。

表25　2015年广州青年就业人口分年龄职业结构与2010年的比较

单位：岁，%，百分点

类别	年龄	负责人	专业人员	办事人员	服务人员	生产人员	农业人员	其他
2015年	16～19	0.81	7.28	4.62	49.85	34.68	1.97	0.79
	20～24	1.65	11.00	9.48	48.83	27.05	1.67	0.32
	25～29	3.34	13.60	10.92	46.17	23.91	1.70	0.36
	30～34	5.03	15.75	11.15	43.30	21.97	2.36	0.44
2015年比 2010年增减	16～19	0.27	4.12	0.34	16.10	-19.98	-1.41	0.56
	20～24	0.05	2.54	0.64	12.30	-14.33	-1.36	0.16
	25～29	-0.56	-1.01	0.05	11.87	-8.38	-2.18	0.22
	30～34	-0.71	0.33	0.84	11.2	-9.94	-2.02	0.30

2. 负责人、专业人员和服务人员在较高年龄占比的性别差异较大，其他类职业中低年龄的性别差异较大

2015年，分年龄组分性别的青年就业人口职业结构存在差异（见表26）。各年龄组女性青年专业人员和办事人员的比例均显著大于男性，前者随年龄增大性别差距扩大，30～34岁组差距最大（相差7.32个百分点），后者在20～24岁、25～29岁差距突出，分别为7.36个、6.31个百分点。

各年龄组男性青年生产人员的比例均显著大于女性，20～24岁组的差距最大，相差 10.45 个百分点。男性青年服务人员占比在 25～29 岁、30～34 岁高出女性 5 个百分点以上。这表明，较大年龄的女青年在专业技术人员职业上占优势，较年轻的男、女青年分别在生产人员、办事人员上占优势。

表 26　2015 年广州青年就业人口分性别分年龄的职业结构与比较

单位：岁，%

类别	年龄	负责人	专业人员	办事人员	服务人员	生产人员	农业人员	其他
男性	16～19	1.14	5.45	2.92	49.32	38.00	2.28	0.89
	20～24	1.79	8.34	6.13	49.63	31.80	2.00	0.33
	25～29	3.75	10.50	8.07	48.67	26.98	1.70	0.32
	30～34	5.75	12.51	9.08	45.58	24.28	2.41	0.39
女性	16～19	0.35	9.82	6.94	50.59	30.06	1.59	0.65
	20～24	1.48	14.19	13.49	47.89	21.35	1.29	0.31
	25～29	2.85	17.36	14.38	43.13	20.17	1.70	0.41
	30～34	4.13	19.83	13.77	40.41	19.06	2.30	0.51
男性与女性相比，相差百分点数	16～19	0.79	-4.37	-4.02	-1.27	7.94	0.69	0.24
	20～24	0.31	-5.85	-7.36	1.74	10.45	0.71	0.02
	25～29	0.90	-6.86	-6.31	5.54	6.81	0.00	-0.09
	30～34	1.62	-7.32	-4.69	5.17	5.22	0.11	-0.12

3. 较高年龄组集中了约 80% 以脑力劳动为主的职业青年，以体力劳动为主的职业青年就业人口大龄化趋势显著

从表 27 可以看出，2015 年各职业青年人口多集中在较高年龄组。各职业青年就业人口主要分布在 25～29 岁和 30～34 岁，其中，负责人在这两个年龄组比例最大（88.50%），生产人员的比例最小（69.59%）。负责人、专业人员和农业人员的众数年龄为 30～34 岁，特别是负责人在该年龄组的比例超过50%；其他三类职业人员的众数年龄为 25～29 岁。这种年龄差异反映了不同职业对青年教育、技能的不同要求以及职业稳定性和吸引力的差异。

5 年间以体力劳动为主的职业在较低年龄组比例大幅度降低，在较高年龄组大幅度上升。16～24 岁的各职业分年龄比例普遍降低，特别是 20～24 岁组办事人员、生产人员和服务人员的比例显著降低。同时，25～29 岁的生产人员、服务人员以及各职业 30～34 岁比例均显著升高。25～34 岁的生

产人员和服务人员的升幅居前，分别为15.13个和11.74个百分点，这两大类职业的大龄化趋势更为明显。

表27 2015年广州青年就业人口分职业的年龄结构与2010年的比较

单位：岁，%，百分点

类别	年龄	负责人	专业人员	办事人员	服务人员	生产人员	农业人员	其他
2015年	16~19	0.97	2.22	1.83	4.47	5.86	4.18	8.14
	20~24	10.53	17.99	20.10	23.53	24.55	19.10	17.81
	25~29	37.17	38.71	40.33	38.72	37.77	33.77	34.86
	30~34	51.33	41.09	37.74	33.28	31.82	42.95	39.19
2015年比 2010年增减	16~19	-0.21	0.26	-1.52	-2.93	-5.36	-2.64	-3.05
	20~24	-3.48	-3.23	-7.86	-8.81	-9.77	-5.59	-14.52
	25~29	-0.97	-2.22	1.91	4.82	7.86	-1.58	3.24
	30~34	4.66	5.21	7.46	6.92	7.27	9.81	14.32

从平均年龄看，2015年青年就业人口职业两端的平均年龄差异明显。负责人的平均年龄最大（29.45岁），生产人员的平均年龄最小（27.31岁），二者相差2.14岁。专业人员、办事人员和农业人员这三大类职业的平均年龄则较为接近（分别为28.44岁、28.21岁和28.30岁）。5年间，青年就业人口各职业的平均年龄具有不同程度的提高，以体力劳动为主的职业的平均年龄增加幅度较大。服务人员、生产人员和农业人员这三大类职业的平均年龄增幅均大于1岁（分别为1.06岁、1.36岁和1.03岁），专业人员的平均年龄增加幅度最小（0.39岁），如图12所示。

不同职业的青年就业人口的年龄中位数及其变化也存在差异。2015年，负责人的年龄中位数最大（30.13岁），比年龄中位数最小的生产人员大2.54岁。专业人员和办事人员的年龄中位数较为接近（分别为28.85岁和28.96岁），服务人员和生产人员的年龄中位数较为接近（分别为27.84岁和27.59岁）。5年间，生产人员、农业人员和服务人员的年龄中位数大幅度升高（分别为1.84岁、1.34岁和1.33岁），这与它们在平均年龄上的增加趋势一样。负责人和专业人员的年龄中位数增加幅度最少，均为0.57岁，比增加幅度最大的生产人员小1.27岁（见图13）。

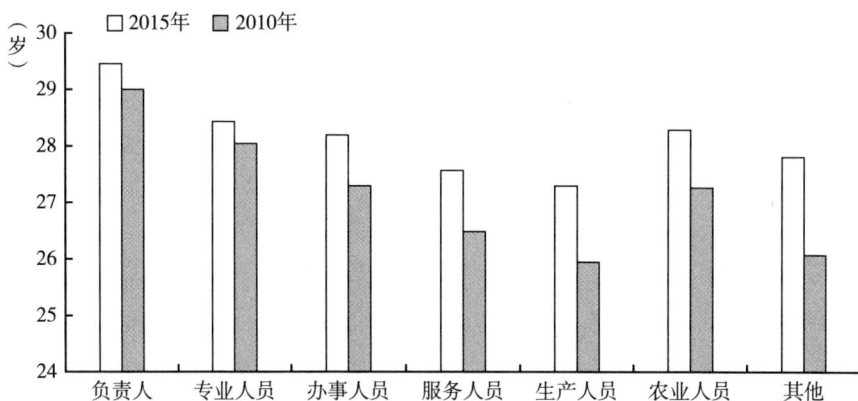

图12　2010年、2015年广州市青年就业人口分职业的平均年龄

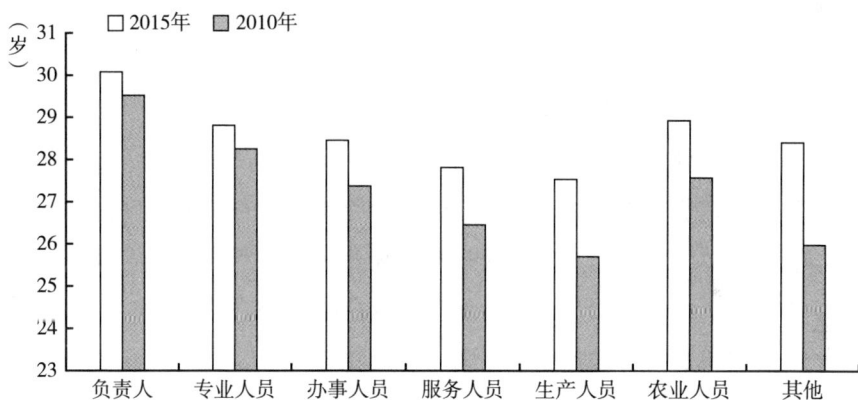

图13　2010年、2015年广州市青年就业人口分职业的年龄中位数

四　青年劳动就业人口发展趋势、问题与对策建议

（一）青年劳动就业人口发展的基本特点和趋势

1. 青年劳动力资源与基本结构发生了转折性变化

第一，青年劳动年龄人口规模、就业人口规模在2010年达到峰值后开始减少，占全市劳动年龄人口比例、就业人口比例均创25年来新低。第二，

在青年劳动年龄人口中，流动人口规模同步从峰值后转为减少，占比创下新高；较大年龄的省外户籍青年流动人口比例明显高于省内户籍。第三，低龄青年劳动年龄人口比例、低龄就业人口比例下降幅度较大，年龄中位数增加较快，就业人口大龄化程度显著加深。第四，青年劳动参与水平总体稳定。

2. 青年就业人口的三次产业结构和行业结构出现重要转型

第一，青年就业人口三次产业结构总体呈现以第三产业为主导的现代类型。制造业、批发和零售业吸纳了大半的青年就业人口，产业和行业优化升级提速。第二，不同产业和行业的青年就业人口性别差异明显，男青年更集中在对体力要求更高的行业，女青年更集中在商贸、金融、教育和卫生等行业。第三，低年龄组的第一、二产业的青年就业人口性别比更加偏高。第四，低年龄组青年就业人口的产业结构转变加速，高年龄组在现代服务行业分布趋于增加。

3. 青年就业人口职业结构经历高级化转变过程

第一，青年就业人口的职业结构两端较小、中间较大，集中在社会生产服务和社会生活服务人员中。第二，以脑力劳动为主的职业比例上升或基本保持不变，以体力劳动为主的职业呈现由生产人员向服务人员的剧烈转变。第三，男青年更聚集于生产人员，女青年更集中于专业人员、办事人员，女青年的职业结构高级化进程更快。第四，较高年龄组集中了以脑力劳动为主的职业青年。

4. 广州青年劳动就业人口发展变化的趋势性特征将持续

21 世纪初以来，特别是 2010～2015 年，广州青年劳动就业人口的规模与结构发展的上述特点具有趋势性。它们不仅是广州和全国人口生育率长期走低、人口年龄结构持续老龄化和人口流动区域分化等因素综合作用的结果，也与经济由高速增长阶段转为高质量发展阶段密切相关。这些因素将继续发挥影响，从而将导致广州青年劳动力资源供给持续受到限制，而且因人口流动，持续大规模扩充青年劳动力资源面临更多挑战。未来一段时期，青年劳动年龄人口和就业人口规模将呈现平稳缩减趋势，大龄化趋势将延续，就业人口的产业和行业结构的转型升级特别是进一步向现代服务业的转变趋势将延续，职业结构由体力劳动向脑力劳动和知识劳动转变的高级化趋势将延续，青年就业人口产业和行业结构、职业结构的性别年龄差异将在波动中趋于缩小。未来广州青年劳动力可持续发展的关键是，青年人口结构和青年人口素质与新时代人口长期均衡发展以及经济社会高质量发展阶段相适应。

（二）存在的主要问题和原因

1. 大龄女青年就业水平偏低

广州女青年劳动参与水平显著低于男青年，而且呈现差距拉大的趋势。2015 年，在总体青年就业人口比中，女性比男性低 12.19 个百分点，显著大于 2000 年的 5.42 个百分点。女青年在各年龄段的就业水平都较低，低龄女青年就业人口比降低说明该年龄段女青年比男性接受更多的学校教育，有利于女性职业发展。较高年龄青年女性劳动参与水平持续偏低，与女青年工作与家庭生活的冲突有关，例如，女青年生育抚幼会影响就业或暂时中断就业，"全职太太"的现象增多；同时也可能与经济转型中劳动力市场竞争加剧导致女性就业困难有关。

2. 农业、制造业和传统服务行业的青年人口年龄偏大

尽管各产业和行业均呈现大龄化趋势，但第一产业即农、林、牧、渔业，制造业和传统服务行业的青年就业人口大龄化趋势表现尤为显著，说明这些产业和行业劳动力供求状态偏紧，影响正常的生产经营活动。这与广州市的经济结构转型升级速度加快有密切关系，同时也与这些产业、行业对劳动力数量和质量的需求变化有关，还与它们对较年轻劳动力的吸引力降低有关。

3. 部分职业的青年人口性别差异过大

党的机关、国家机关、群团和社会组织、企事业单位负责人，性别比居高不下，而且随着年龄增大而差距加大，该类职业青年女性缺乏；专业技术人员性别比偏低加剧，该类职业青年男性缺乏。这两类职业的社会地位和声望较高，性别比失衡不利于人才资源最优配置。另外，吸收青年就业人口最多的两个职业社会生产服务和社会生活服务人员，生产制造及有关人员的性

别比偏高。造成这种局面的重要原因是，传统分工观念、习惯势力阻碍女性获得较大的决策与管理权和从事生产制造领域的工作，阻碍男性从事教育、卫生等专业技术工作。

（三）对策建议

1. 提高女性特别是大龄女性的就业水平

充分发挥青年妇女人力资源在广州经济社会发展中的作用，完善有利于妇女就业创业的环境。政府和社会要致力于树立公平公正的竞争意识，做好舆论宣传导向，给予女性的就业能力以客观、公正的评价，以消除社会对女性就业的歧视。要创造更多的就业机会，完善相关的法律法规，建立平等的就业机制。对用人单位拒绝招录女青年或者招录女青年设置不合理的年龄、学历等标准的行为进行有效的评价、监督和追责。完善和协调青年女性就业和婚姻生育的社会保障制度，出台优惠措施鼓励用人单位、职业培训机构和大龄青年女性积极就业，确保女性可以安心就业。

2. 实行增量与提质并重的措施，缓解传统行业青年就业人员大龄化问题

为适应广州产业和行业结构调整特别是部分传统行业转型、升级加速趋势以及提高劳动生产率的要求，在落实粤港澳大湾区发展规划过程中，从产业和行业政策、人力资源政策、户籍与居住政策等方面加大改革开放创新力度，规范、引导与鼓励具有较高学历与技能的大中专毕业生投入这些行业。继续做好吸引省外青年人才的服务管理工作，力求在引进香港、澳门、台湾地区和国外青年人力资源数量和质量上有较大突破，在广州形成国际青年人才高地。在新增加这些行业青年数量的同时改善其年龄和素质结构。政府还可以通过社区、就业培训机构开展专业的技能培训，提高这些行业大龄就业人口的专业技能和就业适应能力，使他们更好地胜任岗位工作或者具有较高的行业选择能力。

3. 政策激励和技术创新应用并重，合理调节职业性别差距

党的机关、国家机关、群团和社会组织、企事业单位在选拔人才过程中，进一步落实干部政策和妇女发展政策，对优秀青年女干部重点培养、及

时任用，促使她们在行政和业务管理中担当重任，有关情况作为政绩考核的一个内容。随着职业结构的变化，各类专业技术人员需求量旺盛，梳理和公布青年女性占优势的职业性别状况及需求岗位，引导青年男性与女性公平竞争。随着科学和技术的发展，机械化、自动化、智能化的操作工具、设备不断问世和被应用，青年女性在进入以传统体力为主的男性职业中的劣势地位会改善，而竞争优势会显露。政府、行业组织和企业应推动新技术应用和有关的劳动标准调整，增加女性在有关职业的选择机会。通过合理调节职业性别差距，进一步实现青年男女公平就业、职业生涯发展良好和劳动力资源的有效配置。

参考文献

1. 《国务院关于印发国家人口发展规划（2016~2030年）的通知》（国发〔2016〕87号），http://www.gov.cn/zhengce/content/2017-01/25/content_5163309.htm。
2. 国家统计局：《中华人民共和国2017年国民经济和社会发展统计公报》，http://www.stats.gov.cn/tjsj/zxfb/201802/t20180228_1585631.html。
3. 国家统计局：《中华人民共和国2013年国民经济和社会发展统计公报》，http://www.stats.gov.cn/tjsj/zxfb/201402/t20140224_514970.html。
4. 徐柳、张强主编《广州青年发展报告（2017）》，社会科学文献出版社，2017。
5. 李仲生：《中国产业结构与就业结构的变化》，《人口与经济》2003年第2期。
6. 涂敏霞、邱服兵主编《广州青年发展状况研究报告（2009~2010）》，广东人民出版社，2010。
7. 阎志强、钟英莲：《1990~2010年广州青年人口增长及其社会构成变动》，《南方人口》2013年第6期。

B.3
广州青年思想道德发展状况研究

李超海*

摘　要： 2018 年广州青年发展状况问卷调查数据的统计分析结果表明，广州青年学习新思想、新理论的热情较高，新媒体成为广州青年学习新思想、新理论的重要渠道；广州青年幸福感一般，并且随着年龄增长，青年幸福感有下降的趋势；身体健康、生活富有、事业成功和婚姻美满构成广州青年评判生活幸福的"四大支柱"，并且这一评判体系不因时间变化而改变；"努力＋才能"是决定广州青年人生成功的最核心要素，多数青年认可学习的思想政治教育，对社会主义核心价值观的掌握也较好。针对广州青年思想道德状况的基本特点，未来，要创新方式手段，彰显习近平新时代中国特色社会主义思想的吸引力和感染力；积极注入时代新元素，加强理想信念教育和引导；不断推动思想再解放，提升青年群体的思想道德共识；高度重视大学生社会主义核心价值观教育，推动大学生知行合一。

关键词： 广州青年　思想道德　生活幸福评价体系　价值观

一　前言

2017 年 4 月，中共中央、国务院印发了《中长期青年发展规划（2016～

---

* 李超海，社会学博士，广东省社会科学院副研究员。

2025 年)》，聚焦当前我国青年成长发展迫切需要关注的核心权益，并将思想道德置于青年核心权益的首位。为了更好地指导各地开展青年工作，中长期发展规划纲要还提出，要不断加强青年理想信念教育，在青年中培育和践行社会主义核心价值观，对不同类型的青年开展有针对性的思想教育和引导，着力强化网上思想引领。通过理念信念教育、社会主义核心价值观教育、网上思想教育，不断推动广大青年自觉自愿自动践行社会主义核心价值观，增强"四个自信"，不断提升思想道德水平和文明素养，使之成为中华民族伟大复兴的生力军。作为实践性概念，思想道德状况转变或代际间、群体间的思想道德状况差异一直是学界研究的重点和政府决策部门关注的焦点。广州青年思想道德状况这一概念由两个经验概念组成，表面上呈现的是广州青年这一社会群体的思想道德状况发展和演变情况，实质上是探讨广州青年思想道德状况和发展演变背后的因果机制和作用机理。

（一）基本定义、理论视野和分析方法

思想道德状况既是一个重要的学术概念，也是一个重要的生活概念。从一般意义上来看，思想道德状况是对现实价值关系的评价性反映，本质上是一种实践观念。[①] 因此，青年思想道德状况是对思想道德概念的限定性说明，是指青年人群认知事物、判定是非、表达倾向的思维方式，也是指青年在当前社会发展阶段下所体现出的一种共有的道德情操和价值表达。作为一种区域性和群体性叠加的思想道德观念和行为选择，广州青年思想道德状况不仅反映出广州青年做人做事和做出价值判断的共有特征，而且受制于经济发展水平、社会发展阶段等外在的结构性因素的影响，既具有一定的普遍认受性，也处于发展演变过程中。通常来说，广州青年的思想道德状况并非一个恒定不变的观念和表现，它不断因外在环境的变化而调整，同时也通过自身的发展演变来不断形塑社会整体的思想道德状况。当然，在特定的时空背景下，广州青年思想道德状况具有较强的稳定性和持久性，但是从一个较长

---

① 陆士桢、刘庆帅：《新时代青年政治认同状况研究》，《青年探索》2019 年第 1 期。

时段或更高的站位来看，广州青年思想道德状况呈现出明显的迭代和更替，具有较强的时代性和独特的人口世代特点。

党的十八大以来，中国特色社会主义发展进入新时代。经济社会发展和人口心态价值都呈现出不同于改革开放早期的基本特征和表现形式，如何在多元复杂的经济社会发展和人口阶层结构中，不断整合力量和资源，实现中华民族的伟大复兴，就需要更好地发挥思想道德观的引领作用。习近平总书记指出，道德是社会关系的基石，是人际和谐的基础。中华民族的伟大复兴和建设现代化强国，离不开思想道德建设的精神支持，也离不开中华民族传统美德的价值引领。在习近平总书记看来，"国无德不兴，人无德不立"，加强全社会的思想道德建设，关键在于引导广大青年讲道德、尊道德、守道德，将广大青年培养成为践行社会主义道德传统的接班人。

为了更好地展现和探讨广州青年思想道德的基本状况和发展演变，本章采用定量分析和比较分析相结合的方法来探讨广州青年思想道德状况的一般特点、存在问题和发展态势。其中，定量分析通过结合2018年对广州青年进行的大规模抽样调查所获得的数据，进行截面分析；比较分析结合对广州青年进行连续调查的数据，进行变迁分析。通过截面分析和比较分析，从而全方位、历史性地呈现出广州青年思想道德状况的发展特点和发展态势，帮助我们从共时性和历时性的角度来全方位把握广州青年思想道德状况的基本特点。

（二）已有研究结果的回顾

当前，有关青年思想道德状况的研究很多，涉及哲学、政治、社会学、心理学等不同学科，更多通过调查、访谈等实证研究方式来试图揭示当前青年思想道德在特定发展时期的共有特征和发展趋势。通过对已有青年思想道德状况的相关研究进行系统梳理可以发现以下几点。

第一，有关青年思想道德状况的研究主要包括两种逻辑，一种是基于政治的宣传逻辑，从理论阐释和宣传的角度，将国家主流意识形态和中国特色社会主义思想道德体系传递给广大青年人群；一种是基于学理的科学逻辑，从现实问题中来，从实际情况出发，基于专业的研究技术和工具，探讨青年思想道德状况的现状特征及干预应对策略。

第二，有关青年思想道德状况的研究具有很强的现实针对性，也有很强的时代问题感。2012 年以后的大多数研究，更加侧重针对当前经济社会发展和青年人群的特点，创新宣传方式，改进宣传策略，建立起"融媒体"和自媒体相结合的理论宣传新方式；有些研究更加重视互联网思维和用户思维，在重视"我能做什么"的基础上，更加重视"青年朋友要什么"，并且针对青年的需要和诉求，有针对性地进行思想道德教育。

第三，有关青年思想道德状况的实证研究水平在不断提升。从研究方法的角度来看，通过大规模问卷调查，采用定量研究的成果越来越多，有的采用追踪数据来探讨青年思想道德状况的发展变迁，有的采用不同国家地区和城市的调查数据进行区域比较，诸如此类的研究极大地丰富了我们对于青年思想道德状况的认识。

二　现状与特征

通过《中长期青年发展规划（2016～2025 年）》对青年思想道德工作的界定可以发现，青年思想道德主要包括四大方面内容：青年理想信念教育、在青年中培育和践行社会主义核心价值观、分类开展青年思想教育和引导、强化网上思想引领。为了适应广州青年群体的特点，为了回应中长期青年发展规划的要求，在描述广州青年思想道德现状和特征时，本章重点描述了广州青年的理想信念观、生活幸福观、人生成功观、社会主义核心价值观和网络观，同时在对策部分则重点体现分类教育和引导的思想，从而全方位呈现广州青年思想道德状况的基本特征。

（一）理想信念观

青年人是社会的重要组成部分，也是习近平新时代中国特色社会主义思想的重要践行者。没有文明的青年人，就没有文明的社会；没有理想信念坚定的青年人，中国特色社会主义事业就难以可持续发展。因此，青年人的文明具体体现在良好的精神风貌、良好的道德情操和良好的社会风尚上。

近年来，广州市针对广州青年的特点和特殊性，不断强化对青年的理想信念教育，着力强化青年对习近平新时代中国特色社会主义思想的学习和践行，通过对新思想、新理论的学习，从而坚定广大青年的理想信念。一份对广州青年党员学习新思想、新理论的问卷调查结果显示，62%的受访青年党员表示参加过本单位组织的关于党的十九大精神宣讲、培训等（见图1）。

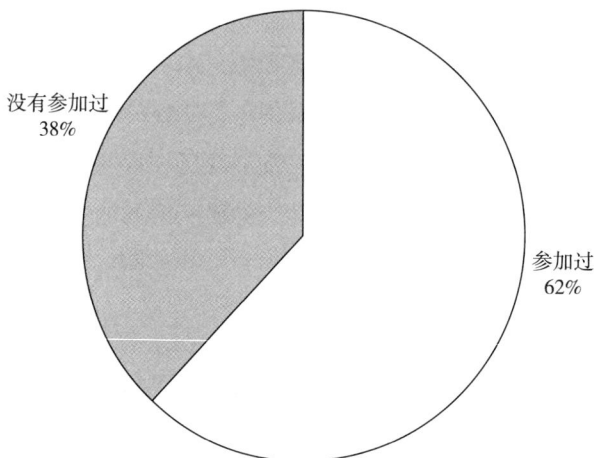

图1 青年党员参加本单位组织的关于党的十九大精神宣讲、培训等情况

此外，该次调查结果还表明，青年群体对习近平新时代中国特色社会主义思想的关注度高，74.7%的青年党员观看了党的十九大直播或转播（见图2）。

可见，广州青年学习习近平新时代中国特色社会主义思想的热情较高，能够认真按照上级的要求和安排主动学习新思想和新理论，并且大多数青年党员都参加过本单位组织的关于党的十九大精神宣讲、培训等，也会通过电视和网络观看党的十九大会议。

（二）生活幸福观

1. 总体来看，身体健康、婚姻美满和生活富有是广州青年衡量生活幸福标准的最重要指标，并且这一顺序结构不因时间变化而变动

2018 年，广州青年认为生活幸福第一位重要的标准中，55.3%的广州

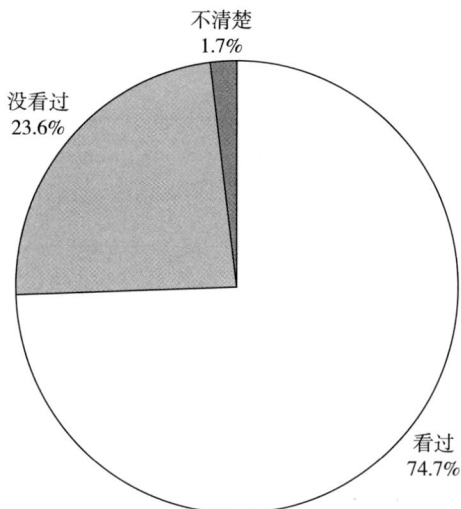

图 2　有无观看党的十九大会议的电视、网络直播或转播的情况

青年认为身体健康最为重要；在生活幸福第二位重要的标准中，23.4%的广州青年选择婚姻美满；在生活幸福第三位重要的标准中，19.6%的广州青年选择生活富有。2014年的调查结果显示，广州青年认为生活幸福第一位重要的标准中，48.1%的青年选择身体健康；在生活幸福第二位重要的标准中，25.8%的青年选择婚姻美满；在生活幸福第三位重要的标准中，15.8%的青年选择生活富有。2016年的调查结果表明，广州青年认为生活幸福第一位重要的标准中，54.4%的青年选择身体健康；在生活幸福第二位重要的标准中，23.6%的青年选择婚姻美满；在生活幸福第三位重要的标准中，16.7%的青年选择生活富有（见表1）。

2.汇总数据显示，身体健康、婚姻美满、事业成功和生活富有构成了广州青年生活幸福的四个稳定指标

为了全面系统地呈现广州青年对生活幸福的评价指标，按照"第一位重要赋值3，第二位重要赋值2，第三位重要赋值1"的加权原则，对所选的生活幸福指标进行加权并计算总比例，进而得到2014年、2016年和2018年广州生活幸福指标的汇总排序情况，如表2所示。

表1　广州青年生活幸福的评价指标

单位：%

类别	2014年			2016年			2018年		
	第一位重要	第二位重要	第三位重要	第一位重要	第二位重要	第三位重要	第一位重要	第二位重要	第三位重要
婚姻美满	21.3	25.8	13.5	16.7	23.6	13.6	17.0	23.4	14.5
事业成功	9.3	21.3	14.3	6.8	20.3	13.2	7.5	20.5	13.5
生活富有	4.4	7.8	15.8	4.5	9.4	16.7	8.7	13.3	19.6
得到别人的尊重	1.7	2.7	5.4	1.8	2.9	5.5	0.9	2.5	3.1
子女孝顺	1.9	5.3	7.9	1.9	5.4	6.1	1.1	3.7	6.8
身体健康	48.1	13.6	8.2	54.4	12.0	7.5	55.3	12.9	8.5
为社会做贡献	0.9	1.7	3.7	1.2	1.3	3.9	1.0	1.9	4.0
平和的心境	4.5	5.1	6.3	5.5	6.2	5.6	3.7	4.8	7.0
有知心朋友	1.2	4.1	5.9	1.4	5.0	7.1	0.6	3.8	5.1
良好的人际关系	1.5	5.7	8.4	1.4	6.9	8.7	0.5	4.6	6.8
有一份自己喜欢的工作	2.8	5.4	8.4	2.9	5.8	9.6	2.4	6.4	9.0
有社会地位	1.2	1.1	1.9	0.5	0.6	1.5	0.2	0.7	1.1
其他	1.3	0.5	0.4	1.0	0.7	0.9	0.9	1.4	1.0
合计	100.0	100.0	100.0	100.0	100.0	100.0	100.0	100.0	100.0

表2 广州青年生活幸福的汇总评价指标

单位：%

类别	2014年				2016年				2018年			
	第一位重要	第二位重要	第三位重要	汇总	第一位重要	第二位重要	第三位重要	汇总	第一位重要	第二位重要	第三位重要	汇总
婚姻美满	51.6	63.9	13.5	129.0	50.1	47.2	13.6	110.9	51.0	46.8	14.5	112.3
事业成功	42.6	27.9	14.3	84.8	20.4	40.6	13.2	74.2	22.5	41.0	13.5	77.0
生活富有	15.6	13.2	15.8	44.6	13.5	18.8	16.7	49.0	26.1	26.6	19.6	72.3
得到别人的尊重	5.4	5.1	5.4	15.9	5.4	5.8	5.5	16.7	2.7	5.0	3.1	10.8
子女孝顺	10.6	5.7	7.9	24.2	5.7	10.8	6.1	22.6	3.3	7.4	6.8	17.5
身体健康	27.2	144.3	8.2	179.7	163.2	24.0	7.5	194.7	165.9	25.8	8.5	200.2
为社会做贡献	3.4	2.7	3.7	9.8	3.6	2.6	3.9	10.1	3.0	3.8	4.0	10.8
平和的心境	10.2	13.5	6.3	30.0	16.5	12.4	5.6	34.5	11.1	9.6	7.0	27.7
有知心朋友	8.2	3.6	5.9	17.7	4.2	10	7.1	21.3	1.8	7.6	5.1	14.5
良好的人际关系	11.4	4.5	8.4	24.3	4.2	13.8	8.7	26.7	1.5	9.2	6.8	17.5
有一份自己喜欢的工作	10.8	8.4	8.4	27.6	8.7	11.6	9.6	29.9	7.2	12.8	9.0	29.0
有社会地位	2.2	3.6	1.9	7.7	1.5	1.2	1.5	4.2	0.6	1.4	1.1	3.1

汇总结果①表明，2014 年广州青年选择身体健康的比例为 179.7%，选择婚姻美满的比例为 129.0%，选择事业成功的比例为 84.8%，选择生活富有的占 44.6%；2016 年广州青年选择身体健康的比例为 194.7%，选择婚姻美满的比例为 110.9%，选择事业成功的比例为 74.2%，选择生活富有的占 49.0%；2018 年广州青年选择身体健康的比例为 200.2%，选择婚姻美满的比例为 112.3%，选择事业成功的比例为 77.0%，选择生活富有的占 72.3%。

可见，广州青年评价生活幸福的指标包括四个重要部分，一是身体，身体要健康，这是生活幸福的重要前提；二是婚姻美满，需要有配偶和家庭，这是生活幸福的基础需求；三是事业成功和生活富有，需要物质基础作为支撑，这是生活幸福的支撑条件。作为重要前提的身体健康 + 基础需求的婚姻美满 + 支撑条件的事业成功和生活富有所组成的"四大支柱"，塑造出广州青年生活幸福的基本结构。进一步来看，广州青年生活幸福的评价体系具有明显的"利己型"特点，具有明显的个体主义特征，从个人出发又回归个体的主观感受。

2014 年、2016 年和 2018 年广州青年对生活幸福评价体系的整体排序情况如图 4 所示：对身体健康的重视程度呈现出缓慢上升的态势，由 2014 年的 179.7% 到 2016 年的 194.7%，再到 2018 年的 200.2%；婚姻美满的重要性有所下降，由 2014 年的 129.0% 到 2016 年的 110.9%，再到 2018 年的 112.3%；事业成功的重要性有所下降，由 2014 年的 84.8% 到 2016 年的 74.2%，再到 2018 年的 77.0%；生活富有的重要性在急剧攀升，由 2014 年的 44.6% 到 2016 年的 49.0%，再到 2018 年的 72.3%，其重要性比例较 2014 年增长了 27.7 个百分点。

3. 分群体来看，身体健康、生活富有、事业成功和婚姻美满依然是不同青年群体评判生活幸福的重要指标

在职青年生活幸福第一重要的标准中，56.4% 的青年选择身体健康；在

---

① 需要指出的是，本题本身是多选题，再加上对不同选项进行了赋权，使得最终的汇总结果大于 100%。

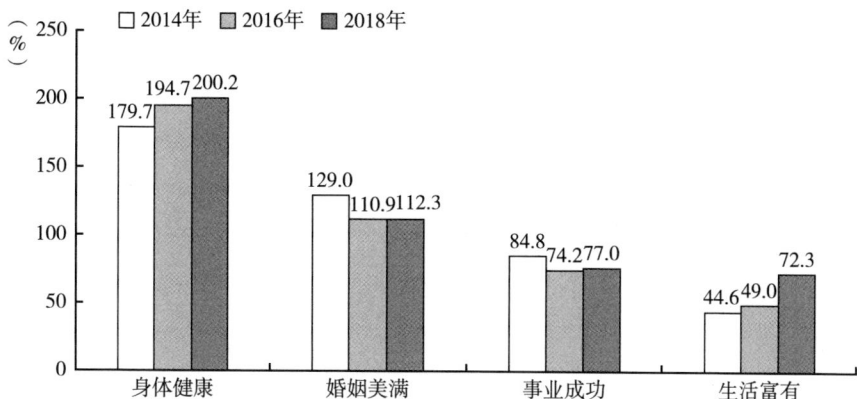

图3 2014年、2016年和2018年广州青年生活幸福评价重要指标汇总

第二位重要标准中，25.4%的青年选择婚姻美满；在第三位重要标准中，19.7%的青年选择生活富有。大学生青年生活幸福第一位重要的标准中，52.5%的青年选择身体健康；在第二位重要标准中，18.2%的青年选择婚姻美满；在第三位重要标准中，19.2%的青年选择生活富有。中学生青年生活幸福第一位重要的标准中，38.5%的青年选择身体健康；在第二位重要标准中，26.3%的青年选择事业成功；在第三位重要标准中，21.1%的青年选择生活富有（见表3）。

为了全面系统地呈现广州不同青年群体对生活幸福的评价指标，按照"第一位重要赋值3，第二位重要赋值2，第三位重要赋值1"的加权原则，对所选的生活幸福标准进行加权并计算总比例，进而得到不同青年群体生活幸福指标的汇总排序情况，如表4所示。

汇总结果①表明，在职青年群体选择身体健康的比例为203.2%，选择婚姻美满的比例为121.5%，选择事业成功的比例为81.8%，选择生活富有的占72.0%；大学生青年群体选择身体健康的比例为192.7%，选择婚姻美满的比例为88.6%，选择生活富有的占72.3%，选择事业成功的比例为65.4%；

① 需要指出的是，本题本身是多选题，再加上对不同选项进行了赋权，使得最终的汇总结果大于100%。

表3 不同广州青年群体生活幸福的评价指标

单位：%

类别	在职青年			大学生			中学生		
	第一位重要	第二位重要	第三位重要	第一位重要	第二位重要	第三位重要	第一位重要	第二位重要	第三位重要
婚姻美满	18.5	25.4	15.2	13.2	18.2	12.6	15.6	21.1	18.0
事业成功	8.1	21.7	14.1	6.1	17.5	12.1	14.8	26.3	13.3
生活富有	8.7	13.1	19.7	8.5	13.8	19.2	9.4	16.5	21.1
得到别人的尊重	0.7	2.0	3.0	1.6	3.9	3.3	13.1	7.8	12.8
子女孝顺	0.7	3.8	7.9	2.3	3.3	4.0	1.2	3.5	1.5
身体健康	56.4	12.7	8.6	52.5	13.5	8.2	38.5	8.8	6.5
为社会作贡献	0.9	1.8	4.0	1.2	2.3	4.2	0.5	1.0	1.5
平和的心境	2.5	4.8	7.0	7.0	4.9	7.0	1.5	3.8	2.3
有知心朋友	0.4	2.7	4.1	1.0	6.7	7.5	1.0	2.3	6.5
良好的人际关系	0.3	4.3	5.7	0.9	5.4	9.6	1.2	4.3	5.5
有一份自己喜欢的工作	1.8	5.7	8.7	4.2	8.2	9.8	2.2	4.5	9.8
有社会地位	0.2	0.6	1.1	0.3	0.9	1.2	0.5	0.0	1.3
其他	0.8	1.4	1.0	1.2	1.4	1.2	0.5	0.3	0.0
合计	100.0	100.0	100.0	100.0	100.0	100.0	100.0	100.0	100.0

表4 不同广州青年群体生活幸福的汇总评价指标

单位：%

类别	在职青年				大学生				中学生			
	第一位重要	第二位重要	第三位重要	汇总	第一位重要	第二位重要	第三位重要	汇总	第一位重要	第二位重要	第三位重要	汇总
婚姻美满	55.5	50.8	15.2	121.5	39.6	36.4	12.6	88.6	46.8	42.2	18.0	107.0
事业成功	24.3	43.4	14.1	81.8	18.3	35.0	12.1	65.4	44.4	52.6	13.3	110.3
生活富有	26.1	26.2	19.7	72.0	25.5	27.6	19.2	72.3	28.2	33.0	21.1	82.3
得到别人的尊重	2.1	4.0	3.0	9.1	4.8	7.8	3.3	15.9	39.3	15.6	12.8	67.7
子女孝顺	2.1	7.6	7.9	17.6	6.9	6.6	4.0	17.5	3.6	7.0	1.5	12.1
身体健康	169.2	25.4	8.6	203.2	157.5	27.0	8.2	192.7	115.5	17.6	6.5	139.6
为社会作贡献	2.7	3.6	4.0	10.3	3.6	4.6	4.2	12.4	1.5	2.0	1.5	5.0
平和的心境	7.5	9.6	7.0	24.1	21.0	9.8	7.0	37.8	4.5	7.6	2.3	14.4
有知心朋友	1.2	5.4	4.1	10.7	3.0	13.4	7.5	23.9	3.0	4.6	6.5	14.1
良好的人际关系	0.9	8.6	5.7	15.2	2.7	10.8	9.6	23.1	3.6	8.6	5.5	17.7
有一份自己喜欢的工作	5.4	11.4	8.7	25.5	12.6	16.4	9.8	38.8	6.6	9.0	9.8	25.4
有社会地位	0.6	1.2	1.1	2.9	0.9	1.8	1.2	3.9	1.5	0	1.3	2.8

中学生青年群体选择身体健康的比例为139.6%，选择事业成功的比例为110.3%，选择婚姻美满的比例为107.0%，选择生活富有的占82.3%。

通过比较不同青年群体选择生活幸福的排序指标可以发现：认为身体健康对生活幸福的重要性，随着年龄变小呈现出较为明显的下降趋势，从在职青年群体的203.2%，到大学生青年群体的192.7%，再到中学生群体的139.6%，下降幅度很大，与选择比例最高的在职青年相比，中学生青年群体选择身体健康的比例要低63.6个百分点；认为生活富有对生活幸福的重要性，随着年龄变小呈现出一定的上升趋势，从在职青年群体的72.0%，到大学生群体的72.3%，再到中学生群体的82.3%，与选择比例最低的在职青年群体相比，中学生群体选择生活富有的比例要高10.3个百分点。

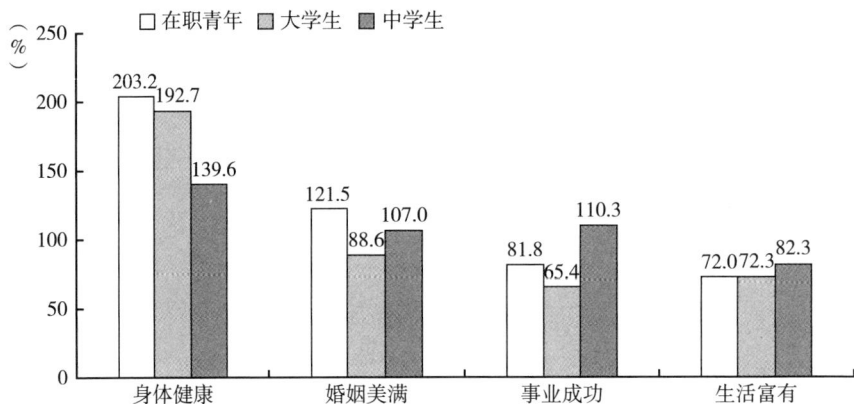

图4 不同广州青年群体生活幸福评价重要指标汇总

4.在决定生活幸福的社会性因素中，在职青年和大学生最看重拥有自己喜欢的工作，而中学生则渴望能够得到别人的尊重

在"身体健康、婚姻美满、事业成功和生活富有"之外，还存在很多其他因素对生活幸福有重要影响。其中，在在职青年群体中，25.5%的人选择有一份自己喜欢的工作，24.1%的人选择平和的心境；在大学生青年群体中，38.8%的人选择有一份自己喜欢的工作，37.8%的人选择平和的心境，23.9%的人选择有知心朋友，23.1%的人选择良好的人际关系；在中学生青

年群体中，67.7%的人选择得到别人的尊重，25.4%的人选择有一份自己喜欢的工作（见图5）。

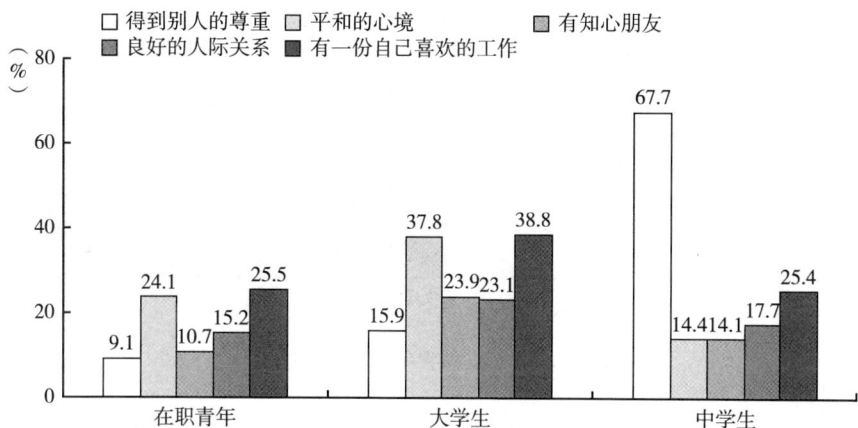

图5　不同广州青年群体生活幸福评价社会性指标汇总

5. 总体来看，广州青年幸福感一般，青年整体的幸福感为41.8%（含"非常幸福"和"比较幸福"），在职青年的幸福感为46.3%，大学生的幸福感为49.8%，中学生的幸福感为51.7%

2018年调查结果显示，青年整体认为非常幸福的比例为7.4%，比较幸福的比例为34.4%，不好也不坏的比例为36.1%；在职青年认为自己非常幸福的比例为8.0%，比较幸福的比例为38.3%，不好也不坏的比例为42.1%；大学生中，认为自己非常幸福的比例为8.8%，比较幸福的比例为41.0%，不好也不坏的比例为39.8%；中学生中，认为自己非常幸福的比例为13.8%，比较幸福的比例为37.9%，不好也不好的比例为38.6%（见表5和图6）。

因此，就幸福感来说，中学生青年群体较大学生青年群体高1.9个百分点，大学生群体较在职青年群体高3.5个百分点。这在一定程度上表明，幸福感随着年龄的增长呈现出下降的态势。

从纵向来看，广州青年整体的幸福感有所下降。2016年广州青年整体的幸福感为48.6%，2018年为41.8%，2018年青年整体幸福感较2016年

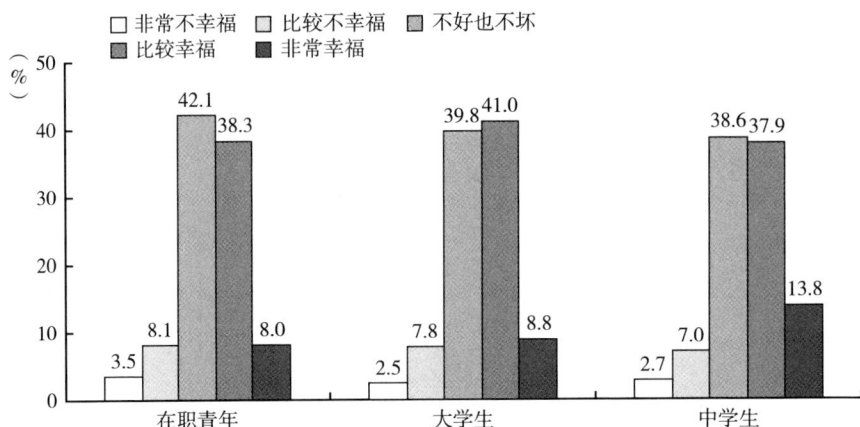

图6　2018年广州青年的生活幸福感

下降了6.8个百分点。与此同时，2016年广州青年整体幸福感不好也不坏的比例为41.1%，而2018年为36.1%，2018年广州青年整体幸福感不好也不坏的比例下降了5个百分点（见表5）。

分群体来看，2016年在职青年的幸福感为47.6%，较2018年高1.3个百分点；2016年大学生幸福感为47.4%，较2018年低2.4个百分点。具体来看，在2016年调查数据中，在职青年中，认为自己非常幸福的比例为9.3%，比较幸福的比例为38.3%，不好也不坏的比例为41.9%；大学生中，认为自己非常幸福的比例为7.4%，比较幸福的比例为40.0%，不好也不坏的比例为43.7%；青年整体中，认为自己非常幸福的比例为10.3%，比较幸福的比例为38.3%，不好也不坏的比例为41.1%（见表5和图7）。

表5　2016年、2018年广州青年整体幸福感情况

选项	2016年		2018年	
	人数	百分比（%）	人数	百分比（%）
非常不幸福	87	3.3	305	12.0
比较不幸福	186	7.1	260	10.2
不好也不坏	1080	41.1	920	36.1

续表

选项	2016 年		2018 年	
	人数	百分比（%）	人数	百分比（%）
比较幸福	1007	38.3	878	34.4
非常幸福	270	10.3	189	7.4
合计	2630	100.0	2552	100.0

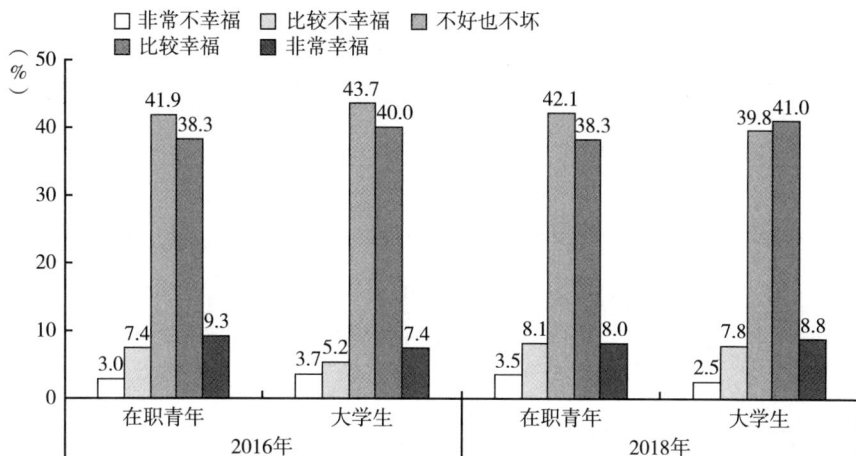

图 7　2016 年、2018 年广州青年的生活幸福感变化情况

（三）人生成功观

1. "努力＋才能"是广州青年人生成功观的两大基石，但2018年调查结果还表明，家庭背景对人生成功的重要性受到青年的认同

2018 年调查结果表明，选择个人努力实现人生成功的青年整体占46.1%，在职青年占47.3%，大学生青年占49.7%，中学生青年占58.6%；选择个人才能实现人生成功的青年整体占23.9%，在职青年占25.0%，大学生青年占30.4%，中学生青年占21.4%。此外，调查结果还显示，家庭背景在决定人生成功方面的重要性得到凸显：在青年整体中，有14.1%的被访者认为家庭背景对人生成功很重要；在在职青年群体中，有9.1%的被访者认为家庭背景对人生成功很重要（见表6）。

表6 2018年广州青年的人生成功观

单位：人，%

类别	在职青年		大学生		中学生		青年整体	
	人数	百分比	人数	百分比	人数	百分比	人数	百分比
个人努力	705	47.3	286	49.7	235	58.6	1141	46.1
个人才能	373	25.0	175	30.4	86	21.4	591	23.9
运气	105	7.0	36	6.3	21	5.2	156	6.3
人际关系	124	8.3	38	6.6	32	8.0	172	6.9
学历	14	0.9	5	0.9	11	2.7	26	1.1
家庭背景	135	9.1	29	5.0	14	3.5	350	14.1
其他	34	2.3	6	1.0	2	0.5	40	1.6
合计	1490	100.0	575	100.0	401	100.0	2476	100.0

2. 纵向来看，"努力＋才能"依然是广州青年心目中支撑人生成功的重要因素，但认可家庭背景对人生成功很重要的青年数量呈快速增长态势

2014年、2016年、2018年的调查结果表明，广州青年认为个人努力是实现人生成功最重要的因素，其次是个人才能，并且这两个选项的比例在三年问卷调查中的变化比较平稳。

分年份来看，2018年广州青年认为个人努力是实现个人成功最重要因素的比例较2016年低了1.1个百分点，认为个人才能是实现个人成功最重要因素的比例较2016年低了4.7个百分点。与此同时，认可家庭背景对人生成功很重要的人数呈现明显增长态势。在2018年青年整体中，有14.1%的被访者认为家庭背景对人生成功很重要，而这一比例在2014年只有7.5%，在2016年只有6.0%，2018年相比2014年增长了6.6个百分点，相比2016年增长了8.1个百分点（见表7）。

表7 广州青年整体的人生成功观纵向比较

单位：人，%

类别	2014年		2016年		2018年	
	人数	百分比	人数	百分比	人数	百分比
个人努力	1462	42.7	1214	47.2	1141	46.1
个人才能	950	27.7	735	28.6	591	23.9
运气	232	6.8	237	9.2	156	6.3

续表

类别	2014 年		2016 年		2018 年	
	人数	百分比	人数	百分比	人数	百分比
人际关系	438	12.8	175	6.8	172	6.9
学历	55	1.6	34	1.3	26	1.1
家庭背景	258	7.5	155	6.0	350	14.1
其他	32	0.9	23	0.9	40	1.6
合计	3427	100.0	2573	100.0	2476	100.0

3. 不同类型的青年群体依然相信"努力＋才能"可以实现人生成功，但相信个人才能实现人生成功的比例有所下滑

2016 年在职青年认为通过个人努力可实现人生成功的比例为 44.5%，2018 年为 47.3%；2016 年在职青年认为通过个人才能实现人生成功的比例为 28.0%，2018 年为 25.0%。2016 年大学生青年认为通过个人努力来实现人生成功的比例为 49.9%，2018 年为 49.7%；2016 年大学生青年认为通过个人才能来实现人生成功的比例为 33.5%，2018 年为 30.4%（见表 8）。

可见，与 2016 年相比，不管是在职青年，还是大学生青年，相信通过个人才能能够实现个人成功的比例有所下降，但下降幅度很小；与 2016 年相比，大学生认为通过个人努力来实现人生成功的比例也有所下降。

表 8　不同青年群体人生成功观的纵向比较

单位：人，%

选项	2016 年在职青年		2018 年在职青年		2016 年大学生		2018 年大学生	
	人数	百分比	人数	百分比	人数	百分比	人数	百分比
个人努力	717	44.5	705	47.3	198	49.9	286	49.7
个人才能	452	28.0	373	25.0	133	33.5	175	30.4
人际关系	164	10.2	105	7.0	28	7.1	36	6.3
运气	121	7.5	124	8.3	23	5.8	38	6.6
学历	14	0.9	14	0.9	4	1.0	5	0.9
家庭背景	129	8.0	135	9.1	9	2.3	29	5.0
其他	16	1.0	34	2.3	2	0.5	6	1.0
合计	1613	100.0	1490	100.0	397	100.0	575	100.0

（四）社会主义核心价值观

1. 整体来看，将近七成（68.3%）的广州青年认可学校开展的思想政治教育工作

调查结果显示，在青年整体中，认为学校开展的思想道德教育有很大的正向影响占21.2%，认为有较大的正向影响占47.1%，合计为68.3%；在职青年中，认为学校开展的思想道德教育有很大的正向影响占21.9%，认为有较大的正向影响占47.2%，合计为69.1%；大学生青年中，认为学校开展的思想道德教育有很大的正向影响占20.4%，认为有较大的正向影响占48.8%，合计为69.2%；中学生青年中，认为学校开展的思想道德教育有很大的正向影响占19.6%，认为有较大的正向影响占44.3%，合计为63.9%（见表9）。

2. 总体来看，广州青年对社会主义核心价值观的知晓率较高，将近六成五（64.9%）的广州青年知道社会主义核心价值观包括三个倡导24字内容

调查结果表明，有1668位被访青年知道社会主义核心价观包括三个倡导24字内容，占有效样本的64.9%；有307位被访青年知道社会主义核心价值观其中的两个倡导16字内容，占有效样本的11.9%；有577位被访青年知道社会主义核心价值观其中的一个倡导8字内容，占有效样本的22.5%；此外，还有17位被访青年，占有效样本的0.7%，表示不清楚社会主义核心价值观（见图8）。

表9 对学校开展的思想道德教育的评价

单位：人，%

选项	在职青年		大学生		中学生		青年整体	
	人数	百分比	人数	百分比	人数	百分比	人数	百分比
有很大的正向影响	343	21.9	123	20.4	81	19.6	547	21.2
有较大的正向影响	738	47.2	294	48.8	183	44.3	1215	47.1
对青年的成长没有什么影响	191	12.2	69	11.5	41	9.9	301	11.7
有负向影响	5	0.3	6	1.0	5	1.2	16	0.6
不清楚/不好说	286	18.3	110	18.3	103	24.9	499	19.4
合计	1563	100.0	602	100.0	413	100.0	2578	100.0

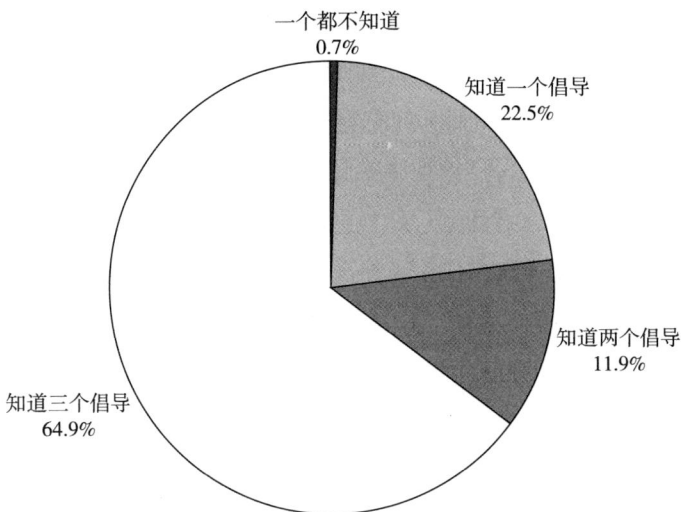

图8 广州青年对社会主义核心价值观的知晓情况

进一步来看，广州青年整体知道社会主义核心价值观包括倡导富强、民主、文明、和谐的比例为89.7%，在职青年为89.4%，大学生为33.9%，中学生为88.5%；广州青年整体知道社会主义核心价值观包括倡导自由、平等、公正、法治的比例为74.0%，在职青年为70.6%，大学生为30.8%，中学生为74.4%；广州青年整体知道社会主义核心价值观包括倡导爱国、敬业、诚信、友善的比例为77.2%，在职青年为75.9%，大学生为30.1%，中学生为77.1%（见表10）。

表10 不同广州青年群体对社会主义核心价值观的知晓情况

单位：人，%

选项	在职青年		大学生		中学生		青年整体	
	人数	百分比	人数	百分比	人数	百分比	人数	百分比
倡导富强、民主、文明、和谐	1392	89.4	552	33.9	363	88.5	2307	89.7
倡导自由、平等、公正、法治	1100	70.6	501	30.8	305	74.4	1906	74.0
倡导爱国、敬业、诚信、友善	1181	75.9	490	30.1	316	77.1	1987	77.2

3. 进一步的分析表明，大学生群体对于社会主义核心价值观的认知存在较为明显的分化，认知水平也有待进一步提升

第一，20 世纪 80 年代及以前出生的大学生对社会主义核心价值观的知晓比例偏低。

一是"80 后"及"80 前"大学生完全知晓社会主义核心价值观的比例不足三成，完全不知晓的比例接近两成四。调查显示，"90 后"大学生全部知晓社会主义核心价值观包括 24 字内容的比例为 37.3%，"80 后"大学生为 22.2%，"80 前"大学生为 6.1%，完全知晓比例依年龄增长而逐渐降低；"90 后"完全不知晓社会主义核心价值观包括 24 字内容的比例为 2.1%，"80 后"大学生为 2.5%，"80 前"大学生为 21.2%，完全不知晓比例依年龄增长而逐渐升高（见图 9）。

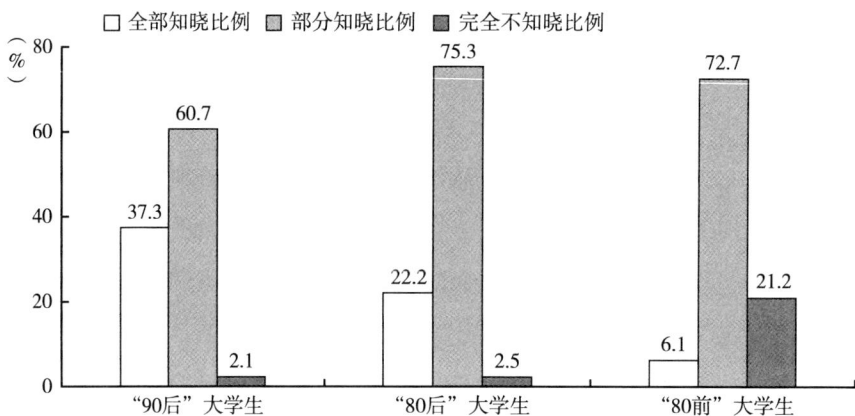

图 9 不同年龄段大学生对社会主义核心价值观包括 24 字内容的知晓情况

二是 20 世纪 80 年代及以前出生的大学生对社会主义核心价值观每一层面具体内容的认知情况也不太好。"90 后"大学生知道国家层面价值目标的比例为 72.1%，"80 后"大学生为 51.1%，"80 前"大学生为 33.3%；"90 后"大学生知道社会层面价值取向的比例为 70.3%，"80 后"大学生为 63.7%，"80 前"大学生为 30.3%；"90 后"大学生知道公民个人层面的价值准则的比例为 62.4%，"80 后"大学生为 50.4%，"80 前"大学生为 39.4%（见图 10）。

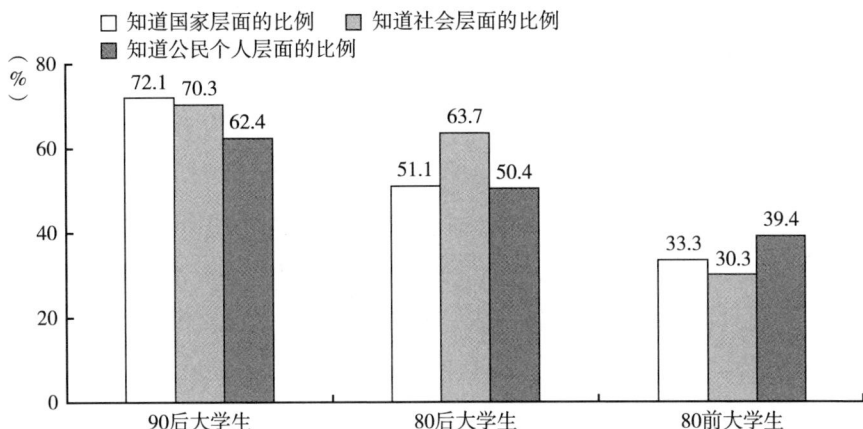

图10　不同年龄段大学生对社会主义核心价值每一层面包含具体内容的认知情况

第二，研究生（含博士生）对社会主义核心价值观的学习和了解亟待加强。

一是本专科生对社会主义核心价值观的知晓比例高于研究生和博士生。本科生全部知晓社会主义核心价值观包括24字内容的比例为37.8%，大专生为33.3%，研究生为23.0%，博士生为15.6%。可见，本专科生全部知晓社会主义核心价值观的比例为71.1%，研究生（含博士生）全部知晓社会主义核心价值观的比例为38.6%，较本专科生低了32.5个百分点（见图11）。

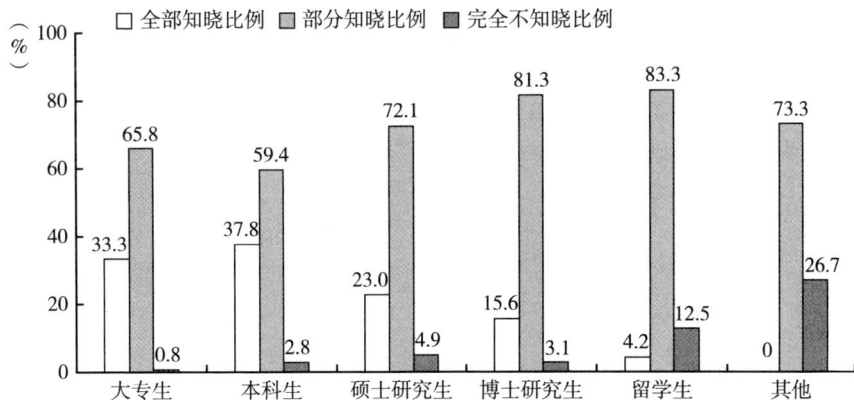

图11　不同学段大学生对社会主义核心价值观包含24字内容的知晓情况

二是本专科生知晓社会主义核心价值观每一层面内容的比例高于研究生和博士生。大专生和本科生对国家层面价值目标的知晓比例分别为76.8%和65.9%，而研究生和博士生分别只有57.4%和53.1%；大专生和本科生对社会层面价值取向的知晓比例分别是68.1%和70.9%，而研究生和博士生分别只有65.6%和56.3%；大专生和本科生对公民个人层面的价值准则的知晓比例分别是62.3%和61.0%，而研究生和博士生分别只有47.5%和40.6%。从对社会主义核心价值观不同层面具体内容的认知比例来看，本专科生均高于研究生和博士生（见图12）。

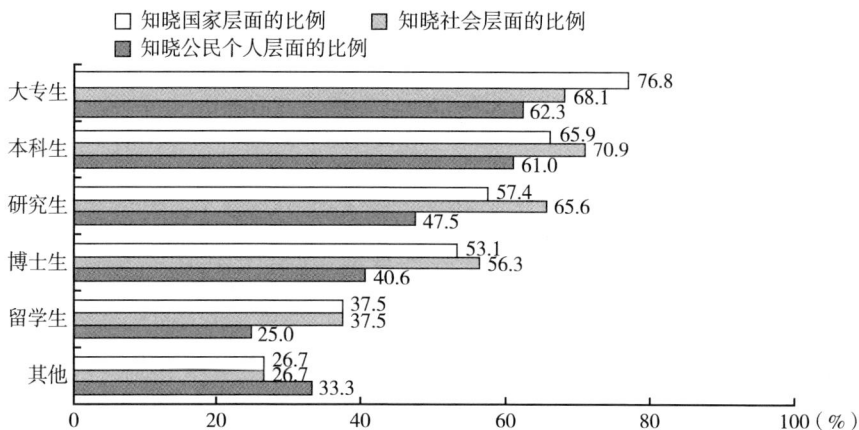

图12　不同学段大学生对社会主义核心价值观每一层面包含具体内容的认知情况

第三，不同群体大学生习得社会主义核心价值观的途径存在差异。

调查表明，大学生获知社会主义核心价值观的途径是：49.6%的大学生选择通过课堂传授学习社会主义核心价值观，48.8%选择书刊，48.0%选择网络媒体，43.9%选择党员培训，33.8%选择电视广播。其中，"90后"倚重课堂传授，"80后"倚重书刊，"80前"倚重网络媒体；专科生倚重课堂传授，本科生和博士生倚重网络媒体，研究生倚重党员培训，留学生倚重电视广播；女大学生倚重课堂传授，男大学生倚重书刊；党员学生重视党员培训，非党员学生看重课堂传授。可见，课堂传授、书刊和网络媒体是大学生习得社会主义核心价值观的主要途径，电视广播对认知社会主义核心价值观的作用在减弱（见图13）。

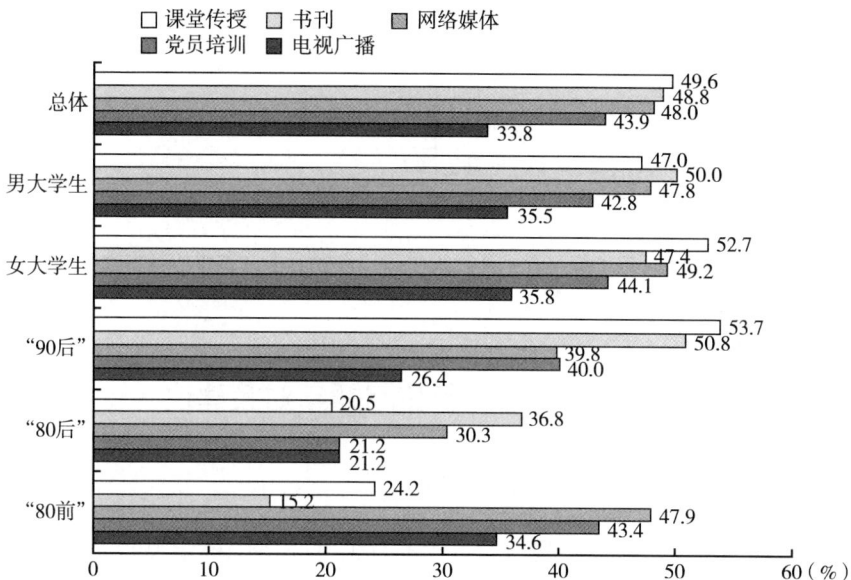

图例：
□ 课堂传授　 书刊　 网络媒体
 党员培训　 电视广播

总体
- 49.6
- 48.8
- 48.0
- 43.9
- 33.8

男大学生
- 47.0
- 50.0
- 47.8
- 42.8
- 35.5

女大学生
- 52.7
- 47.4
- 49.2
- 44.1
- 35.8

"90后"
- 53.7
- 50.8
- 39.8
- 40.0
- 26.4

"80后"
- 20.5
- 36.8
- 30.3
- 21.2
- 21.2

"80前"
- 24.2
- 15.2
- 47.9
- 43.4
- 34.6

（横轴：0　10　20　30　40　50　60（%））

图13　不同群体大学生习得社会主义核心价值观的途径分布

（五）网上引领

作为互联网大省和中国互联网重要发源地，广东拥有深厚的基础信息资源和庞大的网民规模，是中国互联网发展的高地。得益于广州的地位和网络发展优势，广州青年了解新思想和新理论更多依靠网络。广州青年问卷调查结果显示，传统载体弱化，新媒体成为广州青年学习新思想、新理论的重要渠道。微博、微信、公众号等是被访者了解习近平新时代中国特色社会主义思想的最主要途径，占比为54.2%；其次是主流宣传网站，占比为19.1%；报纸最低，占比为1.1%；电视次之，占比为2.8%（见图14）。

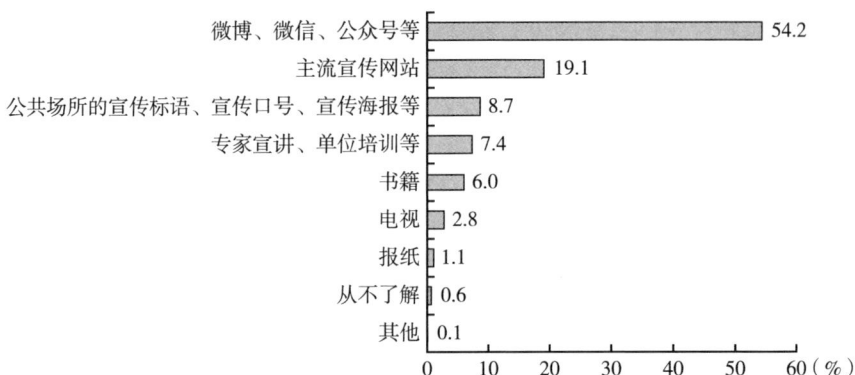

微博、微信、公众号等 54.2
主流宣传网站 19.1
公共场所的宣传标语、宣传口号、宣传海报等 8.7
专家宣讲、单位培训等 7.4
书籍 6.0
电视 2.8
报纸 1.1
从不了解 0.6
其他 0.1

0　10　20　30　40　50　60（%）

图 14　受访青年了解习近平新时代中国特色社会主义思想的基本途径

三　基本结论、存在问题与对策建议

通过分析 2018 年广州青年在生活幸福感、人生成功观和社会主义核心价值观等方面的情况，可以发现广州青年的价值观总体积极乐观向上，但也存在一些问题和需要引起注意的地方，未来需要针对存在的问题精准施策。

（一）基本结论

1. 广州青年学习新思想、新理论的热情较高，新媒体成为广州青年学习新思想、新理论的重要渠道

调查结果显示，62.0% 的受访青年党员表示参加过本单位组织的关于党的十九大精神宣讲、培训等，74.7% 的青年党员观看了党的十九大直播或转播，54.2% 的被访青年通过微博、微信、公众号等了解习近平新时代中国特色社会主义思想。

2. 广州青年幸福感一般，并且随着年龄增长，青年幸福感有下降的趋势

整体来看，广州青年的幸福感介于"不好也不坏"和"比较幸福"之间，青年整体的幸福感为 41.8%，其中，中学生青年幸福感略高于大学生青年，大学生青年又稍微高于在职青年。广州青年幸福感一般，可能跟城市

的快节奏、高压力生活方式有关，中学生面临着学业压力，大学生面临着就业压力，在职青年面临着生活压力，不同年龄的青年都有自己生命周期中所需要面临的重要事件和关键主题，并且他们所面临的重要事件和关键主题直接影响着后续的生命阶段和生命历程。

3. 身体健康、生活富有、事业成功和婚姻美满构成广州青年评判生活幸福的"四大支柱"，并且这一评判体系不因时间变化而改变

广州青年评判生活幸福的标准和原则，具有较为鲜明的务实特点。身体是前提，身体要健康，这是生活幸福的重要基础；婚姻美满是必要条件，需要有配偶和家庭，这是生活幸福的基础需求；事业成功和生活富有是充分条件，需要物质基础作为支撑，这是生活幸福的支撑条件。因此，健康、婚姻、事业和生活，从个人出发又回到个体感受和满足，这就是广州青年生活幸福的内涵，也是广州青年生活幸福的追求。

4. "努力 + 才能"是决定广州青年人生成功的最核心要素，但随着时间变化，家庭背景的重要性不断凸显

在看待如何决定人生成功方面，广州青年普遍认可个人努力和个人才能是决定人生是否成功的最核心要素，也是最重要的必备条件，并且这一认知并不随着时间变化而出现改变，也不因青年群体类型不同而有所差别。此外，广州青年还认识到家庭背景在决定人生成功方面发挥了重要作用，尤其是 2018 年问卷调查结果鲜明地支持家庭背景有助于个体成功这一论断。

5. 多数广州青年认可学习的思想政治教育，对社会主义核心价值观的掌握也较好，但大学生群体对社会主义核心价值观的认知度相对较低

2018 年调查结果表明，大部分受访青年认为学校的思想政治教育有正面作用，对青年价值观的塑造和培养有积极效果，并且大多数被访青年知道社会主义核心价值观的具体内容。这表明，随着政府和高校越来越重视大学生思想政治教育和社会主义核心价值观宣传，青年大学生的思想认知和政治觉悟都有明显提升。

（二）存在问题

1. 在人生成功观方面，部分广州青年出现了不信任个人努力和才能，而更信任家庭背景重要的价值倾向

虽然广州青年大部分认可个人努力、个人才能对人生成功的重要性，但是坚信个人才能实现人生成功的比例呈现出下降趋势。2014 和 2016 年分别有 27.7% 和 28.6% 的广州青年认为个人才能对实现人生成功有重要影响，但这一比例到 2018 年下降为 23.9%，较 2014 年下降 3.8 个百分点，较 2016 年下降 4.7 个百分点。与此同时，2018 年调查结果表明，广州青年相信家庭背景对人生成功具有重要影响的比例，出现了较为明显的增加，2018 年认为家庭背景对人生成功有重要影响的比例为 14.1%，较 2014 年增长了 6.6 个百分点，较 2016 年增长了 8.1 个百分点。可见，随着青年人口的代际转换，随着经济社会发展的新常态，家庭背景因素对广州青年的人生成功发挥着越来越大的作用。

2. 在社会主义核心价值观方面，大学生青年群体对社会主义核心价值观知晓情况不乐观

2018 年调查结果表明，不管是对社会主义核心价值观的总体知晓率，还是对具体内容的知晓率，广州大学生的知晓水平相对较差，总体知晓率维持在 1/3 的水平，即三个大学生中只有一个人知晓社会主义核心价值观的内容。具体来讲，对倡导富强、民主、文明、和谐的知晓率只有 33.9%，对倡导自由、平等、公正、法治的知晓率只有 30.8%，对倡导爱国、敬业、诚信、友善的知晓率只有 30.1%，不仅明显低于在职青年的知晓水平，而且远远低于中学生的知晓水平。

（三）对策建议

1. 创新方式手段，彰显习近平新时代中国特色社会主义思想的吸引力和感染力

倡导"大专家讲小故事"。组织各级宣讲团成员、知名专家学者到企业、农村、机关、校园、社区，同青年开展面对面、互动式的宣讲。根据青年的需求，从"小切口"入手"大主题"，把宣讲的"大主题"分解成"微话题"，通过"小故事"讲述新思潮，推动习近平新时代中国特色社会主义思想深入青年、深入人心。

2. 注入时代新元素，加强理想信念教育和引导

随着改革开放的深入推进，随着青年群体的代际变迁，要积极适应青年理想信念教育的新情况和新形势。对此，要以多种方式特别是以移动端为载体和渠道，对青年进行理想信念教育。可在广场、学校、重要公共场所等地方，张贴和悬挂与广州青年理想信念主题相关的贴画、横幅等。制作广州青年理想信念主题公益宣传广告片，在电视、网络、公共交通广告屏、公共场合大屏幕等地方播放。

3. 推动思想再解放，提升青年群体的思想道德共识

思想不解放，就很难看清思想道德固化的症结所在，很难找准突破的方向和着力点。要高度重视青年思想道德教育，针对青年思想道德多元多样多变的现状，要下更大的力气做好统一思想、凝聚共识的工作，针对在青年思想道德方面存在的认识上的差异，着力回答好、阐释好"是什么、为什么、怎么干"的问题。要传承弘扬岭南文化的兼容并蓄传统，以建设粤港澳大湾区"人文湾区"为契机，将广东打造成为思想文化创新的沃土，将广州打造成为文化多样性的文化先锋地，从而不断满足广州青年在文化消费和价值形塑方面的诉求，进而提升广州青年的思想水平和道德素养。

4. 重视大学生社会主义核心价值观教育，推动大学生知行合一

高校党委必须高度重视大学生核心价值观教育，除了上好思政课、提高教学效果，还可以建立实践式学习、体验式学习等价值观教育的新途径。要制定大学生价值观教育管理办法、价值观教育培训管理办法、学生价值观考评规定等，进一步规范价值观教育的规范性和常态性，在内容上要将马克思主义经典理论和社会主义核心价值观的教育作为重点，与专业教育结合起来，并建立联动机制。要将社会主义核心价值观由政治话语更多地变为生活话语，使宣传教育生动化、濡染化、日常化、实事化、实践化，如毛毛细雨、涓涓细流渗透进大学生的精神世界。

B.4
广州青年教育与学习发展状况研究

黄彦瑜*

摘　要： 本文以广州市青年发展状况调查（2018）数据为基础，结合2010年以来的历史数据对广州市青年教育学习的基本状况、发展态势和未来需求进行了分析研究。研究表明，广州为青年教育学习提供了良好的物质条件和经济基础。广州青年追求更高学历的趋势明显。"互联网＋"构建的智慧学习环境，使青年学习的渠道和路径得以拓宽，学习内容和方式更为多元化。但教育发展的非均衡性依然存在，大数据所构筑的智慧学习、家庭规模小型化等趋势为广州青年教育学习发展提出了新的问题和挑战。为此，我们需要进一步完善公共教育的均等化，及时转变教育观念、创新教育模式，以适应新时代广州青年教育学习的需要。

关键词： 广州青年　青年发展　青年教育

习近平总书记在不同场合表达了对青年和教育的殷切希望。他说，教育兴则国家兴，教育强则国家强，教育是一个国家发展水平和发展潜力的重要标志。教育决定着人类的今天，也决定着人类的未来[1]。2018年，适逢改革

---

* 黄彦瑜，广东省社会科学院社会学与人口学研究所助理研究员、北京大学博士，研究方向为公共教育、科学与社会。

[1] 任佳晖、高雷：《习近平谈教育发展：教育兴则国家兴，教育强则国家强》，http://cpc.people.com.cn/n1/2018/0910/c164113－30282062.html，2018年9月10日。

开放四十年，广州教育更加注重改革创新，率先推进"租购同权、学位到房"，在推动公共教育均等化、均衡化，中心城区优质教育资源向外围城区和农村地区覆盖等方面取得了较好成绩。为了及时地掌握广州青年教育学习的现状与需求，2018 年，共青团广州市委牵头开展广州青年发展状况抽样调查。本专题依据这些数据，结合自 2010 年以来的历史数据，综合分析广州青年教育学习的基本状况、发展态势，并针对存在的问题进行分析，提出相关对策建议。

一 广州青年教育学习的现状

作为"广东省推进教育现代化先进市"，广州围绕粤港澳大湾区建设、国际大都市建设的战略定位，为青年教育学习构建了宽广的平台。随着中国特色社会主义建设进入新时代，广州青年对教育的期待及其教育观念、学习方式和平台等都发生了新的变化，展现出新的特点。

（一）广州青年教育学习的总体状况

教育具有"传道授业解惑"之功，其教化作用，使得青年在具备基本文化素养、科学知识和职业技能的基础上，成长为可以为国家经济发展和社会进步做出贡献的社会文明人。青年接受教育的程度越高，其文明化程度就越高，服务经济和社会发展的能力就越强。

青年教育水平"大学本科"学历占大多数。2018 年的抽样调查结果显示，目前广州青年教育程度总体较好。以在职青年为例，广州在职青年的学历以"大学本科"为主，占在职青年总数的 56.8%；其次为"大专"学历，占在职青年总数的 27.9%；第三是"高中学历"，占 7.9%；研究生以上学历的在职青年比例达到了 4.1%，比 2016 年提升了 0.4 个百分点。青年教育水平呈现"中间大、两端小"的橄榄型结构。在职青年拥有大专和大学本科学历的达到 84.7%，是保持橄榄型格局的重要因素。由于正在大专院校就读的学生群体还未进入职场，他们中的大部分人将接受本科或研究生教育，广州青年接受教育程度逐步提高的趋势不可逆转。较低学历青年比例进一步缩小与高学历在职青年人数不断攀升，将是未来广州青年学历结构的发展方向（见表1）。

表1 2018年广州在职青年教育程度

单位：%

	小学及以下	初中	高中(含中专、中技)	大专	大学本科	硕士	博士
广州城镇户籍	0.3	0.0	2.8	19.0	71.2	6.5	0.2
广州农村户籍	0.5	0.9	10.7	38.8	47.2	1.4	0.5
外地城镇户籍	0.0	1.4	5.9	30.8	58.4	3.6	0.0
外地农村户籍	0.5	9.9	16.2	35.1	36.9	1.3	0.0
总体情况	0.3	2.9	7.9	27.9	56.8	4.0	0.1

资料来源：2018年广州市青年发展状况抽样调查数据。

青年就业群体学历结构处于不断优化的良好进程之中。2010～2018年在职青年学历结构数据显示，大学本科以上学历的在职青年人数占比从2010年的61.9%下降至2012年的51.3%，在2014年跌入"谷底"（48%）以后，持续攀升至2018年的60.9%。而较低学历的在职青年人数占比在调查时间跨度内也有逐步缩小的趋势，如"小学及以下"在职青年比例从2010年的0.6%，一度上升至2014年的1.4%，而在2018年下降至八年来的最低0.3%。这说明广州在职青年的学历结构在不断优化，较低学历人群占比处于不断下降的趋势，大学本科以上学历的人群正慢慢成为青年职员的"主力军"（见图1）。

基础教育资源对非户籍青年开放有了长足的进步。广州是华南地区的中心城市，也是文化教育重镇，由于具有较强的文化包容性，吸纳了大量非户籍青年在此工作、学习、成长，在享受广州发展红利的同时，他们的下一代也能享受到广州积淀深厚的教育资源和多元化学习平台带来的便利。与2016年相比，在广州读中学的青年学生人数有了大幅提升。中学生中，非户籍人口占比从2016年的32.7%上升至2018年的59.35%，显示了受到"租购同权、学位到房"和教育均衡化等教育改革政策的影响，非户籍人口

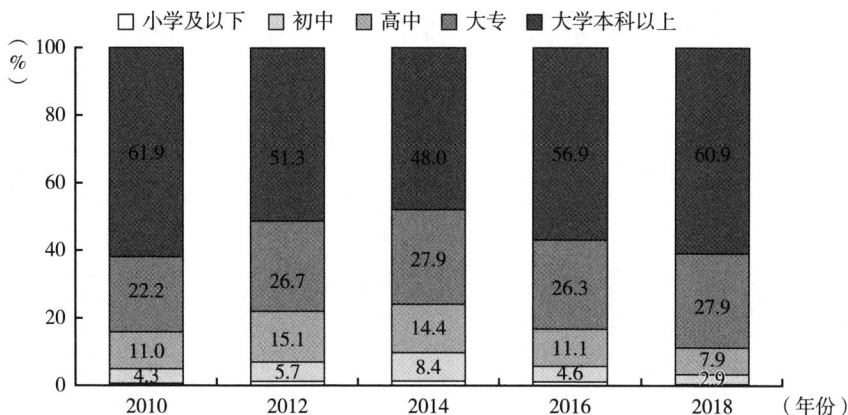

图1 广州市在职青年学历结构示意图（2010～2018年）

资料来源：各年度广州市青年发展状况抽样调查数据。

接受高中教育的比例有了很大的提升，教育公平性取得了长足进展。在大学生中，外来青年占比达到76.54%，显示了广州大学对外来青年依然具有较大的吸引力。而在职青年中，非户籍青年比例则从2016年的34.7%提升至2018年的41.18%，上升了6.48个百分点，显示了广州城市对外来青年的吸引力不断提升，外来青年愿意在广州就业、创业。广州教育改革和发展的良好态势以及较为先进现代的教育学习设施，充分满足了这些青年的教育与学习需求。同时，随着城市化的进程和城市规划的"东扩"，户籍人口中农村青年比例有所减少、城市青年比例有所上升。在拥有广州户籍的青年中，有75%的青年生活在教育条件和机会较好的城区，有25%的青年生活在教育和学习条件相对较弱的农村地区。

学生对学校教育的内容、方法、质量等方面的满意度逐年提升。近年来，广州青年对所受的教育感到"非常满意"的比例呈现持续上升的态势。问卷调查数据显示，对自己所受教育表示"非常满意"的青年学生2012年占5.1%，2014年、2016年、2018年分别上升至6.3%、7.6%和8.2%。从各个年龄段的情况来看，中学生对所受教育的总体满意度有所下降，选择"非常满意"和"比较满意"的比例2018年为50%，比2016年下降了11.1个百分点；大学生对所受教育的整体满意度有所上升，选择"非常满意"和"比较满意"的比例为57.5%，比2016年上升了11.6个百分点（见图2）。

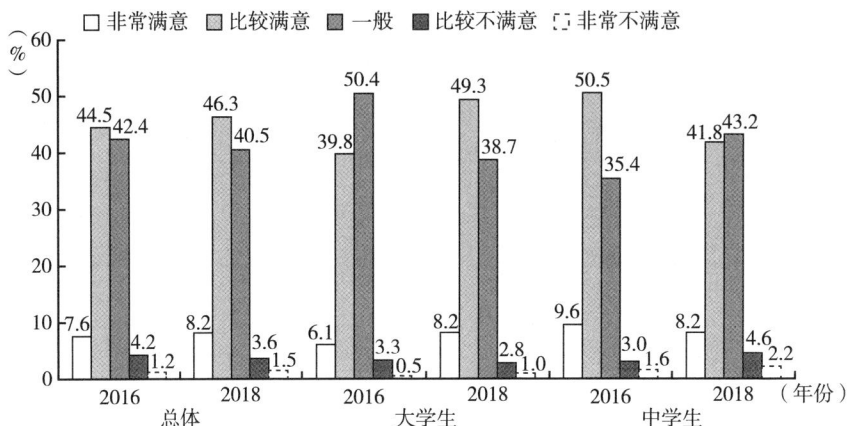

图2　广州青年对教育满意度的年度比较

资料来源：各年度广州市青年发展状况抽样调查数据。

（二）教育期待的变迁：从"大学本科就够"提升至"研究生学历更好"

调查显示，广州青年越来越看重学历对未来发展的作用与影响，广州青年对学历的期望越来越高，希望获得较高学历特别是"研究生以上的"高学历的青年比重逐年攀升，其增长呈现逐步扩大的发展态势。2010～2018年广州市青年发展状况抽样调查数据显示，广州青年希望获得"大学本科"或"研究生以上"学历的人数大幅上升。2010～2018年，希望"获得研究生以上学历"的人数占比，从2010年的48.2%一路攀升至2018年的61.4%；希望"获得大学本科学历"的人数占比有所下降，从2010～2014年的40%以上，逐步下降至2016年的38.4%和2018年的33.2%。这表明在大学扩招多年、大学教育从精英群体走向全体国民以后，青年对教育期待的观念转变。调查结果表明，广州青年对于学历的期待已经从原本的"大学本科就够了"，转变到"研究生学历更好"的阶段。

这反映了广州青年教育观念的转变，也代表了中国一线城市对教育期待的转变。

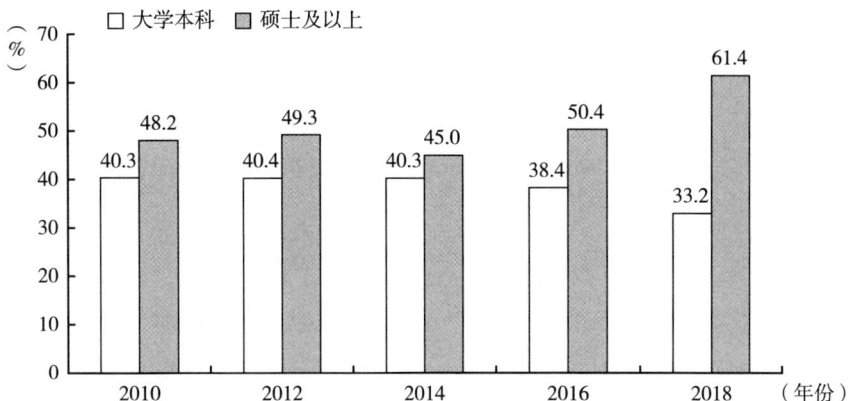

图3 广州青年学历期待的年度变化（2010～2018年）

资料来源：各年度广州市青年发展状况抽样调查数据。

学历文凭对社会地位具有标识性，对青年初次进入社会时的基本位置，如职业、职位、阶层、地点以及社会地位，具有较大的影响。学历文凭不仅在未来经济收入上有所体现，还对提升社会地位产生深远影响。例如，有资格和机会进入精英云集的行业和职业领域，有资格享用更多的福利和保障，有资格享有生活地域的选择权、稳定工作权和社会声望、资历的可积累性调动权等。在这个意义上，学历教育不断地在为社会成员提供进入更高身份结构的资格，它的目标不是产出普通的、掌握专门技能的劳动者，而是在社会分流中，获得体面身份和受尊敬职业的需要。① 社会上的普遍看法是，未来运用体力还是脑力劳动工作，其差别在于是否经过大学以上的教育；而在大部分就业候选者都拥有大学本科学历的竞争环境下，青年只能选择继续追求更高的学历，获得学历上的竞争优势。学历文凭与社会地位预期之间、教育和社会地位获得之间的特殊关系，是青年教育期待"水涨船高"的决定性因素。

---

① 张静：《社会身份的结构性失位问题》，《社会学研究》2010年第6期。

（三）学习方式的变迁：从"线下"逐步延伸至"线上"

以"大数据＋互联网"构筑的新型智慧学习环境，为教育提供了多元化学习场景、随机的学习场合、个性化的学习内容、交互式的学习模式，为青年学习教育创设了新的机遇和动力。全球共享的海量教育资源，使得新一代青年学子能够打破地域界限，在世界范围内获取前沿的知识资讯和优质的学习资源。

在线课程和网络学习潮流"势不可当"，成为"数字一代"不可或缺的学习方式。2018 年，第一代"00 后"进入大学学习，他们是被"互联网""大数据"围绕的一代，是典型的"数字一代"，是信息社会的"弄潮儿"。平板电脑、智能手机的广泛使用，多线程、多任务式的学习成为青年常态化的学习模式。然而，学历教育与普通的线上学习依然有着本质的不同，能够从线上获得学历、学位和认证的平台和产品仍有限，网络学历认证的社会认可度也仍未达到较高的水平。因此，从调研数据来看，广州青年希望通过线上学习获得学历认证的整体比例仍未达到 10%，但其增长态势不可忽视，与 2016 年相比较，该比例增长了 33.8 个百分点。同时，该方式在在职青年中的"人气"仍不可忽视——在职青年希望通过网络教育培训获得学历的占比达到 11.5%，比 2016 年增长了 47.4%。大学生希望通过网络教育培训获得学历的比例为 5.6%，比 2016 年增长了24.4%。

"海外留学"逐渐成为广州青年获得学历的重要选项。2018 年首次在抽样调查中增加"出国留学"的选项。统计结果显示，希望通过出国留学获得期望学历的青年整体达到 18.4%；这一选项在大学生和中学生群体尤受青睐——想留学的大学生占比达到 24.2%，中学生也达到 22.6%。与之相比，通过入读国内全日制学校获得学历的广州青年比例大幅下降。与 2016年相比较，选择入读国内全日制学校的比例下降了 12.7 个百分点，仅有37.6%的广州青年希望通过入读全日制的国内学校获得"文凭"。其中，该比例在中学生中下滑的幅度更大，从 2016 年的 68.5% 下降到 2018 年的

41.7%，下降了26.8个百分点。这说明新一代的青年有了更多获得学历的路径和选择，不喜欢按部就班走"寻常路"，希望通过更为灵活的方式获得学历，这是"00后"更年轻一代的自我选择（见表2）。

表2　2018年广州青年希望获得相关学历的主要方式

单位：%

类别	总体	在职	大学生	中学生
全日制学校	37.6	29.5	55.7	41.7
网络教育培训	9.5	11.5	5.6	7.5
电大、夜校	4.5	5.6	1.2	5.0
在职进修	28.3	36.0	12.3	22.6
出国留学	18.4	15.0	24.2	22.6
其他	1.7	2.3	1.0	0.5

资料来源：2018年广州市青年发展状况抽样调查数据。

（四）继续教育深造：选择更为多元化

抽样调查结果显示，广州青年参与校外教育的热情高涨，没有参加任何培训的青年比例仅为15.6%，而"职业技能"、"教育技能"和"英语培训"成为广州青年的"首选"（见图4）。但是传统意义上的培训内容，如"职业技能"和"岗位培训"，受广州青年的"青睐度"有所下降。2018年，在职青年选择参加"职业技能"和"岗位培训"的分别仅为29.9%和1.8%，而2016年该比例分别为45.5%和44.6%。这表明综合性的传统培训正"淡出"在职者的视线，而更为专业、更有针对性的培训更受到青年的追捧。大学生群体参与继续教育的比例明显低于在职青年，在大学生中最受欢迎的培训内容为"教育技能"和"英语培训"，其占比均在20%以上，这表明语言专业和师范专业对大学生依然有着吸引力，而挑战财务会计、司法方面认证的比例不高，但也大有人在，这表明大学生对于多方面开拓技能、提升就业竞争力比过去有更多的想法（见图5）。

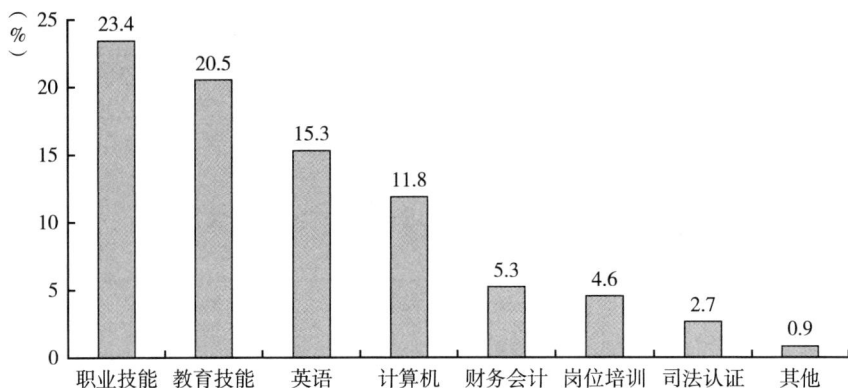

图4 广州青年参加校外培训的情况（2018）

资料来源：广州市青年发展状况抽样调查数据。

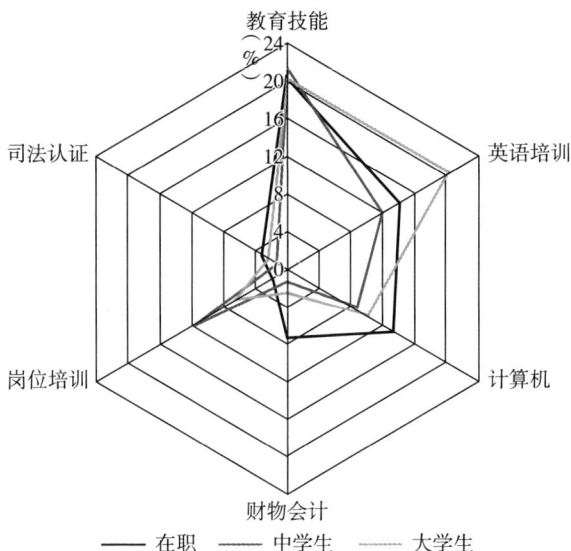

图5 广州青年各群体参加校外培训的情况（2018）

资料来源：广州市青年发展状况抽样调查数据。

"丰富自己"是广州青年选择相关培训、继续深造的主因。在业余时间完成各项培训和继续教育需要有很强内在动力。与过去的调查结果相一致，广州青年更看重"丰富自己"和"提升工作技能"这两个继续学习的内在动因,对大学生群体和在职青年而言,均是如此。而发展兴趣爱好,也是大学生群体选择校外培训的主要因素(见图6)。

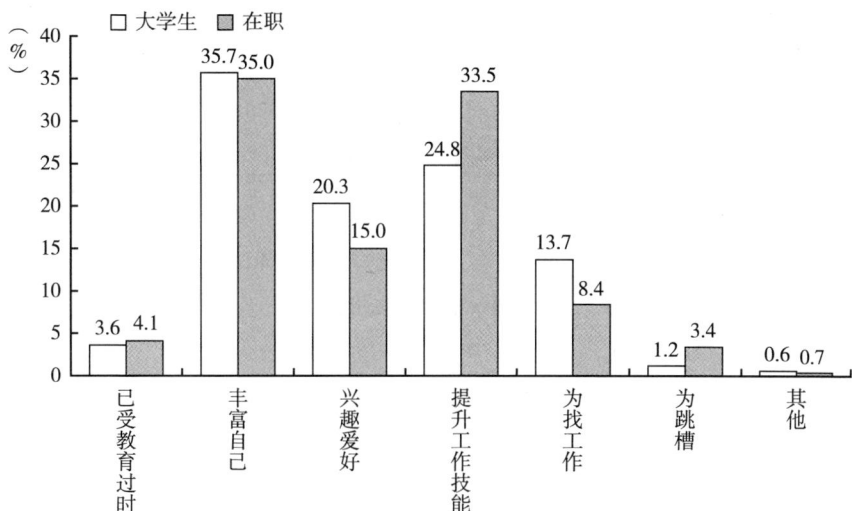

图6 2018年广州青年接受职业类训练或继续教育的原因

资料来源:2018年广州市青年发展状况抽样调查数据。

"企业、学校内部的专项培训"是广州青年提升自我的主渠道。抽样调查显示,首先,企业、学校内部举办的专项培训依然是广州青年的"最爱";其次,自学、购买在线课程和参加免费讲座,均是广州青年提升自我的重要渠道。从各个群体自我增值的渠道来看,在职青年更爱"购买在线课程",大学生更喜欢通过自学来获得知识,而参加免费讲座和参加公益课程尤其受到在职青年和中学生的喜爱(见图7)。

(五)教育条件转变:居住环境变迁和同住状况转变

居住环境是教育条件的最直观体现。广州在职青年大部分居住在普通商品房小区中,占比达到36.4%;但居住在城中村、村改居,或者农村地区的在职青年比例依然高企,其比例达到32.8%,比2016年增加2个的百分点;

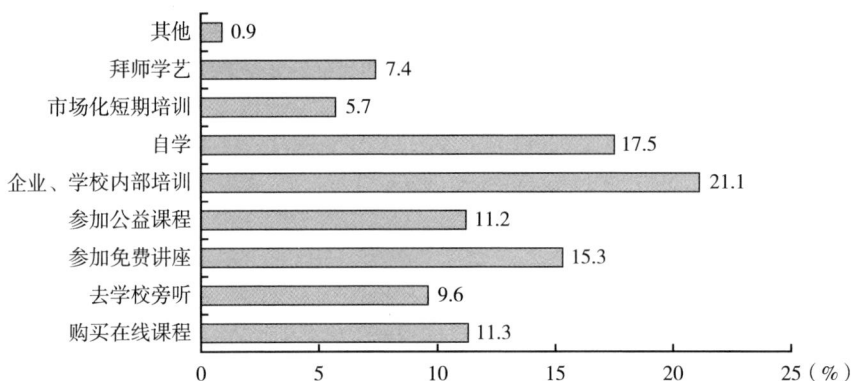

图7 广州青年学习方式选择情况（2018）

资料来源：2018年广州市青年发展状况抽样调查数据。

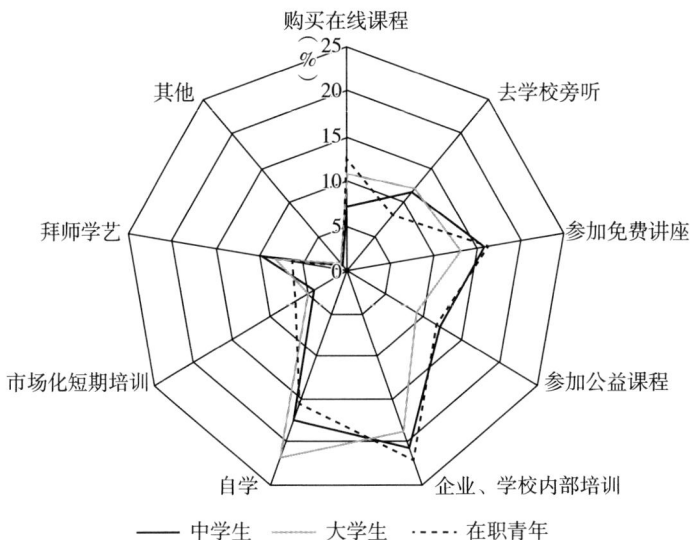

图8 广州青年各群体学习方式选择情况（2018）

资料来源：2018年广州市青年发展状况抽样调查数据。

而居住在保障性住房的比例有所下降，由2016年的2.6%下降至2018年的
1.6%。这表明改善教育条件、提升居住环境依然是广州青年的需求所在。

　　与父辈、祖辈共同居住的比例提升，居住氛围对教育学习影响的重要性

越发彰显。调查显示，2018年广州青年大部分"与父母同住"，其比例达到41.49%，比2016年增长近10个百分点；其次是"与他人合住"，比例达到17.91%，比2016年提高近5个百分点；接着是"三代同堂"和"单身独居"，其比例分别达到11.73%和11.03%。与2016年相比较，三代同堂的比例上升0.7个百分点，"单身独居"比例大幅下降5个百分点。这是由于房价攀升，"单身独居"的成本有所上升，因此"与父母、他人同住"成为广州青年的主要居住方式。与人同住成为广州青年的主要居住方式，这使得同居者、居住氛围对教育学习的影响程度有所提升（见图9）。

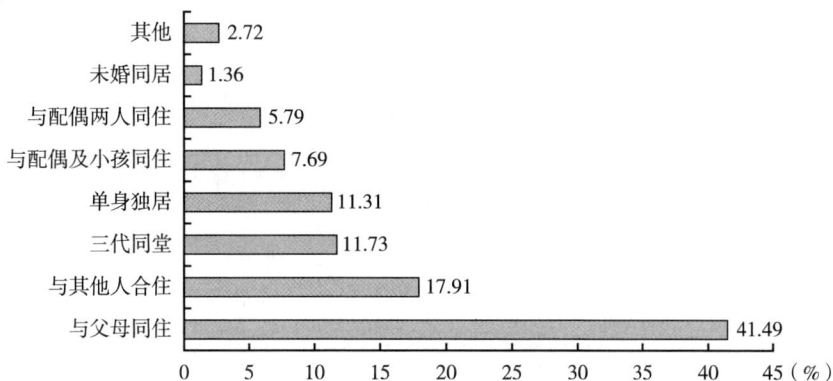

其他　　　　　　　2.72
未婚同居　　　　　1.36
与配偶两人同住　　5.79
与配偶及小孩同住　7.69
单身独居　　　　　11.31
三代同堂　　　　　11.73
与其他人合住　　　17.91
与父母同住　　　　41.49

0　5　10　15　20　25　30　35　40　45（%）

图9　广州青年居住情况示意图（2018）

资料来源：2018年度广州市青年发展状况抽样调查数据。

中学生群体与父母居住的比例大幅下降。值得注意的是，2018年的问卷调查显示，中学生与父母同住的比例有所下滑，从2016年的81.5%下降至2018年的68.13%，下降超过10个百分点；即使加上三代同堂的居住类型，中学生留在父母身边居住的比例仍然仅达到81.65%，与2016年的95.78%相差超过14个百分点。这表明在高中阶段留在父母身边的青年比例越来越少。进一步分析表明，与农村户籍家庭相比较，城镇户籍家庭与父母同住的比例较高。无论是广州本地城镇户籍还是拥有外地城镇户籍的中学生，与父母同住的比例达到了74.51%和88.89%。除了核心家庭结构变化、居住环境条件变化等因素，青年中的中学生群体与父母同住比例下降，还与住宿率提高有关。调研数据显示，广州市高中生住宿的比例达到50.3%，远高于租房（15.2%）和居住商品房（30.1%）。

中学阶段是青年教育与学习的关键阶段。如果在这一阶段缺少了父母的陪伴，那将不仅缺少亲子时光和天伦之乐，还将缺少父母的教育与指导。而这些对青年的发展均具有重要影响。

广州是一个重视家庭教育、重视家庭文化传承的城市，与父母共同生活，是青年特别是还处于中学阶段的青年学子，与父母留下共同生活的印记和建立感情沟通纽带的重要时光，对中学生青年的成长有着重大影响。学校教育不能替代家庭教育，宿舍也无法成为家，这一趋势值得引起足够重视。

表3 2018年广州市青年居住情况按户籍划分情况（中学生）

单位：%

类别	三代同堂	与父母同住	单身独居	与其他人合住	与配偶同住	其他
广州城镇户籍	18.63	74.51	0.00	5.88	0	0.98
广州农村户籍	28.33	55.00	1.67	11.67	0	3.33
外地城镇户籍	5.56	88.89	0.00	5.56	0	0.00
外地农村户籍	14.80	65.82	3.06	13.78	0.51	2.04

资料来源：2018年广州市青年发展状况抽样调查数据。

青年中的独生子女占比呈现直线下降趋势，家庭教育的环境正在改变。随着"二孩"政策的放开，广州青年家庭中独生子女的比例有了明显的下降。根据抽样调查，目前广州青年中独生子女的总体比例为28%，比2016年下降了5.9个百分点。其中，广州在职青年中有26.3%为独生子女，大学生中有33.9%为独生子女，而中学生中仅有18.9%为独生子女。从城乡的比例来看，城市地区独生子女比例较高，拥有广州城镇户籍或外地城镇户籍的独生子女比例分别为44%和34%，远远高于广州和外地农村户籍的12%和6%，如表4所示。因此，虽然广州青年中独生子女比例整体不高，但城市地区独生子女家庭占比依然处于高位。作为最早实施计划生育政策的地区之一，广州的第一代独生子女已逐渐成为另一代独生子女的父母，"父母渐老、孩子还小"，第一代独生子女的危机，也体现在子女教育方面。独生子女一代，没有与兄弟姐妹相处的经验，缺乏沟通技巧，欠缺与人相处的知识和经验，而在对教育学习的极端关注的社会环境下，家长对于子女教育的殷切期待，常常导致亲子关系处于紧张状态。

表4　2018年广州青年中独生子女占比

单位：人，%

类别	广州城镇户籍	广州农村户籍	外地城镇户籍	外地农村户籍
独生子女	288	26	73	24
非独生子女	371	196	140	367
总计	659	222	213	391
独生子女比例	44	12	34	6

资料来源：广州市青年发展状况抽样调查2018年数据。

（六）父母教育观念的转变：家长对教育的重视达到前所未有的高度

家庭教育观念转变使得教育重视程度得到普遍提升。许多研究认为，随着教育资源和均衡配置加强，基于以家庭为核心的微观因素对青年的教育表现，将会产生更为直接的影响。家庭社会经济地位、父辈学历水平和教育观念是影响青年发展的重要因素，家庭为青年提供的经济、文化、智力资源支持，是教育代际流动的中间机制，对青年教育期望、教育地位获得产生了深远影响。因此，家庭教育观念的转变是"青年教育学历期待不断提高"的重要因素。

追踪2010~2018年广州市青年原生家庭父母学历情况发现，父亲大学本科以上学历占比从2010年的8.7%上升到2018年的14.8%，母亲大学本科以上学历占比从2010年的5.2%上升到2018年的14.4%（见图10）。"男主外、女主内"的家庭文化模式，母亲在家庭教育中占有主导地位的传统，对母亲的教育素养提出了更高的要求。原生家庭中女性学历的提升，对青年教育学习和观念的养成起到了关键作用。广州青年母亲的学历提升态势极为明显，大学本科以上学历占比在近十年内提高了将近10个百分点，对青年对教育预期的期待和提升起到了十分重要的引领作用。

随着原生家庭成员受教育程度的提高，越来越多的"80后"当上了家

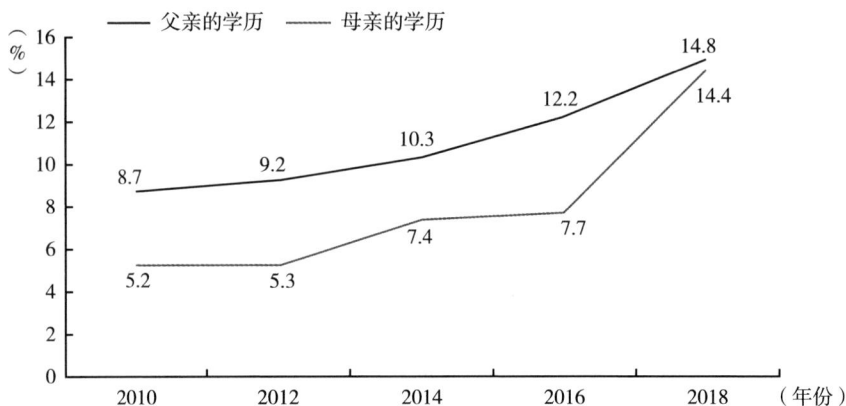

图 10　广州市青年父母大学本科以上学历占比的变化趋势（2010～2018 年）

资料来源：各年度广州市青年发展状况抽样调查数据。

长，越来越多本科生、重点院校大学生成了家长，教育也就越来越被重视起来。过去，"70 后"家长大部分对教育的理解是"支持"，从支持子女报读兴趣班、辅导班到择校，无论是翻译机、复读机还是与学习相关的各种材料、书籍和器械，只要是学习的需要，家长都会支持。"80 后"的家长几乎都赶上了"大学扩招"，随着大学教育从"精英"走向"国民"，更多的"80 后"拥有了大学文凭。然而扩招后，"就业难"也随之而来。上过大学、经历过就业难的"80 后"成为父母，对子女教育的重视达到了前所未有的高度。他们对子女教育不仅限于支持，而是从策略、路径和方法上有了更多的思考和尝试。广州作为国家级中心城市，是华南地区的经济文化中心和教育重镇，子女教育理所当然成为家长和家庭花费巨大精力和金钱的重要方面。家长对孩子的课内学习、课后辅导、课外兴趣拓展等方面的要求越来越高，在某些家庭甚至成为亲子关系的"绊脚石"与家庭集体焦虑的来源。这从一个侧面反映出家庭对于子女教育的重视达到了前所未有的高度。

二　青年教育与学习的问题与挑战

虽然广州青年教育的整体程度较好，青年对教育学习的积极性有所提高，原生家庭对教育的重视程度、青年对学校的满意度有所提升，但是，教育资源分配不均衡带来的教育发展不平衡问题依然存在。如何在大数据时代应对智慧学习环境对传统教育的挑战，如何顺应老龄化趋势下核心家庭小型化带来的青年成长环境的改变，都是广州青年教育与学习发展必须面对的问题。

（一）青年享受优质教育机会的城乡差异和区域差异依然存在

改革开放 40 年来，广州基础教育发展趋向更加均衡，非户籍人口获得教育机会得到有效提升，基础教育资源对非户籍青年开放有了长足进步，但优质教育资源对非户籍青年开放率仍处于较低水平，特别在越秀、荔湾、海珠等老三区和天河区等优质教育资源比较集中的区域，非户籍青年入读公立学校依然比较困难。同时，虽然教育资源分配的合理性有所提高，但是区域之间和城乡之间的教育发展水平依然存在差异，广州市行政区间、基础教育学段间、城乡间均存在教育资源非均衡性的特征，这意味着不同区域的城乡青年享受优质教育资源的机会存在城乡差异和区域差异。在继续教育和职业培训方面，2017 年 12 月颁布的《广州市推动非户籍人口在城市落户的实施方案》提出要"满足城市新增落户未成年人多样化学习需求，确保新增落户未成年人受教育与我市户籍居民同城同待遇"。但继续教育、职业培训"同城同待遇"仅限于新增落户人员。

（二）传统学校教育对青年互联网时代的学习需求应对不足

互联网时代，网络对青年教育与学习的影响越来越大，这使传统教育面临巨大的挑战。通信技术的泛在化使得"人人皆学、处处能学、时时可学"成为可能，大数据时代，智慧学习环境为青年创设了崭新的学习环境，在拓宽知识来源渠道、拓展知识面，提升碎片时间的学习利用率方面，都有及其正面的意义。然而，网络时代社会发展多样化、价值多元化对传统教育模式提出了挑战。线上教学、在线课堂、网络讨论等丰富鲜活的教育学习资源，使得青年学子足不出户即可接触到。互联网时代"远离教师""远离课堂"等个性化的课程选择和学习模式，对学校传统教育提出新的挑战。如何从教育理念的转变、信息技术的支持、环境的构建和能力的提升方面，顺应智慧学习的潮流，回应信息社会、网络社会和大数据教育教学的新环境、新模式、新挑战，使学生热爱课堂、回归课堂，让互联网和大数据成为青年教育学习和健康成长的"好帮手"，是青年教育需要面对的重要问题。

（三）核心家庭规模小型化背景下家庭教育的"弱化"与"异化"

"二孩"政策放开后，独生子女家庭在广州青年家庭中的比例有所下降。随着核心家庭规模的小型化、家庭对子女教育重视程度的大幅提升，家庭教育的功能形态和内涵特点也发生了新的变化。首先，家庭在基本生活技能方面的教导功能被弱化。随着知识社会的来临，知识智力资本成为资本和社会地位的象征，家庭教育的积极性大幅提升，许多家庭对于子女教育学习的重视程度达到"极致"；与此相对应的，家庭在基本生活技能方面的教导作用被弱化。现代社会，人们的生活内容大为丰富，基本生活技能也随之复杂多样，家庭在这些基本生活技能的教导上所处的地位就显得愈加重要、愈发不可替代。但在将教育目标和学习任务设置为最高优先级的青年家庭，家庭教育的这一功能被普遍弱化，基本生活技能的学习和实践机会被"功课"或"工作"所占据。由于缺乏最基本的生活技能，青年常常"下馆子"、"叫外卖"、送衣服去洗衣店、请阿姨来打扫卫生……在儿童时期完成初始社会化后，青年获取衣食的本领却依然停留在最初的阶段。其次，家庭在社会规范、价值观念养成方面的教导作用被"异化"。受教育者作为社会人，要想在社会中立足需要具备一定的社会价值观念，遵守一定的行为规范和道德准则。家庭是青年最初学会适应的社会环境，作为一个社会初级群体，家庭受教育者与其父母、祖辈及同辈群体发生着最初的社会互动，是青年个体最初接触的社会互动，家庭生活的行为规范也是个体最初接触到的社会规范。但是，在核心家庭规模小型化的今天，三代同堂的比例大幅下降，父母言行成为受教育者的唯一参照系，子女把父母的需要、态度、个性、意志、价值观和情感作为认同的对象，通过学习、模仿，逐渐内化成自己一整套的行为方式和道德信念体系。五天学校教育和两天的家庭教育，若产生抵触和矛盾，实际教育效果将产生对冲，将使得学生无所适从。家长言行不一致或家长潜意识中出现的社会失范行为，都将导致自己在教导社会规范、帮助子女形成道德情操方面所起的正面作用被异化。①

三 广州青年教育与学习发展建议

（一）持续深化青年教育学习领域的供给侧改革

以构建基础教育、高等教育、职业教育为主要构成的青年教育学习体系为主标，深化教育领域供给侧结构性改革。一是全面提升教育治理水平。作为公共教育供给主导者的政府，必须确保教育资源和服务配置更加合理有效，一方面需要考虑经济新常态下财力保障水平，另一方面需要考虑青年对教育需求的多样性和复杂性。二是进一步丰富教育服务形态，在认识上超越以正规学校教育为主要表现形式的传统国民教育体系，形成教育融入经济发展、融入青年个性发展和终身教育需求的"大教育观"。根据青年不同阶段、不同个人发展和学习目标的实际需要，利用互联网、大数据等丰富教育形态，实施教育资源和服务的差异化、共享式、开放性供给。三是推动公共教育均等化和区域教育发展均衡化。在率先实行"租购同权、学位到房"的基础上，进一步完善以来穗从业人员随迁子女为主要招生对象的民办高中和职业技术学校规范优质发展，让非户籍青年能够接受更优质的教育和培训；加强薄弱地区、薄弱学校和农村地区公共教育服务的投入，提升薄弱地区、学校和农村地区教师人才队伍建设水平，加强优质教育资源向这些地区的转移、渗透、下沉。

---

① 夏辛萍、许坤红：《当代家庭结构的变迁——独生子女家庭教育形态缘起的社会学分析》，《法制与社会》2007 年第 5 期，第 20 ~ 22 页。

（二）构建以青年需求为目标的智慧教育体系

利用大数据、物联网、人工智能等先进信息技术，构建"人人皆学、处处能学、时时可学"的学习型社会。美国著名教育家阿兰·柯林斯认为，历史上的人类教育经历了三个时期：学徒制、大众化的学校教育和终身学习。第一次教育革命是工业社会的学校教育取代农业社会的学徒制教育；而随着人类社会从工业社会进入知识社会，第二次教育革命——从学校教育过渡到终身学习成为可能。教育工作者和教育决策者必须将互联网、大数据等新生力量融入学校教育当中，否则，"学校教育将消解在未来的世界中"①。而构建网络化、数字化、个性化、终身化的智慧教育体系，是学校教育必须持续构建的目标所在。

网络化是指青年构筑自适应的联通世界，利用信息技术实现与全球教育者、前沿科学家、资深学者，甚至虚拟的机器人之间的智慧相连。个性化是指构建以青年为中心的学习教育体系，通过大数据充分挖掘每个青年创新学习的潜力和内在需求，选择适合自己的学习内容、学习方式和自主学习的方法。终身化是指通过教育的重新思考和规划，将学校内外的教育统一起来，使教育以学校为中心，向家庭、工作场所、社会教育机构、学习和技术中心拓展。构建网络化、个性化、终身化的智慧教育体系，从体制上确保大数据思维、互联网技术深入到教育实践的各个节点、流程和机制中，以推动信息化浪潮下青年教育学习体系深层次、系统化、整体性变革，充分回应和满足广州青年教育学习的新需求。

（三）顺应当代家庭结构变迁，关注解决青年家庭教育中的"痛点"问题

作为国民教育的三大支柱，家庭教育更具有基础性、早期性、终身性和

---

① 陈家刚、张静然：《认知学徒制、技术与第二次教育革命——美国西北大学 Allan Collins 教授访谈》，《中国电化教育》2009 年第 4 期，第 1~5 页。

独特性，对青年教育学习的影响非常大。促进家庭教育的发展、引导和传播正确的家庭教育理念、建立家庭教育服务和保障体系、丰富家庭教育资源、解决家庭教育中的"痛点"问题，是青年教育学习发展的迫切需求。一是进一步推动"家校联合"和家长学校的优化和创新。家长学校影响家庭教育成效和青年品质发展，是家庭教育功能得到发挥的关键所在。推动家长委员会、家长学校、家庭教育资源的整合，采用更为灵活的学习方式、更为专业的课程，推动家长学校在办学模式方面的创新。鼓励和利用社会各方资源为家庭教育提供服务。鼓励社会团体、街道社区（村）、大专院校、科研机构和民办教育服务机构开办各种形式的家长学校，在其接受监督的前提下给予其适当的经济补贴，加大家庭教育指导和服务供给。二是加强家庭教育立法，明确政府、社会、学校、家庭在教育中的法律义务和责任，进一步规范家庭教育市场，建立完善的社会机构参与家庭教育的市场准入和监管，使政府和社会的边界得以明晰、学校与家长的责任得以划分、机构和家长之间的契约得以形成。各方各司其职，各自发展自身的优势，为青年构筑教育学习发展的良好环境。三是顺应当代青年特点，回应当代青年需求，以青年乐于接受的方式传播家庭教育思想。家庭教育思想无形作用于社会的各个角落，个体自不同的社会背景下接受传统家庭教育思想，并内化加工再反馈给社会。这样的动态过程在当下的时代变迁中，充满了形式多样性和价值多元性。家庭模式的多样化，衍生出新的人群、新的关系、新的认识，这些都加大了家庭教育思想的复杂性。人的兴趣个性、行为的技术技巧、组织的方式方法等都可能对家庭教育思想及其传播产生影响。父母想要教育青年，但如果他们不懂得青年的需求，不理解青年的生活方式，不理解他们的所思所想所好，就难以建立沟通的桥梁。家庭教育的理念、思想如何能够顺应当代青年的需求、满足青年家庭的需要，需要与时俱进、加强研究，针对青年所思所想所好，构建家庭教育思想体系，以青年乐于接受的方式传播家庭教育思想。

参考文献

1. 童宏保、谈丰铭、黄凌逸：《广州市基础教育均衡发展成就与不足——基于近五年教育统计数据分析》，《教育导刊》2018 年第 6 期。

2. 张静：《社会身份的结构性失位问题》，《社会学研究》2010 年第 6 期。

3. 张明：《智慧学习：大数据时代的学习模式》，《中国成人教育》2018 年第 18 期。

4. 张杰夫：《以体系建设破解教育信息化的"顶棚效应"》，《光明日报》2016 年 11 月 15 日。

5. 郭红霞：《新媒介环境对大学生非正式学习的影响及对策研究》，《中国电化教育》2016 年第 3 期。

6. 庞丽娟：《教育供给侧结构性改革：改什么，如何改》，《光明日报》2017 年 7 月 27 日。

7. 徐良、李亚娟：《江苏家庭教育现状调查与研究》，《江苏教育研究》2018 年第 13 期。

B.5
广州青年身心健康发展研究

杨秋苑*

摘　要： 2018 年调查结果显示：广州青年平均锻炼时间呈上升趋势，坚持锻炼的比例明显提升超过七成，但完全不锻炼的比例也达 23.9%；同时存在群体差异，在职青年明显缺乏锻炼，完全不锻炼的比例高达 28.6%。广州青年存在一定的生理健康问题，但亚健康情况不严重。五成广州青年感觉压力大，压力感有细微变化，整体变化不明显；主要压力源仍是收入不够用、学习紧张和工作压力。广州青年的极端消极应对行为发生率较低，虽存在波动，但总体变化不大，2018 年暴饮暴食的应对方式呈历年最低。广州青年的心理健康状况不太理想，存在波动，但整体波动不明显。广州青年遇到困难或挫折时求助对象一直主要是朋友、父母、配偶/情侣和自己面对，2018 年兄弟姐妹上升到第三位，自己面对下降到第五位。

关键词： 广州青年　生理健康　心理健康　社会支持

广州一直走在改革开放的前沿，随着《粤港澳大湾区发展规划纲要》战略的发展，广州青年面临着更广阔的世界。我们对广州青年身心健康状况

---

* 杨秋苑，医学硕士、副研究员、心理治疗师、广州市康复中心心理科主任。目前担任广东省心理咨询师专业委员会常委、广东省临床心理专业委员会常委、广州市穗港澳青少年研究所特约研究员、《广东医学》杂志特约审稿专家等。

的调研从 2009 年开始，转眼间已进行了 10 年，到第 5 次调研了。前 4 次调查我们感受到广州青年的变化，现在，广州青年的身心健康又有怎样的发展和变化呢？为此，我们开展了第 5 次调研。

本研究运用调查问卷、文献检索、个案访谈等方法，探讨广州青年身心健康状况。报告横向描述广州青年身心健康发展特征，纵向比较长期发展态势，进行持续跟踪性研究。我们把 2018 年的调查结果进行分析，了解广州青年当前的身心健康状况，并与前 4 次（2010 年、2012 年、2014 年、2016 年）结果进行详细比较，考察变化和发展趋势，希望为政府部门和机构提供专业的数据支持和建议。

一 广州青年身心健康发展现状分析和发展趋势

（一）广州青年的锻炼情况和发展趋势

总体情况：广州青年平均锻炼时间较多，但是存在分化现象，坚持锻炼的比例高达七成以上，但完全不锻炼的比例也高达 23.9%，这些现象值得探究。

发展趋势：广州青年平均锻炼时间呈现上升趋势，具体锻炼情况有波动。

1. 广州青年平均锻炼时间较多，但存在分化现象

锻炼有利于身心健康。研究发现，坚持规律运动是促进心理康复的一种"灵药"，缺乏运动的生活方式会导致抑郁、焦虑、ADHD（注意缺陷多动症）等心理疾病高发。

由表 1 可见，广州青年中有 2603 人参与调研，没有选择的比例高达 8.8%。在选择的 2375 人中，平均每周的锻炼时间为 6.49 ± 8.198 小时，完全不锻炼的比例占 23.9%，每周锻炼 0.1~2 小时（含 2 小时）的占 1.6%；每周锻炼 2~7 小时（含 7 小时）的占 58%，每周锻炼 7~15 小时（含 15 小时）的占 11.3%；如果把每周锻炼 2~15 小时（不含 2 小时）的人群视为合理锻炼的话，合计比例则高达 69.3%；每周锻炼 >20 小时的比例为 5.2%；每周锻炼 >2 小时的比例为 74.5%。2018 年的情况是：要么不锻炼，要么就进行比较合理的锻炼。

表1 广州青年每周锻炼时间 (2018)

锻炼时间(小时)	频数	百分比(%)
0	567	23.9
0.1~1(含1)	11	0.5
1~2(含2)	25	1.1
2~3.5(含3.5)	554	23.3
3.5~7(含7)	825	34.7
7~15(含15)	268	11.3
15~20	1	0.0
>20	124	5.2
合计	2375	100
均值±标准差	6.49±8.198	—
没有选择	228	8.8

2. 锻炼时间存在群体差异

本次调研发现,在职青年明显缺乏锻炼,完全不锻炼的比例高达28.6%。城市青年锻炼时间相对较长;男青年、≤24岁、单身、大专以下、未就业青年锻炼时间明显较长。

由表2可见,中学生的锻炼时间最多(9.14±10.174),大学生其次(7.49+9.478),在职青年的锻炼时间最少(5.17±6.840)。合理锻炼(每周锻炼2~15小时)分别是中学生76.8%,大学生74%,在职青年65.8%,总体是69.3%。完全不锻炼的比例在职青年最高,达到28.6%、大学生为18.9%、中学生为12.2%。每周锻炼>20小时的比例在职青年为3.9%、大学生为5.7%、中学生为9.9%。

表2 广州青年每周锻炼时间比较 (2018年)

类别	中学生		大学生		在职青年		总体	
锻炼时间(小时)	频数	百分比(%)	频数	百分比(%)	频数	百分比(%)	频数	百分比(%)
0	43	12.2	106	18.9	418	28.6	567	23.9
0.1~1(含1)	2	0.5	2	0.4	7	0.5	11	0.5
1~2(含2)	1	0.3	6	1.0	18	1.2	25	1.1

续表

类别	中学生		大学生		在职青年		总体	
锻炼时间（小时）	频数	百分比（%）	频数	百分比（%）	频数	百分比（%）	频数	百分比（%）
2~3.5（含3.5）	66	18.8	125	22.3	363	24.8	554	23.3
3.5~7（含7）	140	39.8	212	37.8	473	32.4	825	34.7
7~15（含15）	64	18.2	78	13.9	126	8.6	268	11.3
15~20	1	0.3	0	0.0	0	0.0	1	0.0
>20	35	9.9	32	5.7	57	3.9	124	5.2
合计	352	100	561	100	1462	100	2375	100
没有选择	66	15.8	44	7.3	118	7.5	228	8.8
均值±标准差	9.14±10.174		7.49±9.478		5.47±6.840		6.49±8.198	

表3显示，通过对不同年龄、性别、婚姻状况、独生状况、学历、就业状况、户籍等青年群体的锻炼时间做进一步比较，发现不同青年群体的锻炼时间长短有明显差异，城市青年锻炼时间相对较短；男青年、≤24岁、单身、大专以下、未就业青年锻炼时间明显较长。

表3　不同青年群体的每周锻炼时间比较

类别	性别		年龄		婚姻		独生状况		学历		就业		户籍	
	男	女	>24	≤24	单身	在婚	是	否	<大专	≥大专	未就业	已就业	城镇	农村
人数	1032	1307	1125	1239	1822	548	633	1612	479	1768	913	1462	1286	1067
每周锻炼时间（小时）	7.33±8.890	5.85±7.644	5.63±7.059	7.30±9.059	6.75±8.412	5.63±7.401	6.74±8.486	6.34±7.965	8.61±9.729	5.81±7.396	8.13±9.780	5.47±6.840	6.12±7.932	6.88±8.474
t	4.339***		4.999***		2.802**		1.048		5.864***		−7.199***		−2.248*	

*** 表示 $p<0.001$，** 表示 $p<0.01$，* 表示 $p<0.05$。

注：单身指未婚、离婚未再婚、丧偶未再婚人数，在婚指已婚、离婚后再婚、丧偶后再婚人数。下同。

3.广州青年每周锻炼时间发展趋势：广州青年平均锻炼时间明显上升，合理的锻炼的比例明显提高

表4中，由2018年与2012年、2014年、2016年的情况比较可见，广

州青年每周锻炼时间，由 2014 年的 3.43 ± 5.13，2016 年的 3.88 ± 5.29，到 2018 年的 6.49 ± 8.198（2012 年锻炼时间虽然是 5.38 ± 0.18，但是因为 28.9% 的人没有选择，故不做比较），有较大幅度的提升。

具体锻炼情况有较大的波动，完全不锻炼的比例在 2018 年最高达 23.9%；锻炼在 0.1 ~ 2 小时的比例明显下降，由 2014 年的 42.9% 下降到 2016 年的 38.8%，再到 2018 年的 1.6%；锻炼时间在 2 ~ 15 小时的比例明显上升，由 2014 年的 37.7% 到 2016 年的 44.3%，再到 2018 年的 69.3%。 2018 年，之前锻炼时间在 0.1 ~ 2 小时的人群逐步往锻炼时间 2 ~ 15 小时转化；同时，广州青年要么不锻炼，要么就进行比较合理的锻炼，分化情况明显。

表 4　广州青年每周锻炼时间的发展趋势

类别	2012 年		2014 年		2016 年		2018 年	
锻炼时间（小时）	频数	百分比（%）	频数	百分比（%）	频数	百分比（%）	频数	百分比（%）
0	0	0.00	590	17.0	356	14.0	567	23.9
0.1 ~ 1（含 1）	224	18.73	856	24.6	558	21.9	11	0.5
1 ~ 2（含 2）	225	18.81	635	18.3	430	16.9	25	1.1
合计	37.54		42.9		38.8		1.6	
2 ~ 3.5（含 3.5）	162	13.55	329	9.4	307	12.1	554	23.3
3.5 ~ 7（含 7）	335	28.01	682	19.6	536	21.1	825	34.7
7 ~ 15（含 15）	182	15.22	301	8.7	281	11.1	268	11.3
合计	56.78		37.7		44.3		69.3	
15 ~ 20（含 20）	34	2.84	31	0.9	31	1.2	1	0.0
>20	34	2.84	54	1.6	44	1.7	124	5.2
合计	5.68		2.5		2.9		5.2	
总合计	1196	100	3478	100	2543	100	2375	100
均值 ± 标准差	5.38 ± 0.18		3.43 ± 5.13		3.88 ± 5.29		6.49 ± 8.198	
没有选择的频数	486	28.9	56	1.58	149	5.5	228	8.8

（二）广州青年的生理健康状况和发展趋势

我们沿用之前设计的青年生理健康状况问卷（6 个项目，按 5 等记分），考察青年的生理健康状况，以近三个月亚健康常见生理表现的总分，为初步判断青年生理健康状况的指标。

1. 广州青年存在一定的生理健康问题，但亚健康情况不严重

由表5可见，亚健康常见的生理表现中，"消化不良、经常肠胃不适"均数为2.44±1.159，比较符合和完全符合的比例合计20%；"经常腰、颈痛，关节酸痛"均数为2.62±1.291，比较符合和完全符合的比例合计28%；"经常感到疲劳、精神不佳"均数为3.04±1.088，比较符合和完全符合的比例合计34.3%。其他的项目"容易感冒""经常头痛""便秘"均数都低于2.3分，"容易感冒"比较符合和完全符合的比例合计14.5%，"经常头痛"比较符合和完全符合的比例合计15.8%，"便秘"比较符合和完全符合的比例合计8.8%。总均分为2.43±0.821，可见，广州青年虽然存在一定的生理健康问题，但亚健康情况不算严重。

表5 广州青年的生理健康状况（2018）

类别	人数	X±SD	近三个月内与您实际情况的符合程度（%）				
			完全不符合	较不符合	一般	比较符合	完全符合
经常感到疲劳、精神不佳	2580	3.04±1.088	10.5	17.2	37.9	26.0	8.3
便秘	2570	2.00±1.052	42.3	25.8	23.4	6.2	2.2
消化不良、经常肠胃不适	2568	2.44±1.159	27.6	24.0	28.3	16.5	3.5
容易感冒	2568	2.24±1.134	33.4	27.6	24.5	10.9	3.6
经常头痛	2561	2.28±1.150	33.3	24.6	26.4	12.3	3.5
经常腰、颈痛，关节酸痛	2569	2.62±1.291	27.2	20.1	24.7	19.9	8.1
总均值±标准差		2.43±0.821					

2. 不同青年群体的生理健康状况：男性、≤24岁、单身、非独生子女、大专以下青年生理健康状况较好

由表6可见，通过对不同年龄、性别、婚姻状况、独生状况、学历、就业状况、户籍等青年群体的生理健康状况做进一步比较，发现年龄、性别、婚姻、独生状况、学历存在统计学差异，男性、≤24岁、单身、非独生子女、大专以下青年生理健康状况较好。

表 6　不同青年群体的生理健康状况比较

类别	性别		年龄		婚姻		独生状况		学历		就业		户籍	
	男	女	>24	≤24	单身	在婚	是	否	<大专	≥大专	未就业	已就业	城镇	农村
人数	1093	1372	1162	1331	1939	563	665	1705	544	1819	996	1510	1347	1132
生理健康评分	2.30 ± 0.818	2.53 ± 0.807	2.53 ± 0.834	2.34 ± 0.797	2.41 ± 0.811	2.51 ± 0.853	2.53 ± 0.834	2.41 ± 0.817	2.33 ± 0.849	2.45 ± 0.809	2.31 ± 0.807	2.51 ± 0.821	2.50 ± 0.827	2.35 ± 0.806
t	-6.971***		5.821***		-2.609**		3.239**		-3.074**		-6.084		4.647	

*** 表示 $p < 0.001$，** 表示 $p < 0.01$，* 表示 $p < 0.05$。

3. 广州青年生理健康状况发展趋势：虽然存在波动，但总体变化不大

由表 7 可见，广州青年的亚健康生理状况虽然存在波动，但总体变化不大，"经常感到疲劳、精神不佳"的情况相对比较明显（均分在 3 上下波动），"经常腰、颈痛，关节酸痛"也较常出现（均分在 2.5 上下波动）。

表 7　广州青年生理健康状况发展趋势

类别	均值 ± 标准差				
	2010 年	2012 年	2014 年	2016 年	2018 年
经常感到疲劳、精神不佳	3.24 ± 0.98	3.15 ± 0.97	3.04 ± 1.02	2.98 ± 1.097	3.04 ± 1.088
便秘	2.05 ± 1.01	1.97 ± 1.00	2.11 ± 1.03	1.99 ± 1.034	2.00 ± 1.052
消化不良、经常肠胃不适	2.44 ± 1.10	2.44 ± 1.12	2.47 ± 1.10	2.31 ± 1.120	2.44 ± 1.159
容易感冒	2.36 ± 1.11	2.38 ± 1.12	2.42 ± 1.13	2.33 ± 1.142	2.24 ± 1.134
经常头痛	2.36 ± 1.10	2.32 ± 1.11	2.35 ± 1.10	2.23 ± 1.134	2.28 ± 1.150
经常腰、颈痛，关节酸痛	2.61 ± 1.21	2.50 ± 1.19	2.52 ± 1.18	2.51 ± 1.246	2.62 ± 1.291
总均值 ± 标准差	2.51 ± 0.726	2.46 ± 0.748	2.48 ± 0.801	2.39 ± 0.815	2.43 ± 0.821

（三）广州青年的压力感和发展趋势

为了解广州青年的压力状况，我们设计了压力感和压力源两个项目，"您觉得最近一个月的压力如何？（1 = 非常小，2 = 比较小，3 = 一般，4 = 比较大，5 = 非常大）"，作为压力程度的指标，分值越高表示压力越大。"您的压力最主要来自下面哪个方面？"以了解压力源。

1. 广州青年的压力感：五成青年感觉压力大

由表8可见，2018年广州青年有1.4%感觉压力非常小，4.8%感觉压力比较小，压力一般占42.3%；感觉压力非常大的人数占总数的11.8%，比较大的为38.8%，两者共计为50.6%。

表8　广州青年的压力感（2018）

压力感	频数	百分比（%）
非常大	308	11.8
比较大	1009	38.8
一般	1100	42.3
比较小	125	4.8
非常小	37	1.4
无效	24	0.9

2. 不同青年群体的压力感比较：小于24岁、未就业青年的压力较大

从表9可见，通过对不同年龄、性别、婚姻状况、独生状况、学历、就业状况、户籍等青年群体的压力感做进一步比较，发现小于24岁、未就业青年的压力较大。

表9　不同青年群体的压力感比较

类别	性别		年龄		婚姻		独生状况		学历		就业		户籍	
	男	女	>24	≤24	单身	在婚	是	否	<大专	≥大专	未就业	已就业	城镇	农村
人数	1128	1412	1207	1359	1988	586	682	1758	563	1864	1011	1568	1379	1172
压力感	2.43 ± 0.835	2.47 ± 0.799	2.33 ± 0.788	2.55 ± 0.831	2.47 ± 0.830	2.37 ± 0.771	2.39 ± 0.841	2.47 ± 0.807	2.53 ± 0.842	2.44 ± 0.793	2.58 ± 0.840	2.36 ± 0.792	2.41 ± 0.833	2.49 ± 0.800
t	−1.210		−6.947 ***		2.737		−2.177 *		2.407 *		6.814 ***		−2.318 *	

*** 表示 p<0.001，** 表示 p<0.01，* 表示 p<0.05。

3. 广州青年压力感的发展趋势：广州青年的压力感有细微变化，整体变化不明显

由表10可见，2018年与2010年、2012年、2014年、2016年的情况相

比较，广州青年的压力感整体变化不明显，感觉压力较大的比例在五成左右，感觉压力一般的比例在四成左右，感觉压力小的比例一直较低。2018年感觉压力非常大的比例（11.8%）是历次调查最低，感觉压力比较小的比例（4.8%）为历次调查最高。广州青年的压力感是否日趋客观和理性，值得关注。

表 10　广州青年的压力感发展趋势

类别	2010 年 （N = 1365）	2012 年 （N = 1682）	2014 年 （N = 3615）	2016 年 （N = 2692）	2018 年 （N = 2603）
非常大	15.7	17.9	12.7	12.8	11.8
比较大	42.2	37.4	36.5	41.6	38.8
一般	36.3	38.6	44.0	39.6	42.3
比较小	3.9	2.6	4.4	3.5	4.8
非常小	1.2	2.2	1.4	1.2	1.4
无效	0.7	1.2	1.0	1.3	0.9

（四）广州青年压力源和发展趋势

1. 广州青年的压力源：收入不够用、学习紧张、工作压力大

由表 11 可见，广州青年压力主要来源排前三位的是收入不够用（30.2%）、学习紧张（27.5%）、工作压力大（26.8%），其他方面的压力均较小。这次调研无效的比例较高达 22.4%，影响较大，故未把它列入统计总数，原因值得关注。

表 11　广州青年的压力源（2018）

类别	频率	百分比（%）
收入不够用	611	30.2
学习紧张	554	27.5
工作压力大	542	26.8

续表

类别	频率	百分比(%)
人际关系紧张	83	4.1
其他	81	4.0
健康欠佳	79	3.9
婚恋危机	38	1.9
家庭矛盾	33	1.6
合计	2021	100.0
无效	582	22.4

2. 不同青年群体的压力源比较：大、中学生主要是学习紧张，在职青年明显工作压力大和收入不够用

由表12可见，大学生的主要压力源是学习紧张（60.3%），中学生学习紧张的压力最大（67.9%），在职青年的压力主要是收入不够用（41%）、工作压力大（40.1%）。

表12　广州青年的压力源

类别	在职青年		大学生		中学生	
	频数	百分比（%）	频数	百分比（%）	频数	百分比（%）
工作压力大	491	40.1	39	8.5	12	3.5
学习紧张	47	3.8	276	60.3	231	67.9
人际关系紧张	36	2.9	29	6.3	18	5.3
收入不够用	501	41.0	65	14.2	45	13.2
健康欠佳	56	4.6	18	3.9	5	1.5
家庭矛盾	19	1.6	6	1.3	8	2.4
婚恋危机	29	2.4	4	0.9	5	1.5
其他	44	3.6	21	4.6	16	4.7
合计	1223	100.0	458	100.0	340	100.0

由表 13 可见，通过对不同年龄、性别、婚姻状况、独生状况、学历、就业状况、户籍等青年群体的压力源做进一步比较，发现 24 岁以上、已婚、≥大专的工作压力大；≤24 岁、单身、大专以下的学习压力大；24 岁以上、已婚、≥大专青年感觉收入不够用的比例更大。

表 13　不同青年群体的压力源比较

单位：%

类别	性别		年龄		婚姻		独生状况		学历		就业		户籍	
	男	女	>24	≤24	单身	在婚	是	否	<大专	≥大专	未就业	已就业	城镇	农村
工作压力大	25.6	27.5	40.6	14.3	22.1	42.4	26.5	26.9	13.2	30.3	6.4	40.1	30.2	23.4
学习紧张	26.9	28.0	3.5	49.1	34.7	3.2	30.8	27.3	50.0	20.9	63.5	3.8	24.4	30.5
人际关系紧张	5.1	3.0	3.3	4.9	4.0	4.3	3.3	3.8	4.9	3.8	5.9	2.9	3.0	5.2
收入不够用	30.9	29.9	40.9	20.6	27.8	38.5	27.3	30.7	20.9	33.5	13.8	41.0	30.8	29.7
健康欠佳	3.2	4.5	4.8	3.1	3.3	6.0	5.4	3.3	2.6	4.5	2.9	4.6	4.9	2.8
家庭矛盾	1.5	1.8	1.3	2.0	1.7	1.5	2.0	1.5	1.7	1.6	1.8	1.6	1.3	2.1
婚恋危机	2.3	1.6	2.7	1.2	2.1	1.1	2.8	1.5	2.0	1.7	1.1	2.4	1.5	2.4
其他	4.4	3.7	2.9	4.9	4.3	3.0	1.9	4.9	4.5	3.8	4.6	3.6	3.9	4.0
卡方值	10.650		596.938 ***		208.857 ***		22.822		168.881 ***		970.013 ***		30.564 ***	

*** 表示 $p < 0.001$，** 表示 $p < 0.01$，* 表示 $p < 0.05$。

3. 广州青年的压力源发展趋势：虽然排序有一些变化，但高居广州青年压力源前三位的一直是工作压力、学习紧张、收入不够用

从表 14 可见，2018 年与 2010 年、2012 年、2014 年、2016 年压力源情况相比较，收入不够用、学习紧张、工作压力大一直高居广州青年压力源的前三位，但排序有一些变化，2018 年收入不够用排第一位。（2018 年调研无效的比例高达 22.4%，未把它列入统计总数）

表 14   广州青年的压力源发展趋势

类别	2010 年			2012 年			2014 年			2016 年			2018 年		
	频数	百分比（%）	排序	频数	百分比（%）	排序	频数	百分比（%）	排序	频数	百分比（%）	排序	频数	百分比（%）	排序
工作压力大	567	42.5	1	448	26.6	2	896	24.8	2	755	28	1	542	26.8	3
收入不够用	430	32.2	2	421	25	3	877	24.3	3	613	22.8	3	611	30.2	1
学习紧张	358	26.8	3	459	27.3	1	1007	27.9	1	733	27.2	2	554	27.5	2
健康欠佳	110	8.2	4	79	4.7	4	161	4.5	5	114	4.2	4	79	3.9	6
人际关系紧张	80	6	5	47	2.8	5	193	5.3	4	99	3.7	5	83	4.1	4
家庭矛盾	58	4.3	6	24	1.4	8	114	3.2	6	84	3.1	7	33	1.6	8
其他	48	3.6	7	42	2.5	6	77	2.1	8	42	1.6	8	81	4	5
婚恋危机	44	3.3	8	26	1.5	7	79	2.2	7	89	3.3	6	38	1.9	7
无效	0			136	8.1		211	5.8		163	6.1		\	\	
合计	1695	100	—	1682	100	—	3615	100	—	2692	100	—	2021	100	—

（五）广州青年极端消极应对情况和发展趋势

我们沿用之前设计的青年消极应对行为问卷，考察青年的消极应对行为状况，包括 6 个项目，按照 5 等记分，考察近三个月压力下极端的消极应对行为。

1. 广州青年极端消极应对行为的发生率较低

由表 15 可见，从压力的极端消极应对方式的项目均分来看，除"暴饮暴食"均值为 1.58 ± 0.937 分，过度饮酒为 1.46 ± 0.853 分外，其他的均值都在 1.3 分以下。出现极端消极行为的比例均较低：故意伤害小动物占 1.5%，滥用药物占 1.5%，自残、自虐占 1.7%，企图自杀占 2.0%，暴饮暴食占 4.5%。

表 15   广州青年的极端消极应对情况（2018）

类别	人数	X ± SD	近三个月内与您实际情况的符合程度（%）				
			完全不符合	较不符合	一般	比较符合	完全符合
过度饮酒	2560	1.46 ± 0.853	72.4	13.4	11.2	1.8	1.2
暴饮暴食	2564	1.58 ± 0.937	65.8	16.3	13.4	2.9	1.6
故意伤害小动物	2572	1.25 ± 0.654	84.9	7.5	6.1	1.0	0.5

类别	人数	X ± SD	近三个月内与您实际情况的符合程度（%）				
			完全 不符合	较不 符合	一般	比较 符合	完全 符合
自残、自虐	2573	1.26 ±0.673	84.6	7.6	6.1	1.1	0.6
滥用药物	2576	1.24 ±0.649	85.4	6.9	6.1	1.1	0.4
企图自杀	2572	1.25 ±0.699	85.8	5.9	6.3	1.1	0.9
总均值±标准差		1.33 ±0.618					

2. 不同青年群体的极端消极应对行为比较：男性、独生子女的消极行为的
发生率相对较高

由表16可见，通过对不同年龄、性别、婚姻状况、独生状况、学
历、就业状况、户籍等青年群体的极端消极应对状况做进一步比较，发
现性别、独生状况存在统计学差异，男性、独生子女的消极行为的发生
率相对高些。

表16　不同青年群体的极端消极应对比较

类别	性别		年龄		婚姻		独生状况		学历		就业		户籍	
	男	女	>24	≤24	单身	在婚	是	否	＜ 大专	≥ 大专	未 就业	已 就业	城镇	农村
人数	1103	1389	1172	1346	1963	563	672	1723	550	1833	1003	1527	1355	1149
消极应对 评分	1.42 ± 0.698	1.26 ± 0.524	1.34 ± 0.630	1.33 ± 0.610	1.33 ± 0.614	1.33 ± 0.632	1.40 ± 0.652	1.30 ± 0.596	1.34 ± 0.652	1.31 ± 0.584	1.32 ± 0.627	1.34 ± 0.613	1.34 ± 0.623	1.32 ± 0.604
t	6.715 ***		0.432		0.160		3.491 ***		0.950		−0.644		1.078	

*** 表示 p＜0.001，** 表示 p＜0.01，* 表示 p＜0.05。

3. 广州青年极端消极行为发展趋势：虽然存在波动，但总体变化不大，暴
饮暴食的应对方式呈现历年新低

由表17可见，2018年与2010年、2012年、2014年、2016年的情况相
比较，广州青年极端消极行为虽然存在波动，但总体变化不大，"暴饮暴
食"的应对方式呈现历年新低。

表 17　广州青年极端消极行为发展趋势

项目	均值 ± 标准差				
	2010 年	2012 年	2014 年	2016 年	2018 年
过度饮酒	1.49 ± 0.82	1.59 ± 0.90	1.67 ± 0.94	1.44 ± 0.827	1.46 ± 0.853
暴饮暴食	1.60 ± 0.87	1.69 ± 1.16	1.77 ± 0.98	1.60 ± 0.936	1.58 ± 0.937
故意伤害小动物	1.22 ± 0.59	1.28 ± 0.65	1.42 ± 0.81	1.25 ± 0.653	1.25 ± 0.654
自残、自虐	1.21 ± 0.59	1.26 ± 0.67	1.42 ± 0.83	1.24 ± 0.662	1.26 ± 0.673
滥用药物	1.18 ± 0.53	1.25 ± 0.65	1.38 ± 0.79	1.22 ± 0.631	1.24 ± 0.649
企图自杀	1.18 ± 0.57	1.25 ± 0.67	1.38 ± 0.81	1.22 ± 0.656	1.25 ± 0.699
总均值 ± 标准差	1.31 ± 0.522	1.38 ± 0.608	1.50 ± 0.735	1.32 ± 0.597	1.33 ± 0.618

（六）广州青年的心理健康状况和发展趋势

我们用一般心理健康问卷（GHQ - 12）考察青年的心理健康状况。问卷共 12 道题目，按照 5 等级记分，总均分高说明心理健康水平低。

1. 广州青年的心理健康状况不太理想

从表 18 来看，广州青年总体心理健康不太理想，总均分为 2.67 ± 0.605，6 个均分超过 2.8，2 个均分超过 2.5 且小于 2.8，最高得分项是"做事时能集中注意力"，均分为 2.95 ± 0.889。

表 18　广州青年心理健康状况（2018）

类别	人数	X ± SD	发生的频数(%)				
			完全没有	比以往少	与平时差不多	比以往多	很多
因担忧而失眠	2579	2.36 ± 1.150	31.8	20.1	32.1	12.5	3.4
总是感到有压力	2579	2.92 ± 1.078	12.6	18.5	39.6	23.1	6.2
★做事时能集中注意力	2561	2.95 ± 0.889	4.3	16.3	56.6	15.2	7.6
★觉得在生活中是个有用的人	2569	2.89 ± 0.918	5.7	11.1	59.1	14.9	9.1
★需要决策时能做出决定	2556	2.82 ± 0.879	4.0	10.2	58.9	17.8	9.0
觉得不能克服困难	2555	2.50 ± 0.962	19.1	24.6	45.3	9.2	1.8
★总的来说心情还是愉快的	2567	2.83 ± 0.945	4.3	13.2	54.9	16.3	11.3
★能够享受日常的生活	2551	2.82 ± 0.936	4.2	12.6	55.9	16.0	11.3
觉得心情不愉快和情绪低落	2555	2.66 ± 0.989	14.8	24.0	44.7	13.3	3.2

续表

类别	人数	X ± SD	发生的频数(%)				
			完全没有	比以往少	与平时差不多	比以往多	很多
对自己失去信心	2564	2.36 ± 1.050	28.0	21.3	40.3	7.9	2.6
想到自己是没有价值的人	2568	2.17 ± 1.066	37.5	17.7	36.7	6.0	2.1
★能够面对自己的问题	2563	2.73 ± 0.915	4.1	7.9	56.8	19.4	11.8
总均值 ± 标准差		2.67 ± 0.605					

2. 不同青年群体的心理健康状况: 小于24岁、大专以下、未就业、农村青年心理健康状况好些

由表19可见, 通过对不同年龄、性别、婚姻状况、独生状况、学历、就业状况、户籍等青年群体的心理健康状况做进一步比较, 小于24岁、大专以下、未就业、农村青年心理健康状况好些。

表19 不同青年群体的心理健康比较

类别	性别		年龄		婚姻		独生状况		学历		就业		户籍	
	男	女	>24	≤24	单身	在婚	是	否	<大专	≥大专	未就业	已就业	城镇	农村
人数	1053	1337	1143	1270	1866	555	648	1652	522	1773	952	1473	1306	1093
心理健康评分	31.69 ± 7.322	32.27 ± 7.211	32.41 ± 7.027	31.70 ± 7.452	32.06 ± 7.378	31.98 ± 6.865	32.48 ± 7.039	31.87 ± 7.334	31.35 ± 7.443	32.19 ± 7.225	31.55 ± 7.605	32.37 ± 7.012	32.40 ± 7.203	31.65 ± 7.311
t	−1.938		2.424 *		0.226		1.808		−2.306 *		2.649 **		2.518 *	

*** 表示 p < 0.001, ** 表示 p < 0.01, * 表示 p < 0.05。

3. 广州青年心理健康发展趋势: 有波动, 但整体变化不大

从表20中可以看出, 2018年与2010年、2012年、2014年调查结果比较, 广州青年心理健康不太理想。不论因子分还是总均分都有一些波动, 但总体情况变化不大, 每次调研均有9个因子均分超过2.5, 只有"觉得心情不愉快和情绪低落"均分大致呈逐年下降趋势。

表20 广州青年心理健康发展趋势

类别	均值±标准差				
	2010 年	2012 年	2014 年	2016 年	2018 年
因担忧而失眠	2.27±1.14	2.26±1.11	2.30±1.09	2.23±1.135	2.36±1.150
总是感到有压力	3.03±1.02	2.95±1.02	2.85±1.02	2.88±1.081	2.92±1.078
*做事时能集中注意力	2.86±0.84	2.92±0.89	3.00±0.85	2.94±0.931	2.95±0.889
*觉得在生活中是个有用的人	2.81±0.85	2.88±0.87	2.95±0.86	2.89±0.898	2.89±0.918
*需要决策时能做出决定	2.75±0.81	2.85±0.87	2.91±0.84	2.87±0.924	2.82±0.879
觉得不能克服困难	2.59±0.90	2.54±0.94	2.60±0.92	2.52±0.972	2.50±0.962
*总的来说心情还是愉快的	2.79±0.88	2.83±0.94	2.87±0.88	2.80±0.951	2.83±0.945
*能够享受日常的生活	2.79±0.86	2.81±0.90	2.88±0.88	2.81±0.936	2.82±0.936
觉得心情不愉快和情绪低落	2.78±0.94	2.72±0.98	2.71±0.93	2.66±0.978	2.66±0.989
对自己失去信心	2.38±1.06	2.41±1.07	2.46±0.99	2.27±1.059	2.36±1.050
想到自己是没有价值的人	2.06±1.05	2.14±1.07	2.29±1.04	2.09±1.037	2.17±1.066
*能够面对自己的问题	2.65±0.54	2.75±0.92	2.82±0.88	2.83±0.954	2.73±0.915
总均值±标准差	2.65±0.54	2.68±0.57	2.72±0.54	2.65±0.576	2.67±0.605

（七）广州青年的社会支持状况和发展趋势

我们设计了"当您遇到困难或挫折时，通常您会向谁寻求帮助？"的多选题，以了解广州青年的社会支持状况。

1. 广州青年遇到困难或挫折时的求助对象现状：朋友、父母、兄弟姐妹、配偶情侣、自己面对排前五位

由表21可见，广州青年遇到困难或挫折时求助对象前六位分别是：朋友（80.5%）、父母（57.7%）、兄弟姐妹（38.9%）、配偶/情侣（37.9%），自己面对（25.6%），同学/同事（23.8%），求助专业机构只占2.1%，其他方面的比例也比较小。

表21 广州青年遇到困难或挫折时的求助对象（2018）

类别	频数	百分比(%)
朋友	1911	80.5
父母	1370	57.7
兄弟姐妹	924	38.9
配偶/情侣	899	37.9
自己面对	609	25.6
同事/同学	566	23.8
老师	240	10.1
其他亲属	161	6.8
网友	133	5.6
上司	72	3.0
专业机构	49	2.1
其他	7	0.3
无效	0	0.0

2. 不同青年群体的求助对象状况存在差异

由表22可见，广州青年遇到困难或挫折时主要求助对象：中学生的主要求助对象是朋友、父母、同学、自己面对、兄弟姐妹、老师；大学生的主要求助对象是朋友、父母、兄弟姐妹、同学、自己面对、配偶/情侣；在职青年的主要求助对象是朋友、父母、配偶/情侣、兄弟姐妹、自己面对、同事/同学。

表22 不同青年群体遇到困难或挫折时的求助对象比较

类别	在职青年		大学生		中学生	
	频数(1462)	百分比(%)	频数(561)	百分比(%)	频数(352)	百分比(%)
父母	720	45.7	378	62.7	272	65.2
朋友	1107	70.3	503	83.4	301	72.2
兄弟姐妹	562	35.7	224	37.1	138	33.1
配偶/情侣	710	45.1	146	24.2	43	10.3
其他亲属	106	6.7	37	6.1	18	4.3
网友	67	4.3	35	5.8	31	7.4
同事/同学	259	16.5	150	24.9	157	37.6
老师	33	2.1	86	14.3	121	29.0
上司	60	3.8	8	1.3	4	1.0
专业机构	29	1.8	11	1.8	9	2.2
自己面对	317	20.1	146	24.2	146	35.0
其他	3	0.2	1	0.2	3	0.7

由表23可见，通过对不同年龄、性别、婚姻状况、独生状况、学历、就业状况、户籍等青年群体遇到困难或挫折时的求助对象做进一步比较，发现24岁以上、在婚、≥大专、已就业的求助配偶/情侣的较多；≤24、单身、未就业青年求助父母的比例大。

表23　不同青年群体遇到困难或挫折时的求助对象比较

类别	性别		年龄		婚姻		独生状况		学历		就业		户籍	
	男	女	>24	≤24	单身	在婚	是	否	<大专	≥大专	未就业	已就业	城镇	农村
父母	50.9	54.6	42.7	61.9	56.5	39.9	56.2	51.9	58.5	51.0	63.7	45.7	54.9	49.7
朋友	69.4	77.4	68.6	78.5	78.1	58.5	75.0	73.4	69.9	76.0	78.8	70.3	74.4	73.1
兄弟姐妹	36.0	35.5	35.0	36.1	34.8	38.1	18.5	41.6	36.8	34.9	35.5	35.7	29.8	42.5
配偶/情侣	31.8	37.0	47.6	23.2	24.1	70.4	35.3	35.2	21.0	39.5	18.5	45.1	37.7	31.4
其他亲属	5.8	6.6	6.2	6.2	5.9	6.9	5.5	6.2	6.3	6.2	5.4	6.7	5.4	7.1
网友	5.7	4.5	4.0	6.2	6.2	1.5	7.2	3.9	5.6	6.2	6.5	4.3	5.4	4.8
同事/同学	22.3	21.7	15.5	27.5	24.7	12.0	20.9	22.3	30.6	19.6	30.1	16.5	19.8	24.2
老师	9.7	8.7	1.9	15.9	11.4	2.0	6.9	10.1	21.0	6.1	20.3	2.1	6.2	12.4
上司	3.1	2.5	3.5	2.2	2.4	3.9	2.3	2.9	1.8	3.0	1.2	3.8	2.0	3.6
专业机构	2.2	1.7	2.1	1.8	1.9	1.7	1.9	1.7	3.0	1.6	2.0	1.8	1.4	2.4
自己面对	22.8	24.2	19.3	27.0	25.5	16.4	21.5	24.5	28.2	22.3	28.6	20.1	22.2	25.0
其他	0.4	0.1	0.2	0.3	0.3	0.2	0.3	0.3	0.5	0.2	0.2	0.2	0.3	0.2

3. 广州青年遇到困难或挫折时求助对象的发展趋势：主要求助对象一直朋友、父母、自己面对、配偶情侣，自己面对在第三位和第五位之间波动，求助其他方面的比例均很少，存在一些变化，但变化不大

由表24可见，2018年与2010年、2012年、2014年、2016年的结果比较，广州青年遇到困难或挫折时求助对象的发展趋势总体变化不大，主要求助对象一直是朋友、父母、自己面对、配偶/情侣（2014年、2018年自己面对排到第五位、2014年专业机构排第三位、2018年兄弟姐妹排第三位）。5次调研，朋友基本占据求助对象的第一位（除2014年时第二位外）；父母基本是第二位（除2014年时第一位外），配偶/情侣一直稳居第四位，自己面对在第三位和第五位之间波动，求助其他方面的比例均很小。

表 24　广州青年遇到困难或挫折时求助对象发展趋势

类别	2010 年		2012 年		2014 年		2016 年		2018 年	
	频数	排序	频数	排序	频数	排序	频数	排序	频数	排序
朋友	520	1	613	1	679	2	804	1	1911	1
父母	258	2	366	2	1320	1	540	2	1370	2
自己面对	190	3	215	3	267	5	407	3	609	5
配偶/情侣	184	4	188	4	467	4	364	4	899	4
兄弟姐妹	70	5	90	5	18	8	211	5	924	3
同事、同学	60	6	75	6	21	7	135	6	566	6
网友	20	7	11	7	179	6	16	8	133	9
其他亲属	10	8	12	7	9	11	9	10	161	8
上司	6	9	7	9	13	10	11	9	72	10
老师	4	10	6	9	8	11	16	8	240	7
专业机构	3	11	1	10	474	3	8	11	49	11
其他	5	12	12	8	19	9	23	7	7	12

二　广州青年身心健康的特点、问题与原因分析

广州青年锻炼时间较多，平均锻炼时间呈上升趋势，合理锻炼的比例也明显上升；但是存在分化现象，完全不锻炼的比例也较高，值得关注。广州青年的生理健康状况较好，亚健康情况不严重；面对压力时极端消极行为的发生率较低。广州青年的身心健康是否开始进入良性循环状态，值得进一步关注和期待。

（一）广州青年整体锻炼时间较多，平均锻炼时间呈上升趋势，但是存在分化的现象，值得关注

这次调查结果显示，目前广州青年每周锻炼时间为 6.49 ± 8.198 小时，合理锻炼的比例为 69.3%，但存在分化的现象，完全不锻炼的比例也高达 23.9%，锻炼超过 20 小时的人群比例达 5.2%。同时存在明显的群体差异，尤其是在职青年明显缺乏锻炼，完全不锻炼的比例高达 28.6%。与 2012

年、2014年、2016年的调查相比，广州青年平均锻炼时间呈上升趋势，具体锻炼情况有明显变化，锻炼在0～2小时的比例明显下降，由2014年的42.9%下降到2016年的38.8%，到2018年的1.6%；锻炼时间在2～15小时的比例明显上升，由2014年的37.7%到2016年的44.3%，再到2018年的69.3%。2018年，之前锻炼时间在0.1～2小时的人群逐步往锻炼时间2～15小时转化。2012年调研显示，广州青年有高度的健康意识并将其转为幸福生活的首要目标，但知行合一存在脱节情况。这次调查感受到知行合一的迹象。这次调研没有选择的受访者比例比较高（8.8%），其中的原因和影响值得我们关注。

运动有益身心健康，锻炼是改变身体和精神健康最有效的方法之一，不但能显著降低各种疾病的风险，使人保持思维敏捷，还能对抗抑郁和焦虑。在意识上大家都知道运动的好处，但是要付诸行动，需要一个过程，需要内化这个观念。国家一直重视全民健康，1995年6月颁布《全民健身计划纲要》；1995年8月通过《中华人民共和国体育法》；从2009年起，每年8月8日被定为"全民健身日"；2016年发布的《全民健身计划（2016～2020年)》更是将青少年作为实施全民健身计划的重点人群，大力普及青少年体育活动，提高青少年身体素质，把学生体质健康水平纳入工作考核体系，加强学校体育工作绩效评估和行政问责。全民体育运动广泛开展起来，如马拉松（"全马""半马"）、大型徒步活动、单位集体团建活动等。媒体的广泛宣传、微信等自媒体的便利宣传、共享单车的便捷，加上有些青年突然因为身体的原因离去，对青年的内心触动很大，大部分青年慢慢觉得身体是革命的本钱，从而改变了观念。意识观念的改变，促使行动的发生。这几年广州健身场馆数量明显增加，可见市场也在顺应人们的需求而为之提供服务，希望各方面进入良性循环发展。

合理锻炼有利于身心健康，锻炼过少或运动过度均不利于身心健康。这次调查发现，广州青年合理锻炼的比例明显提升，但完全不锻炼的比例也在上升，似乎存在要么不锻炼、要么就进行比较合理的锻炼的情况。访谈时发现，一部分青年觉得自己身体健康，加上学习工作忙，没有时间锻炼，在意识层面就没有重视。尤其是在职青年运动少，可能刚刚就业，以工作为重、拼搏为主，身体还处于理想阶段，对病痛感受不深，其中确实也有因工作忙碌而加班的无奈。完全不锻炼的人群在上升、个人观念的影响，加上外界生活的便利，人们无须出门，生活就一样便捷无扰。完全不锻炼的人群比例上升的原因，值得我们进一步探讨。

很多人认为锻炼越久越好，运动多多益善。本次调研也显示，每周锻炼超过 20 小时的人群达 5.2%，其中在职青年占 3.9%、大学生占 5.7%、中学生占 9.9%。如果这些是专业人员，如中学的体育特长生、体育专业的大学生、在职的体育健身教练等，锻炼是他们的工作或专业，那可能是对锻炼概念的理解误区，另当别论；如果确实其他人每周锻炼时间超过 20 小时，那就存在过度锻炼的状况。《柳叶刀》研究发现，锻炼越久越好、运动多多益善这个想法是错的。锻炼多久收益最大？研究发现，最佳时长应该在每次45~60 分钟之间，少于 45 分钟，效果减弱；大于 60 分钟，没有更高收益，而且不少会产生负效应。从频次来说，也不用天天练，一周 3~5 天，每天1 次收益最高。希望科学宣传，提倡合理锻炼。

本次调查显示，广州青年的锻炼时间明显上升，但同时存在分化现象，不锻炼的比例和合理锻炼的比例均在上升，一部分人可能存在运动过度的现象。世界卫生组织（WHO）推荐的体育活动指南和美国疾病控制中心（CDC）制定的指南内容相当接近：健康成年人每周应进行至少两个半小时的中等强度运动，或 75 分钟的高强度运动，外加至少两天的肌肉锻炼。以WHO 标准来衡量，如果单纯从锻炼时间上看，广州青年的锻炼时间已经比较理想；但从训练的强度、肌肉锻炼、锻炼项目以及效果等情况来看，可能还存在不小的差距。由此可见，目前关键的是：要加大力度宣传科学合理运动的方法，给人以合理的建议，及时地指引和督促。理想的状况是指可以针对年龄、个人情况等制定科学合理的锻炼方法和锻炼项目。

这次调研的中学生（14~18 岁）是"00 后"青年，他们的锻炼时间明显提高。这是他们自己和家长更注意身体健康呢，还是我国《全民健身计划（2016~2020 年）》将青少年作为实施全民健身计划的重点人群，把学生体质健康水平纳入工作考核体系等的效果，抑或是各种综合因素的影响，值得我们进一步观察和调研。

（二）广州青年存在一定的生理健康问题，但亚健康情况不严重

这次调研显示，广州青年存在一定的生理健康问题，但亚健康情况不严重，只有"经常感到疲劳、精神不佳""经常腰、颈痛，关节酸痛"发生率较高，其他的亚健康问题较少。从发展趋势看，十年五次调研显示，广州青年生理状况虽然存在波动，但总体变化不大。健康是指不但身体没有疾病或虚弱，还要有良好的生理、心理状态和强大的社会适应能力。亚健康是指人体处于健康和疾病之间的一种状态。目前，亚健康问题已经成为普遍现象，青壮年亚健康问题普遍存在。2017 年，我国主流城市中白领亚健康比例高达 76%，主要与压力过大、缺乏运动、睡眠不足、长期不良情绪等原因有关。有研究显示，年龄与亚健康状态呈 U 型曲线的关系，18～25 岁青年的亚健康人群比例最高，超过 52%；35～40 岁年龄阶段的人群，其身心各个指标的功能均为最好。健康问题会造成各种不良影响，亚健康问题的普遍存在也使得人们对健康保障愈发重视。广州青年亚健康问题不严重是否和他们越来越重视体育锻炼相关，值得关注。

本次调查同时显示，男性、小于 24 岁、单身、非独生子女、大专以下青年生理健康状况较好，这和他们锻炼时间较长明显吻合。这可能是锻炼有利身体健康的体现，下一步调研我们会继续关注。有研究显示，女性比男性更缺乏运动，2016 年全球约有 1/3（32%）的女性和 1/4（23%）的男性没有达到推荐的体育锻炼水平。专家认为，世界各地的女性往往比男性更不爱运动，她们参加体育和休闲活动的时间更少，她们锻炼时运动强度也更低。这与我们的调研及其他调查显示女性的亚健康表现多于男性相吻合。

（三）广州青年的压力感有细微变化，但整体变化不明显；收入不够用、学习紧张、工作压力大一直是主要压力源

随着改革开放、时代变迁、经济转型等，现代青年在面临更多机会的同

时，也面临着更大的冲突和挑战。文化冲突、价值观的变化、不确定性的增加，以及就业难、购房难等压力，使青年们面临无形的压力。这次调研显示，广州青年有 11.8% 感觉压力非常大，38.8% 感到压力比较大，42.3% 青年感觉压力一般，4.8% 感觉压力较小，1.4% 感觉压力非常小。2018 年与 2010 年、2012 年、2014 年、2016 年的情况比较，广州青年的压力感整体变化不明显，感觉压力较大的比例在五成左右，感觉压力一般的比例在四成左右，感觉压力小的比例一直较低。2018 年感觉压力非常大的比例为历次调查最低（11.8%），感觉压力比较小的比例为历次调查最高（4.8%），这可能和社会、家庭越来越理解青年们面临的压力和困境有关。随着环境理解和包容度的提高、青年自我调适的增强，广州青年虽然面临较大的压力，但感受日趋客观和理性。

这次调研显示，广州青年的主要压力源是收入不够用、学习紧张、工作压力大，大、中学生的主要压力源是学习紧张，在职青年的主要压力源是工作压力大和收入不够用。从 2010 年第一次调研开始，五次的调研结果显示，虽然排序有一些变化，但工作压力大、学习紧张、收入不够用一直高居广州青年压力源的前三位。另外，这次的调研无效的比例高达 22.4%，需要引起关注。

大、中学生的主要任务是学习，学习和就业都是通过考试进行筛选，所以学习压力大是常态。35 岁以下的在职青年步入职场年限不长，处于实践学习提高阶段，工作负荷大、职业危机感强，工作压力大是常态；在心理适应上，在我们国家，虽然 18 岁行成人礼，但个人的独立常常以就业为分界线，所以在职青年不仅面临适应社会的压力，还面临精神的真正独立；在经济上，他们正处于结婚生子、成家立业的阶段，面临着物价、房价不断上涨等各种压力，加之刚刚工作收入较低，即便出身小康之家，也会感觉经济压力很大，这已经形成共识，已经演变成一个社会问题。在职青年无论成家还是立业，均处于起步阶段，面临工作和经济压力是常态，可以理解。

（四）广州青年存在一定的极端消极行为，发生率存在波动，但总体变化不大，暴饮暴食的应对方式呈现历年新低

当人们遭遇较大压力无法通过合理渠道宣泄时，有些人会把压力转向自己，导致自我攻击、自我惩罚，如暴饮暴食、饮酒、自残、自虐、滥用药物，甚至出现自杀行为等极端消极应对方式。2016 年的调查结果显示，所有的极端消极行为比例均较 2012 年、2014 年低。这次调研显示，广州青年仍然存在一定的极端消极行为，与前 4 次调研比较，存在一些变化，但波动程度不大，暴饮暴食的应对方式呈现历年最低。这次调研，广州青年锻炼时间较 2016 年继续明显上升，虽然亚健康状况和极端消极行为发生率较低，但并未顺着 2016 年的发展趋势继续下降，可见广州青年尚未进入"积极锻炼—身体健康—应对良好"的良性循环状态，这可能和青年尚未形成适合自己宣泄不良情绪的方法有很大关系。如何进一步引导青年在遭遇困难时客观判断，合理求助，妥善处理冲突，寻找适合的宣泄不良情绪的途径，提高情绪管理能力，这是一个重要的课题。这次调研显示，男性、独生子女的消极行为的发生率相对较高，这和男青年相对不爱表达沟通、独生子女相对孤独等情况相关。

（五）广州青年的心理健康状况：广州青年的心理健康状况不太理想，从发展趋势看存在波动，但整体变化不大

目前，我国已经进入信息化、网络化时代，处于社会经济快速转型期，科技发展日新月异，新生事物层出不穷，信息瞬息万变，生活工作节奏明显加快，人们由开始的欣喜到后来的无奈，自我掌控感明显下降，出现困惑、回避，甚至焦虑、抑郁等心理健康问题。心理压力大增，国民心理健康问题已经呈现比躯体健康问题更突出的态势，越来越成为影响社会经济发展的公共卫生问题和社会问题。近二三十年来的研究显示，我国不同人群的心理健康问题均呈增长趋势。《中国国民心理健康发展报告（2017～2018）》显示，11%～15% 的国民心理健康状况较差。2011 年《自然》杂志发布的心理疾患负担统计数据显示，心理疾患已经给包括中国在内的中低收入国家造成了沉重的经济负担。广州一直处于改革开发的前沿阵地，广州青年一方面较内地青年有更多的机会和优势，但另一方面无疑会面临更大的挑战和压力。青年正处于经验积累时期，综合能力不足，经不起冲击。所以，广州青年的心理健康状况不太理想，也是情有可原。这次调查显示，广州青年心理健康状况不太理想，总均分为 2.67 ± 0.605，6 个均分超过 2.8，2 个均分超过 2.5 且小于 2.8，最高的得分项是"做事时能集中注意力"，均分为 2.95 ± 0.889。与 2010 年、2012 年、2014 年、2018 年调查结果比较，广州青年心理健康状况存在一点波动，但变化不大。2010 年和 2012 年是"总是感到有压力"因子分最高，从 2014 年起一直是"做事时能集中注意力"的因子分最高；"觉得心情不愉快和情绪低落"均分基本呈现逐年下降趋势。从 2014 年起，广州青年从"总是感到有压力"转为"做事时难于集中注意力"的情况最明显，而"觉得心情不愉快和情绪低落"稍稍减少。虽然外界影响和干扰太多，超出了自我掌控的范畴，使他们难于集中注意力，但他们逐步自我调适，所以心情不愉快和情绪低落的状况逐步减少了。希望广州青年逐步接受客观现实，尝试适应和调整，往良性循环的方向前进。

影响心理健康的因素是多方面的，既有先天遗传的因素，也有后天社会、家庭环境的因素，同时还有个人性格特点、自我应对方式等因素。这次的调研对象均是出生于 1983 年之后的独生子女、少子女家庭，他们生活在一个幸运的时代，比先辈有更多的机遇、更好的学习环境、更安定富足的生活；但是时代也向他们提出了更高的要求，面对日新月异的科技发展，面临自我心理能力的挑战，他们往往不具备良好的心理素质，经不住竞争和挫折的考验。他们成长的社会环境、家庭环境和长辈们截然不同，他们经历着和父辈们不同的压力和挑战，他们的感受和焦虑父母也比较难于理解，他们应对压力和挑战的方式也有明显的时代特点。青年们在面对压力、负担、焦虑、抑郁时，需要社会和家庭尝试着去理解，需要大家共同面对、共同学习、互相支持。

我们调研的对象是 14～35 岁的青年，随着调研的不断进行，从"70后""80 后"到"90 后"，现在"00 后"青年也步入了调研的视野。2014年的调研显示，"80 后""90 后"青年的压力感差别不大，相对而言，"80后"青年较不重视身体锻炼，生理健康和心理健康均较差，社会支持也较少，向朋友、父母求助和自己面对困难的较少，更多采用极端消极应对行为。这次调研显示，广州青年锻炼时间明显上升，但亚健康状况没有明显变化，心理健康状况也没有明显变化，锻炼对身心健康的反映目前不明显，尚未达到"积极锻炼－身心健康－应对良好"的良性循环状态。身心健康的影响因素是多方面的，运动锻炼只是其中一个因素，但仍然值得尝试。

（六）广州青年遇到困难或挫折时的求助对象：主要求助对象一直是朋友、父母、自己面对、配偶情侣，有一些变化，但变化不大

青年们遇到困难挫折时向谁求助，与其所处的年龄阶段、问题性质等影响因素相关。广州青年遇到困难或挫折时的主要求助对象，在我们进行 10 年的 5 次调研结果中，总体变化不大，主要是朋友、父母、配偶/情侣、自己面对，求助其他方面的比例均很少。朋友基本稳居第一位，父母基本是第二位，配偶/情侣一直稳居第四位，自己面对在第三位和第五位之间波动，2014 年专业机构排第三位，2018 年兄弟姐妹排第三位。这和相关调查结果相似，2015 年中国青年报社会调查中心对 1858 人进行的一项调查显示，遇到困难时求助父母的占比 36.1%，求助同学或朋友的占比 23.8%，自己解决的占比 22.0%。

年轻人遇到困难挫折时，由以前向父母倾诉，发展为现在诉诸朋友、父母、配偶/情侣和自己面对等多渠道共同发展。好朋友是沟通交流的主要支持者，在青年阶段是毋庸置疑的；配偶/情侣是最亲密的，肯定要互相支持；自己肯定是主力军。求助其他方面的比例均很少，跟现在大家压力均较大、常自顾不暇、心有余而力不足有关。现代社会处于急剧转变期，存在房价高、就业难等状况，青年面临更复杂的生存与竞争环境，经济和精神上常常不得不去依赖父母，去做"啃老族"；现在的青年很多是独生子女，和父母的情感沟通交流较密切，依赖性较强，独立处理问题的能力较弱；子女少，父母和子女相互间的理解和依靠上升，彼此相互支持力度也随之上升。虽然社交媒体的出现和发展，让人们可以选择多渠道来解决问题，年轻人可通过网络查询找到一些问题的答案，也有专业机构提供咨询服务，但专业机构目前还没有获得人们的信任。

三 结论、预测与对策

（一）主要的结论

2018 年的调查结果显示了以下内容。

1. 广州青年的锻炼情况

广州青年平均锻炼时间呈现上升趋势，具体锻炼情况有波动，完全不锻炼的比例较大，达 23.9%，坚持锻炼比例明显提升达七成以上；同时存在群体差异，在职青年明显缺乏锻炼，完全不锻炼的比例高达 28.6%。

2. 广州青年的生理健康状况

广州青年存在一定的生理健康问题，但亚健康情况不严重。

3. 广州青年的压力感和压力源

五成青年感觉压力大。广州青年的压力感有细微变化，整体变化不明显。主要压力源仍是收入不够用、学习紧张、工作压力大。

4. 广州青年极端消极行为情况

广州青年的极端消极应对行为发生率较低，虽然存在波动，但总体变化不大，2018 年暴饮暴食的应对方式呈现历年最低。

5. 广州青年的心理健康状况

广州青年的心理健康状况不太理想，存在波动，但整体变化不大。

6. 广州青年遇到困难或挫折时求助对象状况

广州青年遇到困难或挫折时的主要求助对象：朋友、父母、配偶/情侣、自己面对。2018 年兄弟姐妹上升到第三位，自己面对下降到第五位。朋友基本稳居第一位，父母基本是第二位，配偶/情侣一直稳居第四位，自己面对在第三位和第五位之间波动，求助其他方面的比例均很小。

（二）未来一个时期的趋势预测

社会在不断变化，而粤港澳大湾区建设进入全面推开、全面深化新阶段是新时代广东改革开放再出发的重大历史机遇，广州作为湾区最核心的城市，在粤港澳发展成为国际重要创新中心的发展愿景中发挥着不可或缺的作用。广州青年将面临更多的机会和更大的挑战，竞争的激烈短期不会下降，压力应会持续高企。青年们面临的各种问题短期内应难以得到化解，但随着宣传的不断深化和个人体会的不断加深，青年的锻炼时间可能会合理上升，并且更加科学和理性，亚健康状况可能逐步缓解。心理健康问题可能会持续存在，随着人们对自身心理健康状态的重视，心理健康问题的诊治率会上升，青年们接受心理咨询的比例将越来越高。

随着研究对象出生时代的不断变迁，社会和家庭对青年的处境将越来越理解，对青年的支持可能会越来越大。政府起主导支持作用，朋友、父母、配偶/情侣仍然是主要支持者。随着计划生育政策的改革，兄弟姐妹的支持估计会逐步提高。

（三）解决有关问题的建议

1. 政府：根据时代变迁和青年的特点，制定相关的社会支持系统

政府应该根据时代变迁和青年的特点，积极适应新媒体时代青年的个性需求的多元化和在虚拟社会中的活跃程度和创造性，全面考量现代青年面临的压力，制定相关合理的政策，创造更多的平台，减轻青年的生活压力，营造相对宽松的社会环境，促进青年更好成长、更快发展。2016 年发布的《全民健身计划（2016～2020 年）》将青少年作为实施全民健身计划的重点人群；2016 年 12 月，国家 22 部委联合发布《关于加强心理健康服务的指导意见》，提出全面加强儿童青少年心理健康教育；2017 年 4 月，中共中央、国务院印发了新中国历史上第一个青年发展规划《中长期青年发展规划（2016～2025 年）》，强调促进青年更好成长、更快发展。相信我们国家将越来越重视青年发展规划和身心健康问题。

2. 社会和媒体：倡导"每个人是自己身心健康第一责任人"的理念，将提高心理健康意识贯穿终生

在日常生活中要有意识地营造积极心态，学会调整情绪与心理压力，积

极自助，预防心理问题演变为心理疾病，促进和谐生活，提升幸福感。媒体树立正确舆论导向，倡导大众科学认识心理疾病对健康的影响，倡导"每个人是自己身心健康第一责任人"的理念，将提高身心健康意识贯穿终生，营造健康向上的社会心理氛围；同时，引导青年遭遇心理问题时积极寻求专业心理咨询和治疗，充分发挥心理健康专业人员的引导和支持作用。

3. 学校和家庭：重视情商教育和家庭教育，希望形成政府、家庭、学校、社会联动的教育工作体系

现代青年成长的社会环境、家庭环境和长辈们截然不同，经历着和父辈们不同的压力和挑战，他们的感受和焦虑长辈们不能切身体会而比较难于理解，应对压力和挑战的方式有他们明显的时代特点。家庭是人生最重要的场所，家长是孩子的第一任老师，处于信息时代，家长如果不学习不提高，就很难和孩子沟通交流，进而教育好孩子。青年们在面临压力、负担、焦虑、抑郁时，需要社会和家庭尝试去理解，家长要和孩子共同成长、共同面对、共同学习、互相支持。苏霍姆林斯基的《家长教育学》说：家庭教育好比植物的根苗，根苗苗壮才能枝繁叶茂、开花结果。2019 年，教育部积极推动将家庭教育纳入基本公共服务体系，让父母也接受教育，真正为孩子上好人生第一课。

在学校和家庭引入情商教育，按不同年龄层次因材施教，使情商教育贯穿幼儿园到高中整个学校生涯。学校、家庭和社区一起努力，从小培养儿童青少年情绪管理能力，帮助他们理解自己，掌握宣泄不良情绪的方法，建立良好的人际关系，希望形成政府、家庭、学校、社会联动的家庭教育工作体系。

4. 青年：养成良好的体育锻炼习惯，建立有效的心理调节机制，提高情绪管理能力和社会适应能力

合理的锻炼有利身心健康已经成为全人类的共识，世界卫生组织推荐的体育活动指南为：健康成年人每周应进行至少两个半小时的中等强度运动，或 75 分钟的高强度运动，外加至少两天的肌肉锻炼。以世界卫生组织标准来衡量，如果单纯从锻炼时间上看，广州青年的锻炼时间已经比较合理，但

从训练的强度、肌肉锻炼、锻炼项目以及效果等情况来看，可能还存在不小的差距。理想的状况是针对年龄、个人特点制定科学合理的锻炼方法，培养锻炼兴趣，提升身体素质，形成锻炼的良好习惯。

社会急剧变迁无形中会对社会成员造成各种压力，个人力量显得渺小。在外部环境难以改变的情况下，青年要正视现实，客观看待目前的社会状况；了解自己，根据自己的能力，合理定位人生目标追求；接纳自己，寻求适合自己的减压方法，提高心理承受能力；合理利用资源，主动寻求帮助；以恰当的方式承担社会责任，建立有效的心理调节机制，提高自身的素质和社会适应能力。

参考文献

1. 涂敏霞：《广州青少年心理健康状况调查》，《当代青年研究》2006 年第 10 期。
2. 沈杰：《中国社会转型时期青年社会心理》，《北京青年政治学院学报》2005 年第 6 期。
3. 沈杰：《青年的社会心理变迁：一种研究框架的探索》，《中国青年政治学院学报》2012 年第 3 期。
4. 陶映荃：《5 万样本揭示中国城市劳动人口亚健康状况》，《工人日报》2010 年 1 月 6 日。
5. 涂敏霞、邱服兵主编《广州青年发展状况研究报告（2009 ~ 2010）》，广东人民出版社，2010。
6. 杨秋苑等：《青少年压力现状与心理调适——穗、港、澳三地比较研究》，汕头大学出版社，2008。
7. 杨秋苑等：《广州青年身心健康发展研究》，见魏国华、张强主编《广州青年发展报告（2012 ~ 2013）》，社会科学文献出版社，2013。
8. 杨秋苑等：《广州青年身心健康发展研究》，见魏国华、张强主编《广州青年发展报告（2014 ~ 2015）》，社会科学文献出版社，2015。
9. 杨秋苑等：《广州青年身心健康发展研究》，见徐柳、张强主编《广州青年发展报告（2017）》，社会科学文献出版社，2017。
10. 北京青年压力管理中心：《2016 年在职群体压力情况调查报告》，http：//blog. sina. com. cn/u/1376844724。

11. 北京青年压力管理中心：《2016 年大学生压力情况调查报告》，http：//blog. sina. com. cn/u/1376844724。

12. 傅小兰、张侃主编《中国国民心理健康发展报告（2017～2018）》，社会科学文献出版社，2019。

B.6
广州青年婚恋发展状况研究

刘梦琴*

摘　要： 本章基于近十年对广州青年的五次大型抽样调查数据，从青年婚恋择偶观、婚姻观、生育观、性观念和婚恋行为等方面，全面分析广州青年婚恋观的变迁，提炼总结十年来广州青年婚恋观发展的主要特征、变化趋势，在此基础上提出对策建议。研究发现：广州青年婚恋观念一方面面临传统和现代的冲突，一些人存在一定的迷茫困惑；一方面青年更加理性和包容，婚恋观趋于现实和多元化。青年人普遍接受婚前同居，但闪婚闪离、早恋、未婚流产等现象显著上升，青年婚姻稳定性不足。

关键词： 广州青年　婚恋观　生育观

一　引言

青年婚恋观是青年对于恋爱、婚姻、家庭等方面的基本价值观和态度。青年婚恋家庭观念受社会经济发展水平的影响，是反映时代变化的重要晴雨表。本报告基于 2009 年、2012 年、2014 年、2016 年和 2018 年对广州青年的五次抽样调查数据，从青年婚恋择偶观、婚姻观、家庭观、生育观、性观念和婚恋行为等方面，全面分析广州青年婚恋观的十年变迁，提炼总结十年

---

* 刘梦琴，广东省社会科学院社会学与人口学研究所研究员、博士，研究方向为青少年研究、社会组织和社会治理、社会工作和社区发展。

来广州青年婚恋观发展的主要特征、变化趋势，从中找出发展规律，在此基础上提出对策建议。

这五次大型抽样调查，使用的问卷变化不大，抽样方法基本一致，但由于调查对象不是同一批人，且没有同步实施对照组的样本数据，在做跟踪研究时，有一定偏差，需要对数据质量和样本代表性进行考察。表1列出了五次调查的关键信息。

表1　五次抽样调查主要样本情况比较

单位：份，%

调查时间	样本量	未婚比例	女性占比	31~35岁青年占比	独生子女比例
2009年	1375	76.0	53.2	10.5	37.8
2012年	1682	76.9	52.7	10.7	35.6
2014年	3615	73.3	48.2	13.3	32.9
2016年	2682	74.5	57.6	19.3	31.1
2018年	2603	76.6	54.6	9.2	26.5

从表1可看出，这几个关键指标调查数值较为稳定，表明抽样调查数据质量较为可靠，样本代表性较好，样本没有出现较大的偏离。从2014年开始，问卷中加入了户籍变量，外来青年的比例有所增加，但增加的比例不高，不影响整体数据的使用。

二　广州青年婚恋观的发展状况

（一）婚恋观念变化

1. 择偶观：整体变化不大，趋于现实和多元化

（1）道德品质、性格和价值观是择偶的首要考虑因素，排名一直稳居前列

从青年择偶观来看，道德品质、性格和价值观是择偶的首要考虑因

素，虽然选择比例有下降趋势，但排名一直稳居前列。青年择偶观整体变化不大，但有趋于现实和多元化的倾向。2018年最新调查数据显示，排名有所提升、进入择偶观前十的有生活习惯（2009年排名第九、有12.1%的人选择；2018年排名第七，有16.6%的人选择）、兴趣爱好（2014年新加，排名第八、有13.7%的人选择；2018年排名第九，有14.4%的人选择）；排名有所下降的，有能力（2009年排名第四、有34.7%的人选择；2018年排名第六，有24.0%的人选择）、感情（2009年排名第三、有39.4%的人选择；2018年排名第五，有24.4%的人选择）。如表2所示。

表2 广州青年择偶观的总体变化

单位：%

类别	2009年	2012年	2014年	2016年	2018年
相貌	30.6	30.9	30.7	29.7	26.0
学历	10.6	9.6	9.6	9.8	10.6
能力	34.7	36.7	17.6	22.5	24.0
道德品质	60.2	55.1	42.0	42.1	41.8
家庭背景	17.4	14.3	13.3	12.3	14.5
生活习惯	12.1	14.0	12.3	11.7	16.6
身体条件	13.3	13.4	11.8	10.9	11.0
感情	39.4	35.6	26.3	26.0	24.4
亲友意见	3.9	4.0	3.5	1.9	0.9
性格	46.8	54.2	38.6	39.3	37.7
户口	0.9	0.9	2.5	2.4	2.1
职业	5.6	2.9	3.9	2.0	2.8
住房	4.1	2.9	1.0	0.9	2.1
个人收入	13.2	8.4	7.6	5.5	8.4
籍贯	2.1	3.7	3.6	3.8	2.9
价值观	—	—	17.2	23.5	36.6
年龄	—	—	19.8	16.2	13.0
独生子女	—	—	2.1	1.6	1.5
兴趣爱好	—	—	13.7	13.7	14.4
其他	0.0	0.5	1.6	1.5	0.8

（2）郎才女貌依然受青年追捧

男女在择偶观上存在明显差异。五次调查均显示，男性更看重相貌和年龄，女性更看重能力。以 2018 年调查数据为例，男性择偶观排在前几位的分别是道德品质（42.4% 的男青年选择）、性格（40.4% 的男青年选择）、相貌（32.8% 的男青年选择）、价值观（32% 的男青年选择）、感情（28.8% 的男青年选择），年龄继兴趣爱好之后排第七（17.9% 的男青年选择），能力仅排第九位（12.3% 的男青年选择）；女性择偶观排在前几位的分别是道德品质（41.4% 的女青年选择）、价值观（40.5% 的女青年选择）、性格（35.7% 的女青年选择）、能力（33.6% 的女青年选择）、感情（21.1% 的女青年选择）、相貌（20.1% 的女青年选择），年龄仅排第十二位（10.7% 的女青年选择），如表 3 所示。

（3）男性择偶观相对稳定，女性择偶上趋于理性和现实

除相貌、年龄和能力的差异外，男女择偶观差异明显的还有兴趣爱好、家庭背景、个人收入、住房，其中男性更重视感情、性格和兴趣爱好，女性更重视家庭背景、个人收入和价值观。相对于男性，女性择偶上更为现实。从择偶观十年变动趋势来看，男性择偶观相对稳定，女性择偶观变化较大。女性增加的有相貌、生活习惯和价值观，减少的有能力、道德品质、感情、性格、个人收入、住房和年龄。2014 年以来，男性择偶观选择比例增加的有价值观和兴趣爱好，减少的只有年龄（见表 3）。

表 3　广州青年择偶观分性别比较

单位：%

类别＼年份／性别	2009		2014		2018	
	男	女	男	女	男	女
相貌	46.8	16.3	38.6	22.2	32.8	20.1
能力	21.5	46.4	10.4	25.2	12.3	33.6
道德品质	58.5	61.7	39.5	44.4	42.4	41.4
家庭背景	14.9	19.4	10.9	15.9	11.9	16.7
感情	45.1	34.5	26.9	26.1	28.8	21.1

类别 \ 年份性别	2009		2014		2018	
	男	女	男	女	男	女
性格	52.3	42.1	39.1	38.2	40.4	35.7
住房	1.9	6.0	0.7	1.3	1.3	2.8
个人收入	5.0	20.5	5.2	10.1	4.6	11.6
价值观	—	—	17.3	17.3	32.0	40.5
年龄	—	—	22.6	16.9	17.9	10.7
兴趣爱好	—	—	15.8	11.6	18.2	11.0

（4）"90后""00后"更看重个性和精神层面的追求

总体上，较之于"80后""70后"，"90后""00后"更看重精神层面的追求。从2014年的调研数据可看出，90后选择道德品质、价值观、感情和性格的比例高于"80后""70后"（见图1）。2018年调研数据显示，按"80后""90后""00后"排序的择偶观，存在显著差异的有：相貌、学历、家庭背景、生活习惯、感情、性格。年龄越大，越重视家庭背景和生活习惯，择偶观越趋于理性和现实；年龄越小，越看重相貌、学历、感情和性格。

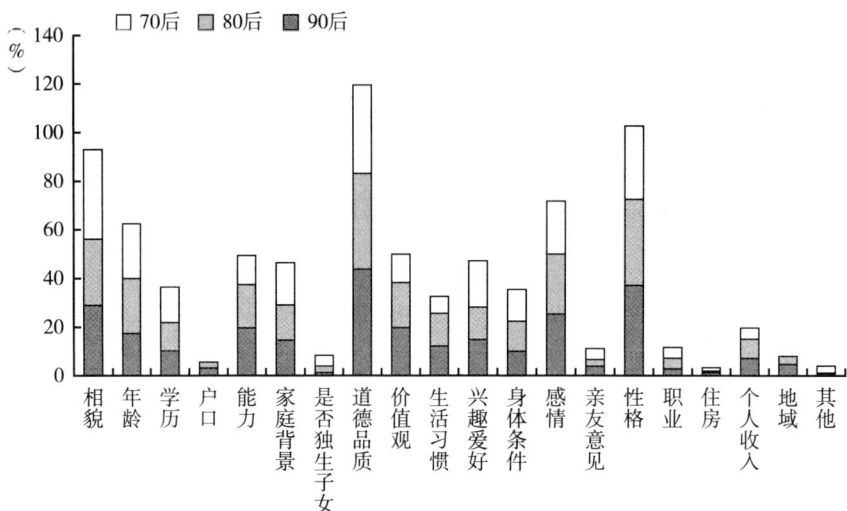

图1 2014年广州青年择偶观分代际比较

（5）重颜值轻感情

面对生存压力，不少青年向现实妥协，感情排名和选择比例不断靠后。2009 年调研数据显示，感情排名第三，有 39.4% 的人选择；到 2018 年，只有 24.4% 的人选择，感情排名第五，感情败给现实（见表 2）。"90 后""00 后"崇尚个性，相貌受到重视，越来越多的青年注重相貌和外在形象。从分性别的择偶观比较（见表 3），可以发现，男性一直看重相貌，相貌排男性择偶观第三位；女性选择相貌的比例也在提高，2009 年有 16.3% 的女性选择，到 2018 年，这一比例上升到 20.1%。在"00 后"看来，相貌和感情并列排在择偶观的第三位了（见表 4）。

表 4　2018 年广州青年择偶观分代际比较

单位：%

类别	"80 后"	"90 后"	"00 后"
相貌	22.5	26.0	32.3
学历	9.2	10.5	13.1
能力	24.9	24.1	25.8
道德品质	42.6	42.3	44.4
家庭背景	19.1	15.5	8.7
生活习惯	21.5	16.1	15.4
身体条件	16.0	10.7	8.9
感情	20.6	23.9	32.6
性格	36.6	38.0	42.7
个人收入	9.2	7.4	11.8
价值观	36.3	41.8	23.3
年龄	15.9	12.4	18.6
兴趣爱好	13.7	14.5	16.7

2. 恋爱观：社交网恋认同度提高

由于当代青年工作节奏加快、网络使用时间延长，出现了"剩男剩女""宅男宅女"等问题。加上网络社交媒体的增多，让人们感受到了交友的便捷性，出现现实社交减少、网络社交增多的现象，进而产生网恋现象。网络相亲交友平台成为一把双刃剑，在扩大青年人社交圈的同时，也使得爱情的安全性和稳定性受到挑战。虽然不认同网恋者比例较高，但表示认同或会尝试网恋的人群比例在增加（见图2）。2016年、2018年的问卷换了问问题的方式，采用五分法问对网恋的态度，2018年表示反对网恋的比例由2016年的42.5%下降为33.7%，下降了约9个百分点，表明青年对网恋的认可度提高了。

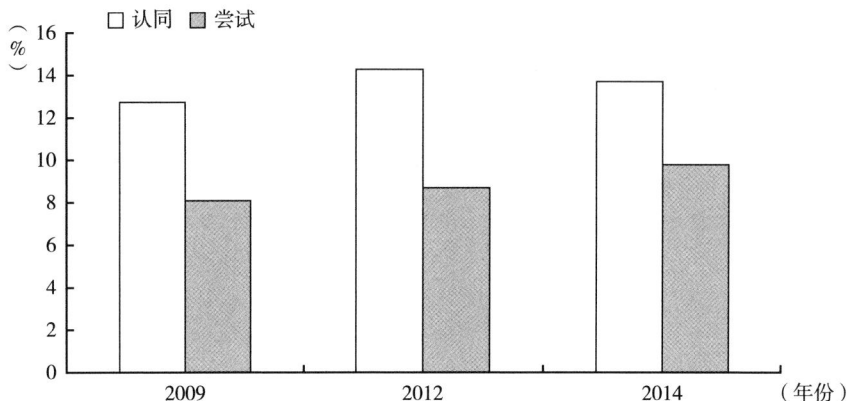

图2 广州青年对网恋的认可程度

据2014年调查数据，对"谈恋爱时AA制"持赞同态度的占29.1%，有43.3%选择"一般"，持反对态度的有27.6%。进一步分析发现：从性别来看，男性更倾向于对"谈恋爱时AA制"持反对态度。从年龄来看，年龄越大，越不接受"谈恋爱时AA制"这一行为（见图3）。

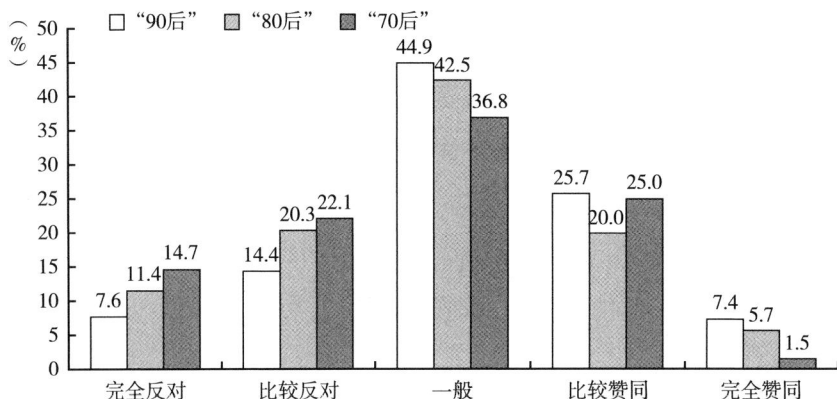

图3 不同年龄对"谈恋爱时AA制"的态度（2014）

3. 婚姻观：夫妻平等意识提高，受传统和现代观念冲突困扰

（1）普遍接受婚前性行为和婚前同居，不接受未婚生子和子随母姓

五次调查结果表明，广州青年普遍接受婚前性行为。前三次的数据表明，约四成的调查者表示认同婚前性行为，约1/3的调查者表示不知道，约1/5的调查者表示不认同。表示会尝试婚前性行为的比例略低于表示认同婚前性行为的比例。认同婚前同居的比例略高于认同婚前性行为的比例（见图4）。

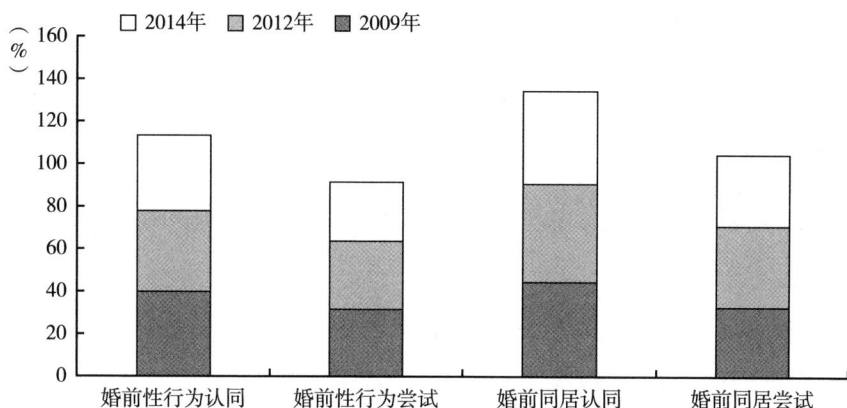

图4 2009～2014年广州青年对"婚前性行为"和"婚前同居"的态度

据2018年最新调查，表示赞同婚前性行为的比例为18.6%，反对的比例为23.8%，表示无所谓的占54%（见图5）。超过七成的调查者接受婚前性行为。

虽然普遍接受婚前性行为和婚前同居，但不接受未婚生子和子随母姓。据2014年调查数据，对于"子随母姓"，表示认同的占10.5%，反对的占36.8%，不知道的比例有45.1%；接受未婚生子的比例只有10%左右，绝大部分人不认同未婚生子。据2014年调查数据，反对未婚生子的比例高达66.8%，不知道的比例有20.8%，认同者仅占11.3%。2018年调查数据表明，反对未婚生子的比例有55%，无所谓的占38.2%，不知道的比例有2.4%，认同者仅占4.5%。对于未婚生子现象，约四成调查者表示无所谓，

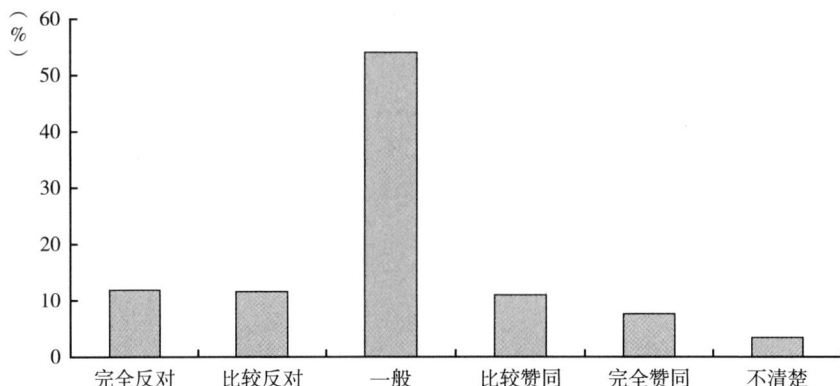

图5　2018年广州青年对"婚前性行为"的态度

社会包容度提高较快。

（2）夫妻平等意识逐渐上升，普遍接受婚前财产公证、婚后家务均担和夫妻双方收入自理

重视个人权益保护。婚姻中的性别平等观念、法律意识和自我保护意识有所增强，普遍赞同"婚检""婚前财产公证""夫妻双方收入自理""婚后家务均担"等观点。据五次调查，反对婚前财产公证的比例不到两成，约80%的人接受婚前财产公证。接受"夫妻双方收入自理"比例同接受"婚前财产公证"比例相似。接受"婚后家务均担"的比例最高，只有10%左右表示反对（见表5）。

表5　广州青年对婚内主要事务的态度

单位：%

类别	完全反对	比较反对	一般	比较赞同	完全赞同	不清楚
婚前财产公证						
2009	3.0	8.4	34.8	28.1	22.6	3.1
2012	3.8	9.1	35.1	26.7	20.2	5.2
2014	3.8	8.2	36.8	27.3	18.6	4.3
2016	12.6	10.9	47.9	20.1	6.9	1.6
2018	10.1	7.1	45.3	22.1	11.3	3.0

态度	完全反对	比较反对	一般	比较赞同	完全赞同	不清楚
夫妻双方收入自理						
2009	4.9	13.3	34.3	28.1	22.6	3.1
2012	5.5	14.8	37.4	25.4	13.4	3.6
2014	5.6	13.1	38.4	26.9	11.9	3.6
婚后家务均担						
2009	3.0	6.3	27.5	32.4	28.8	1.9
2012	3.3	7.1	28.8	32.6	25.4	2.8
2014	4.0	6.5	27.4	32.8	25.6	2.8
2016	9.4	6.6	31.6	29.7	21.5	1.2
2018	7.9	4.5	31.1	27.7	26.1	1.7

（3）多数拒绝婚外恋、一夜情，仍有两成模棱两可

虽然婚姻观变得较为开明，广州青年普遍接受婚前性行为和婚前同居，但婚姻的界限分明，多数青年拒绝婚外恋、一夜情。据2018年调查数据，反对婚外恋的比例高达81.8%，认同的仅占1.8%，无所谓的占14.3%，另有2.1%的人表示不知道。外面世界的诱惑和网恋的增加，使得一夜情的现象更容易发生，这给婚姻带来了不安定因素。2014年的调查发现，广州青年对"一夜情"认同的比例为14.2%，比2012年的12%有所增加；不认同"一夜情"的占64.8%，无所谓的占1%，另有20%的人表示不知道。虽然大多数人拒绝婚外恋、一夜情，但需要警惕约两成调查者持模棱两可态度，在外界环境有利的情况下，发生婚外恋、一夜情概率更高。

（4）受传统和现代观念冲突困扰，婚姻宁缺毋滥

现在青年在婚姻问题上存在较多困惑。一方面，他们仍然尊重传统观念，对"男大当婚、女大当嫁"等传统观念遵从的人较多；另一方面，他们追求个性和幸福，认为婚姻"宁缺毋滥"。由表6可看出，反对"遇到合适的人才结婚，宁缺毋滥"的比例仅占7.4%；而赞同"怕亲人逼婚/别人笑话，随便找个人结婚"的比例也仅有4.7%，二者高度一致。他们赞同不结婚的比例也较低，仅占6.9%。"宁缺毋滥"并不等于"不结婚"，他们追求理想的婚姻，没有合适的对象的时候，他们只是等待和迷茫，这也解释了大龄未婚现象越来越多的社会原因。

表6　广州青年对婚姻选择的态度

单位：%

选项/态度	完全反对	比较反对	一般	比较赞同	完全赞同	不知道
男大当婚、女大当嫁	10.1	16.2	44.3	21.2	6.1	2.0
不结婚	17.1	24.6	48.0	4.9	2.0	3.4
遇到合适的人才结婚，宁缺毋滥	3.6	3.8	20.7	37.5	31.5	3.9
怕亲人逼婚/别人笑话，随便找个人结婚	48.7	27.0	16.9	3.2	1.5	2.5

4.生育观：一儿一女最"好"

（1）理想子女数：一儿一女最"好"

自我国实施"全面二孩"政策以来，青年的生育意愿有无变化？这一问题社会较为关注。比较2014年和2018年调查数据（见表7），我们发现，广州青年理想子女数仍然以儿女双全为主，实施"全面二孩"政策以来，理想子女数一男一女"儿女双全"的选择比例有所上升，2014年调查时为63.27%，2018年为75.29%，上升近12个百分点。其他理想子女数的比例变化不大，在15%左右。未填者比例有所波动，可以解释为不同的生育政策背景影响着个人的理想选择。在独生子女计划生育政策下，一些人干脆放弃填写理想子女数；但在"全面二孩"政策实施后，一些人明确了一男一女"儿女双全"的选择，这可以理解为"全面二孩"政策令理想生育一男一女"儿女双全"的人数增加了。因此，全面放开"二孩"政策并不会使生育人口减少，相反，会有一定幅度的生育人口增加。

表7　广州青年理想子女数

年份	2014		2018	
理想子女数	样本数	占比（%）	样本数	占比（%）
1男1女	1769	63.27	1645	75.29
其他数量	420	15.02	336	15.38
未填数量	607	21.71	204	9.34
样本总数	2796	100	2185	100

（2）越来越多的青年对丁克现象表示接纳

相对于有着生育"二孩"意愿的多数派而言，"丁克"一族是青年中的少数派。对于"丁克"现象，广州青年赞成的不多，赞成者不到两成，但反对者从 2016 年的 47.8% 减少为 2018 年的 23.8%，由 2016 年以反对者居多变为以持"一般"态度的居多，表明越来越多的广州青年对丁克现象表示接纳（见图6）。

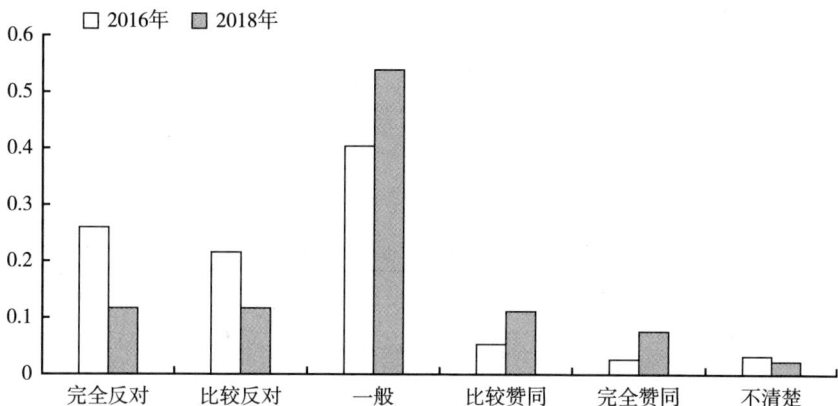

图6　广州青年对"丁克"的态度

（3）多数青年因为经济原因不敢多生孩子

对于"养不起小孩、不敢多生"，表示赞同的达到 41.6%，表示"一般"的占 37.3%，只有 17.2% 的人表示反对。对于"没有生养孩子的人生是不完整的"说法，赞同、反对和无所谓的各占 1/3，说明不生孩子或生少数孩子的大有人在。

5. 性观念：更加理性和包容

随着社会的发展和认知提升，人们对性的认识更加理性和包容。人们开始慢慢了解到性观念在生活中的重要地位，尤其是对正确的性教育、性知识、性道德的普及和传播，改变着大众认知。2012 年，一夜情、同性恋、未婚生子的认同度分别为 11.8%、10.9%、10.6%；2014 年，一夜情、同性恋、未婚生子的认同度分别为 14.4%、13.1%、11.4%。这表明广州青年的性观念更为理性和包容。以同性恋为例，2016 年不认同同性恋的比例高达 70.3%，到 2018 年，这一比例下降到 41.3%，几乎下降了一半。42.5% 的广州青年对同性恋的态度介于反对和赞成之间的"一般"，说明大家对同性恋的认知在改变，大家变得更为理性和包容（见图7）。

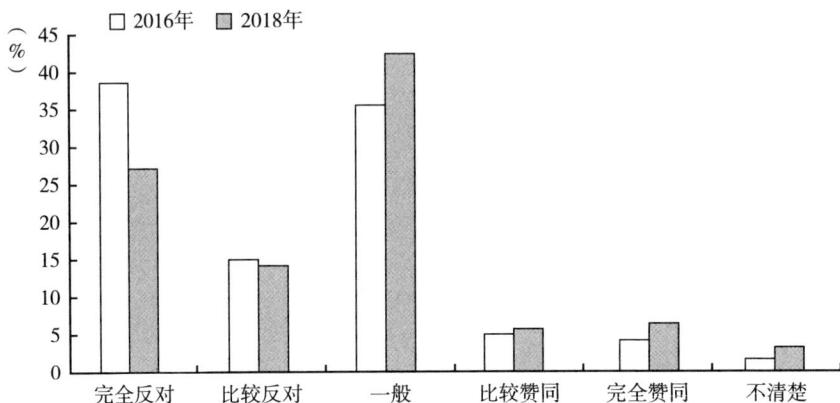

图7　广州青年对"同性恋"的态度

广州青年性观念的代际变化也需要被关注。年龄越小，对同性恋的认同度越高（见图8）。

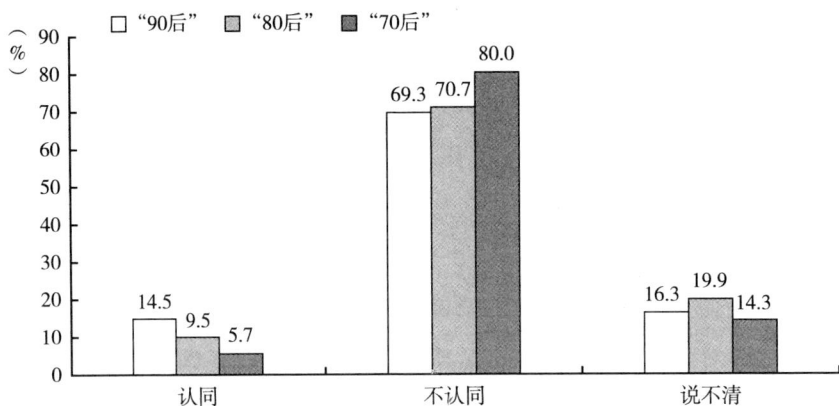

图8　2014 年广州青年对"同性恋"的态度

（二）婚恋及生育行为

1. 30岁以上未婚青年约占两成

"剩男剩女""宅男宅女"问题已经引起社会关注，经常见到为儿女婚事而焦虑的家长。大龄未婚问题具体情形如何？据五次跟踪调查，30岁以上未婚青年约占两成，个别年份比例高低波动，但总体趋势在上升；出乎人们想象的是，在大龄未婚问题中，女性未婚的比例并不高于男性，并且，男青年未婚比例有增长趋势（见图9）。这些未婚者并不认为婚姻与幸福有直接关系，认为自己不幸福的人占13.1%，认为"一般"的人占56.5%，认为自己"幸福"的占30.5%。37%的人与父母同住，32.6%的人单独居住；本科生占50%，大专生占19.6%。

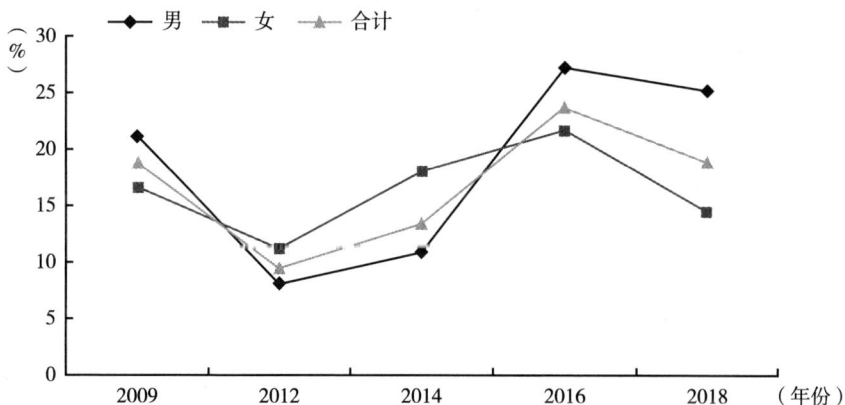

图9　30岁以上广州青年未婚比例

2. 恋爱行为健康正常

虽然早恋和大龄未婚的比例在逐渐提高，但绝大多数青年恋爱年龄依然在正常范围内。广州青年初恋的平均年龄为17.27岁，其中男性为17岁，女性为17.54岁，众数为18岁。恋爱次数平均为2.26次，大部分人恋爱次数在1~3次（见图10）。

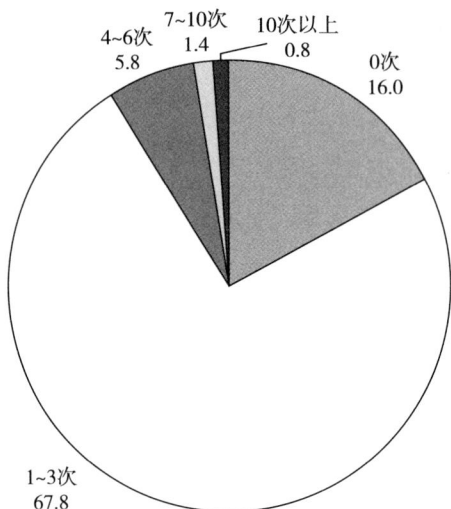

图10　广州青年平均恋爱次数

3. 恋爱早结婚晚，需要关注青年的生殖健康

对于"首次性行为年龄"问题，由于涉及隐私，仅有不到一半的被调查者（937人）做了回答。首次性行为在19岁以下的占10%，7%的人发生在20岁，20岁为众数。从调查的结果来看，首次性行为发生时的平均年龄为18.65岁，其中一半以上的人选择的年龄段为19~24岁（占51%），其次为25岁以上（占18.1%）和14~18岁（占14.6%）。男性的首次性行为平均年龄为18.17岁，而女性则为19.19岁，推迟了整整一年。由于青年恋爱早结婚晚，较长时间属于婚前性行为时期，因此需要关注青年的生殖健康。

三　当代青年婚恋发展存在的主要问题

问卷对婚恋领域存在的主要问题进行了跟踪调查，设问"您认为当前青年婚恋面临的主要问题是什么？"调查内容包括离婚、婚外恋、早恋、婚前同居、一夜情、包二奶或婚外生子、闪婚闪离、剩男剩女、同性恋、家庭暴力、未婚流产、宅男宅女，等等。该回答并不基于调查者自身的行为或态

度，而是站在客观角度对社会问题做出的主观判断。了解青年对婚恋发展的
自我评价，有助于研究掌握当前广州青年婚恋的概貌。

2010 年笔者做过相似的调查。被访问者认为婚姻家庭方面突出的问题
有婚外情、未婚同居、离婚率高、单亲家庭、包二奶、非婚生子等，排在前
三位的是婚外情（占被访者的 57.7%）、未婚同居（占被访者的 57.5%）、
和离婚率高（占被访者的 55.6%）（见图 11）。

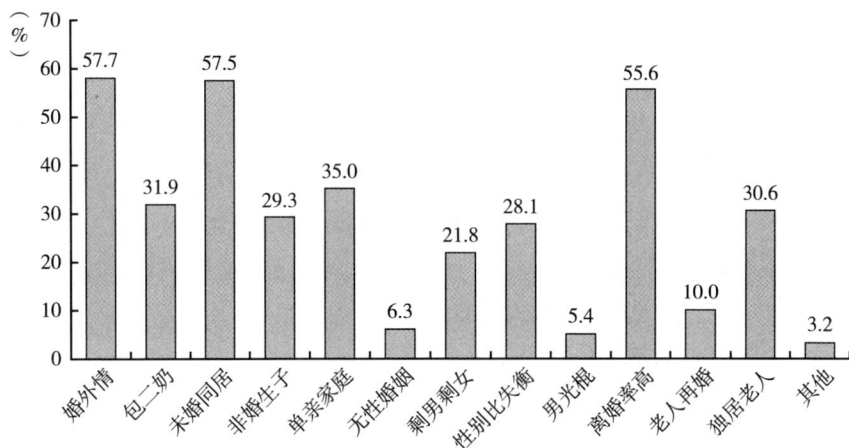

图 11　2010 年广州青年对婚恋问题的评价

2014 年调查结果发现，广州青年认为当前青年婚恋面临的主要问题
排在前三位是离婚率高（45.2%）、婚外恋（36.5%）、闪婚闪离
（36.2%）（见图 12）。与 2010 年调查结果不同的是：青年人认为婚前同
居、同性恋不是社会问题，基本接受认同。闪婚闪离一跃升为婚恋问题的
第三名。

2016 年的调查，当问及"您认为当前青年婚恋面临的主要问题是什
么？"时，广州青年选择最多的前三项分别为离婚、闪婚闪离及婚外恋，闪
婚闪离首次超过婚外恋列居第二位，表明被调查者普遍认为当前广州青年婚
姻的稳定性不足。此外，早恋和剩男剩女等问题也被认为是当前广州青年面
临的主要问题之一（见图 13）。

离婚率高 45.2
婚外恋 36.5
闪婚闪离 36.2
剩男剩女 24.8
包二奶或婚外生子 22.4
早恋 21.8
未婚流产 17.0
一夜情 16.0
宅男宅女 13.0
家庭暴力 11.3
婚前同居 11.0
同性恋 5.4
其他 0.8

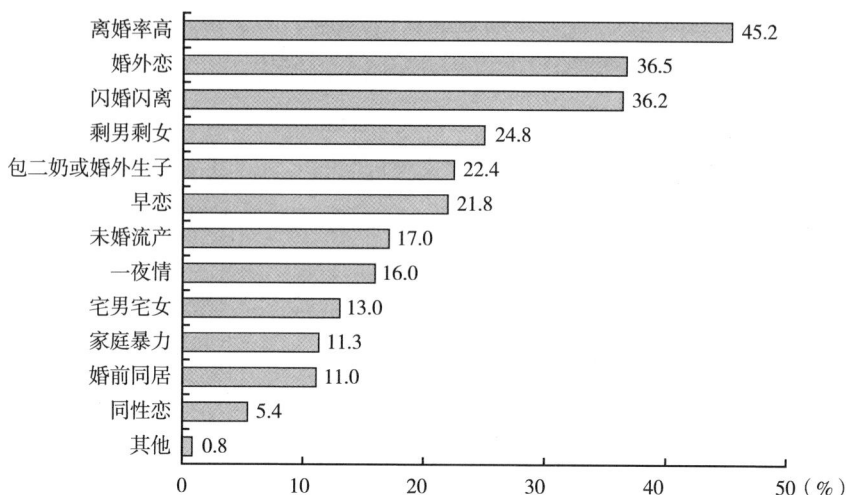

图 12　2014 年广州青年主要面临的婚恋问题

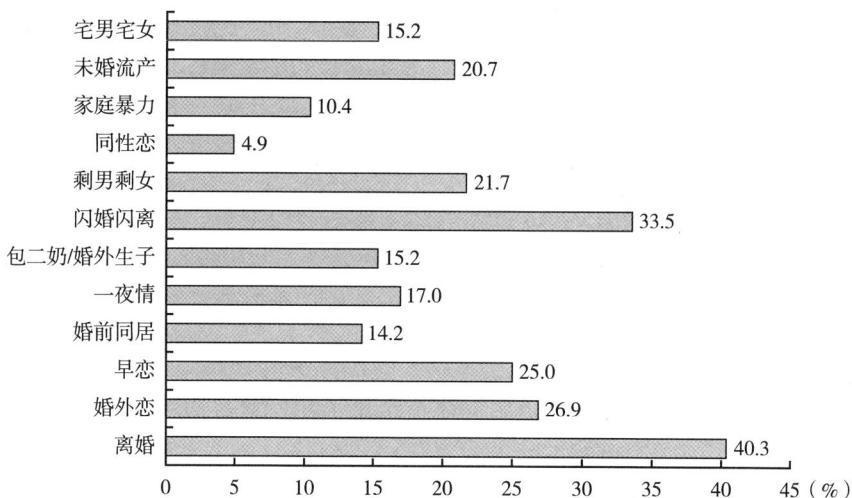

宅男宅女 15.2
未婚流产 20.7
家庭暴力 10.4
同性恋 4.9
剩男剩女 21.7
闪婚闪离 33.5
包二奶/婚外生子 15.2
一夜情 17.0
婚前同居 14.2
早恋 25.0
婚外恋 26.9
离婚 40.3

图 13　2016 年广州青年主要面临的婚恋问题

2018 年的调查，加入了一些新的调查选项，除原有的三大突出问题外，房价太高突居第二。与十年前相比，认为婚前同居是主要婚恋问题的比例下降最显著，从 2010 年的排名前三跌落为 2018 年排名靠末尾，表明青年人已普遍接受婚前同居；显著上升的问题包括闪婚闪离、早恋、未婚流产，这表明当前青年婚姻稳定性不足（见图 14）。

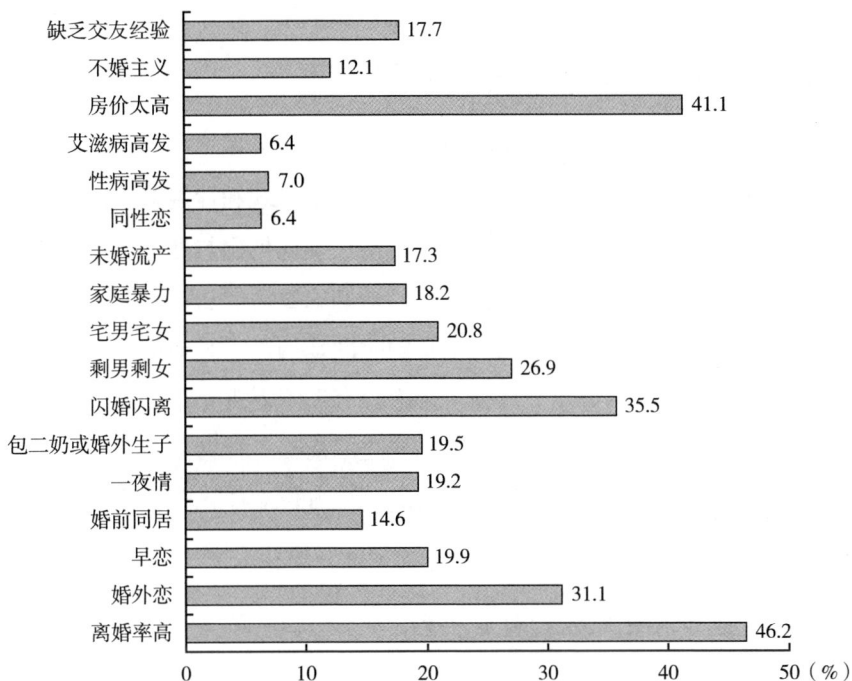

图 14　2018 年广州青年主要面临的婚恋问题

当前，由于社会转型发展迅速，西方文化与传统文化碰撞导致社会价值观多元化，人们尤其是青年对传统的道德认同度下降，道德感约束力下降，从而产生了道德"真空地带"，引发一系列社会问题。青年对中国传统文化中宣扬的至死不渝的爱情、对婚姻的坚贞已经不那么向往了。又由于社会节奏快、房价过高、青年生活压力大，青年在择偶和婚恋上出现功利物质化现象，感情不断靠后。在张扬个人主义的今天，他们对问题的容忍度降低了，因而出现了离婚率居高不下、婚外恋、一夜情等一系列问题。只有正视这些问题，才能有的放矢，帮助他们找回幸福婚姻。

四 对策建议

（一）帮助青年树立正确的婚恋观

社会环境是可塑的，教育是可习得的，青年尚处在个性养成阶段，其婚恋观及性观念具有很强的可塑性。塑造正确的婚恋观和性观念，让青年懂得爱情的真谛，理解婚姻的内涵，有助于他们正确地把握与处理恋爱婚姻中的问题，为维护爱情和婚姻提供智力支撑。婚姻家庭需要法律来保障，更需要道德约束来维稳。道德感对人的约束是随时随地的，它时刻指导人们调整自己的不当行为，及时而有效。加强道德教育有助于促进青年对爱情、婚姻的忠诚度及责任感，也是正确婚恋观得以树立的前提。社会需要弘扬正气，用教育、培训、宣传、组织评比活动等形式，全方位立体化塑造蕴含幸福生活的婚恋观。

（二）规范和拓展青年社交平台

针对"宅男宅女"和"剩男剩女"突出现象，应搭建青年社交平台，融合线上线下活动，广泛开展各类联谊活动，扩大青年交友择偶机会。家庭、学校、社区、政府、企业等形成多方联动机制，拓展青年社交平台。政府应建立婚恋服务行业规范，引导婚恋服务行业的健康有序的发展；工青妇组织和其他社会团体应积极与婚恋网站形成线上线下联动，提供更有效运作的婚恋交友平台；增加健康向上的青年交友联谊活动。

（三）在青少年集中的地方开展青春健康项目

针对青年早恋和晚婚并存的现象，要提前介入，大力开展婚恋健康教育。在校园、工厂、社区等青少年聚集地组织实施青春健康项目，对重点人群开展青春健康教育。提高青少年青春健康知识和早恋人流危害知识知晓率，减少青少年早孕现象。在初中阶段全面实施青春健康教育工程，在课程设置、教师配备等方面做好保障，教育内容加入早恋人流危害、未婚先孕危害、安全避孕、怎样做好合格父母等知识。预防和控制青少年非意愿妊娠和人工流产，降低未婚人工流产率。

（四）开展多元化青年婚恋辅导和服务

培育青年婚恋服务机构，提高婚恋服务机构专业化服务水平。培育发展婚恋服务类社会组织，鼓励婚姻家庭指导师、专业社会工作者、心理师等参与咨询服务，提高专业服务人员的专业能力，为青年婚恋家庭服务提供专业化的辅导和支持。依托社工服务站点、青年地带等服务平台，以项目化和社会化形式，开展专业化家庭治疗服务。

参考文献

1. 徐安琪：《择偶标准：五十年变迁及其原因分析》，《社会学研究》2000 年第 6 期。
2. 陆峥、刘梦琴：《青年择偶观研究》，《当代青年研究》2016 年第 5 期。
3. 徐柳、张强主编《广州青年发展报告（2017）》，社会科学文献出版社，2017。
4. 魏国华、张强主编《广州青年发展报告（2012～2013）》，社会科学文献出版社，2013。

B.7
广州青年就业发展研究

孙 慧*

摘　要： 本报告基于在广州市 11 区开展的"2018 年广州市青年发展状况"实证调查数据，对广州青年就业概况、就业意愿与需求、创业意愿与需求以及工作与权益保障状况等做了较为详细的阐述。研究发现：继续学习深造、考取"体制内"单位是广州青年未来工作规划的重要方向；收入、工作稳定性、工作是否符合自身兴趣等是广州青年择业时主要关注的因素；提高薪酬待遇依然是广州青年职业发展中最迫切的需求；证明自己的能力是广州青年创业最主要的动机；广州青年认为找准正确的投资方向是创业成功的关键因素；广州从业青年的工作稳定性较高。此外，报告还揭示了广州青年就业中存在的相关问题，同时立足青少年群体多样性和需求多元化现状，结合广州经济社会发展的实际状况，提出了促进广州青年就业的政策建议。

关键词： 广州青年　就业创业　权益保障

一　研究背景及目的

随着全球经济形势的日益紧张，我国实体经济也受到较大冲击，就业形

---
* 孙慧，广州市穗港澳青少年研究所助理研究员，硕士，主要研究方向为青年就业创业、青年志愿服务、共青团工作。

势愈发紧张。在这种情势下，求职难、就业不足、工作压力大、劳资冲突等问题日加凸显。而青年作为整个社会最有创新精神的群体，是国家经济和社会发展的重要推动者，他们的就业一直是国家、社会和家庭极为关注的话题。党的十七大报告明确提出"完善支持自主创业、自谋职业政策，加强就业观念教育，使更多劳动者成为创业者"。之后，党的十八大、十九大更是反复重申创新创业、以创业带动就业战略的重要性，进一步明确了创业在推动经济社会发展和改善民生中的战略地位。习近平总书记在参加十三届全国人大一次会议广东代表团的审议时指出，"发展是第一要务，人才是第一资源，创新是第一动力……强起来要靠创新，创新要靠人才"。《2019年政府工作报告》首次将就业写入"宏观政策"板块，提出"要正确把握宏观政策取向，继续实施积极的财政政策和稳健的货币政策，实施就业优先政策"。

在这种形势背景下，我们有必要摸清青年就业创业现状以及他们的就业创业意向，充分挖掘青年就业创业相关数据，分析研究青年实际需求，并提出切实有效的应对青年就业创业需求的对策，促进青年就业创业。本报告基于2010年、2012年、2014年、2016年和2018年在广州市11区开展的对广州青年的五次抽样调查数据，从广州青年就业概况、就业意愿与需求、创业意愿与需求以及工作与权益保障状况等方面，全面分析广州青年的就业观的十年变迁，提炼总结广州青年就业观发展的主要特征、变化趋势，从中找出发展规律，在此基础上提出对策建议。

二 广州青年整体就业情况

（一）广州整体就业概况

广州市统计局2018年统计年鉴数据显示，2017年末全市就业总人口8623278人，就业率为96.04%；城镇登记失业人员209608人，城镇登记失业率为2.4%。从产业类别来看，广州2018年统计年鉴数据显示，广州从业人员主要集中在第三产业，占比 59.57%；第二产业占比 33.24%；第一产业占 7.19%。从行业类别来看，广州全社会从业人员主要集中于工业（29.69%）、批发和零售业（19.69%）、农林牧渔业（7.2%）、住宿和餐饮业（6.13%）以及交通运输、仓储和邮政业（5.86%）。从单位性质来看，城镇非私营单位从业人员 3291696 人，其中国有单位 725640 人，集体单位 72509 人，其他单位 2493547 人，外商及港澳台投资单位 955340 人；私营、个体和其他从业人员 5531582 人。

（二）广东高校毕业生就业创业情况

1. 广东高校毕业生人数逐年增加，整体就业率较高

广东省教育厅历年发布的广东高校毕业生就业质量年度报告显示，2015年全省普通高校应届毕业生人数为 51.9 万人；2016 年为 53.5 万人，比2015 年增加了 1.6 万人；2017 年广东省普通高校毕业生共有 55.99 万人，比 2016 年增加了 2.49 万人；2018 年广东省高校毕业生共有 57.14 万人，比2017 年增加了 1.15 万人。除去因休学、结业、肄业等未取得毕业资格的学生，2018 年实际参加就业的毕业生人数为 54.26 万人，其中研究生 2.61 万人、本科生 24.96 万人、专科生 26.69 万人。2017 年实际参加就业的毕业生人数为 52.86 万人，其中研究生 2.49 万人、本科生 24.11 万人、专科生26.26 万人。2016 年实际参加就业的毕业生人数为 50.54 万人，比上年增加了 1.2 万人，增幅为 2.43%。在就业率方面，2018 年，广东省普通高校毕业生初次就业率为 94.18%，其中研究生就业率为 93.52%，本科生就业率为 93.84%，专科生就业率为 94.56%。广东省普通高校毕业生，2017 年初次就业率为 95.10%，其中研究生就业率为 92.88%，本科生就业率为94.99%，专科生就业率为 95.40%；2016 年初次就业率为 95.11%，其中研究生的初次就业率为 91.51%，本科毕业生的初次就业率为 94.80%，专科毕业生的初次就业率为 95.75%；2015 年初次就业率为 94.8%，其中研究生就业率为 90.19%，本科生就业率为 94.08%，专科生就业率为 95.91%。从以上数据可以看出，广东高校毕业生人数逐年增加，近几年初次就业率较

高，均保持在 94% 以上。

2. 九成以上的高校毕业生选择留粤就业，广州对毕业生的吸引力最大

广东省教育厅历年发布的广东高校毕业生就业质量年度报告显示，2015年，广东高校毕业生在广东省就业的占已就业毕业生数的 94.80%。其中，珠江三角洲地区 9 个地级市共吸纳 36.36 万名毕业生，占已就业毕业生数的 82.02%。其中，到广州市就业的毕业生最多，有 15.72 万人，占已就业毕业生数的 35.45%；其次是深圳市，有 6.89 万人，占 15.55%；第三是佛山市，有 3.94 万人，占 8.88%。2016 年，广东高校毕业生在广东省就业的占已就业毕业生数的 94.64%。其中珠三角 9 个地级市共吸纳 37.33 万名毕业生，占已就业毕业生数的 82.18%。其中，到广州市就业的毕业生最多，有 16.32 万人，占已就业毕业生数的 35.93%；其次是深圳市，有 7.51 万人，占 16.53%；第三是佛山市，有 3.81 万人，占 8.38%。2017 年，广东高校毕业生在广东省就业的占已就业毕业生数的 94.71%。珠三角地区 9 个地级市共吸纳 38.66 万名毕业生，占已就业毕业生数的 82.19%。其中，到广州市就业的毕业生最多，有 16.75 万人，占已就业毕业生数的 35.61%；其次是深圳市，有 8.02 万人，占比 17.04%；第三是佛山市，有 4.05 万人，占比 8.61%。2018 年广东高校毕业生在广东省就业的占已就业毕业生数的 94.37%。珠江三角洲地区 9 个地级市共吸纳 39.08 万毕业生，占已就业毕业生数的 82.65%，其中到广州市就业的毕业生最多，有 16.93 万人，占已就业毕业生数的 35.81%；其次是深圳市，有 8.24 万人，占 17.43%；第三是佛山市，有 4.15 万人，占 8.77%。

从广州各高校的毕业生就业质量年度报告也可以看出，不管是何性质的高校，毕业生选择留在广州工作的比例均最高。从部属高校来看，2018 年，中山大学应届毕业生在广州就业的比例最高，占比 42.47%；其次为深圳，占比 23.99%；第三为珠三角其他地区，占比 11.43%。华南理工大学 2018 届毕业生留在广州工作的占比 43.82%；其次为深圳，占比 18.18%；第三为佛山，占比 5.53%。从省属高校来看，华南师范大学 2018 届毕业生在广州市、深圳市和佛山市就业所占比率分布为 41.57%、15.82% 和 12.42%。广东外语外贸

大学 2018 届毕业生就业地域主要集中在粤港澳大湾区（83.5%），其中本科生在广州就业的占比 61.38%，在深圳就业的占比 17.6%，在佛山就业的占比 8.43%；研究生在广州就业的占比 62.93%，在深圳就业的占比 21.34%，在佛山就业的占比 6.85%。从市属高校来看，广州大学 93.92% 的 2018 届本科毕业生选择在广东省内就业，其中留在广州市的占比 64.22%；其次为深圳市，占比 9.23%。广州医科大学 2018 届就业的毕业生中有 95.04% 选择在本省就业，其中广州地区占比 56.84%；在佛山就业的占比 8.6%；在深圳就业的占比 7.56%。在职业技术类学校中，广州番禺职业技术学院 2017 届毕业生留穗工作人数为 2880 人，占比 68.56%。广州城市职业学院 2018 届就业的毕业生中，有 92.84% 的人在广东省就业；毕业生就业量最大的城市为广州，占比 71.8%；其次为深圳，占比 6.8%；第三为佛山，占比 5.44%。

3. 广东高校毕业生较少选择创业，创业比例偏低

广东省教育厅发布的《广东高校 2015 年毕业生就业质量年度报告》数据显示，2015 年，自主创业大学生人数为 3671 人，创业比例为 0.74%；2016 年自主创业的广东高校毕业生人数为 3261 人，创业比例为 0.65%；2017 年自主创业人数为 2011 人，创业比例为 0.38%；2018 年，广东省高校毕业生自主创业的有 2099 人，占毕业生人数的 0.39%。从广州相关高校的创业数据来看，情况亦如此。2018 年，暨南大学应届本科毕业生创业率为 0.4%，研究生创业率为 0.2%；华南理工大学应届本科生创业比例为 0.4%；华南师范大学 2018 届本科毕业生创业率为 0.32%；广州大学 2018 届毕业生创业率为 1%。

三　广州青年就业现状分析

（一）广州青年就业意向与需求

1. 继续学习深造、考取"体制内"单位是广州青年未来工作规划的重要方向

数据显示，对于未来职业规划，24% 的青年选择继续学习深造，争取更

高学历；22.7%的青年选择考公务员或事业编制单位；16.1%的青年选择自主创业；11.8%的青年认为目前的工作不需要改变；8.3%的青年选择成为自由职业者。可见，广州青年对于未来的工作规划比较多元，既有选择继续读书深造、提升自己的人力资本的；也有充分利用自身资源、专业优势等，结合国家、政府的政策优惠和支持，进行自主创业，闯出自己的一片天地的。同时，考取公务员或事业编制单位依然是青年求职的一个重要的选择方向（见图1）。

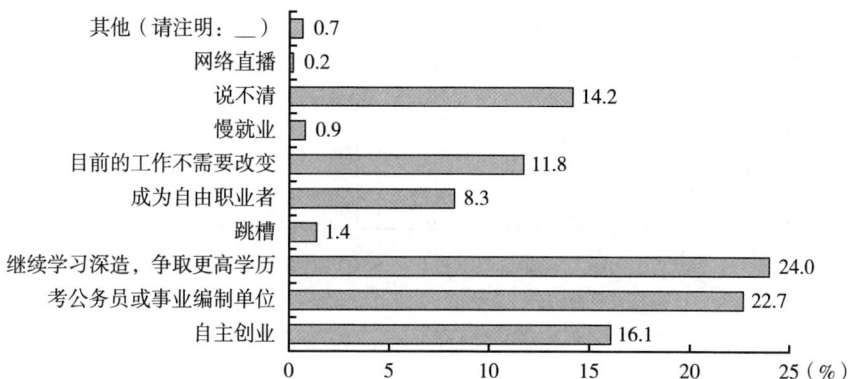

其他（请注明：＿）　0.7
网络直播　0.2
说不清　14.2
慢就业　0.9
目前的工作不需要改变　11.8
成为自由职业者　8.3
跳槽　1.4
继续学习深造，争取更高学历　24.0
考公务员或事业编制单位　22.7
自主创业　16.1

0　5　10　15　20　25（%）

图1　未来职业规划

2. 在工作规划方面，不同的群体存在差异

从群体类别来看，大学生群体最倾向的是继续学习深造，所占比例为37.7%；其次为考取公务员或事业编制单位，占比20%；14.6%的大学生对于未来职业还没有明确的规划，对于未来的职业选择表示"说不清"；选择创业的比例为13.2%。在职青年最倾向的则是考公务员或事业编制，占比23.8%；其次为继续学习深造，占比18.5%；第三为自主创业，所占比例为17.2%；觉得目前工作不需要改变的占比15.7%。可见，相比大学生群体，在职青年更希望进入体制内工作。

从性别来看，男性最倾向的工作规划是自主创业、考公务员或事业编制以及继续学习深造，各占22.1%；女性最倾向的工作规划是继续学习深造、考公务员或事业编制、说不清，所占比例分别为25.3%、23.4%、15.8%。

进一步比较分析发现，男性选择创业的比例比女性高10.9个百分点。可知，相比男性，女性更看重工作的稳定性，或是希望获得较高学历，顺利进入体制内单位；或是继续坚守在现有的岗位上，为公司发展贡献自己的力量（见图2）。

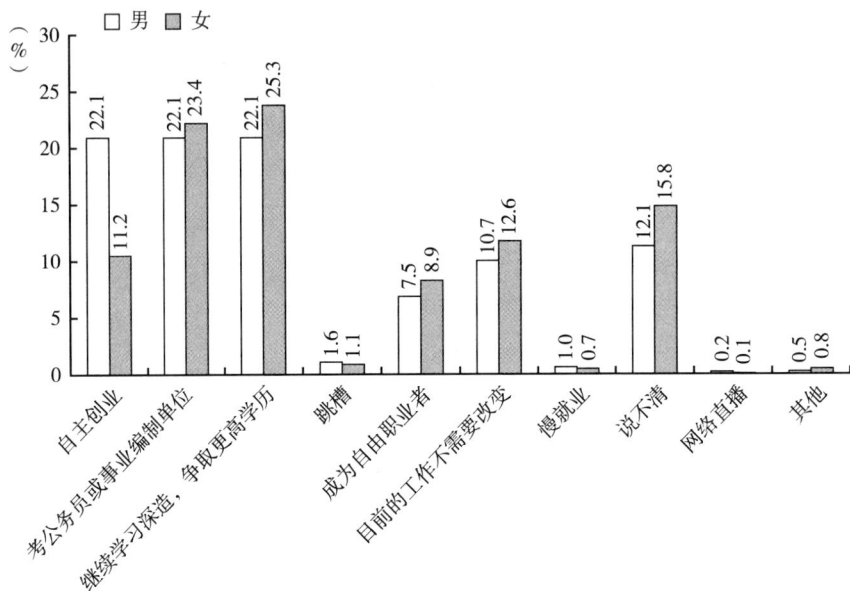

图2　不同性别青年未来的工作规划

从受教育程度来看，学历越低，选择自主创业的比例反而越高；选择考公务员或事业编等体制内单位青年的比例随着受教育程度提高呈上升趋势。具体来看，初中及以下学历的青年选择自主创业的比例是45.7%；高中学历选择创业的比例是26.4%；大专学历选择创业的比例为21.3%；大学本科学历选择创业的比例为10.8%；硕士研究生选择创业的比例占9.7%；博士研究生中则无人打算创业。在考公务员或事业编制单位的选择上，初中学历者为13%；高中学历者为10%；大专学历者为16.9%；大学本科学历者为27.2%；硕士研究生为24.2%；博士研究生为80%。

在户籍差异方面，农村户籍青年更加倾向自主创业。广州农村户籍青年选择自主创业的占23%；广州城镇户籍青年选择自主创业的占12.1%，比广州农村户籍青年低近11个百分点；外地农村青年选择创业的占20.5%；外地城镇青年选择创业的占12.1%，比外地农村青年低8.4个百分点。广州户籍青年选择考公务员或事业编等体制内单位青年的比例高于外地户籍青年。具体来看，广州城镇青年选择考编制内单位的比例是25.7%；广州农村青年选择考编制内单位的比例是29.3%；二者均高于外地城镇户籍青年（18.7%）与农村户籍青年（19%）所占比例。此外，觉得目前工作不需要改变的城镇户籍青年所占比例高于农村青年（广州城镇户籍占16.7%，外地城镇户籍占14.8%；外地农村户籍占8.1%，广州农村户籍占7.5%）。

3. 收入、工作稳定性、工作是否符合自身兴趣等是广州青年择业时主要关注的因素

2018年调查显示，广州青年在选择工作时考虑得最多的因素前三项分别是"收入高"（占比50.5%）、"工作稳定"（占比46.7%）、"符合自己兴趣、志向"（占比35.3%）。这与2016年广州青年发展状况调查的结果一致。此外，符合自身兴趣爱好、适合自己能力等也是青年考虑较多的因素，说明越来越多的青年择业时选择遵从自己的内心，并从自身实际情况出发，多维度考虑职业选择（见表1）。

表1 广州青年择业考虑因素

考虑因素	2018年		2016年	
	频数	有效百分比（%）	频数	有效百分比（%）
收入高	1305	50.5	1399	52.4
压力不大	434	16.8	473	17.7
工作稳定	1206	46.7	1312	49.2
受人尊重	334	12.9	416	15.6
上下班的时间合适	691	26.8	559	21.0
能发挥主动性	449	17.4	454	17.0

类别	2018 年		2016 年	
	频数	有效百分比(%)	频数	有效百分比(%)
有较多休假	244	9.5	203	7.6
有成就感	480	18.6	404	15.1
专业对口	275	10.7	245	9.2
符合自己兴趣、志向	912	35.3	993	37.2
适合自己的能力	728	28.2	817	30.6
不知道	41	1.6	24	0.9
其他	21	0.8	12	0.4

4. 择业时在职青年更加关注上下班时间是否合适；大学生群体则比较看重工作是否符合自己兴趣志向

在群体差异方面，在职青年与学生群体择业时考虑最多的因素均集中在收入、工作稳定性以及是否符合自身兴趣爱好三大方面。但从细分数据来看，31.8%的在职青年择业时考虑最多的因素是上下班的时间是否合适，远高于大学生群体的18.9%以及中学生群体的19.4%。这可能是因为在职青年大多已成家立业，需要兼顾家庭与事业，对上下班通勤时间的考量权重相对也就较高。而学生群体还处在事业准备期或事业发展的起步期，考虑得更多的是自己未来的职业发展，比如工作是否符合自己的兴趣爱好、是否能发挥自己的才能、是否能受到他人尊重等。另外，54.5%的中学生认为择业时最该考虑的因素是工作的稳定性，这显著高于大学生群体与在职青年的45.2%（见图3）。

我们进一步将性别、受教育程度、是否为独生子女、住房状况等因素与青年择业考虑因素进行相关分析。研究得出以下结论。

男性青年更加注重收入问题，女性青年对上下班时间是否合适、是否有较多休假的重视程度则显著高于男性。

有自有产权房的青年，择业时考虑上班时间是否合适的比例显著高于租房青年与住在宿舍的青年；而对于工作是否符合自身兴趣志向的考量则低于无自有产权房的青年。

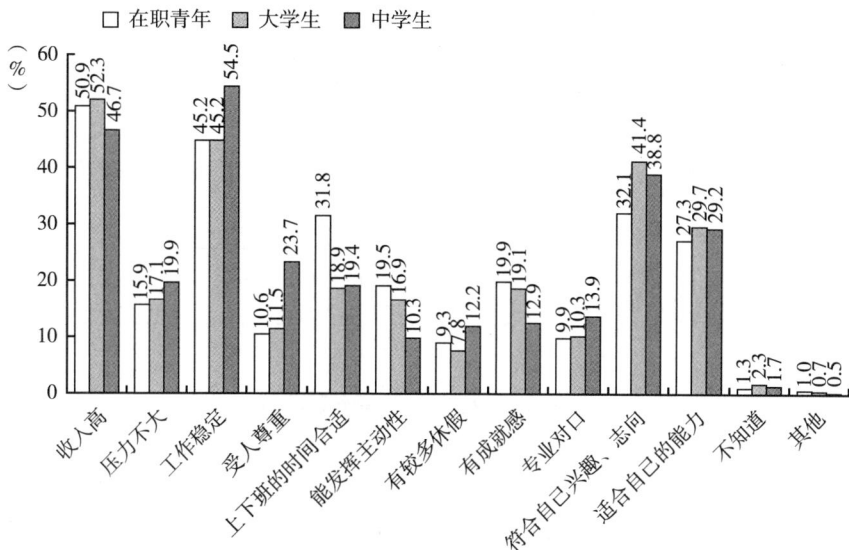

□ 在职青年　■ 大学生　■ 中学生

（%）

收入高：50.9　52.3　46.7
压力不大：15.9　17.1　19.9
工作稳定：45.2　45.2　54.5
受人尊重：10.6　11.5　23.7
上下班的时间合适：31.8　18.9　19.4
能发挥主动性：19.5　16.9　10.3
有较多休假：9.3　7.8　12.2
有成就感：19.9　19.1　12.9
专业对口：9.9　10.3　13.9
符合自己兴趣、志向：32.1　41.4　38.8
适合自己的能力：27.3　29.7　29.2
不知道：1.3　2.3　1.7
其他：1.0　0.7　0.5

图3　不同类别青年择业考虑因素

在受教育程度方面，初中及以上文化程度的青年考虑最多的因素均是"收入高"，只有小学及以下文化程度的青年择业时最看重"工作稳定"；此外，对于工作压力方面的考虑，受教育程度越高者，其择业时越注重工作压力大不大的问题。

5. 提高薪酬待遇依然是广州青年职业发展中最迫切的需求

数据显示，在职业发展方面，接近六成的广州青年最希望获得的帮助是提高薪酬待遇；47%的受访青年希望获得专业技能培训；30.9%的青年希望及时获得就业信息；27.3%的人则希望在工作中有充分发挥自身才能的机会。劳动权益获得切实保障、拥有健全的青年人才培育机制也占有一定比例，分别为22.8%、19.3%（见图4）。

对比2016年的调查数据，2018年广州青年对于提高薪酬待遇的呼声有所降低，而对于获得充分发挥自身才能机会、建立健全的青年人才培育机制、获得专业技能培训的要求则越来越强烈。这说明广州青年越来越重视职业技能的提升，希望能在职场中不断吸收营养，充分发挥自己的潜能，在职

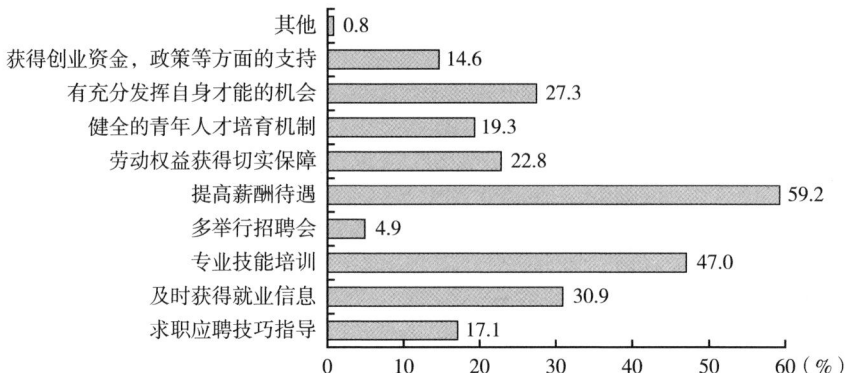

其他 0.8
获得创业资金，政策等方面的支持 14.6
有充分发挥自身才能的机会 27.3
健全的青年人才培育机制 19.3
劳动权益获得切实保障 22.8
提高薪酬待遇 59.2
多举行招聘会 4.9
专业技能培训 47.0
及时获得就业信息 30.9
求职应聘技巧指导 17.1

图4 广州青年职业发展方面最希望获得的帮助

业发展道路上不断成长进步。

6. 男性青年提高薪酬待遇的需求高于女性青年；学生青年及时获得就业信息与求职应聘技巧指导的需求高于在职青年

我们将性别、职业类别分别与职业发展方面青年最希望获得的帮助进行相关分析后发现，男性青年最希望获得的帮助是提高薪酬待遇，其次为获得专业技能培训；而女性青年最希望获得的帮助是专业技能培训，其次为提高薪酬待遇。在职业类别差异上，学生青年最希望获得的帮助是及时获得就业信息，高出在职青年24.4个百分点；在职青年最希望获得的帮助则是提高薪酬待遇，并且高出学生青年19.7个百分点。同时，数据显示，学生青年希望获得求职应聘技巧指导的比例也显著高于在职青年。这是因为学生青年处于将要或正在找工作的状态，对于就业信息和求职技巧的需求正处于旺盛阶段（见表2）。

表2 不同群体职业发展中最希望获得的帮助分析

单位：%

类别	性别		职业类别	
	男	女	学生青年	在职青年
求职应聘技巧指导	17.5	16.5	27.5	13.2
及时获得就业信息	31.8	29.7	48.5	24.1
专业技能培训	44.4	59.7	44.5	48.0
多举行招聘会	4.4	5.0	6.2	4.4

类别	性别		职业类别	
	男	女	学生青年	在职青年
提高薪酬待遇	59.3	50.7	45.0	64.7
劳动权益获得切实保障	21.0	24.5	20.0	23.9
健全的青年人才培育机制	19.0	19.6	17.3	20.0
有充分发挥自身才能的机会	28.0	27.0	29.3	26.6
获得创业资金、政策等方面的支持	15.5	14.2	17.2	13.6

（二）广州青年创业意向与需求

1. 两成以上青年有创业经历，在职青年创业比例高于大学生

数据显示，受访青年中 20.9% 的人有创业经历，其中正在创业的只占 5.4%，曾经创业但现在已不做的占 15.5%。这与 2016 年调查结果保持一致。在群体差异上，正在创业或曾经创业的在职青年比例均高于大学生。

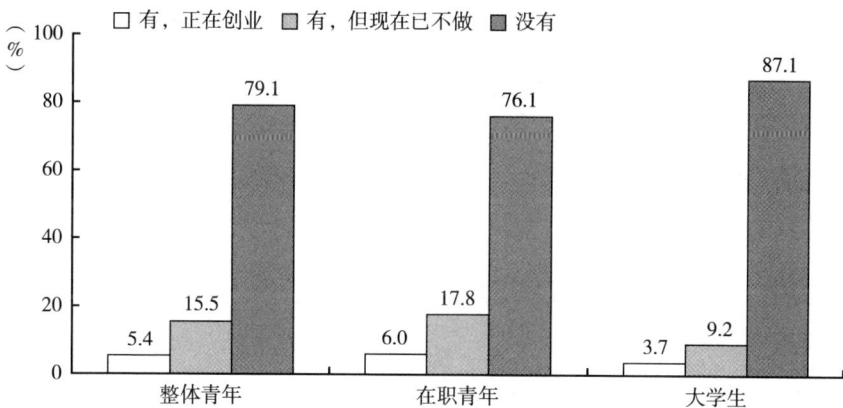

图 5　广州青年创业经历

我们进一步分析影响青年创业实践的因素，青年创业实践主要分为有创业经历和没有创业经历两大类群体，属于二元变量，因此运用二元 Logistic 回归分析方法（有创业经历编码为 1，没有创业经历编码为 0，其他则设为系统缺失值）。我们将年龄、性别、是否独生子女、政治面貌、户籍、学

历、广州居住年限、住房状况等自变量与青年创业经历进行二元 Logistic 回归分析后发现，性别、年龄、学历与青年创业经历显著相关。具体来看，男性有创业经历的比例显著高于女性；年龄越大，正在创业或曾经创过业的比例越高；在受教育程度上，随着学历的提升，选择创业的青年比例则越低。这可能是因为受传统观念的影响，男性对于事业的闯劲要大于女性，承担创业失败风险的勇气也高于女性；受教育程度较高者则更容易找到自己心仪的工作，在符合自己才能、满足自己兴趣志向的岗位上发光发热，对于需要承担较大风险、花费较大物力精力人力的创业则并不那么热衷。

表3　青年创业实践影响因素的二元 Logistic 回归分析

类别	B	S. E,	Sig.	Exp（B）
性别:（参照项:男）	- . 597 ***	0.125	0.000	0.551
是否独生子女:（参照项:独生子女）	- . 134	0.144	0.351	0.874
户籍:（参照项:广州城镇户籍）	0.088	0.067	0.188	1.092
政治面貌:（参照项:党员）	− 0.036	0.062	0.561	0.965
学历:（参照项:小学及以下）	− 0.201 *	0.079	0.011	0.818
住房状况:（参照项:租房）	− 0.031	0.078	0.689	0.969
年龄	0.075 ***	0.020	0.000	1.077
广州居住年限	0.008	0.008	0.315	1.008

*** 表示在双侧检验上，P≤0.001，具有统计学意义；** 表示在双侧检验上，P≤0.01，具有统计学意义；* 表示在双侧检验上，P≤0.05，具有统计学意义。

2. 证明自己的能力是广州青年创业最主要的动机，性别、婚姻状况、政治面貌等因素影响青年创业动机

调查显示，广州青年的创业动机主要集中在三个方面："为了证明自己的能力、把握自己的命运"（35.7%）、"为了追求个人财富积累"（33.2%）、"做自己喜欢做的事"（22.5%）。总体来看，广州青年的创业动机主要是规划自己的人生，证明自己的能力，实现自己的价值，是一种精神的需求，同时也追求物质财富，更多的是一种发自内心的兴趣和追求，而较少是因为生活所迫或者打发时间和潮流驱使。由此可见，目前广州青年追求自我个性的释放，是否符合自己兴趣、志向，能否发挥主动性已经是青年创

业的一个重要影响因素；另外，追求财富收入也是青年创业的一个重要助推因素。

表4　广州青年创业的最主要动机分析

类别	频率	有效百分比（%）
为了追求个人财富积累	261	33.2
为了证明自己的能力、把握自己的命运	281	35.7
做自己喜欢做的事	177	22.5
为了赢得别人的尊重	6	0.8
打发时间，充实生活	25	3.2
羡慕成功的创业者，自己跟风创业	6	0.8
缓解就业压力	14	1.8
其他	17	2.2

进一步分析发现，群体类别、是否独生子女、户籍状况、居住状况、是否有创业经历等因素对青年的创业动机影响不大，排名前三的均为证明自己能力、把握自己的命运，追求个人财富积累以及做自己喜欢的事情。性别、政治面貌、婚姻状况等因素对青年的创业动机有显著影响。

具体来看，女性青年创业最主要的动机是追求个人财富积累，所占比例为32.6%；第二是为了证明自己的能力、把握自己的命运，占比32.4%；第三为做自己喜欢做的事，占比27.3%。而男性青年最主要的创业动机则是证明自己的能力、把握自己的命运，占比38.3%；第二为追求个人财富积累，占比34.3%；排第三的创业动机虽然也是做自己喜欢做的事，但所占比例只有17.8%，比女性青年低近10个百分点。

在政治面貌方面，中共党员与共青团员创业的最主要动机均是为了证明自己的能力，所占比例分别为37.8%、38.4%；排名第二的是为了追求个人财富积累，分别占比33.6%、31.8%；第三则是做自己喜欢做的事，所占比例分别为21%、19.3%。而群众最主要的创业动机则是追求个人财富积累，占比36.2%；第二为做自己喜欢做的事，占比30.3%；证明自己的能力、把握自己的命运则是第三大创业动机，占比28.5%。

从婚姻状况来看，未婚青年创业的最主要动机是证明自己的能力（35%）；第二为追求个人财富积累（30.6%）；第三是做自己喜欢做的事（24.3%）。已婚青年最主要的创业动机则是追求个人财富积累（38.8%）；第二是证明自己的能力（36%）；排名第三的创业动机同样为做自己喜欢做的事（19.8%）。

3. 找准正确的投资方向是创业成功的关键因素；相比大学生群体，在职青年更认可创业资金对创业成功的影响

广州青年认为影响创业成功的因素主要在于个人人力资本因素，共占比67.6%，其中选择选择"正确的投资方向"占比30.9%，"足够的社会经验和管理经验"占比20.1%，选择"创业者具备创业能力"占比11.5%，选择"创业者有良好的身体和心理素质"占比5.1%。影响创业成功的第二类因素是个人资源方面因素，共占比28%，其中选择"充足的创业资金"占比20.1%，选择"足够的人脉关系"占比7%，选择"亲友的支持"占比0.9%。社会影响因素较小，占比3.7%，其中"政府和社会的扶持"因素占比2.4%，"社会经济发展状况良好"因素占比1.3%（见表5）。

表5　影响创业成功的因素

单位：%

类别	频率	有效百分比
充足的创业资金	375	20.1
正确的投资方向	576	30.9
足够的社会经验和管理经验	375	20.1
政府和社会的扶持	45	2.4
足够的人脉关系	130	7.0
亲友的支持	17	0.9
创业者有良好的身体和心理素质	95	5.1
创业者具备创业能力	215	11.5
社会经济发展状况良好	24	1.3
其他	13	0.7

在群体差异方面，不管是否有创业经历，广州青年都认为正确的投资方向是影响创业成功的最主要因素，有创业经历者选择此项的比例比无创业经历者高近10个百分点。无创业经历者认为影响创业成功的第二大因素是足够的社会经验和管理经验，占比21.8%；第三大因素是有充足的创业资金，所占比例为20.6%。有创业经历者认为影响创业成功的第二大因素则是充足的创业资金，占比19.3%；第三大因素是足够的社会经验和管理经验，占比14.5%（见图6）。

从群体类别来看，大学生与在职青年的看法略有差异。在职青年认为影响创业成功的最主要因素是正确的投资方向，占比30.7%；其次为充足的创业资金，占比21.5%；第三为足够的社会经验和管理经验，所占比例为20.9%。大学生群体认为影响创业成功的最主要因素亦是正确的投资方向，占比31.3%；其次则为足够的社会经验和管理经验，所占比例为17.9%；排名第三的是充足的创业资金，占比16.5%。可见，在职青年认为创业资金是否充足对创业是否成功影响更大，选择此项的比例比大学生高出5个百分点。

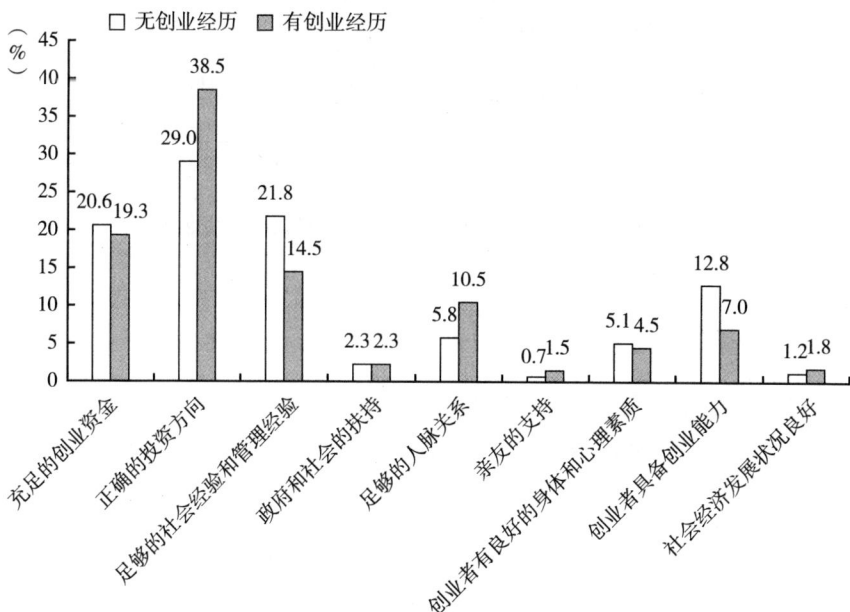

图6　创业经历对创业成功因素认知的影响分析

4. 期待政府从资金、审批、组织化等方面进行创业扶持

面对目前的创业环境，广州青年希望政府可以从多方面入手扶持促进青年创业。其中"给予税收优惠"占比 50.1%，"拓宽融资渠道"占比 46.2%，"放宽贷款政策"占比 40.8%，"加强创业服务机构建设"占比 36.9%，"放宽新企业的审批及简化审批的程序"占比 28.4%，"提供与同行交流的平台"占比 26.6%，"成立创业者组织"占比 25.1%（见图7）。从结果来看，放宽贷款政策、给予税收优惠、拓宽融资渠道有助于缓解创业资金不足和营运成本较高的问题，放宽新企业的审批及简化审批的程序可以解决审批办事手续繁琐问题，成立创业者组织、提供同行交流平台可以提高创业组织化程度，增强创业社会资本。

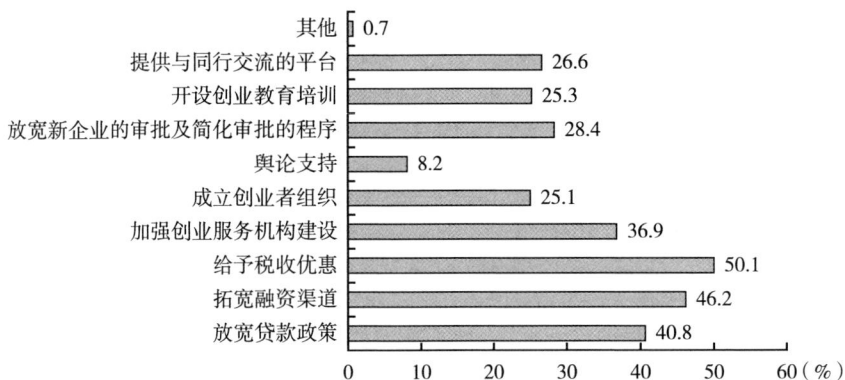

图7　广州青年希望政府在哪些方面扶持促进青年创业

（三）广州青年职业状况与工作满意度

1. 广州青年工作强度适宜，工作时间愈加合理

对每周工作天数和工作时间的分析结果显示，广州青年工作时间安排比较合理，劳动强度适宜。79% 的受访者平均每周工作天数为 5 天以内；19.3% 的青年每周工作六天；只有 1.7% 的受访青年每天都需要工作。在每周工作时间方面，76.6% 的广州青年每周的工作时间都在法定劳动时间 40 小时以内；23.4% 的受访者表示每周会工作 40 小时以上。

与 2016 年的数据相比，广州青年的工作时间越来越合理、合法。2016年，广州青年每周工作 6 天及以上的占比 26.5%，每天都需要工作的青年比例也比 2018 的数据高出 1.9 个百分点（见图 8）。

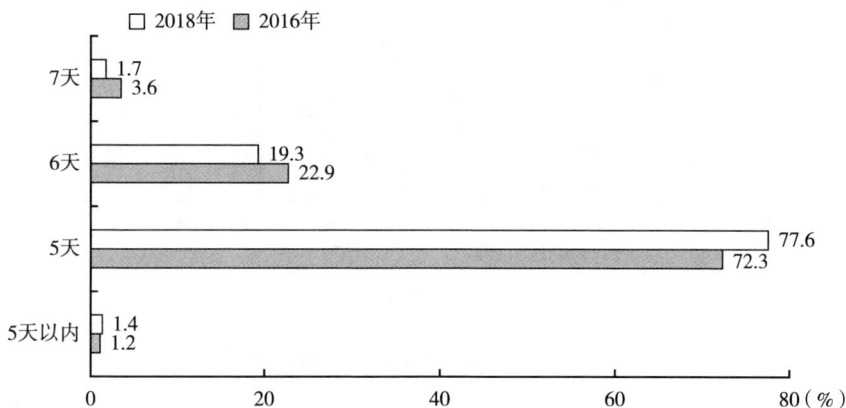

图 8　广州青年每周工作时间

2. 广州青年权益保障较为全面，但保障力度有待提高

本报告从"五险一金"、劳动合同、带薪休假、职业培训等维度测量青年工作的权益保障。数据显示，广州青年的权益保障比较健全，"五险一金"的购买率相对较高。具体来看，购买率最高的是医疗保险，达到九成以上；80.4% 的广州在职青年享有住房公积金；失业、生育、养老等保险的购买率也达到 70% 以上。但我们也应该看到，其他权益的保障力度还有较大的提升空间，尤其是保障职工最基本权益的劳动合同的签订率只占六成左右；病假、产假、带薪休假、工伤保险等权益的保障情况就更不尽如人意了（见图 9）。

从性别差异来看，女性青年的权益保障状况明显优于男性青年，不管是"五险一金"的购买率，还是其他员工福利的享有率，女性青年均高于男性青年。但我们应注意到，不管是男性，还是女性，职业培训与病假工资的享有率都是最低的，用工企业应重点加强这方面的福利覆盖。与女性权益息息相关的产假工资与生育保险的普及率也应该进一步扩大（见图 10）。

从户籍状况来看，广州城镇户籍青年的权益保障状况最好，各项权益的保障状况均优于其他类型的户籍青年；从受教育程度来看，本科及以上学历

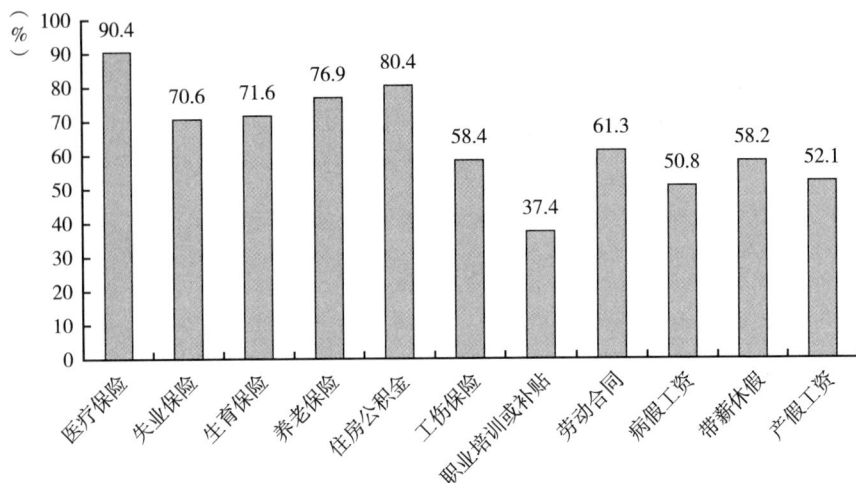

图9 广州从业青年权益保障情况

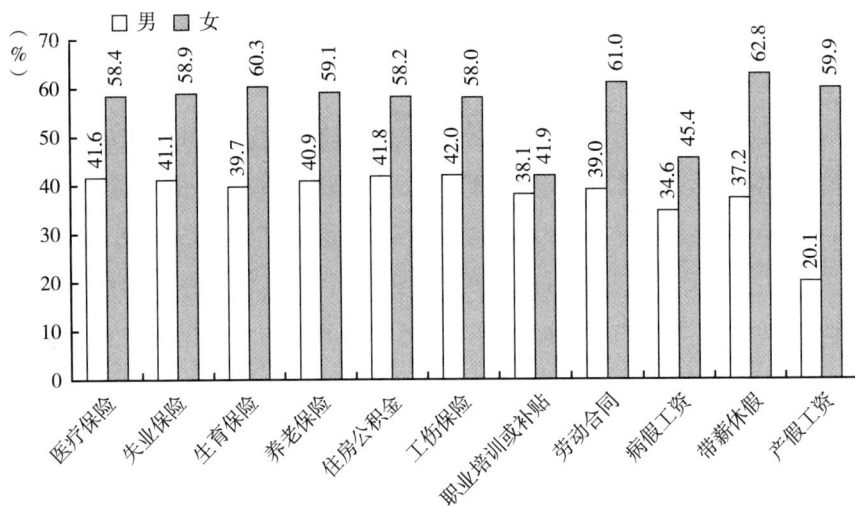

图10 不同性别从业青年权益保障情况

者，其权益保障状况更为全面。

3. 从整体上看，广州青年的工作满意度一般；相比2016年，对经济收入、福利保障、升迁机会等的满意度略有提高

在本报告中，我们从工作岗位、工作环境、福利保障、经济收入、升迁

机会、人际关系、工作压力以及职业的社会地位等8个维度来测量广州青年的工作满意度。从表6可以看出，大部分受访青年对各维度满意度的选择都是"一般"或"比较满意"，在"非常满意"的选项上，没有一项比例达到10%；而在"经济收入"、"升迁机会"、"工作压力"和"职业的社会地位"等选项上均有超过10%的受访者较不满意，更有部分青年对工作极不满意。具体来看，广州青年对人际关系的满意度最高，为49.4%；其次为工作环境，占比46.8%；对工作岗位与福利保障的满意度分别为40%左右。满意度较低的是经济收入（22%）、升迁机会（22.5%）、工作压力（22.6%）等。

表6 广州青年的工作满意度

单位：%

类别	年份	极不满意	较不满意	一般	比较满意	非常满意
工作岗位	2016	2.0	6.8	48.0	38.8	4.4
	2018	2.7	6.7	49.6	36.8	4.1
工作环境	2016	1.6	6.6	43.7	42.7	5.3
	2018	2.4	6.6	44.3	42.1	4.7
福利保障	2016	3.0	13.9	48.1	30.9	4.0
	2018	3.2	9.9	46.9	36.5	3.5
经济收入	2016	5.2	22.0	52.0	18.2	2.6
	2018	7.3	19.0	51.7	19.8	2.2
升迁机会	2016	4.8	18.8	57.5	16.0	2.9
	2018	4.7	14.2	58.6	20.1	2.4
工作压力	2016	3.2	13.7	61.3	19.1	2.8
	2018	4.3	12.9	60.1	19.8	2.8
职业的社会地位	2016	2.9	11.8	59.6	22.3	3.4
	2018	4.0	11.1	58.4	23.4	3.1
人际关系	2016	1.4	5.1	41.9	44.9	6.6
	2018	2.1	3.2	45.3	43.7	5.7

从工作满意度各维度得分情况来看（极不满意=1，较不满意=2，一般=3，比较满意=4，非常满意=5），广州青年对人际关系、工作环境、工作岗位、福利保障、职业的社会地位以及工作压力的满意度得分均值均高

于3分，表示青年对这些维度的满意度为"一般偏上"，其中对人际关系的满意度最高，为3.48分；对经济收入的满意度最低，为2.9分。

表7　工作满意度的均值和标准差

类别	样本量	均值	离散度
工作岗位	1482	3.33	0.773
工作环境	1486	3.40	0.780
福利保障	1480	3.27	0.811
经济收入	1483	2.9	0.872
升迁机会	1482	3.01	0.791
人际关系	1481	3.48	0.744
工作压力	1477	3.04	0.782
职业的社会地位	1479	3.11	0.786

对比2016年的调查数据，广州从业青年对福利保障、经济收入、升迁机会、职业的社会地位、工作压力等的满意度均略有提升，但是在工作岗位、工作环境、人际关系等方面的满意度有所下降。这可能是因为目前经济形势较为严峻，很多企业都在裁员，同事之间相互竞争，优胜劣汰，势必会导致人际关系的紧张；还有些企事业单位正在进行部门大改革，很多部门被撤销重组，新的工作岗位可能并不是自己的意向岗位，对新的工作环境的适应也需要一个过渡磨合期，由此导致对人际关系、工作岗位、工作环境等的满意度的下降。

4. 广州从业青年的工作稳定性较高，三成以上青年未换过职业

适当的职业流动可以促进人力资源的优化配置，使合适的人在合适的岗位上做合适的事，充分发挥青年潜能。但是如果变动过于频繁则不仅不利于青年自身的发展积累，也会给企业的整体发展带来不好的影响，有时甚至会造成社会的不稳定。图11的数据显示，广州青年工作稳定性较高，接近1/3的受访青年自参加工作以来没有换过职业；只换过1~2次的占41%；换工频率较快（换工5次及以上）的只占4.4%。

进一步将性别、是否独生子女、受教育程度、婚姻状况、政治面貌、居

变动5次及以上
4.4%

变动3~4次
23.0%

无变动
31.6%

变动1~2次
41.0%

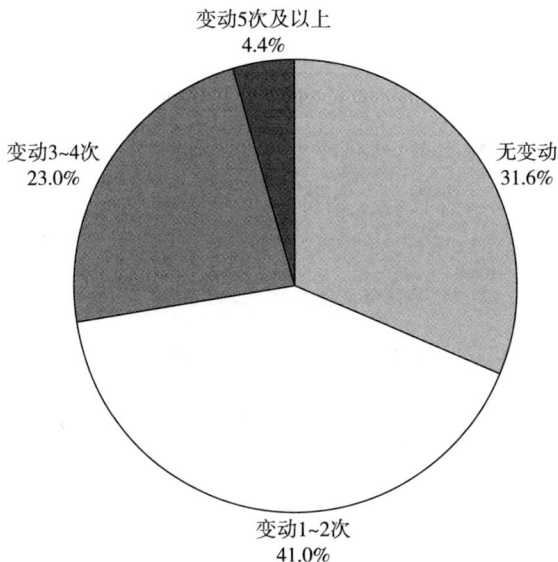

图11　广州从业青年工作变动次数

住状况、年龄等与工作变动情况进行相关分析后得出如下结论。

独生子女的职业更换频率比非独生子女低，独生子女中从来没有换过职业的占比36.7%；而非独生子女中没有换过职业的占比30.4%。

广州城镇户籍的青年职业稳定性最高，36%的广州城镇青年没有更换过职业；广州农村户籍青年没换过职业的只占24.2%；外地城镇户籍与农村户籍青年没换过职业的分别占29%、30.3%。

政治面貌方面，党员的工作稳定性最高，39.5%的党员青年工作后没有换过职业；35.7%的团员青年没有换过职业；而群众青年中只有17.4%的人没有换过职业。

在受教育程度方面，学历越高的青年职业越稳定。具体来看，从未换过职业的青年，在初中学历者中占15.8%，在高中学历者中占19.4%，在大专学历者中占23.7%，在大学本科学历者中占36.6%，在硕士及以上学历者中占56%。

这可能是因为广州城镇户籍、党员、高学历者更容易在广州找到符合自己意愿的工作，因此其工作的稳定性也相对较高。

在年龄方面，随着年龄的增长，工作无变动的青年的比例呈逐渐降低趋势，工作变动5次及以上的比例逐渐上升（20岁以下年龄组除外），如表8所示。这是因为年龄较大者，从业时间也会相应较长，工作变动的概率也会相应较大，这是与现实感官经验相符的。

表8　不同年龄的广州青年工作变动情况

单位：%

类别	工作变动			
	无变动	变动1~2次	变动3~4次	变动5次及以上
20岁以下	22.2	48.1	22.2	7.4
21~25岁	42.5	40.1	14.9	2.5
26~30岁	26.1	42.6	26.4	4.9
31~35岁	19.5	38.1	34.9	7.4

四　广州青年就业发展主要变化

（一）工资待遇反超工作稳定性，成为广州青年求职中考虑的最主要因素

2010年、2012年"广州青年发展状况"数据均显示，工作稳定性是广州青年找工作时考虑的最主要因素，其次为工资待遇，符合自己兴趣志向与适合自己能力紧跟其后。2014年、2016年、2018年的调查数据则显示，工资待遇已经超过工作稳定性，成为青年求职考虑的首要因素。通过这些数据，我们发现广州青年对于工资的重视程度已超过了传统观念中的求稳定、求保障，"铁饭碗"意识正逐渐淡化。对比历年数据可以看到，工资与工作稳定性始终是广州青年比较关注的因素，这可能与广州较高的生活成本及现代青年较高的经济压力有关。这一数据比较客观地体现出广州青年的真实心态和现实需求。

（二）广州青年工作更换频率整体上呈加快趋势，职业流动性增强

对比 2010 年、2012 年、2014 年三年的数据，我们发现广州青年工作变动频率有加快的趋势，工作无变动的青年所占比例降低了近 30 个百分点，变动三次及以上的青年所占比例则上升了近 20 个百分点。这些数据表明，广州青年不再坚守同一份职业，而是根据自己的职业发展情况、自身兴趣等不断调整自己的职业选择，寻求最适合自己的岗位。而对比 2014 年、2016 年、2018 年三年的数据，我们发现，以 2014 年为节点，广州青年工作变动频率有所减缓，工作无变动的青年所占比例略为上升，变动三次及以上的青年所占比例则不断降低。这可能有三方面的原因，一是近几年青年就业市场较为低迷，青年就业困难，选择更换职业的青年比例降低；二是广州青年对于职业的忠诚度不断上升，"干一行爱一行"，努力在自己的岗位上拼搏出彩；三是因为青年在择业时就已根据自身职业发展情况、自身兴趣与志向等寻找到了最适合自己的岗位。但从近十年的发展趋势来看，广州青年职业更换的频率是呈上升趋势的。

（三）广州从业青年权益保障体系日趋完善，但仍有较大进步空间

比较分析历年调查数据，我们发现广州从业青年权益保障体系日趋完善，各种保险及福利均有覆盖。具体来看，医疗保险购买率从 2014 年的71.9% 提高到 2018 年的 90.4%；失业保险从 56.1% 提高至 70.6%；生育保险从 54.7% 提高到 71.6%；住房公积金从 62.4% 提高到 80.4%；养老保险、职业培训或补贴、病假工资、产假工资等也均有一定幅度的提高。这些数据说明，随着我国社会保障制度的完善，青年的就业权益保障体系也有所推进，他们的工作福利制度也日渐成熟。同时，我们应该看到，部分福利的保障力度呈下降趋势，尤其是劳动合同的签订率从 2014 年的 77.7% 降到2018 年的 61.3%；工伤保险、带薪休假等福利的享有率也略微下降，保障力度有待进一步提高（见表 9）。

表9 广州从业青年权益保障情况

单位：%

权益保障	2018 年	2016 年	2014 年
医疗保险	90.4	72.7	71.9
失业保险	70.6	62.1	56.1
生育保险	71.6	61.6	54.7
养老保险	76.9	68.5	65.2
住房公积金	80.4	64.2	62.4
工伤保险	58.4	63.6	62.5
职业培训或补贴	37.4	35.2	36.0
劳动合同	61.3	77.5	77.7
病假工资	50.8	46.8	48.8
带薪休假	58.2	62.9	62.8
产假工资	52.1	53.4	51.1

五 广州青年就业创业存在的问题与原因分析

（一）广州青年就业质量一般，工作满意度有待提高

就业质量体现在工资收入与权益保障等方面。从收入水平来看，广州从业青年的收入较低，46%的受访者年收入在5万元以下，年收入达10万元以上的只占17%左右。收入低也体现在对"经济收入"最不满意以及目前最希望解决的问题为"薪酬待遇偏低"上。在权益保障状况方面，数据显示，广州企业用工的规范性有待加强，各项权益保障有待进一步完善。一般来说，权益保障包括社会保险、福利、住房公积金以及劳动合同的签订。社会保险是从业者遭受工伤、疾病、失业等风险时的重要保障，包括医疗保险、养老保险、工伤保险、失业保险以及生育保险。福利则包括病假工资、带薪休假、产假工资以及职业培训或补贴等。从数据分析结果来看，除了医疗保险和住房公积金，其他保险的购买率、病假工资等基本福利的享有率，以及最基本的劳动合同的签订率都较低。

对广州青年工作满意度的分析发现，广州青年对目前工作的满意度一般，大部分的受访者对各维度满意度的选择均为"一般"或"比较满意"。从分项指标来看，广州青年对工作岗位、工作环境、福利保障、人际关系、工作压力、职业的社会地位的满意度高于"一般"，其中最满意的是人际关系，其次为工作环境；对经济收入和升迁机会的满意度低于"一般"，其中最不满意的是经济收入。总体上看，广州从业青年对单位情况的满意度高于对个人发展情况的满意度，用工单位应该在创造良好工作环境的同时，对职工的劳动报酬、发展机会等做出改善，以提高职工的整体工作满意度。

（二）广州青年创业面临资金缺乏、同行交流平台及教育培训不足等困难

本次调研显示，就业创业是青年的基本需求，六成左右的广州青年迫切需要提高薪酬待遇，而提升就业质量、推动创新创业无疑是提高青年收入的主要途径。与此同时，广州青年的就业创业尚面临诸多困境。访谈资料显示，青年创业面临的困难首先是启动资金短缺，青年自我积累有限，大多缺乏创业的"第一桶金"，他们迫切希望政府能在税收、贷款等政策层面优化青年创业的环境；其次是缺少畅通的信息渠道，缺乏管理经验和社会经验，他们迫切希望政府能加强创业服务机构建设、开设创业教育培训以及提供与同行交流的平台等。

六　对策与建议

（一）创新青年就业创业机制，服务好青年就业创业

1. 建设广州特色青年就业创业孵化基地，提供系统化落地扶持服务

对广州青年就业创业孵化基地进行分层分类管理，开展广州青年就业创业孵化示范基地第二批认定工作，重点聚焦广州"IAB"计划、"NEM"计

划重点战略产业园区，打造符合广州产业发展及青年就业创业需求的示范基地；梳理盘活基地资源，汇总各基地所提供的优惠政策及特色服务，形成具有差异化的服务清单，对各类创业团队实现精准服务匹配和跟踪孵化扶持，强化各基地间的信息共享机制，推动园区内部形成产业联动，为创业青年提供真实惠、真服务、真帮扶，加强孵化基地动态管理，建立基地绩效考核机制，探索具有广州特色的运营管理模式。

2. 完善全市青年就业创业教育培训机制

建议将青年的就业创业培训纳入现有的技能职业培训政策序列，建立教育部门、共青团组织、青年创业组织等联动的就业创业培训模式，形成全市教育资源、组织资源、社会资源共同促进青年就业创业的合力。

（二）完善青年就业质量，提高青年职业满意度

1. 完善法规政策，加大执法力度

建议有关职能部门按照《劳动法》《就业促进法》等法律法规，规范企业用工行为。各用工企业要严格执行相关政策和制度，为员工提供劳动合同、"五险一金"、产假工资等相关权益保障。通过政策和制度的保障，切实加大对青年就业权益的保护，完善青年就业质量。

2. 畅通员工晋升渠道，提高其职业满意度

员工职业满意度与其收入水平、升迁机会显著相关。一方面，用工单位须不断完善工资分配制度，实行与员工工作业绩挂钩的绩效工资制度，使员工的付出与回报成正比。另一方面，用工单位应实行公正公开的内部晋升制度，一切以实力说话，让肯干能干的人在合适的位置上发挥最大的效能，最大地实现其个人价值。

3. 深入基层，密切关注在职青年思想动态，帮助青年解决人生困惑，提高就业满意度

调查显示，广州青年对职业的满意度不高，特别是对经济收入与升迁机会满意度较低，建议共青团一方面要对目前企业存在的压低工资待遇、分配不均、权益保障不足等问题向企业管理层、工会或有关政府部门反映，维护

青年职工的利益；另一方面，共青团组织须对青年进行有效的心理疏导，帮助他们解决人生困惑，调整工作状态，提高就业满意度。

（三）全面提升青年综合素质，合理转变就业观念

1. 树立新时代科学的职业观，积极投身新产业、新业态就业和灵活就业

当前青年"就业难"现象实际上更多地表现为"找到满意的工作难""找到专业对口的工作难"。这实质上是一种结构性的就业矛盾。国家当前在推动供给侧结构性改革，从就业服务角度看来，重点在于提供就业的精准服务，以及青年人才的合理流动配置。在大众创业、万众创新的经济新常态下，"互联网＋"各行各业已经在蓬勃发展，各种新业态、新模式如雨后春笋般展现经济活力。尤其一些中小型科技公司、成长型企业，往往是青年创业者和大学毕业生较为集中的平台。这些新的产业、新的业态、工作方式、商业模式都较为灵活，企业文化时尚开放，具有大量的人才需求和无限的职业想象空间，有别于以往传统产业的发展规律和人才需求。建议青年要关注市场的新变化，关心国家就业创业的政策风向，树立与时俱进的职业观，适时调整自身的就业期望和职业目标，积极响应国家"双创"号召，勇于尝试在中小微企业或"互联网＋"产业领域就业实践，到贫困地区、经济较落后地区或者人才匮乏的产业、乡镇就业创业，为国家经济社会建设奉献青春智慧。

2. 注重提升综合素质和跨界学习，增强个人的核心竞争力

青年不仅需要学会灵活掌握专业知识和专业技能，而且需要具有相应的知识系统，注重个人综合素质和能力的提升。当前企业在招聘时，尤其看重青年的综合能力、适应能力及学习能力。建议青年要立足岗位需求，积极学习相关领域甚至跨领域的知识，特别是在语言表达、沟通协调、应用写作、互联网技术、综合管理以及新业态商业模式等方面的知识，并积极参与各类就业指导和职业素养拓展活动，这对于青年提升综合素质、增加个人就业的核心竞争力，具有重要意义。综合素质的提升，有助于青年进入职场后快速适应市场节奏和企业文化，并能因较好

的学习能力快速适应专业以外的各种岗位挑战，有助于青年在步入职场后健康成长。

参考文献

1. 张建伟：《我国大学生就业问题研究》，郑州大学硕士学位论文，2005 年 12 月。
2. 共青团中山市委课题组：《青年就业创业特点与青年工作对策：以中山市中职（技工）青年调研为例》，《中国青年研究》2016 年第 12 期。
3. 邓蕾、黄洪基主编《选择与期待——青年就业创业研究》，上海交通大学出版社，2011。
4. 李晓丹：《株洲市青年就业问题与对策研究》，湖南大学硕士学位论文，2010 年 7 月。
5. 林岳新、杨小松：《青年就业创业现状及影响因素调查分析》，《山东省团校学报》2014 年第 4 期。
6. 郭巧丽、杨贝乐、任波、黄亚冰：《共青团促进青年就业创业路径研究》，《人力资源管理》2014 年 11 月。
7. 孙慧：《广州青年就业发展研究报告》，见魏国华、张强主编《广州青年发展报告（2014~2015）》，社会科学文献出版社，2015。
8. 刘成斌：《改革开放 30 年与青年就业观念的变迁》，《中国青年研究》2008 年第 1 期。
9. 李磊：《青年就业状况比较分析——以日本、韩国、中国大陆及台湾地区为例》，《中国劳动关系学院学报》2016 年第 5 期。
10. 胡俊岩：《供给侧改革背景下高校大学生就业探究》，《湖北函授大学学报（2018）》第 31 卷第 8 期。
11. 李景生、杨静：《大学生就业状况分析与就业促进机制研究》，《人才资源开发》2017 年 12 月。
12. 广东省教育厅：《广东高校 2018 年毕业生就业质量年度报告》，2018 年 12 月。
13. 广东省教育厅：《广东高校 2017 年毕业生就业质量年度报告》，2017 年 12 月。
14. 广东省教育厅：《广东高校 2016 年毕业生就业质量年度报告》，2016 年 12 月。
15. 广东省教育厅：《广东高校 2015 年毕业生就业质量年度报告》，2015 年 12 月。
16. 《广东省 2018 届高校毕业生就业质量年度报告》，http://www.gradjob.com.cn/News/jyzl/jyzl.htm。

B.8
广州青年消费现状与发展研究

王 军　欧芃瑞　夏威夷*

摘　要： 利用2018年"广州青年发展状况调查问卷"数据，本报告聚焦广州青年消费状况并着重关注文化消费发展现状。首先，报告通过横向剖析广州青年消费表征，具体展开该群体全年消费基本情况。其次，本报告同时结合2009年、2012年、2014年和2016年的数据，对广州青年的消费趋势进行深入分析。横向剖析而言，2018年度广州青年消费情况总体良好，保持在较高的水准。纵向比较而言，在总体消费方面，广州市青年的整体消费水平逐年增长，但是女性增长速度低于男性，消费水平差距逐渐扩大。在消费观念方面，超前消费和节俭消费都略有波动，但整体平稳。整体来看，广州市青年的消费行为与观念都展现出了理性化趋势，但仍然需要注意在超前消费方面的自我控制与在支出结构方面的合理分配。最后，研究着重探究青年的文化消费情况，女性、农村户籍青年仍在文化消费中处于弱势，需要加强对其鼓励与支持。

关键词： 广州青年　消费行为　文化消费　消费观念

---

* 王军，北京大学社会学博士、中国社会科学院人口与劳动经济研究所博士后、中山大学社会学系副教授、硕士生导师；欧芃瑞，中山大学2017级社会学专业本科生；夏威夷，中山大学2017级社会学本科生，研究方向为人口政策、社会科学量化研究方法。

一 引言

自"十二五"规划纲要提出以来，经济结构转型逐渐被确定为我国现阶段的重点目标。基于消费是最终需求，是生产的最终目的与动力，也是人民美好生活需要的直接体现的基本指导思想，我国致力于积极完善消费体制改革，优化生产和消费等国民经济重大比例关系，构建符合我国长远战略利益的经济发展方式，促进经济长期平稳健康发展。在政府连续出台刺激消费和降税的大政策背景下，国家统计局数据显示，我国2018年前三季度消费支出对经济增长贡献率高达78%，比上年同期提高13.8个百分点，对经济的拉动作用日渐凸显。换言之，消费者的消费意愿在近年持续释放，消费继续担任经济增长的第一驱动力。与此同时，生活在物质时代，消费几乎构成了我们生活的每个细节。无论是"双十一"等线上电商购物狂欢、各式各样文化享受消费的兴起，还是新零售行业的发展，都表明消费开始脱离固定的旧有模式，转而从生活的缝隙中伸出触须，呈现出丰富、多样的面貌，其影响日益凸显。

而在庞大的消费者群体中，青年一代凭借其广泛的消费需求和巨大的消费潜力逐渐取代老一辈人群，成为消费市场上相当活跃的新消费主体。以大学生为例，2017年蚂蚁金服公布的大学生财务状况数据分析显示，有7成的大学生在最近3个月消费金额在3000~7000元。同时，青年们于社会变革、文化变迁以及价值观念的转换中成长，其不同的生活经历造就了该群体独特的消费心理及观念，使之呈现出特别的消费表征，对整个消费市场及社会产生了巨大的影响。因此，了解当代青年群体的消费状况，进而培养青年树立正确的消费观念，已成为当前社会共同关注的话题。对该话题的深入探讨不仅有助于较为清晰地把握青年群体的总体消费特征，引导青年群体合理消费，更是顺应了新常态下供给侧结构性改革的需要，对国家启动内需、扩大消费、促进经济平稳有效发展的经济战略具有较大的现实意义，为进一步推动改革提供了新的政策思路。

基于上述考虑，本报告主要采用"广州青年发展状况调查问卷"2018年数据进行研究。该数据由广州市团校、广州市穗港澳青少年研究所在历年《广州青年发展报告》的基础上，结合当代青年发展的新变化、新特点，设计问卷并进行数据收集。2018年，在全市范围内开展了抽样调查研究，采用区层面的配额抽样和区内整群抽样相结合的方式，在全市11区14～35岁的青年群体中发放3000份问卷。在取得丰富的第一手主观数据资料的同时，课题组还充分运用广州市统计局、广州市人力资源与社会保障局等职能部门提供的能反映青年发展的客观数据作为问卷调查的有效补充。问卷经过编码，录入到统计软件SPSS22.0，在进行数据核对清理以后，通过描述统计、卡方检验等统计方法进行具体的分析。

为了更清晰地描述广州青年的消费现况，本报告从横向与纵向两个维度出发切入。在横向上，我们将详细阐明广州青年的消费新态势，聚焦主要消费特点，并通过充分重视并结合其社会人口属性审视问题，对在职青年、大学生、中学生进行对比分析。本报告进一步引入性别及户籍变量，深入比较考核内部差异。从纵向时间维度，我们将比较在不同时期青年消费现状的变化情况，即通过对比不同年份青年消费数据，深入挖掘其动态过程与变迁，旨在观测并凝练历年消费趋势和现代转向。最后，在数据结果呈现的基础之上，本报告将进行消费全局总结、归纳、讨论并提出相关对策建议。

二 2018年广州青年消费文化

（一）2018年度广州青年消费结构

1.总体消费分布

一般而言，当前学界将中国青年消费的特征大致划为四个阶段：第一阶段为改革开放前一元化传统消费价值观，中国青年消费以传统的"勤俭节约"为主，以商品的价格和实用性作为考量标准；第二阶段为改革开放之初至20世纪80年代向传统挑战的新型消费价值观，消费转向从众化、世俗化，并且消费观与消费层次分化，消费观现代化取向越来越明显，同时高雅文化消费盛行，体现为不普遍的"象牙塔文化"消费；第三阶段为20世纪90年代的理性消费价值观，理性消费与维权意识增长；第四阶段为21世纪以来的多元化消费价值观，消费方式的便捷化与网络消费方式的出现，使得消费的形态被大大拓宽（王丽君，程希萌，2012）。现有研究的阶段划分和特征归纳基础也在实证数据中得到一定程度的体现。

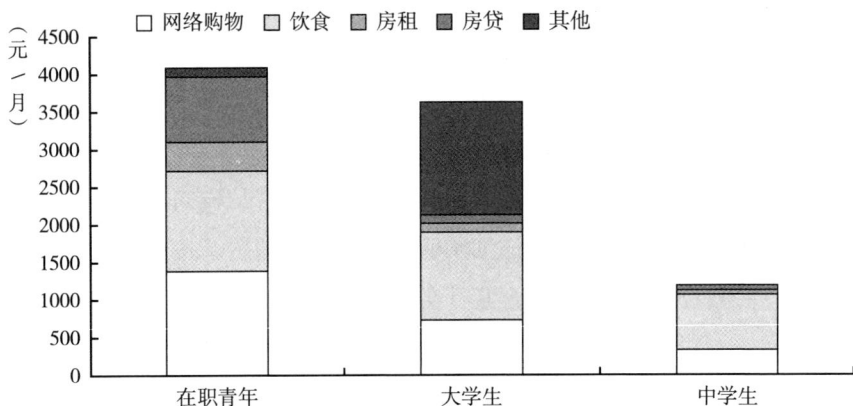

图1　2018年广州在职青年、大学生、中学生的消费分布

由图1数据显示，总体来看，在职青年的月均消费达到4111.51元，居于最高位置；大学生群体紧跟其后，月均消费为3644.51元，与在职青年群体相差不多，但远超中学生群体月均消费（1208.90元）。

对在职青年而言，网络购物（34.21%）与饮食支出（32.02%）构成了两大主要支出，除此之外，房贷支出（21.63%）大致占前两者之和的1/3，房租（9.60%）占比较小；对大学生而言，主要支出项之外的其他支出（41.51%）占比最高，饮食支出（32.19）排名第二，网络购物（20.22%）排名第三；而对中学生而言，主要消费仍旧集中在饮食（60.65%）上，并有一定的网络购物支出（27.00%）。

于此我们可以发现，无论是在职青年、大学生还是中学生，饮食与网络购物都是较大支出占比项。首先，饮食作为基本生活需求，其支出比例的大小是反映广州青年的生活水平和生活质量的一个有效指标。总体上广州青年的食品消费所占比重中等偏低，由此可推断广州青年用于其他方面的支出占较大的比重，可见广州青年的生活水平普遍较高。其次，考察网络购物支出。近几年电商消费对经济的贡献呈现增长势头，对青年消费产生了显著影响。以"双十一"大型网络购物活动为例，从2014年的571亿元，到2015年的912亿元，再到2016年的1207亿元，电商消费持续担任促进消费增长的亮点。2016年上海交通大学社会调查中心等机构联合发布的报告也显示，在所有的购物渠道中，当代大学生选择网购的比例最高，达到80.2%，其次才是校园超市、大型卖场等。该特征在本次调查中也得到了一定程度的映照。

接着，我们结合调查对象的社会人口属性做进一步研究，可得如下特点。

2. 男性青年月均消费高于女性

引入性别变量后，数据显示，相较于女性，不同年龄段的男性青年每月消费均高于女性。相差金额随着年龄段的提升逐渐增加。于在职青年群体中，男性的月支出超过女性906.73元，占男性月均支出的19.66%（见图2）。

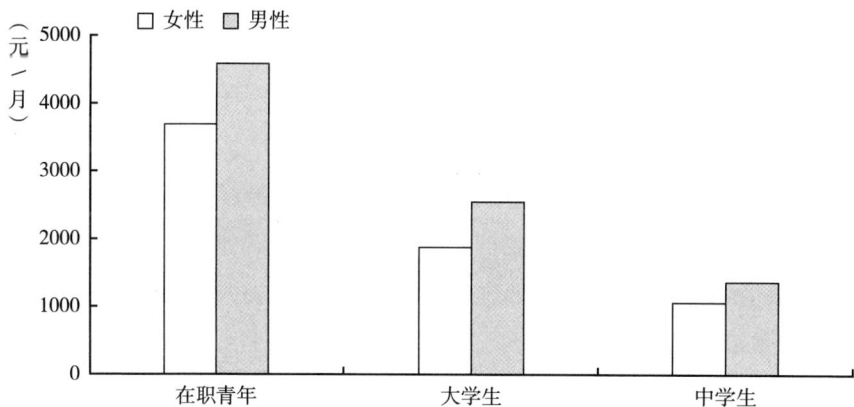

图2　2018年广州青年消费性别分布

3. 不同户籍属性于各年龄段对消费造成的影响不尽相同

研究显示了不同户籍对各年龄段青年消费的不同作用效果。于在职青年群体中，其消费水平按广州城镇、广州农村、外地城镇、外地农村逐渐下降，呈现出较有规律的递减，相差数额浮动在 224.37～572.38 元；于大学生群体中，广州城镇户籍青年以 2786.99（元/月）的消费远超其他户籍青年月支出，而广州农村、外地城镇、外地农村三类户籍的大学生消费水准相差不大；中学生群体更为特别，一方面城镇户籍消费高于农村户籍，另一方面外地户籍相较广州户籍消费金额更高（见图 3）。

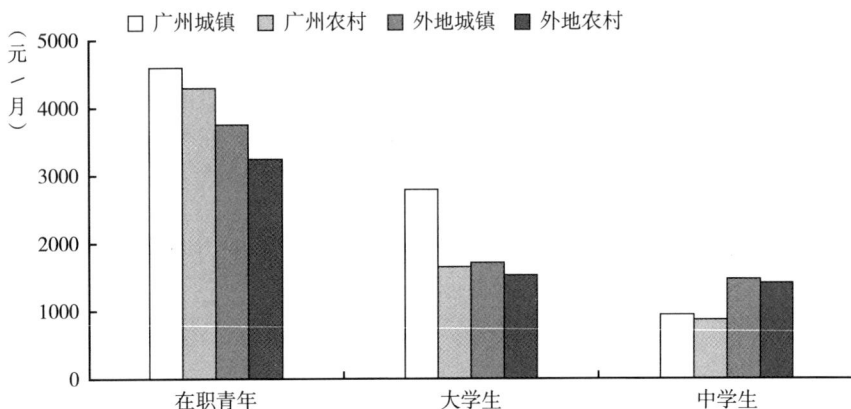

图 3　2018 年广州青年消费户籍分布

（二）2018 年度广州青年消费观念情况

消费观念即消费者自有的消费概念，是人们对消费标准、消费模式等多方面的总体立场和总体设想（赵群、孙淑红，2017）。消费观的形成是一个随着时间的推移在头脑中不断地进化、加工、重塑的过程。消费观形成后，进而管理规范人们的消费理念。

本次调查通过测量青年受访对象对消费观念的态度来观测其消费观念情况，以"完全同意"到"完全不同意"的五档态度量表对其想法进行一定的呈现。

在被问到"是否既要能挣又要能花，这样才能更好地享受人生"时，来自三个年龄段的青年受访对象少有不同意的声音，相关态度均集中在一般及以上积极区域。其中，持比较同意的人数最多，完全同意次之，一般更少。这意味着不同于老一代人群，青年群体普遍赞成消费，将消费视为生活不可或缺的一部分（见图4）。

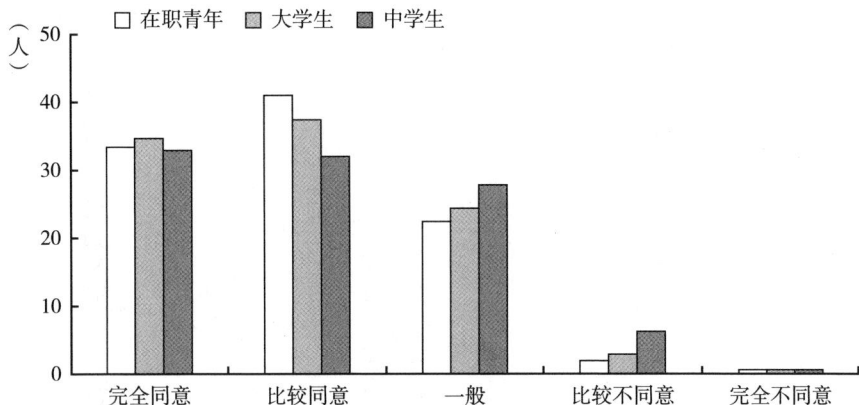

图4 对"既要能挣又要能花，这样才能更好地享受人生"陈述的态度分布

而在实际生活中，"挣的不如花的多"的情况并没有想象中那么普遍。来自三个年龄段的受访个体大多对该陈述持中立态度，同意该观点的个体略多于不同意的人群，在在职青年中该差距最为明显（见图5）。

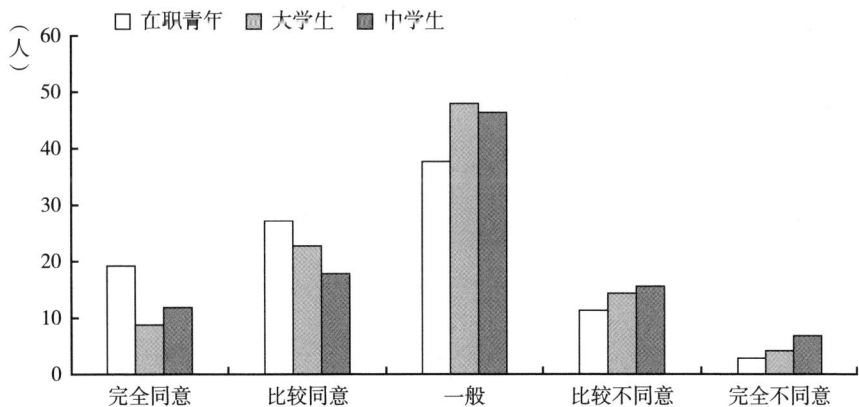

图5 对"我经常面临'挣的不如花的多'的情况"陈述的态度分布

"只要有机会，我会尽可能申请贷款（房贷、车贷、芝麻信用等）"以及"购物时相比使用现金，我更喜欢刷信用卡"的两大陈述侧重于关注个体对超

前消费具体行为习惯的测量。总体而言，大部分受访者持有一般及以下的态度，其中表示中立的人数最多，比较不同意的人次之。比较贷款使用情况，受访者群体对刷信用卡的行为态度更为温和，接纳度较高。而对前者持反对态度的人员基数更大。与此同时，不同年龄段青年并没有表现出明显的态度差异。

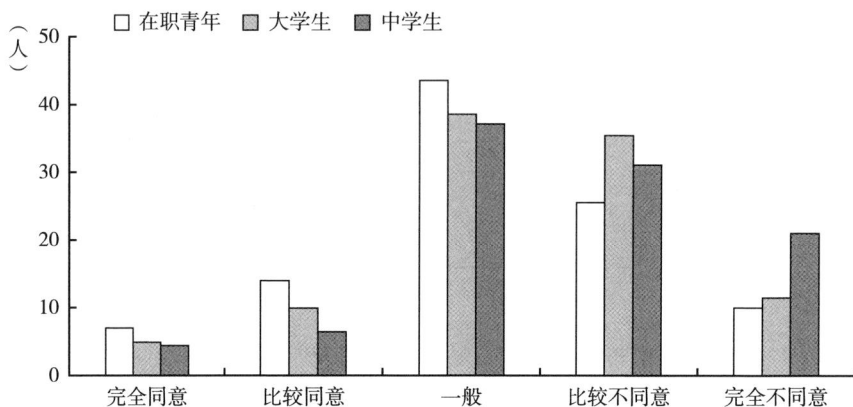

图6 对"只要有机会，我会尽可能申请贷款（房贷、车贷、芝麻信用等）"陈述的态度分布

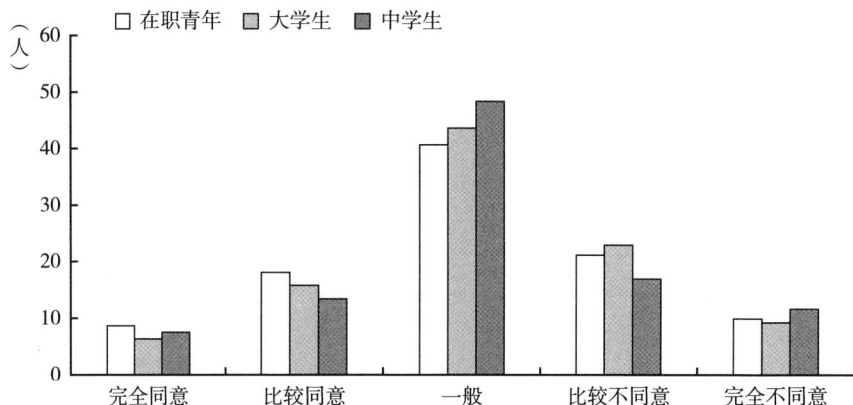

图7 对"购物时相比使用现金，我更喜欢刷信用卡"陈述的态度分布

概括上述特征可得，广州青年群体普遍不再拘泥于传统节俭消费模式，持有应学会消费、享受消费的现代观念，不再为了有所积蓄而放弃当下生活状况。与此同时，在现实层面上，大部分人都能合理控制消费，平衡收支，较少盲目地提前消费、借贷消费。但对于一部分支出已长期超出收入的群体，我们仍然需要有所警醒。

三 广州青年消费变化情况

（一）广州青年消费结构变迁

通过对历年数据的处理，广州青年的消费近年来呈现出如下变化表征。

1. 广州青年文化消费总体结构发生变化

图8是2009~2018年广州市青年月均消费、月均网络消费、月均饮食消费以及月均房租房贷消费所拟合成的折线统计图。从图中我们可以清晰地看到，这四个变量在9年间都具有总体上升的趋势，但增长速度却不尽相同，体现了青年总体消费水平增长、具体消费结构不断变化的趋势。其中，青年消费的变迁在饮食消费上体现最不显著，饮食消费水平基本伴随总体消费水平的变化而变化，占比有所下降。

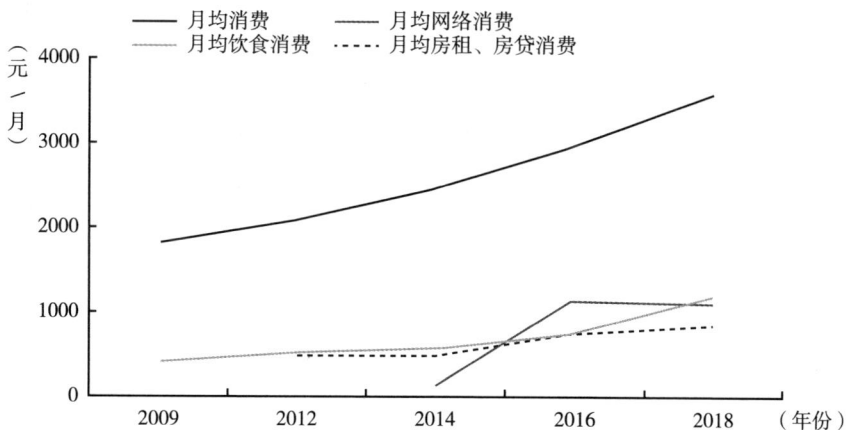

图8 广州市青年消费总体情况变迁

2016 年是网络消费的一个重要转折点，标志着其总体水平、总体占比的回落。2016 年以前，网络消费的增速高于广州青年总体消费水平的增速，并迅速超过其他消费支出，跃居月消费总额第一。有学者认为（林晓珊，2011），网络是一种新的消费工具、消费空间和消费体验，在脱域系统中满足了青年的消费行为与精神需求，因此，在网络消费体系建设完整后，青年的消费热潮也随之形成。然而，2016 年以来，青年网络消费趋于稳定，甚至有所回落，说明青年的网络消费水平趋于饱和，且节俭消费、理智消费等消费观念更加深入人心。

广州市青年房租房贷消费水平在 2014～2016 年有较大上升，但总体占比同样不大，近年来数值几乎趋于稳定。程静（2010）认为，青年人房贷房租负担是其都市生活的不可言说之痛，可能影响到青年身心状况、亲友关系甚至未来发展规划等。广州市青年房租房贷压力总体下降，笔者认为原因有三：其一，广州市青年接受高等教育比例不断增长；其二，广州市青年对于"自立门户"的需求有所下降；其三，父母更倾向于帮助子女购房租房，分担子女压力。总而言之，广州青年在房租房贷方面压力的降低，使青年能够更多地将重心由经济方面转向自我提升，有利于青年的长足发展。

2. 广州青年消费存在群体性差异

从表 1 中可以看到，女性的总体消费水平增长速度低于男性，因此在 2009 年以后总体水平都低于男性，且差距不断扩大。月均饮食消费的变化趋势和总体水平接近，同样是女性逐渐低于男性，但是女性饮食消费在总体消费中的占比增加了，这很有可能是由于在家庭中性别分工不同所导致的。

表 1　性别消费差异情况变迁

单位：元/月

消费类别	性别	2009 年	2012 年	2016 年	2018 年
月均消费	男	1882.5	2312.5	—	4389.2
	女	1949.4	1946.0	—	2935.2
月均网络消费	男	102.6	106.1	340.5	1053.0
	女	95.5	89.7	486.4	1134.2

消费类别	性别	2009 年	2012 年	2016 年	2018 年
月均饮食消费	男	384.8	586.7	777.6	1414.0
	女	400.6	478.4	731.0	1034.1
月均房租、房贷消费	男	443.4	569.6	856.3	1120.6
	女	388.6	436.3	688.6	652.1

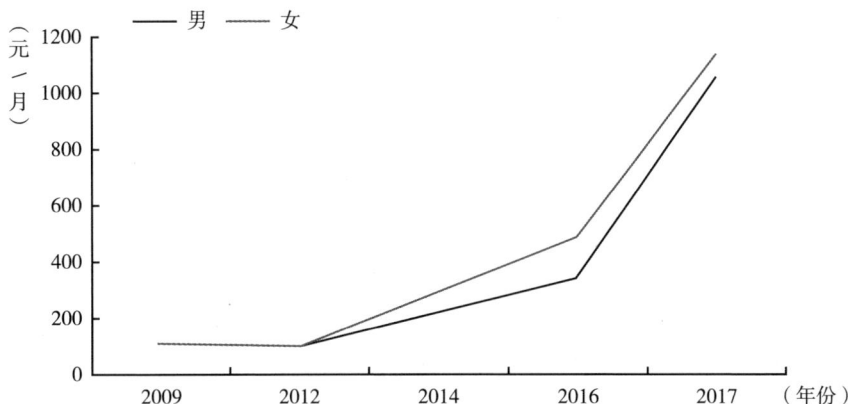

图 9　网络消费的性别差异变迁

在图 9 中可以看到，虽然女性在总体消费水平上低于男性，但网络消费水平却高于男性。2016 年以来，随着男性网络消费增速超过女性，网络消费性别差异有缩小的趋势。高婕（2016）通过分析《2014 年亚洲女性网购调研报告》指出，网络消费对于当代女性消费方式影响较大，助长了女性的冲动消费和不理性消费。而青年群体本就是网络消费的主力军，因此变化更加显著。

在房租房贷方面，图 10 反映了女性的房租房贷负担低于男性，且由于男女近年来变化趋势的不同，差距进一步扩大。2016 年以前，男女青年房租房贷消费水平上增速基本保持一致；而 2016 年后，男性增速稍有加快，女性的增速回落，两性在房租房贷上的差异更加显著。实际上，女性房贷压力的减轻与社会男女平等普及相关，女性在教育方面接受高等教育的比例增加，在婚姻方面早婚率降低，这都使得女性房贷压力会产生回落。

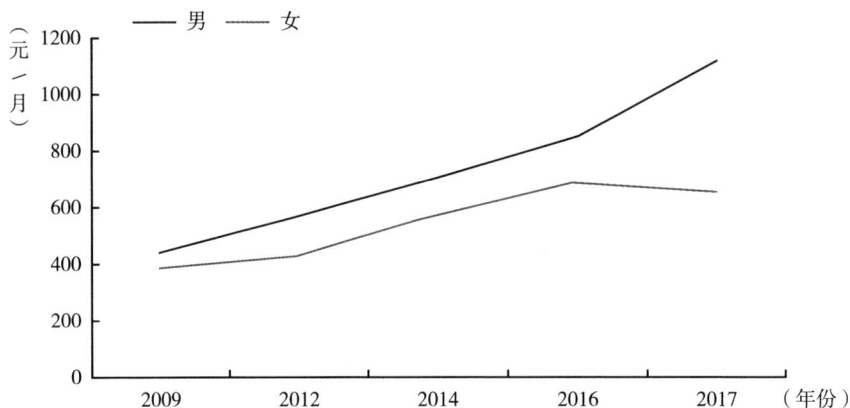

图10 房租房贷消费的性别差异变迁

表2展示了不同户籍人口在不同消费变量上的变化。总体来讲，各类户籍者消费水平都在上升，符合青年群体的整体趋势。值得关注的是，房租方面的涨幅低于其他方面，尤其是对于外地户籍者而言。这种趋势有利于广州青年，尤其是流动青年人口减轻压力。在网络消费方面，广州农村户籍者增长最为显著，同时外地户籍者上升同样较快。而在饮食消费方面，本地农村居民涨幅最快。总之，这些都体现了农村居民、外地居民等较为弱势的群体对生活质量的要求增加。

表2　总体消费城乡户籍差异

单位：元/月

消费类别	户籍	2016 年	2018 年
月均消费	广州城镇户籍	—	4054.9
	广州农村户籍	—	3499.2
	外地城镇户籍	—	5039.6
	外地农村户籍	—	2355.4
月均网络消费	广州城镇户籍	522.4	1224.3
	广州农村户籍	358.7	1317.4
	外地城镇户籍	475.5	1434.4
	外地农村户籍	243.2	690.5

续表

消费类别	户籍	2016 年	2018 年
月均饮食消费	广州城镇户籍	840.5	1276.1
	广州农村户籍	581.4	1240.9
	外地城镇户籍	761.8	1397.3
	外地农村户籍	635.9	997.4
月均房租消费	广州城镇户籍	216.6	257.1
	广州农村户籍	108.2	151.3
	外地城镇户籍	327.9	350.0
	外地农村户籍	280.2	343.8
月均房贷消费	广州城镇户籍	891.4	1065.4
	广州农村户籍	305.6	559.3
	外地城镇户籍	232.0	302.8
	外地农村户籍	262.1	192.8

从在职青年、大学生和中学生三个不同身份的青年群体来看，他们整体消费水平均在增加，在职青年消费水平最高，中学生消费水平最低。从增速来看，大学生从 2009 年到 2018 年上升了 3.5 倍左右，增长速度远高于中学生和在职青年。同时，大学生的饮食消费比例下降明显，若以恩格尔系数作为生活质量标准，则表示大学生生活质量显著增高。在房租房贷方面，在职青年、大学生的房租房贷费用不升反降，但总体上波动很小，较为稳定（见表3）。

表3　总体消费群体差异

单位：元/月

消费类别	职业	2009 年	2012 年	2016 年	2018 年
月均消费	在职青年	2580.9	3009.3	—	4111.5
	大学生	796.0	936.6	—	3644.5
	中学生	720.6	712.9	—	1208.9
月均网络消费	在职青年	114.4	117.0	1266.5	1406.6
	大学生	61.1	60.7	361.8	737.1
	中学生	45.5	41.5	220.4	326.4

续表

消费类别	职业	2009 年	2012 年	2016 年	2018 年
月均饮食消费	在职青年	483.8	632.5	1201.1	1316.5
	大学生	275.7	365.2	788.7	1173.2
	中学生	195.7	239.0	—	733.2
月均房租、房贷消费	在职青年	537.7	667.8	1482.2	1284.3
	大学生	42.6	121.2	228.9	119.5
	中学生	0	169.2	—	241.8

（二）广州青年消费态度变迁

1. 超前消费与节俭消费观念的整体变迁

表 4 向我们展示了 9 年来超前消费观念与节俭消费观念的变迁。在超前消费方面，为了便于比较，笔者将表 4 中展示的问卷问题进行了因子分析，再对其因子值进行比较。可以看到，2014 年以来，超前消费观念缓慢上涨，但是相比 2012 年而言，仍然较低。这表明目前广州市青年超前消费观念发展增速较为合理。

在节俭消费观念方面，2009～2016 年统一采用"节俭是值得提倡的"来测量，而 2017 年则使用"既要能挣又要能花，这样才能享受更好的人生"这一指标。经过数据处理后，我们看到近些年来节俭观念发展平稳，稍有下降，但整体上一直处在一个中等偏高的水平。

表 4　消费观念变迁

测量指标	维度	年份	得分
购物时我喜欢刷信用卡 只要有机会,我会尽可能申请贷款 我经常面临"挣的多不如花的多"的情况 我觉得人就应该享受,有钱就该花	超前消费观念	2009	—
		2012	0.68
		2014	0.41
		2016	0.44
		2018	0.55

测量指标	维度	年份	得分
节俭是值得提倡的 既要能挣又要能花，这样才能享受更好的人生	节俭消费观念	2009	4.38
		2012	4.09
		2014	4.05
		2016	4.17
		2018	4.03

2.消费观念存在群体性差异

在消费观念方面，男性和女性近年来的变化趋势差异并不显著，与总体趋势相近。值得注意的是，女性虽然超前消费持续高于男性，但是节俭消费观念同样水平较高。这说明超前消费并非是张弛无度的代名词，只是一种新消费方式带来的新观念，可以与节俭消费、理性消费相互兼容（见表5）。

表5 不同性别消费观念差异

类别	性别	2009 年	2012 年	2014 年	2016 年	2018 年
超前消费观念	男	—	0.5131	0.4053	0.3904	0.4965
	女	—	0.5356	0.4059	0.4115	0.5220
节俭消费观念	男	4.38	4.04	4.04	4.13	3.95
	女	4.39	4.13	4.08	4.22	4.09

表6反映了不同户籍人口的消费观念变化差异。在节俭消费方面，各类户籍者都保持了较高的水平，上下稍有波动。而在超前消费观念方面，各类户籍者同样持续上涨，而外地户籍者，尤其是外地农村户籍者上升更快。对此，一个可能的原因是，外地青年在广州受到了更加完善的权益保障，经济来源更加稳定。

表6　不同户籍消费观念差异

类别	户籍	2014 年	2016 年	2018 年
超前消费观念	广州城镇户籍	0.4204	0.4211	0.4963
	广州农村户籍	0.4043	0.4015	0.5080
	外地城镇户籍	0.4010	0.4008	0.5314
	外地农村户籍	0.3872	0.3772	0.5146
节俭消费观念	广州城镇户籍	4.06	4.14	4.13
	广州农村户籍	4.06	4.15	4.03
	外地城镇户籍	3.94	4.14	4.02
	外地农村户籍	4.13	4.27	3.93

从不同身份来看，中学生超前消费观念增速大于在职青年与大学生，且在 2018 年已经高于其他二者，同时节俭消费观念不断回落，2018 年低于其他二者。这可能是由于中学生大多数高度依赖父母，拥有强有力的经济保障，且处于价值观养成阶段，容易被网络媒体等影响，从而养成了倾向超前消费、不重节俭的习惯。值得注意的是，大学生的超前消费观念虽然整体水平不是最高，但 2016～2018 年却迅速增长。这一方面反映了大学生生活水平的提高，但另一方面也需要引起我们的关注与反思。中国青年报（2015）报道，61% 的在校大学生倾向于使用网络分期购物，从而解决现阶段没有足够消费能力的问题。为大学生提供各类借贷、分期付款的平台，成为许多购物网站重点提供的"服务产品"，在超前消费盛行之时，这尤为值得我们警惕。

表7　不同身份消费观念差异

类别	身份	2009 年	2012 年	2014 年	2016 年	2018 年
超前消费观念	在职青年	—	0.5562	0.4180	0.4143	0.4908
	大学生	—	0.4833	0.3820	0.3582	0.5370
	中学生	—	0.4589	0.3800	0.4044	0.5522
节俭消费观念	在职青年	4.45	4.22	4.02	4.11	4.06
	大学生	4.28	4.18	4.09	4.16	4.04
	中学生	4.46	4.46	4.16	4.38	3.91

四 2018年广州青年消费文化

（一）青年文化消费行为总分布

正如党的十九大报告所示："满足人民过上美好生活的新期待，必须提供丰富的精神食粮，加快构建把社会效益放在首位、社会效益和经济效益相统一的体制机制。"社会主义市场经济体制下，当代文化消费种类繁多，其价值体现在对人的自由和全面发展的促进上，相关消费已经成为当代青年精神文化生活的重要路径。

受限于原始数据与客观条件，本报告以阅读、观影、旅游、文化参观等常见的文化消费方式为衡量指标，采取单位次数的衡量形式，旨在测量广州青年2018年度的文化行为，所得总体数据如下。

由数据分布可得，2018年度广州青年中最普遍的文化消费行为为书籍阅读，个体平均阅读量为11余本，其中电子书的占比略大于纸质书。与此前中国新闻出版研究院所公布的我国成年人每年人均4.66本纸质图书的阅读量相比，该项文化行为在广州青年群体中得到了更良好的践行。

电子书的高占比也显示了电子化、互联网化的趋势，与当下社会转型有密不可分的关系。与此同时，电影观赏的选择也相当普遍，仅次于阅读选项。7次有余的年度观影量意味着每一个受访个体平均每两个月观赏一次电影，显示出现代青年文化品位和追求的提高。旅游和文化类参观的践行量所差无几，接近于3次/年，达到了一个较高值。其中值得注意的是，平均国外游的次数达到了0.75次/年，这与经济发展，总体消费水平的上升不无关系，从侧面体现了社会进步。最后，该结果显示，2018年度广州青年看演出、看比赛、科技及博物馆参观的次数相对较低，其中科学类的文化消费的确实应引起社会重视，并于今后加强引导（见图11）。

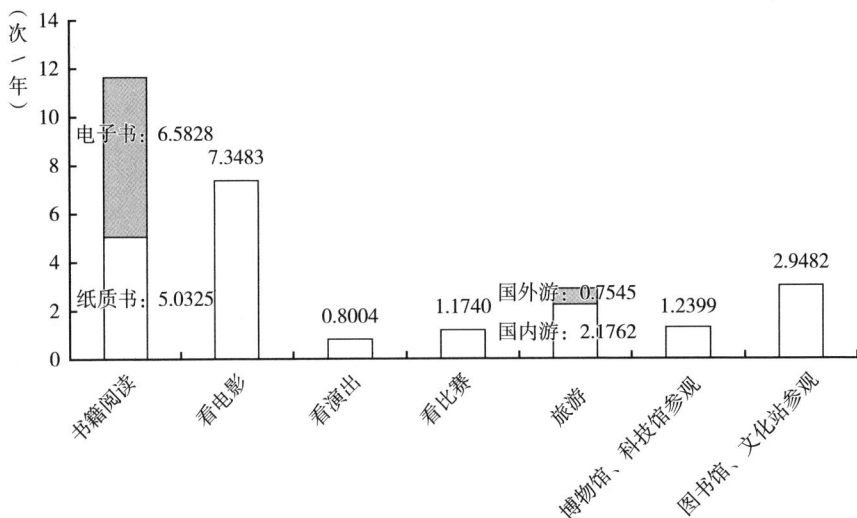

图11 2018年广州青年总体文化行为

（二）青年文化消费行为详细解读

结合受访对象社会人口属性，我们进行进一步的青年文化消费行为详细解读。在该阶段，我们引入在职青年、大学生、中学生的群组划分，性别划分及户籍划分，分别考察不同群体2018年度文化消费情况。

引入在职青年、大学生、中学生的群组划分后，就全局而言，书籍阅读是最普遍的文化消费选择，而外出旅游与文化参观最少被采纳。就不同群体而言，各自青睐的文化消费也各有特点。在职青年最常参与的项目是电影演出及书籍阅读，但外出旅游及文化参观次数不足前者一半；大学生的书籍阅读次数大于电影演出、大于文化参观、大于外出旅游，但在外出旅游及文化参观项目上相较其他两个群组参与次数有较明显的领先；中学生的书籍阅读量最高，达到了全年15.08本，但在其余文化消费项上皆处于最低水平。

一个值得关注的现象是，在书籍阅读和电影演出上，在职青年、大学生、中学生的参与度呈现出完全相反的分布趋势。可以发现，随着年龄的增长，青年将更多的文化消费转移至了电影演出之中而减少了书籍阅读（见图12）。

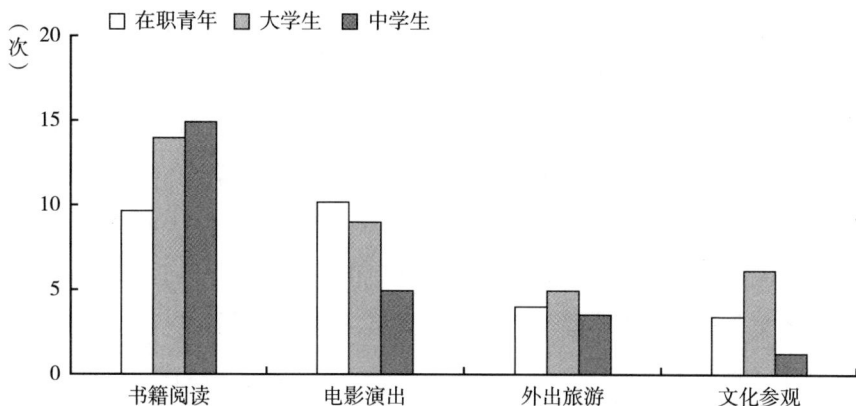

图12　2018 年广州在职青年、大学生、中学生的年度文化消费次数

引入性别变量后，男女性之间呈现出了细微的文化消费差异。于书籍阅读、电影演出、外出旅游上，男性的消费次数呈现出较明显的优势，平均领先女性 2 次/年。而在文化参观上，女性消费次数则高于男性（见图13）。

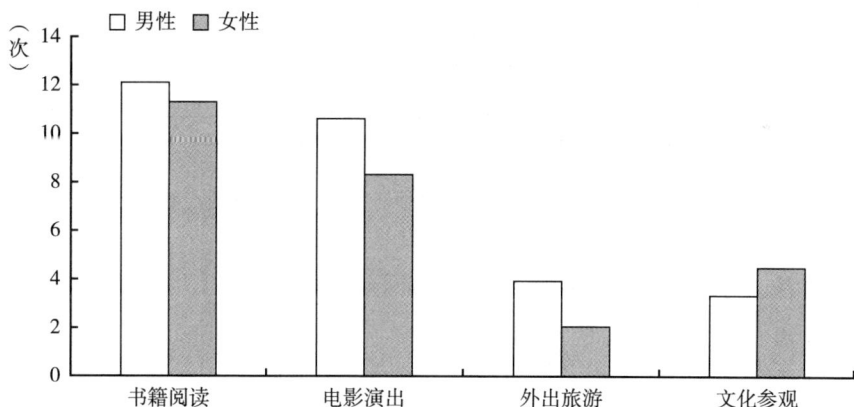

图13　2018 年广州男女性青年的年度文化消费次数

于此，笔者认为，一方面，这与两性兴趣差异有关；另一方面，也与经济资源、社会资源等在两性中分布不均衡相关。故在鼓励全体青年积极参与文化性行为的同时，更应培养、提高女性的文化兴趣和为其提供切实支持。

最后，引入户籍变量进行考察。总体而言，户籍制度对青年文化消费的影响并不显著，但我们仍可以发现，在任何一方面的文化消费中，城镇户籍的青年消费情况皆优于农村户籍受访者。这于书籍阅读方面得到了较突出的体现，其中外地城镇户籍青年的阅读量相比外地农村户籍青年高出了将近4本/年，广州城镇户籍青年的阅读量高出广州农村户籍青年3本/年。相较而言，广州城镇青年的总体文化消费水平略高于外地城镇青年，而外地农村青年的总体文化消费水平略高于广州农村青年，但于不同的文化消费项目上又有所差异（见图14）。

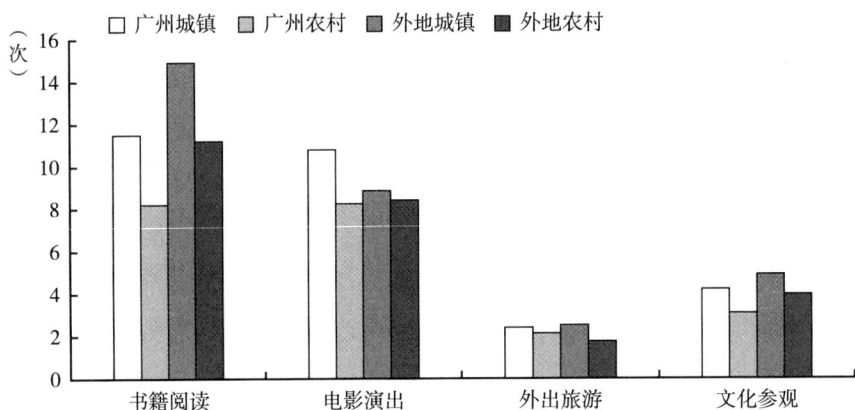

图14　2018年广州不同户籍地青年年度文化消费次数

笔者认为，随着社会的改革，不同户籍出身青年之间的差距已缩小，但其实际状况仍然存在区别。故于文化消费领域，对农村地区的文化扶持仍任重而道远，需要社会进一步的关注。

五　存在问题与原因

基于以上内容，我们发现青年文化与消费产生了新的时代性问题。接下来，本报告将简要总结其中较为显著的问题，并对其可能的原因进行一定的探索与分析。

（一）青年过度消费的悄然发展

伴随着现代化消费理念的兴起与花呗、储备金、白条等第三方平台的助推，广州青年群体也不再拘泥于传统的节俭消费模式。多数青年能够在享受消费的同时保持合理控制，平衡收支，较少盲目提前消费、借贷消费。但是，仍然有一部分青年支出已经长期超出收入。一方面，这是由于个人的消费观念不完善，消费习惯培养不足；另一方面，这是现代化带来的消费主义负面影响，需要引起我们的关注。

（二）青年文化消费的不均衡

本报告以阅读、观影、旅游、文化参观等常见的消费方式为指标，将各年龄段青年的消费行为进行对比，发现广州市青年阅读书籍总量虽高，但随着年龄上升显著下降，即中学生阅读量最高，在职青年最低。但是在其余各项文化消费上，中学生都最低。这体现了广州各年龄段青年的文化消费发展不均衡。对于中学生来说，学习压力太大，鲜有时间进行课外文化活动；而对于在职青年来说，时间碎片化，消费快餐化，难以静下心来阅读。

（三）青年文化消费城乡分布性

总体而言，虽然户籍对于青年文化消费影响并不显著，但仍然可以发现，在所有文化消费的指标中，城镇户籍的青年消费情况皆优于农村户籍者，尤其是在书籍阅读方面体现明显。相较而言，广州市城镇青年文化水平高于外来青年，在不同的文化项目上也有所差异。文化消费的城乡分布可能体现着内在的阶级不平等，主观而言，农村青年可能文化意识不足；客观而言，文化消费设施作为公共设施的一种，可能仍然存在门槛，造成了户籍上的不均等。

六 总结与建议

基于上文所述，笔者在此进行总结。

横向剖析而言，总体来讲 2018 年度广州青年消费情况良好，保持在较高的水准，其中，饮食与网络购物占消费总额比重较大。同时，结合社会人口属性发现，男性青年月均消费高于女性，但不同户籍属性于各年龄段对消费造成的影响不尽相同；在文化消费方面，书籍阅读是最普遍的文化消费选择，外出旅游与文化参观最少被采纳。不同群体各自青睐的文化消费也各有特点，随着年龄的增长，青年将更多的文化消费转移到了电影演出之中而减少了书籍阅读；在消费态度方面，广州青年群体普遍不再拘泥于传统节俭消费模式，持有应学会消费、享受消费的现代观念，不再为了有所积蓄而放弃当下生活状况。与此同时，在现实层面上，大部分人都能合理控制消费，平衡收支，较少盲目地提前消费、借贷消费。

纵向比较而言，在总体消费方面，广州市青年的整体消费水平逐年增长，女性增长速度低于男性。在不同的社会身份中，大学生消费水平增长速度最快，已经赶超在职青年。在网络消费方面，分性别来看，女性绝对支出和消费增速都高于男性；分户籍来看，外地户籍、农村户籍者都增速较大。在房贷房租方面，广州青年绝对支出趋于稳定，整体占比下降，房租房贷的压力减轻，能够将支出更多地投资在自我发展上。特别值得一提的是，女性房租房贷压力持续低于男性，且近年来差距进一步扩大。

在消费观念方面，超前消费和节俭消费都略有波动，但整体平稳。值得注意的是，在分性别消费观念差异上我们可以看到，超前消费与节俭消费并不冲突，只要合理利用，超前消费并非洪水猛兽。整体来看，广州市青年的消费行为与观念都展现出了理性化趋势。但仍然需要注意在超前消费方面的自我控制与在支出结构方面的合理分配。消费行为的一个显著特点是具有可模仿性（张腾，2008），盲目跟风、追求奢侈很容易产生于网络消费行为和超前消费观念之中，造成消费的不理性。

基于上述回顾，综合具体国情，为了坚守青年消费的伦理底线，将经济评价和伦理评价相统一，超前消费和合理适度相统一，俭而有度和合理消费相统一，最终实现绿色消费、科学消费与适度消费（于博瀛，2016），我们提出以下具体建议。

（一）青年自身提高思想素质

青年自身需要不断地提高思想素质。首先，青年需要不断学习法律知识，树立法制意识，从而提高自己的警惕性、判断能力，保护自己的合法权益。在面对铺天盖地的广告宣传和某些朋友的虚荣攀比时，要坚守内心底线，坚持理性的消费观念。在面对花呗、白条等提前消费的平台时，需要合理评估自己的负担能力，切勿将超前消费变为生活中必不可少的一部分。在面对各类非法学生贷款时，更需要绝对抵制，如有可能，第一时间向学校相关管理部门或派出所等相关机构进行举报。

其次，青年需要提高审美水平，注重思想文化修养，改善自身消费结构。当下青年人很容易在消费主义中迷失方向，为了消费而消费，而忽视了对自身成长的投资。青年应当重视学习型文化消费投入，例如学习型书籍、课程等。在面对娱乐型消费时，更加需要合理规划，切勿盲目跟风，造成资源浪费。

（二）社会、学校、家庭正确引导

全社会需要提倡正确的消费观念，倡导积极、文明的消费理念。社区、企业、乡镇以及各类有关部门都可以定期筹办理性消费观念教育相关活动，向青年宣传有关消费的正确态度，并从心理学、法学等专业角度出发，助力健康消费理念的普及。媒体是网络消费宣传的最大介质，青年人盲目消费、跟风消费大多数来自媒体的宣传导向。因此，需要净化媒体环境，使媒体主动担当起社会责任，进行真实、可靠的广告宣传，广告内容要积极健康，从而为消费者传递正确的商品信息。

中学生、大学生大多数时间都在校园中度过，在职青年很多也刚刚离开校园，受校园风气影响重大。因此，提升校园文化是培育青年正确消费习惯的重要途径。校园内要定期举办消费者讲座，帮助学生了解消费骗局，正确维护权益。可以开设相关的公共课程，帮助同学们系统学习消费知识。值得注意的是，校园内往往也是校园贷款、强买强卖、微商骗局等非法行为的窝藏之地，校园需要对此类行为加大监管力度，严厉打击，绝不姑息，为青年打造良好的校园环境。

家庭对于青年树立正确消费观念、养成良好的消费习惯具有长足的影响。首先，家庭需要增强消费观念教育，家长以身作则为孩子树立正确的消费榜样。其次，家长在给中学生、大学生生活费时，需要和学生平等沟通协商，不可过度溺爱而给过高的生活费，也不可过度紧缩造成学生生活难以维持。在面对在职青年时，家长应当适度放松管理，给予孩子更多发展的空间，锻炼其理财能力，同时在房租房贷方面可以给予合理的帮助，不给青年造成过大的负担。

（三）设立消费管理与保护系统

青年对于超前消费的偿还负担能力不稳定，一旦发生不理性的超前消费行为，非常容易造成恶性后果。花呗、白条等常见的超前消费手段都来自网络消费的盛行，同时，网络中鱼龙混杂，更是给非法学生贷款等提供了藏身之处。因此，需要加强网络消费监管，打击非法借贷平台，限制合法借贷平台。尤其是对于以青年群体为主要用户的平台，更需要建立起一套相对完善的体系，在合法网络借贷平台交易前，平台需要对青年的偿还能力和需求程度进行评估。除了网络借贷，另一个重大的消费安全隐患是网络支付诈骗。在电子支付率不断普及的今天，更需要对金融机构和第三方支付平台的合作进行监管，提高其抵御风险的能力，为青年消费者提供安全的网络消费环境。

另外，法律是维护消费者权益的保障。一方面，国家需要完善相关法律对网络消费平台进行管制和约束，例如《广告法》《电子商务法》《产品质量法》等。另一方面，需要增加消费者维护权益的途径，扩大消费者维权的范畴，强调对于青年消费者的保护，完善《消费者权益保护法》等相关法律。

参考文献

1. 白皓：《谁在引诱大学生陷入过度超前消费泥潭》，《中国青年报》2015 年 11 月

12 日。

2. 程静：《从福利房到商品房：城市青年房奴的职业状况研究》，《中国青年研究》
   2010 年第 9 期。

3. 高婕：《当代消费社会中女性的消费与"被消费"的女性——基于批判的视角》，
   《国外理论动态》2016 年第 3 期。

4. 林晓珊：《网络消费与当代青年消费文化的变迁》，《青年探索》2011 年第 2 期。

5. 王丽君、程希萌：《社会消费视域下青年价值观的发展与嬗变》，《中国青年研
   究》2012 年第 4 期。

6. 于博瀛：《当代消费伦理规范体系构建的三个维度》，《社会科学战线》2016 年第
   12 期。

7. 杨晓燕：《中国消费者行为研究综述》，《经济经纬》2003 年第 1 期。

8. 赵群、孙淑红：《中国年轻女性消费观的影响因素分析》，《经济与管理》2017 年
   第 2 期。

9. 张腾：《大学生消费新趋势的社会学分析》，《中国矿业大学学报》（社会科学版）
   2008 年第 1 期。

B.9
广州青年参与发展研究

吴冬华*

摘　要： 青年是当今国家变革与社会进步的中坚力量，深度介入社会
发展各方面事务进程中。从 2010、2012、2014、2016、2018
年近十年开展的"广州青年发展状况"课题调查研究结果来
看，一方面，广州青年政治参与和政治表达的热情空前高涨，
展现出参与国家发展的责任担当，政治行为"主动应对"取
代"政治冷漠"，并通过网络间接地表达政治意愿；另一方
面，越来越多的青年不仅参加各种类型的社团，并自动自发
成立社会组织，其中，志愿服务组织的参与率与参与规模超
过历年比例，新时代的广州青年已经作为一股独立的社会力
量登上了历史舞台。

关键词： 青年参与　政治参与　社会组织　志愿服务

最新出炉的 2019 年联合国《世界青年报告》内容显示，全球现有 12
亿 15～24 岁的青年人，占总人口的 16%。他们积极参与 2030 年可持续发展
议程，在应对气候变化、失业、贫困、性别不平等、冲突和移民等人类发展
问题中起到了至关重要的作用。一直以来，青年作为国家变革与社会进步的
中坚力量，对社会各方面事务的深度介入和参与必然是推动国家乃至全球发
展不可缺少的重要构成。尤其是随着全球化时代与后喻社会的到来、互联网

---

* 吴冬华，广州市团校志愿者工作部部长，助理研究员。

的全覆盖，大部分青年作为高新科技应用的骨干力量，成为推动经济发展、政治参与、大众文化、社会消费的主体。2017 年我国颁布的《中长期青年发展规划（2016～2025）》第一次从国家层面上提出青年发展规划，将青年社会融入与社会参与作为十个重要的青年发展领域之一，并提出了八项具体的发展措施指导意见。事实上，与社会急剧变迁同频共振的是，青年主体意识与利益诉求在不断增强，利益表达的渠道与表达方式也在不断丰富，再加上社会治理和社会参与空间持续扩大，青年参与公共事务的热情空前高涨，而身处改革开放前沿的广州青年在热情投身社会事务的同时也面临着参与无门而入、需求无处可诉等困惑，参与目标和参与行为错位等问题。为此，研究新时代广州青年社会参与的现状、问题及对策，对于激发青年有序、合理参与经济发展和社会治理具有重大的现实意义和参考价值。

本课题作为"广州青年发展报告（2019）"的子课题，从"参与"这一维度开展专题性研究，通过综合运用问卷、个案访谈、文本分析等调查方法，同时参阅 2010、2012、2014、2016、2018 年近十年开展的"广州青年发展状况"课题调查研究及比较分析，一方面，从时间序列上纵向观察不同时代背景下青年参与所呈现的变化特征及发展趋势；另一方面，鉴于青年个性化的特性凸显，以青年自身因素为自变量，包括从年龄、性别、户籍、文化程度、政治面貌等，剖析与探究青年社会参与的观念导向、行为选择以及影响因素。此外，由于青年群体的多元构成，本研究将进一步分析不同阶层包括不同职业身份、不同收入水平的青年对社会参与的认识及参与行为，据此更准确地把握广州青年参与的新特征与新变化，并且分层分类地对广州青年参与现状进行立体化的深描，从而有的放矢地提出青年社会参与的有效路径。

一　基本现状

社会参与是指社会成员对社会生活的某种愿望与需要，并以某种方式参与国家政治、经济、社会、文化生活以及社区公共事务的社会发展过程，具体表现为对社会生活各个方面现状与活动的关心、了解与行为投入。联合国大会认为青年参与应该涵盖经济、政治、文化、社会参与四个维度。为更好地开展纵向比较分析，本文将沿用前四次青年参与调查研究的基本思路与分析框架，参考联合国大会关于青年参与的"四维"分类标准，同时，剔除本课题已有相应的子课题专题研究——青年就业创业、青年消费、文化参与等篇章，故此，本章内容将主要探析当前广州青年政治参与、社会组织参与、志愿服务参与的现状及动因。

（一）政治参与和政治表达

政治参与（political participation）是公民直接或间接参与公共政策制定过程的一种自愿活动（Herbert loskey, 2008）。西方学者将政治参与分为七种主要形式：投票、参加运动、投诉、上访走关系、对抗和抵制、选举。而我国学者陈振明、李东云等结合中国现实，认为政治参与概念的界定应当考虑参与主体、参与性质、参与手段和参与行为四方面，并指出"政治参与是公民试图影响政府决策的非职业行为"。其中，政治表达是政治参与的关键内容与主要形式，是指公民通过各种途径对政治领域的公共事务表达观点、态度等行为。当前，随着互联网的普及，尤其是移动媒体的广泛应用，我国青年的政治参与和政治表达的热情空前高涨，引起社会各界的关注。

1. 政治态度主基调保持积极向上

（1）青年对政治时事关注程度高

与前几代青年相比，当代青年以前所未有的程度关注国家时事政治，不再是"两耳不闻窗外事，一心只读圣贤书"的状态。如表1所示，85.5%的广州青年会在工作、学习之余以各种方式关注主流媒体发布的时事新闻，其中在职青年关注的比率是最高的，占89.7%，高于总体比率。62.9%的受访青年会在微信朋友圈点赞、评论主媒报道，50.8%的受访者表示曾在微信朋友圈转载主媒新闻报道。无论是简单粗略地浏览、观看，还是主动点赞、评价、转载，广大青年关注主媒时事政治的热情充沛，展现出参与国家发展的责任担当。

表1 广州青年对时政新闻/国家大事的关注度

单位：%

类别		有	没有	不清楚/不适用	合计
工作之余浏览/阅读/观看主流媒体发布的时政新闻/国家大事	总体	85.5	9.6	4.9	100.0
	在职青年	89.7	8.0	2.3	100.0
	大学生	83.8	9.8	6.4	100.0
	中学生	71.7	15.5	12.8	100.0
对微信朋友圈转载的主流媒体报道的时政新闻/国家大事点赞或评论	总体	62.9	30.8	6.3	100.0
	在职青年	67.0	29.4	3.6	100.0
	大学生	60.4	31.3	8.3	100.0
	中学生	50.9	35.3	13.8	100.0
自己的微信朋友圈会转载主流媒体报道的时政新闻/国家大事	总体	50.8	41.5	7.6	100.0
	在职青年	55.5	40.5	4.0	100.0
	大学生	46.4	43.3	10.2	100.0
	中学生	39.5	42.8	17.6	100.0

以"是否关注国家大事（0＝没有，1＝有）"为因变量，以性别、年龄、户籍、是否独生子女、教育程度、政治面貌为自变量，进行二元Logistic回归分析。研究发现，青年的性别对青年是否关注国家大事具有显著影响。通过三个模型的对比，可以发现，首先，在增加"教育程度"和"政治面貌"之后，女性对国家大事的关注度会超过男性青年。这说明，当代女性青年教育文化水平的提升，极大程度上促进了女性对国家大事的关注。其次，年龄与青年对国家大事关注度也有显著的相关关系。年龄与对国家大事的关注度呈负相关关系，说明年龄越大的青年，对国家大事的关注度会相对越低。再次，户籍情况与青年对国家大事关注度存在显著的相关关系。通过三个模型的对比，在增加"教育程度"和"政治面貌"之后，广州农村户籍与城镇户籍青年对国家大事的关注度由显著差异变为不显著差异，而外地城镇户籍青年、农村户籍青年与广州城镇户籍青年对国家大事的关注度分别由不显著差异变成了显著差异。这说明，广州户籍青年与外地户籍青年的教育程度关系影响了他们对国家大事关注度的差异。换言之，由于广州户籍青年的教育程度可能高于外地户籍青年，广州户籍青年对国家大事

的关注度高于外地户籍青年。此外，青年的教育程度与对国家大事关注度存在显著相关关系。大专学历青年对国家大事的关注度显著高于高中以下学历的青年；本科学历及以上青年对国家大事的关注度显著高于大专学历青年（见表2）。

表2 青年对国家大事的关注度二元 Logistic 模型分析

自变量	模型 I	模型 II	模型 III
性别(男 =0)	− 0.496 ***	− 0.539 ***	0.569 ***
年龄	− 0.030 *	− 0.030 *	− 0.055 **
户籍(广州城镇户籍 =0)	—	—	—
广州农村户籍	0.382 *	0.568 **	− 0.028
外地城镇户籍	0.364	0.442	− 0.487 *
外地农村户籍	0.052	0.219	− 0.553 **
是否独生子女(是 =0)	—	18.505	− 18.211
教育程度(高中及以下 =0)	—	—	—
大专	—	—	0.458 *
本科及以上	—	—	0.549 **
政治面貌(党员 =0)	—	—	—
共青团员	—	—	− 0.376
其他民主党派人士	—	—	19.014
群众	—	—	− 0.427
常数项	2.752 ***	2.809 ***	21.306
Cox & Snell R^2	0.011	0.015	0.026
Nagelkerke R^2	0.022	0.030	0.051

* < 0.05，** < 0.01，*** < 0.001。

（2）对选举投票认同程度持续提升

毋庸置疑，投票选举是政治参与最重要的外显行为之一。不同体制国家选举法的规定各有差异，我国宪法明确规定年满十八周岁的中国公民具有选举权。广州青年是否认同选举投票这一重要政治参与工具的效能呢？2018年，对于"选举投票是有用的"这一问题的回应中，我们发现，64.4%的广州青年赞同选举投票是有用的，选择不赞同的比率占24.6%。与2016

年、2014 年、2010 年选择赞同的比率相比，持续提升。这表明当前广州青年仍然积极认可投票选举的正功能。

2. 政治行为主观意愿强烈

当前，我国经济发展进入新常态阶段，而政治、社会、文化等领域即将迎来新一轮全方位改革开放。讨论处于社会发展新视域下的青年政治参与，显然是个时代命题，不仅仅是青年问题，也是社会问题。为更好地比较历年来青年的政治参与行为，下面主要通过考察青年参与公共事务决策的现状来探析青年的政治行为。公共决策参与是指公民基于具体的公共政策目标而进行的参与，以期影响各级政府的公共决策结果。

对于"如果您觉得政府的某项公共政策、制度或做法不妥，您通常会采取怎样的做法？"这一问题，整体来看，26.9％的受访青年表示会"与身边的人面对面谈论"，21.8％的受访青年表示会"写信或打电话给相关部门"，14.7％的青年选择在政府相关部门网站、微博留言，11.7％的受访者表示会"通过网络发表意见、主张或与人交流"，此外 10.2％的受访青年表示"不会采取任何行动，放在心里"（见表3）。综合而言，广州青年在政治参与行为选择上，一方面是积极主动的，大部分青年（88.6％）均会采取各种行动来影响政府决策，仅有一成的青年选择不采取任何行动，这个结果与以往研究认为青年是"政治冷漠"的群体是截然相反的。另一方面则是青年政治行动的多元选择。无论是与身边人讨论，还是线上、线下发表言论；无论是规范化、制度性的参与，还是非制度性的表达，广州青年在不同场合下政治参与活跃度都很高。这与青年人朝气蓬勃、行动力强的性格特征吻合。比较而言，大学生主动的政治参与行为明显，92.3％的受访者表示会采取不同行动来表达政治诉求。而且，在网络世界里，大学生的政治参与和表达热情显著高于中学生、在职青年群体，并且高于青年整体比例。生活在象牙塔的大学生情感丰富充沛，虽然已是半个社会人，但仍然涉世未深，在复杂的现实社会中极可能受到各种诱惑，所以他们的政治参与和政治表达的强烈意愿应该引起关注。

从 2010 年到 2018 年，这五次的调查结果显示，广州青年的政治参与和政治表达随着社会发展变迁而呈现出不同特征，主要表现为以下三点。一是青年政治行为"主动应对"取代"政治冷漠"。传统研究视角认为，处于社会化状态中的青年由于势单力薄、资源少，难以积极介入并影响政治公共事务决策，进而选择袖手旁观、集体围观。但是，从本次调查来看，青年选择"不会采取任何行动"比率低于2016年、2014年、2012年，而选择其他政治诉求方式的人数比例则在逐年增加。这表明青年正逐渐摆脱"政治冷漠"的社会标签，并跃上政治舞台。二是"泛政治化"现象有可能加剧。2018年调查结果显示，选择"与身边的人面对面谈论"的比率为26.9%，居于首位，显著高于2016年、2014年并趋近于2012年的比率。如果广州青年选择"私下表达"这种非正式化的政治参与方式并持续下去，有可能导致"泛政治化"现象，即非政治问题、政治现象也用政治视角来考察和解决，人人都是政治家。从近年网络上青年抨击社会现象就可见一斑，如青年抨击演员偷税漏税，却能延伸到政治领域来评论。因此，青年"泛政治化"现象需要引起警惕。三是广州青年政治参与的多元选择趋势明显，既有体制化的、直接的政治参与方式，如写信、打电话、向"两会"代表反映等，同时又体现为间接的政治参与方式。与前几代青年不同，当代青年不再局限于参与政府部门相关决策等直接的政治行为，他们开辟了新渠道、新途径——网络政治参与。许多青年借助网络媒体、网站、应用程序等讨论社会话题，以关注或评论的方式表达自己的政治意愿与政治态度，间接地参与国家政治。

表3 2018年广州青年政治参与的行动选择

单位：%

类别	总体	在职青年	大学生	中学生
将情况反馈给人大代表或政协委员	9.2	6.8	9.1	18.2
写信或打电话给相关部门	21.8	22.3	18.9	24.1
在政府相关部门网站、政务微博留言	14.7	14.2	15.5	15.6
将情况反映给媒体	4.2	3.7	6.0	3.6
与身边的人面对面谈论	26.9	28.8	27.4	19.2
通过网络发表意见、主张或与人交流	11.7	11.5	15.5	6.9
不会采取任何行动，放在心里	10.2	11.4	6.6	10.5
其他	1.2	1.1	1.1	1.8
合计	100.0	100.0	100.0	100.0

表4　2010~2018年广州青年政治参与的行动选择

单位：%

类别	年份				
	2010 年 （N＝1357）	2012 年 （N＝1622）	2014 年 （N＝3251）	2016 年 （N＝2565）	2018 年 （N＝2442）
将情况反馈给人大代表或政协委员	7.0	10.0	10.9	11.1	9.2
写信或打电话给相关部门	6.6	6.2	12.7	19.6	21.8
在政府相关部门网站、政务微博留言	12.0	13.0	15.4	16.0	14.7
将情况反映给媒体	4.9	4.1	8.2	6.6	4.2
与身边的人面对面谈论	45.0	31.9	21.1	20.2	26.9
通过网络发表意见、主张或与人交流	11.8	15.5	14.7	11.3	11.7
不会采取任何行动，放在心里	9.2	13.8	15.8	13.5	10.2
其他	3.4	5.5	1.5	1.6	1.2
合计	100.0	100.0	100.0	100.0	100.0

（二）社会组织参与情况

近年来，随着社会组织登记注册制度的松绑，以及国家对社团创新加强社会治理作用的高度重视，民间社会组织发展趋势迅猛，无处不在的社会组织日益成为青年聚集联络和参与社会治理的重要渠道。越来越多的青年热衷于参加各式各样的社团，并且自动自发地成立青年社会组织。日益登上历史舞台的青年不仅试图直接深度介入社会发展变革进程，同时也为营造共建共治共享社会治理格局发挥着助推器的作用。

1. 逾七成的青年曾经参加社会组织

在调查的广州青年中，在过去一年里，超过七成（71.4%）的被调查者参加过各种类型的社会组织。这与2016年56.5%、2014年65.6%青年参与比率相比，有了大幅度提升。置身于宏大时代背景下的新时代青年，无论是基于个体结社的基本需求，还是国家治理和社会建设的现实需要，当之无愧地成为当前社会组织的主力军。

进一步分析不同青年群体参与社会组织的特点，将因变量"参加社会组织"作为二分类别变量（1 为参加社团组织，0 为没有参加社团组织），以性别、年龄、户籍、是否独生子女、教育程度、政治面貌为自变量进行二元 Logistic 回归分析。研究发现，在年龄上，增加"教育程度"和"政治面貌"两个变量后，年龄对青年的社会组织参与由不显著影响变成了显著影响，即在教育程度和政治面貌的影响下，年龄较小的青年比年龄较大的青年更积极加入社会组织。在教育程度上，本科及以上学历的青年比高中及以下青年更积极参加社会组织，即教育程度越高的青年，其社会组织的参与意愿越高，并且差异显著。政治面貌也是影响青年社会组织参与意愿的一个重要因素。研究结果发现，青年党员比青年团员、青年群众的社会组织参与意愿更高，且差异显著。由此可见，青年的教育程度和政治面貌这两大因素非常明显地影响着青年参与社会组织的积极性（见表5）。

表5 广州青年参加社团组织影响因素的分析模型

自变量	模型Ⅰ	模型Ⅱ	模型Ⅲ
性别（男=0）	0.035	0.049	0.001
年龄	-0.044 ***	-0.044 ***	-0.068 ***
户籍（广州城镇户籍=0）	—	—	—
广州农村户籍	-0.109	-0.118	-0.040
外地城镇户籍	-0.070	-0.077	-0.029
外地农村户籍	-0.190	-0.173	-0.007
是否独生子女（是=0）	—	-21.141	-20.459
教育程度（高中及以下=0）	—	—	—
大专			0.155
本科及以上	—	—	0.351 **
政治面貌（党员=0）	—	—	—
共青团员	—	—	-0.619 ***
其他民主党派人士			0.953
群众	—	—	-1.079 ***
常数项	1.026 ***	22.142	22.366
Cox & Snell R²	0.011	0.013	0.045
Nagelkerke R²	0.015	0.017	0.059

$* <0.05$，$** <0.01$，$*** <0.001$。

2. 青年最青睐的社会组织类型是公益志愿服务组织

对于参加社会组织类型偏好而言，广州青年首选的是社会公益志愿服务类的组织，占26.6%；其次是教育类的社会组织，占24.4%；再者是文体类的组织，占21.0%；选择参加社工服务类组织的青年也不少，占20.7%。其他类型组织的参与率普遍不高（见图1）。与2016年调查结果相比，2018年有几个较明显的变化：首先，社会公益志愿服务类组织一直是广州青年的最优选择，并且该类型组织的参与率逐年递增，可见青年对社会公益志愿服务类组织的高度认同与积极参与；其次，选择参与社工服务类组织、教育类组织、生态环境保护类组织、就业与行业类的青年参与率在显著增加。这说明不仅青年参与社会组织的主观意愿越来越强烈，而且选择参与组织的类型也彰显多元化、个体化，这确实符合兴趣爱好广泛的青年的个性特征（见表6）。

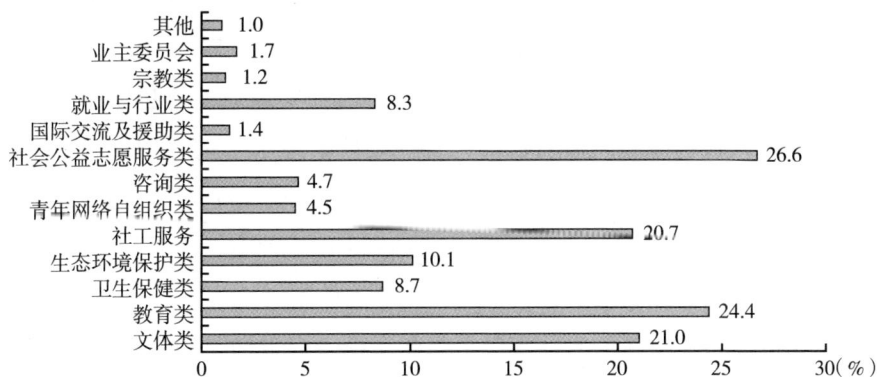

图1 青年参与社会组织的类型

表6 2014~2018年青年社会组织参与类型的差异

类别	2014 年		2016 年		2018 年	
	N	百分比（%）	N	百分比（%）	N	百分比（%）
文体类	734	20.6	441	16.8	541	21.0
教育类	711	20.0	464	17.7	628	24.4
卫生保健类	338	9.5	252	9.6	224	8.7
生态环境保护类	291	8.2	213	8.1	260	10.1
社工服务	636	17.9	507	19.4	533	20.7

续表

类别	2014 年		2016 年		2018 年	
	N	百分比（%）	N	百分比（%）	N	百分比（%）
青年网络自组织类	183	5.1	152	5.8	117	4.5
咨询类	239	6.7	122	4.7	120	4.7
社会公益志愿服务类	866	24.4	586	22.4	684	26.6
国际交流及援助类	64	1.8	34	1.3	35	1.4
就业与行业类	254	7.1	177	6.8	213	8.3
宗教类	67	1.9	34	1.3	31	1.2
业主委员会	—	—	35	1.3	44	1.7
其他	36	1.0	805	30.7	26	1.0

3. 青年参与社会组织的动机集中表现为个体需求

青少年对群体融入有天然的渴望，需要有对应的组织为其提供信息、激励、社会支持、归属感和相互帮助以及自我表达、彼此了解和密切联系的机会。本次调查显示，青年参与社会组织的动机集中体现在发展自我、锻炼自我、实现自我等个体利益层面，75.1%的受访青年是基于"想多结识一些志趣相投的人，更好地发展自己的兴趣、爱好、追求"的目的参加社会组织，45.5%的青年则选择"锻炼自己，展示才能，得到别人的承认"，18.6%的青年参加社会组织是为了"更好地服务社会，推动社会公益"，16.1%的青年参加社会组织为了"对自己的工作有帮助"。可见，青年参与社会组织的动机相对多元与其参与组织类型的多元取向是相一致的。同时，青年参与社会组织带有一定功利性，如选择拓展人脉、发展自我、锻炼才能等选项的人数比率是最高的（见表7）。

表7 2012～2018 参加社会组织的主要原因（多选）

类别	2012 年		2014 年		2016 年		2018 年	
	N	百分比（%）	N	百分比（%）	N	百分比（%）	N	百分比（%）
想多结识一些志趣相投的人，更好地发展自己的兴趣、爱好、追求	817	72.0	2099	60.7	1718	66.9	1935	75.1

类别	2012 年		2014 年		2016 年		2018 年	
	N	百分比（%）	N	百分比（%）	N	百分比（%）	N	百分比（%）
纯粹交友	112	9.9	152	4.4	106	4.1	183	7.1
寻找归属感	89	7.8	397	11.5	279	10.9	253	9.8
锻炼自己，展示才能，得到别人的承认	449	39.6	1436	41.5	1152	44.8	1171	45.5
更好地维护自身的权益	40	3.5	286	8.3	205	8.0	140	5.4
更好地向社会表达自己的意见、主张	143	12.6	483	14.0	362	14.1	381	14.8
更好地服务社会，推动社会公益	192	16.9	1012	29.2	908	35.3	480	18.6
对自己的工作有所帮助	304	26.8	644	18.6	452	17.6	414	16.1
没有什么明确的目的，只是觉得没事时参加一下组织活动，觉得挺有意思	85	7.5	580	16.8	384	14.9	340	13.2
其他	12	1.1	69	2.0	73	2.8	58	2.3

与过去几次调查结果相比，广州青年参与社会组织的动机正在发生极大的变化。"想多结识一些志趣相投的人，更好地发展自己的兴趣、爱好、追求"与"锻炼自己，展示才能，得到别人的承认"的比率自 2014 年之后逐年提升，而选择"服务社会"作为主要原因的青年比率则急剧下降，从 2016 年 35.3% 变化为 2018 年 18.6%，缩小近一半比率。可以看出，前两个选项更多地体现为青年自我发展需求，而后者则是青年社会价值实现的需求。虽然广州青年社会公益志愿服务类组织的参与率是最高的，然而，参与动机发生较大变化，这种现象值得引发思考。

（三）志愿服务参与的情况

志愿服务是社会文明进步的重要标志，是创新社会治理的有效方式，更是广大青年参与社会的重要渠道。由于志愿服务具有"人人可为、处处可为、时时可为"的显性特征，并能满足内在情感诉求与实现社会价值，提升公民道德，越来越多的青年参与到社会的志愿活动中来。这可从上面广州青年选择参加社会公益志愿服务类组织的倾向得以印证。

前不久，习近平总书记亲自为志愿者们点赞，称赞他们是为社会做出贡献的前行者、引领者，志愿者事业将会载入史册。广州是全国志愿服务的发源地之一，曾经创造了多项志愿服务的"全国第一"，并且历经30多年的长久发展，在全国志愿服务事业发展中一直遥遥领先。截至2019年2月，广州注册志愿者达255.3万人，居全省第一。注册志愿服务组织及团体10372个，累计开展志愿活动数91795个，累计志愿服务时长5445.9万小时。志愿服务已经嵌入广大青年日常生活的方方面面，并成为一种时尚的生活方式。

1. 近五成广州青年曾参与志愿服务，参与率逐年提升

本次调查显示，2018年，近五成（48.0%）的受访青年曾参加过各种各样的志愿服务。其中，大学生参加志愿服务的比率最高，占65.8%，远高于总体比率；其次是中学生，占46.1%；再次是在职青年，占41.8%（见图2）。志愿精神一直是加强和改进大学生思想政治教育和未成年人思想道德建设的重要内容，并且《志愿服务条例》明确将学生参与志愿服务活动纳入实践学分。因此，学生无疑是志愿服务队伍中的最主要成员。

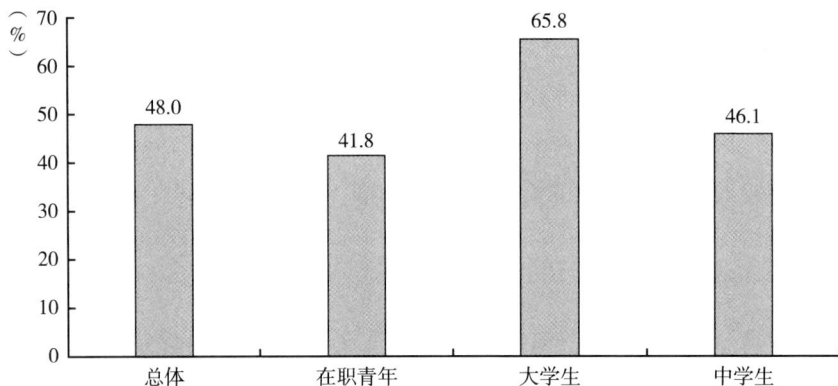

图2　2018年青年参与志愿服务的情况

　　近五次的调查结果显示，2018 年广州青年参与志愿服务的比率发生了显著的转变，参与规模是前所未见的，超过历年青年志愿服务的参与率（见图 3）。在志愿服务活动中处处可见青年人的身影，奉献、友爱、互助、进步的志愿精神深入民心，广州"志愿之城"初步形成。

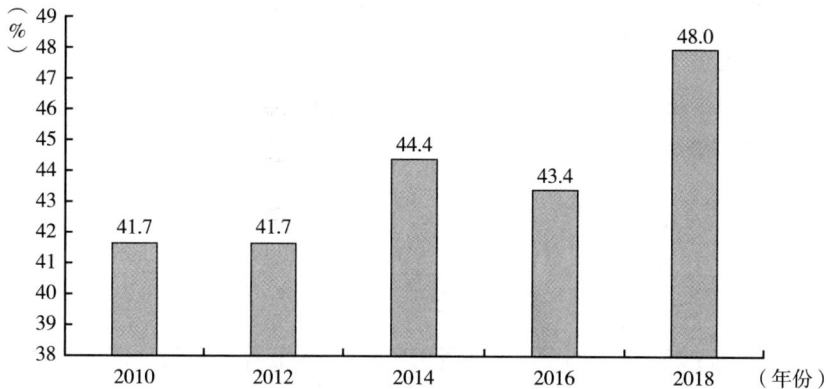

图 3　2010～2018 年青年参与志愿服务的情况

　　进一步考察不同类型青年志愿服务参与率，以"过去一年是否参加志愿服务（0＝不愿意，1＝愿意）"为因变量，以性别、年龄、户籍、是否独生子女、教育程度、政治面貌为自变量进行二元 Logistic 回归分析。结果发现：首先，年龄与青年的志愿参与率有显著相关关系，年龄越小，青年参与志愿服务的比率越高；其次，青年教育程度与志愿服务参与率显著相关，本科学历及以上青年的志愿参与率显著高于高中学历及以下青年；最后，党员青年的志愿服务参与率显著高于团员青年、群众青年的志愿服务参与率。整体来看，教育程度高、年龄小、党员青年的志愿服务参与率相对较高（见表 8）。

表 8　2018 年是否参加志愿服务的二元 Logistic 分析模型

自变量	模型 I	模型 II	模型 III
性别（男＝0）	0.035	0.049	0.001
年龄	－0.044 ***	－0.044 ***	－0.068 ***
户籍（广州城镇户籍＝0）	—	—	

续表

自变量	模型 Ⅰ	模型 Ⅱ	模型 Ⅲ
广州农村户籍	− 0.109	− 0.118	− 0.040
外地城镇户籍	− 0.070	− 0.077	− 0.029
外地农村户籍	− 0.190	− 0.173	− 0.007
是否独生子女(是 = 0)	—	− 21.141	− 20.459
教育程度(高中及以下 = 0)	—	—	—
大专	—	—	0.155
本科及以上	—	—	0.351 **
政治面貌(党员 = 0)	—	—	
共青团员	—	—	− 0.619 ***
其他民主党派人士	—	—	0.953
群众	—	—	− 1.079 ***
常数项	1.026 ***	22.142	22.366
Cox & Snell R ^{2}	0.011	0.013	0.045
Nagelkerke R ^{2}	0.015	0.017	0.059

** <0.01, *** <0.001。

2. 志愿服务动机凸显利他价值观

志愿服务虽然强调无私的奉献精神，但调查显示，广州青年作为志愿者队伍的构成主体，参加志愿服务的动机各有千秋。根据受访青年对"参加志愿服务的最主要原因"这一问题的回应，我们将选项内容归纳为六个维度，分别是：价值表达型（能帮助有需要的人，回应社会需要，实现社会责任）、自我提升型（能学习技能，丰富个体经验，实现自我成长）、帮助就业型（为未来工作做准备/有利于职业顺利开展）、社交网络型（参加志愿服务可以结识朋友、扩展社交圈子，我的朋友、同学参加志愿服务）、情绪调节型（参加志愿服务可以让我快乐，忘掉烦恼）、激励工具型（能够根据服务时数获得奖励，如志愿者证书、证明书等）。整体而言，广州青年参加志愿服务的主要动机更多体现为一种道德价值，强调利他主义，即服务弱势社群，回馈社会，为他人、为社会谋福利，选择这个选项的比率占53.7%，位列第一主要动机；其次是自我提升型，占21.1%，青年通过参与志愿服务学习技能，丰富个人经验，更好地适应社会；最后是社交型动机，占9.7%。可见，当前广州青年参与志愿服务的动机复杂多元，既有为他人、为社会服务的美好心愿，又有满足个体多元性需求的内在动因。但显而易见，青年志愿者更多通过参加志愿服务、奉献时间和精力来表达利他的社会价值观。

另外，还可分层分类对青年进行动机分析。随着年龄的增长、阅历的丰富，青年参加志愿服务的主要原因在发生变化。在表9中，我们发现，选择价值表达型动机的比率在中学生、大学生、在职青年群体中依次递增，而自我提升型动机的比率在中学生、大学生、在职青年群体中依次递减。为此，不同群体的青年参与志愿服务有着不同的诉求，比如中学生更关注提升自我能力，并且选择社交型、快乐型动机比率也高于其他群体，个体内在动因显著；大学生相对更看重激励型动机。

表9　您参加志愿服务的最主要原因是什么？（限选一项）

单位：%

类别	总体	在职青年	大学生	中学生
价值表达型	53.7	61.1	51.5	44.0
自我提升型	21.1	14.8	23.6	25.2
社交网络型	9.7	10.5	6.3	11.3
帮助就业型	4.2	3.9	4.2	2.5
情绪调节型	5.5	6.2	4.8	10.1
激励工具型	3.7	1.2	9.1	5.0
其他	2.1	2.3	0.3	1.9
合计	100.0	100.0	100.0	100.0

近年，随着广州志愿服务的氛围日益浓厚，青年参加志愿服务的主要动机也在悄然转变。从调查结果中可以看到，较多青年参与志愿服务是表达一种关爱他人、报效社会的利他价值观（见图4），这个比率呈上升趋势。相比而言，自我提升型动机的比率则在下降，包括基于社交、就业需要而参加志愿服务的青年比率也在减少。虽然志愿服务可以满足个体或者更多人的社会性、心理性需求，然而对于广州青年而言，志愿服务更多地回归到自愿性、无偿性的初衷，为了满足自己需要而不是他人需要开展志愿服务的青年比例在减少。

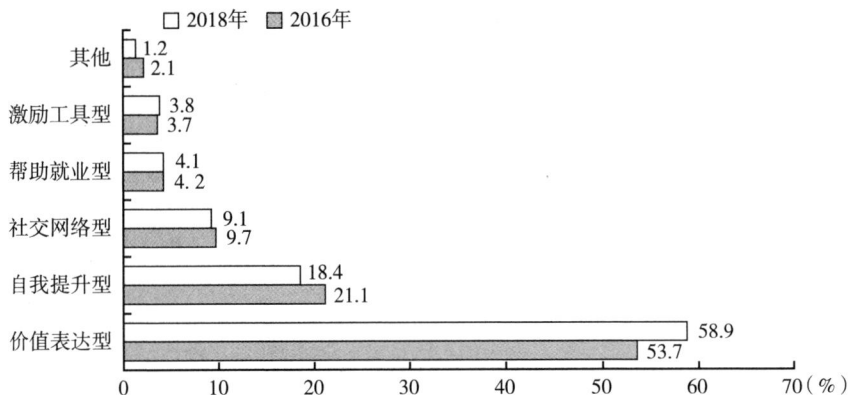

图4　2016、2018年青年志愿服务参与的最主要动机

二　存在问题及原因分析

（一）青年社会参与的强烈意愿与多元渠道需要有效引导

一方面，随着高等教育的普及、新一代青年受教育程度的提升，各类青年对政治参与有了更多的见解，产生了新的需求。研究发现，受教育程度会影响青年关心时政新闻/国家大事的意愿，受过高等学历教育的青年比未受过高等学历教育的青年关心国家大事和时政新闻的意愿更高。这导致不同户籍和不同年龄段青年关注国家时政的意愿出现显著的差异，如广州本地户籍青年比外地户籍青年高，低龄青年比大龄青年高。当新的参与诉求与传统的参与方式之间的矛盾得不到充分调和，其政治诉求得不到满足的时候，二者容易产生分裂、冲突。为此，需要进一步丰富青年政治参与的渠道与方式，为不同类型的青年群体提供不同的参与平台与机会，满足青年日益凸显的政治诉求。另一方面，随着互联网的普及、新兴社交媒体的广泛使用，青年可以通过网络随时随地关注时政新闻和国家大事。同时，青年人热衷于参与各类社团，与同龄群体就社会事件的交流讨论的机会亦随之增加，实现了对社会事务的线上线下深度参与。青年人对参与内

容的认识与接触愈多，参与渠道方式愈多元化，对社会参与诉求愈高，就愈需要在坚持以青年为主体的前提下，有效引导青年积极有序、理性合法地参与社会治理。

（二）青年社会组织参与和志愿服务参与不充分，还有待提升

青年的社会组织参与志愿服务的高参与率并不普及，不同群体之间的参与意愿有显著差异。主要表现在年龄小的青年参与意愿高于年龄大的青年，广州户籍青年参与意愿高于外地户籍青年。这里面主要是受到个人教育程度和政治面貌的影响。一方面，目前青年高等教育的高普及率使他们对参与社会组织、志愿服务有更多的了解和更高的需求。有的高校要求学生必须要有社会组织参与经历或志愿服务经历，所以不论是自身的意愿还是外在的要求，很多受过高等教育的青年有社会组织参与或志愿服务参与经历。低年龄、广州城镇青年因为高等教育的普及率高，所以他们的参与意愿高于年龄大的外地户籍青年。另一方面，受政治面貌的影响，党员青年的社会参与、志愿服务参与意愿显著高于共青团员和群众青年，这表明党员青年在社会组织参与、志愿服务参与方面比共青团员和群众青年更具有先进性。总体来看，青年社会组织参与和志愿服务参与不普及，所以社会组织参与和志愿服务参与要更加充分地发展，要深入推动不同领域、不同身份的青年共同参与，更好地构建青年全面参与社会事务的新格局。

三　对策建议

我国首次出台的青年发展规划《中长期青年发展规划（2016～2025年)》明确提出，要遵循"坚持以青年为本，尊重青年主体地位，把服务与成才紧密结合，让青年有更多获得感"，并提出了"要进一步丰富和畅通青年社会参与的渠道和方式，实现青年群体积极有序、理性合法地参与社会主义现代建设"。与彰显长者主体性的"前喻文化"和凸显朋辈影响的"并喻文化"相比，处于"后喻文化"时代背景下的青年已经作为一股独立的社

会力量登上了国家历史舞台。由此可见，在时代性与网络技术的双重影响下，新时代青年的社会参与更多的是"正在实现从'群众'到'公民'的转变，不再是旁观者与从属者，而转变为充满负责精神去积极建设自己认同的世界，成为社会参与的主导力量"。

（一）畅通青年政治参与的有效渠道

随着受教育程度的提高与新技术手段的应用，青年参与政治生活和社会公共事务的意愿越来越强烈。而且，新时代青年参与政治的途径日益多样，可通过移动网络、新媒体等加入政治的宣传与互动平台。而调查显示，当前青年政治参与的效能感不高，现有的传统政治参与方式与效果已不能满足青年的政治诉求，为此，首先要切实推动《中长期青年发展规划（2016～2025 年）》中关于"引领青年有序参与政治生活和社会公共事务"的发展举措在地方落地与落实，进一步明确与细化青年政治参与的主体地位、权利与责任、形式与程序等，尤其是对涉及青年自身成长发展的重大问题进行充分协商与论证，赋予青年表达利益诉求的机会，不断研究拓展青年参与社会公共事务的渠道、范围、机制等问题，使青年政治参与制度化、规范化、程序化，确保青年的政治效能感的有序提升；其次要有相当数量的长期浸泡在互联网中的青年群体经常通过网络为自己的利益与权利发声，政府对这个群体必须予以高度重视，并加以理性引导，合法监督，疏大于堵，尤其是对于活跃的网络青年领袖，要充分发挥其政治参与的正功能，并鼓励他们投入社会治理如参与城乡基层群众自治、社区改造等实际事务中，让他们参与构建共建共治共享的社会治理格局，体现他们国家主人翁的自觉意识与主动性，从而实现青年政治参与的双赢局面。

（二）构造青年社会参与的全方位格局

社会参与是青年个体或群体借以显示利益需求的一种社会表达方式，是青年通过合法的方式和途径参与社会生活和公共事务，表达利益诉求并影响政府决策、监督决策实施的具体行为。新时代青年的社会参与出现新特点，传统社会下的社会参与形式、参与内容、参与范围等均不能满足当前青年综合需求，而当代青年日益广泛而深入地卷入社会公共事务，已经成为国家制定社会公共政策尤其是青年政策的重要组成部分，青年社会参与也是我国社会治理发展的主流力量，为此，要因地制宜、因势利导，建立青年社会参与的全方位格局。首先，要全面系统地梳理青年社会参与的制度、政策、法规、条例。随着新时代政府职能的历史性转变以及青年社会参与动机的动态变化，我国需要完善并制定出台更加科学合理的青年社会参与综合政策，并不断优化已有的制度法规。其次，要充分借助新媒体的特征，持续有效地传播青年社会参与的政策、渠道、途径、方式。从某种程度来看，我国现行的青年社会参与政策基本能满足大部分青年的参与需求，而且这些政策也基本能够确保不同青年群体平等参与社会生活的权利，满足青年群体分层分类的需求。但现实却出现青年参与不充分、利益难以实现、意愿难以表达等情境，这大部分是当前政策宣传不得当所导致的。而青年人作为新技术的主要使用者，应该发挥他们社会参与的主体作用与功能，由他们结合自身的专业知识和参与理念，主动策划设计并主导主流媒体的国家大事、时事新闻的传播与宣传。只有让青年亲身体验并切身感受，才能最大限度地发挥现有的青年参与政策、法规、制度的作用。与此同时，才能及时有效地修订现行法规政策在执行过程中所存在的不足之处。

参考文献

1. 中共中央国务院：《中长期青年发展规划（2016～2025年）》，《中国青年报》2017年4月14日。
2. 吴鲁平：《城市青年政治心态与社会参与的特点》，《青年研究》1995年8月。
3. 戴锐、马文静：《网络政治参与与青年政治意识的发展》，《学术交流》2013年第2期。
4. Tianjian Shi. *Political Participation in Beijing* [M]. Harvard University Press, 1997.
5. 陈振明、李东云：《政治参与概念辨析》，《东南学术》2008年第4期。

6. 徐柳、张强主编《广州青年发展报告（2017）》，社科文献出版社，2017。

7. 中国青少年研究网：《青年自组织发展研究报告（1）：青年自组织理论概述》，http：//www. cycs. org/Article. asp？ID＝17497，2012 年 4 月 2 日。

8. 中国青少年研究中心"新世纪中国青年发展报告"课题组：《新世纪中国青年发展报告》，《中国青年研究》2012 年第 4 期。

9. 张永刚：《青年优先发展的因由探微》，《齐鲁学院师范学报》2018 年 8 月。

广州青年社会融入发展状况研究

巫长林*

摘　要：　根据"广州青年发展状况"调查数据，从心理融入、经济融入、文化融入、社区融入四个维度描述广州青年社会融入状况、特点，从性别、年龄、职业、学历等因素分析青年群体在社会融入方面的内部差异，进而分层分类比较分析重点青年群体。研究发现，广州青年的文化融入和经济融入程度较高，心理融入和社区融入状况相对较差；不同年龄段青年群体比较，在职青年群体的社会融入状况程度最高，其次是大学生，融入状况相对较差的是中学生；不同籍贯类型青年群体比较，广州本地青年的社会融入状况最高，其次是新广州青年，融入状况相对较差的是外来青年。促进广州青年更好地实现社会融入，既需要青年个体的努力，也需要多方力量联动，让青年更加主动、自信地适应社会、融入社会、融入广州发展。

关键词：　心理融入　经济融入　文化融入　社区融入　广州青年

一　研究背景与广州社会融入政策实践创新

青年在城市中的社会融入状况是青年群体自身比较关注的热点话题，也

---

* 巫长林，广州市穗港澳青少年研究所助理研究员，主要研究方向为青年参与。

是广州青年工作者在吸引青年人才、服务青年人才、建设人才高地进程中的重点关注的工作领域。国家《中长期青年发展规划（2016～2025年）》指出，青年更加主动、自信地适应社会、融入社会，不同青年群体相互理解尊重；着力促进青年更好实现社会融入，帮助他们更快适应当地习俗、更好融入所在社区，为青年更好融入社会营造良好环境。广州在促进青年社会融入方面，出台了一系列重要政策。一是在户籍政策方面，2019年，广州新一轮"1+1+3"入户政策，不再将符合计划生育政策作为户口迁入的前置条件。同时，放宽引进人才入户的年龄限制。学历类引进人才入户，年龄放宽5岁，并且简化人才入户办理流程。学士、硕士和博士分别从35、40、45周岁调整到40、45、50周岁；将普通高校毕业生接收和入户分离，简化普通高校应届毕业生入户办理流程，在广州就业或创业的普通高校应届毕业生可直接到公安部门办理入户①。二是实施广州市来穗人员融合行动计划，广州市政府通过《广州市来穗人员融合行动计划（2016～2020）》，计划用5年时间，全面实现户籍和非户籍人员的融合融入，通过设置开展全方位的专业化、个性化、优质化融合项目培训，加快推进来穗人员在文化、经济、政治、生活等领域全方位融入广州社会，努力实现广大来穗人员"上岗有培训、劳动有合同、子女有教育、生活有改善、政治有参与、维权有渠道、生活有尊严"，有效促进来穗人员"个人融入企业、子女融入学校、家庭融入社区、群体融入社会"②。三是来穗青年将按积分排序阶梯式享受公共服务，广州市来穗人员积分制服务管理规定（穗府规〔2018〕9号）积分制的积分指标体系由基础指标、加分指标和减分指标三个部分组成。申请人除享受本市规定的基本公共服务外，积分达到相应分值后，可享受以下权益和公共服务：按规定申请广州市居民户口；按规定为随迁子女申请公办学校或政府补贴的民办学校小学一年级和初中一年级学位；按规定申请承租政府公共租

---

① 耿旭静：《重磅！2019广州入户政策出炉！有啥新变化?》，《广州日报》2019年1月11日。

② 胡百慧、张海燕：《广州出台来穗人员融合行动计划 让外来人口全方位融入羊城》，《南方日报》2016年1月5日。

赁住房；本市规定的其他权益和公共服务①。此外，广州市也制定出台了来穗青年申请公共租赁住房政策、来穗青年就业创业政策等，全方位推动广州青年在穗的社会融入。青年的社会融入状况不仅是青年自身非常关注的热点话题，也是青年研究学界的研究热点。已有的研究主要聚焦青年农民工、流动青年、移民青年、海外华人青年等群体的社会融入状况，并对其影响因素进行了研究；也有一些学者对社会融入基础理论进行探索，构建测量社会融入的指标体系。张庆武提出青年流动人口的社会融入是指青年流动人口与迁入地社会实现较好融合的过程及状态，包括其在迁入地社会的生存及发展。② 王军等从职业、社区、文化三个方面对新生代农民工的文化融入进行研究。③ 杨菊华以经济整合、社会适应、文化习得和心理认同四个维度测量流动人口的社会融入状况。④ 周皓勾画了经济融合、文化适应、社会适应、结构融合与身份认同五个维度的社会融入测量指标体系。⑤

本文拟在已有理论研究的基础上，从心理融入、经济融入、文化融入和社区融入四个层面分析广州青年的社会融入状况，并进行如下测量。一是心理融入从身份认可、城市自豪感和城市归属感三个维度测量。心理融入是青年对广州城市的内心认可，是青年对于城市的主观感受，体现广州对青年的人文关怀状况与青年的归属感。二是经济融入从职业发展融入和生活发展融入两个维度测量。经济融入是社会融入的基础，也是青年立足广州生活发展的基础条件；对于职业发展融入和生活融入的具体测量运用职业发展的主观自我评价和生活的自我评价。运用青年自我的感知和评价，更加贴近青年的

---

① 黄艳：《广州市来穗人员积分制服务管理规定及实施细则正式公布》，《信息时报》2018 年 4 月 10 日。
② 张庆武：《青年流动人口社会融入问题研究：以北京市为例》，《青年研究》2014 年第 5 期，第 50 ~ 60 页。
③ 王军、叶一舟、陈静仪：《中国新生代农民工文化融入研究报告》，《中国青年发展报告 NO.1：社会融入与社会参与》，社会科学文献出版社，2018，第 92 ~ 112 页。
④ 杨菊华：《中国流动人口的社会融入研究》，《中国社会科学》2015 年第 2 期，第 61 ~ 79 页。
⑤ 周皓：《流动人口社会融合的测量及理论思考》，《人口研究》2012 年第 3 期，第 27 ~ 37 页。

经济融入状况实际。三是文化融入从语言文化融入和饮食文化融入两个维度测量。广州形成了极具地方独特风格的广府文化，语言以粤语为方言，具有粤菜、广式早茶等美食，将考察青年对粤语掌握的程度和对粤式美食的接受程度作为衡量文化融入的标准。四是社区融入从社区生活融入和社会关系网络融入两个维度测量。社区融入主要是指青年在广州的邻里关系以及社会关系网络状况，体现青年在广州发展的社会资本状况（见表1）。本文尝试为广州青年的社会融入提供一个全景式的描画，利用广州青年发展状况调查数据，从社会融入的四个层面和不同青年群体的社会融入状况比较两个方面描述广州青年社会融入的现状和特点，梳理广州青年社会融入的发展脉络。

表 1　广州青年社会融入发展状况指标

四个维度	9 个具体测量指标
融入意愿(观念)/心理融入	身份认可
	城市自豪感
	城市归属感
经济融入	职业发展融入
	生活发展融入
文化融入	语言文化融入
	饮食文化融入
社区(群)融入	社区生活融入
	社会关系网络融入

二　广州青年社会融入发展现状

（一）广州青年社会融入发展整体状况

1.心理融入状况

二成多（24.5%）青年认可自己是广州人的身份，四成多（42.7%）青年在广州生活感觉很自豪，近五成（47.8%）青年把自己看成这个城市的一部分。具体而言，一是对于"我认为自己是广州人"的说法，1.9%的受访青年表示非常同意，22.6%的青年表示比较同意，8.9的青年表示一般，28.2%的青年表示比较不同意，24.4%的青年表示不同意。二是对于自己生活在广州是否感到自豪，24.8%的青年表示非常自豪，17.9%的青年表示比较自豪，41.5%的青年表示一般，6.5%的青年表示比较不自豪，7.9%的青年表示不自豪。三是对于"把自己看作这个城市的一部分"的观点，23.5%的青年表示非常同意，24.3%的青年表示比较同意，38.5%的青年表示一般，6.8%的青年表示比较不同意，5.3%的青年表示不同意（见表2）。

表2 广州青年心理融入状况

单位：%

观点	非常同意	比较同意	一般	比较不同意	不同意	不清楚
我认为自己是广州人	1.9	22.6	8.9	28.2	24.4	14.0
我生活在广州很自豪	24.8	17.9	41.5	6.5	7.9	1.5
我把自己看作这个城市的一部分	23.5	24.3	38.5	6.8	5.3	1.5

2.经济融入状况

五成多（54.4%）青年表示广州有更多机会让自己去实现梦想，近六成（57.8%）青年表示广州的包容性与兼容性高，四成多（44.9%）青年感觉在广州生活很幸福。具体而言，一是对"广州让我有更多的机会去实现梦想"的说法，23.8%的青年表示非常同意，30.6%的青年表示比较同意，34.4%的青年表示一般，4.8%的青年表示比较不同意，4.6%的青年表示不同意。对"广州的包容性与兼容性高"的观点，28.6%的青年表示非常同意，29.2%的青年表示比较同意，30.2%的青年表示一般，5.3%的青年表示比较不同意，4.7%的青年表示不同意。三是在广州生活的幸福感，23.2%的青年表示非常幸福，21.7%的青年表示比较幸福，41.1%的青年表示一般，7.0%的青年表示比较不幸福，5.8%的青年表示不幸福（见表3）。

表3　广州青年经济融入状况

单位：%

观点	非常同意	比较同意	一般	比较不同意	不同意	不清楚
广州让我有更多的机会去实现梦想	23.8	30.6	34.4	4.8	4.6	1.9
广州的包容性与兼容性高	28.6	29.2	30.2	5.3	4.7	2.0
我在广州生活很幸福	23.2	21.7	41.1	7.0	5.8	1.1

3. 文化融入状况

五成多（52.2%）青年表示喜欢广府文化，近六成（57.8%）青年喜欢吃粤菜、喝广式早茶，六成多（62.2%）青年粤语说得流利。具体而言，一是对于广府文化的喜爱度，26.5%的青年表示非常喜欢，25.7%的青年表示比较喜欢，36.6%的青年表示一般，4.4%的青年表示比较不喜欢，4.9%的青年表示完全不喜欢，1.8%的青年表示不清楚。二是对粤菜、喝广式早茶的接受度，35.9%的青年表示非常喜欢吃，21.9%的青年表示比较喜欢吃，26.2%的青年表示一般，6.7%的青年表示比较不喜欢吃，8.0%的青年表示不喜欢吃，1.3%的青年表示不清楚。三是粤语熟练程度，37.6%的青年粤语说得非常流利，24.6%的青年粤语说得流利，略带地方口音；18.2%的青年粤语说得不太流利，8.9%的青年对粤语只听得懂但不会讲，10.7%的青年对粤语既听不懂又不会讲。

4. 社区融入状况

二成多（22.7%）青年熟悉所在社区的邻里，青年在广州人均有7.12个关系密切的朋友，人均有3.61个可以诉说心事的朋友，人均有3.68个可以讨论重要问题的朋友，人均有7.42个可以借钱（5000元为标准）的朋友。具体而言，一是社区邻里、街坊及其他居民互相之间的熟悉程度，2.8%的青年与社区邻里间非常熟悉，19.9%的青年与社区邻里间比较熟悉，41.5%的青年与社区邻里间熟悉程度一般，24.3%的青年与社区邻里间不太熟悉，11.5%的青年与社区邻里间非常不熟悉。二是在广州关系密切可以得到支持帮助的朋友、熟人，近七成青年（69.2%）有 5 个及以下关系密切的朋友，九成（92.3%）青年拥有的 10 个以内（包含 10 个）关系密切的朋友，其中，6.9% 的青年有 0 个，11.3% 的青年有 1 个，13.0% 的青年有 2 个，14.8% 的青年有 3 个，6.8% 的青年有 4 个，16.4% 的青年有 5 个，4.6% 的青年有 6 个，2.3% 的青年有 7 个，2.7% 的青年有 8 个，0.4% 的青年有 9 个，13.1% 的青年有 10 个。三是在这些关系密切的人中，可以诉说心事的，近九成（88.2%）青年有 5 个及以下，其中，10.2% 的青年有 0 个，20.8% 的青年有 1 个，23.8% 的青年有 2 个，16.9% 的青年有 3 个，5.2% 的青年有 4 个，11.2% 的青年有 5 个。四是可以讨论重要问题的朋友，近九成（87.2%）青年有 5 个及以下，其中，9.3% 的青年有 0 个，23.0% 的青年有 1 个，24.1% 的青年有 2 个，15.2% 的青年有 3 个，5.2% 的青年有 4 个，10.3% 的青年有 5 个。五是可以借钱的朋友，近九成（88.5%）青年有 5 个及以下，其中，19.4% 的青年有 0 个，21.8% 的青年有 1 个，19.3% 的青年有 2 个，13.2% 的青年有 3 个，4.4% 的青年有 4 个，10.4% 的青年有 5 个。

（二）青年社会融入发展状况的内部差异

1. 心理融入方面的差异

女性比男性的心理融入程度更高，女青年在身份认同、广州生活自豪感和城市归属方面的融入程度都高于男性青年。对于广州人的身份表示认同的男女比例分别为 29.1% 和 33.6%，女性高于男性 4.5 个百分点；在广州生活感到很自豪的男女比例分别为 37.1% 和 47.2%，女性高于男性 10.1 个百分点；认同把自己看作这个城市的一部分的男女比例分别为 44.4% 和 50.6%，女性高于男性 6.2 个百分点。

独生子女比非独生子女的心理融入程度更高，独生子女在身份认同、广州生活自豪感和城市归属方面的融入程度都高于非独生子女。对于广州人的身份表示认同的独生子女和非独生子女比例分别为 39.8% 和 28.9%，独生子女高于非独生子女 10.9 个百分点；在广州生活感到很自豪的独生子女和非独生子女比例分别为48.5%和41.1%，独生子女高于非独生子女7.4个百分点；认同把自己看作这个城市的一部分的独生子女和非独生子女比例分别为53.1%和46.6%，独生子女高于非独生子女6.5个百分点。

青年年龄越大则心理融入程度越高，年龄越大的青年群体在身份认同、广州生活自豪感和城市归属方面的融入程度越高于低龄青年。对于广州人的身份表示认同的不同年龄段比例，15~20岁青年群体中为21.5%，21~25岁青年群体中为31.2%，26~30岁青年群体中为39.7%，31~35岁青年群体中为45.5%；在广州生活感到很自豪的不同年龄段比例，15~20岁青年群体中为35.4%，21~25岁青年群体中为41.0%，26~30岁青年群体中为49.1%，31~35岁青年群体中为56.4%；认同把自己看作这个城市的一部分的不同年龄段比例，15~20岁青年群体中为40.1%，21~25岁青年群体中为47.3%，26~30岁青年群体中为54.3%，31~35岁青年群体中为58.9%（见表4）。

表4 不同年龄段青年心理融入差异状况

单位：%

观点	15~20岁	21~25岁	26~30岁	31~35岁
对于广州人的身份表示认同	21.5	31.2	39.7	45.5
在广州生活感到很自豪	35.4	41.0	49.1	56.4
认同把自己看作这个城市的一部分	40.1	47.3	54.3	58.9

2. 经济融入方面的差异

商业、服务业人员对广州发展机会的评价最高，广州不同就业行业青年群体中觉得广州发展充满机会的比例，商业、服务业人员中占比63.5%的青年认为广州发展充满机会，国家机关、党群组织、企业、事业单位负责人中占比62.0%的青年认为广州发展充满机会，个体户/私营企业主中占比60.9%的青年认为广州发展充满机会，办事人员和有关人员中占比53.2%的青年认为广州发展充满机会，社会组织工作者中占比53.4%的青年认为广州发展充满机会，农、林、牧、渔、水利业生产人员中占比52.2%的青年认为广州发展充满机会，专业技术人员中占比 51.2% 的青年认为广州发展充满机会，生产、运输设备操作人员及有关人员中占比 49.6% 的青年认为广州发展充满机会，自由职业者中占比 46.5% 的青年认为广州发展充满机会。

国家机关、党群组织、企业、事业单位负责人行业中的青年群体对广州的包容性与兼容性评价最高，对"广州的包容性与兼容性高"的观点持赞同的比例，国家机关、党群组织、企业、事业单位负责人中占比 70.2% 的青年认为广州的包容性与兼容性高，自由职业者中占比 67.4% 的青年认为广州的包容性与兼容性高，商业、服务业人员中占比 65.5% 的青年认为广州的包容性与兼容性高，个体户/私营企业主中占比 65.2% 的青年认为广州的包容性与兼容性高，社会组织工作者中占比 64.8% 的青年认为广州的包容性与兼容性高，办事人员和有关人员中占比 64.4% 的青年认为广州的包容性与兼容性高，专业技术人员中占比 59.9% 的青年认为广州的包容性与兼容性高，生产、运输设备操作人员及有关人员中占比 57.1% 的青年认为广州的包容性与兼容性高，农、林、牧、渔、水利业生产人员中占比 50.0% 的青年认为广州的包容性与兼容性高。

个体户、私营企业主幸福指数最高，在广州生活感到很幸福的比例，自由职业者中比例为 58.1%，个体户/私营企业主群体中比例为 56.5%，社会组织工作者中比例为 55.9%，国家机关、党群组织、企业、事业单位负责人群体中比例为 54.7%，商业、服务业人员群体中比例为 51.8%，办事人员和有关人员群体中比例为 48.7%，农、林、牧、渔、水利业生产人员群体中比例为 46.8%，生产、运输设备操作人员及有关人员群体中比例为 39.8%，专业技术人员群体中比例为 39.0%。

拥有自有产权房青年的经济融入程度最高，其次是租房青年，最低是住宿舍青年。觉得广州发展充满机会的比例，拥有自有产权房青年群体中占比 62.9% 的青年认为广州发展充满机会，租房青年群体中占比 48.5% 的青年认为广州发展充满机会，住宿舍青年群体中占比 50.3% 的青年认为广州发展充满机会；对"广州的包容性与兼容性高"的观点持赞同的比例，拥有自有产权房青年群体中占比 70.8% 的表示赞同，租房青年群体中占比 53.0% 的青年表示赞同，住宿舍青年群体中占比 47.0% 的青年表示赞同；在广州生活感到很幸福的比例，拥有自有产权房青年群体中占比 63.6% 的青年表示在广州生活感到很幸福，租房青年群体中占比 33.7% 的青年表示在广州生活感到很幸福，住宿舍青年群体中占比 33.1% 的青年表示在广州生活感到很幸福。

住在别墅区或高级住宅区青年对广州发展机会的评价最高。广州不同居住类型青年群体中觉得广州发展充满机会的比例，别墅区或高级住宅区青年群体中占比 58.9% 的青年认为广州发展充满机会，普通商品房小区青年群体中占比 58.1% 的青年认为广州发展充满机会，新近由农村社区转变过来的城市社区青年群体中占比 57.0% 的青年认为广州发展充满机会，农村青年群体中占比 55.7% 的青年认为广州发展充满机会，保障性住房社区青年群体中占比 51.3% 的青年认为广州发展充满机会，未经改造的老城区青年群体中占比 51.0% 的青年认为广州发展充满机会，单一或混合的单位社区青年群体中占比 43.2% 的青年认为广州发展充满机会。

住在新近由农村社区转变过来的城市社区的青年对广州的包容性与兼容性评价最高，对"广州的包容性与兼容性高"的观点持赞同的比例，新近由农村社区转变过来的城市社区青年群体中占比 65.2% 的青年表示赞同，普通商品房小区青年群体中占比 61.0% 的青年表示赞同，别墅区或高级住宅区青年群体中占比 60.7% 的青年表示赞同，农村青年群体中占比 59.3% 的青年表示赞同，未经改造的老城区青年群体中占比 54.8% 的青年表示赞同，单一或混合的单位社区青年群体中占比 50.4% 的青年表示赞同，保障性住房社区青年群体中占比 47.4% 的青年表示赞同。

住在普通商品房小区的青年幸福指数最高，在广州生活感到很幸福的比例，普通商品房小区青年群体中占比 51.8% 的青年在广州生活感到很幸福，别墅区或高级住宅区青年群体中占比 50.9% 的青年在广州生活感到很幸福，农村青年群体中占比 46.9% 的青年在广州生活感到很幸福，保障性住房社区青年群体中占比 44.9% 的青年在广州生活感到很幸福，未经改造的老城区青年群体中占比44.3%的青年在广州生活感到很幸福，新近由农村社区转变过来的城市社区青年群体中占比39.0%的青年在广州生活感到很幸福，单一或混合的单位社区青年群体中占比35.8%的青年在广州生活感到很幸福。

3. 文化融入方面的差异

广州农村户籍青年文化融入程度最高，他们对于广府文化、粤式饮食文化的接受度和粤语水平最高。不同户籍类型青年喜欢广府文化的比例，广州农村户籍青年群体中占比66.8%的青年喜欢广府文化，广州城镇户籍青年群体中占比65.8%的青年喜欢广府文化，外地城镇户籍青年群体中占比40.6%的青年喜欢广府文化，外地农村户籍青年群体中占比39.7%的青年喜欢广府文化。不同户籍类型青年喜欢吃粤菜、喝广式早茶的比例，广州农村户籍青年群体中占比72.0%的青年喜欢吃粤菜、喝广式早茶，广州城镇户籍青年群体中占比71.8%的青年喜欢吃粤菜、喝广式早茶，外地城镇户籍青年群体中占比50.0%的青年喜欢吃粤菜、喝广式早茶，外地农村户籍青年群体中占比43.0%的青年喜欢吃粤菜、喝广式早茶。不同户籍类型青年的粤语水平，广州农村户籍青年群体中占比88.8%的青年粤语熟练，广州城镇户籍青年群体中占比77.5%的青年粤语熟练，外地城镇户籍青年群体中占比49.9%的青年粤语熟练，外地农村户籍青年群体中占比44.1%的青年粤语熟练。

青年的学历越高越容易融入广州文化，不同学历青年喜欢广府文化的比例，初中学历青年群体中占比33.0%的青年喜欢广府文化，高中（含中专、中技）学历青年群体中占比44.9%的青年喜欢广府文化，大专学历青年群体中占比52.8%的青年喜欢广府文化，大学本科学历青年群体中占比56.8%的青年喜欢广府文化，硕士学历青年群体中占比62.0%的青年喜欢广府文化，博士学历青年群体中占比40.0%的青年喜欢广府文化。不同学历青年喜欢吃粤菜、喝广式早茶的比例，初中学历青年群体中占比37.6%的青年喜欢吃粤菜、喝广式早茶，高中学历青年群体中占比47.8%的青年喜欢吃粤菜、喝广式早茶，大专学历青年群体中占比56.9%的青年喜欢吃粤菜、喝广式早茶，大学本科学历青年群体中占比65.2%的青年喜欢吃粤菜、喝广式早茶，硕士学历青年群体中占比57.7%的青年喜欢吃粤菜、喝广式早茶，博士学历青年群体中占比40.0%的青年喜欢吃粤菜、喝广式早茶。不同学历青年粤语说得流利的比例，初中学历青年群体中占比44.9%的青年粤语说得流利，高中学历青年群体中占比53.0%的青年粤语说得流利，大专学历青年群体中占比67.1%的青年粤语说得流利，大学本科学历青年群体中占比64.1%的青年粤语说得流利，硕士学历青年群体中占比57.1%的青年粤语说得流利。

青年在广州居住时间越长其文化融入程度越深，居住时间更长的青年对于广府文化、粤式饮食文化的接受度和粤语水平更高。在广州居住时间长短不同青年喜欢广府文化的比例，在广州居住5年及以下的青年群体中占比38.6%的青年喜欢广府文化，居住6~10年的青年群体中占比45.2%的青年喜欢广府文化，居住11~15年的青年群体中占比55.4%的青年喜欢广府文化，居住16~20年的青年群体中占比65.2%的青年喜欢广府文化，居住21年及以上的青年群体中占比78.6%的青年喜欢广府文化。在广州居住时间长短不同青年喜欢吃粤菜、喝广式早茶的比例，在广州居住5年及以下的青年群体中占比44.7%的青年喜欢吃粤菜、喝广式早茶，居住6~10年的青年群体中占比55.2%的青年喜欢吃粤菜、喝广式早茶，居住11~15年的青年群体中占比56.2%的青年喜欢吃粤菜、喝广式早茶，居住16~20年的青年群体中占比69.3%的青年喜欢吃粤菜、喝广式早茶，居住21年及以上的青年群体中占比84.7%的青年喜欢吃粤菜、喝广式早茶。在广州居住时间长短不同青年粤语说得流利的比例，在广州居住5年及以下的青年群体中占比41.3%的青年粤语说得流利，居住6~10年的青年群体中占比58.7%的青年粤语说得流利，居住11~15年的青年群体中占比62.8%的青年粤语说得流利，居住16~20年的青年群体中占比83.3%的青年粤语说得流利，居住21年及以上的青年群体中占比97.6%的青年粤语说得流利。

4. 社区融入方面的差异

已婚青年比未婚青年的社区融入状况更高，已婚青年在社区邻里的熟悉度和社会关系网络方面都高于未婚青年。对所在社区邻里熟悉的青年比例，已婚青年群体中占比 28.7% 的青年对所在社区邻里熟悉，未婚青年群体中占比 20.3% 的青年对所在社区邻里熟悉。社会关系网络方面，在广州关系密切的朋友，已婚青年人均有 7.60 个，未婚青年人均有 7.01 个；可以诉说心事的朋友，已婚青年人均有 3.54 个，未婚青年人均有 3.63 个；可以讨论重要问题的朋友，已婚青年人均有 3.54 个，未婚青年人均有 3.72 个；可以借钱的朋友，已婚青年人均有 9.80 个，未婚青年人均有 6.65 个。

三代同堂青年的社区融入度最高，对所在社区邻里熟悉的比例，三代同堂青年群体中占比 32.9% 的青年对所在社区邻里熟悉，与父母同住青年群体中占比 27.2% 的青年对所在社区邻里熟悉，与配偶及小孩同住青年群体中占比 31.4% 的青年对所在社区邻里熟悉，与配偶两人同住青年群体中占比 17.1% 的青年对所在社区邻里熟悉，单身独居青年群体中占比 13.7% 的青年对所在社区邻里熟悉，未婚同居青年群体中占比 8.6% 的青年对所在社区邻里熟悉，与其他人合住青年群体中占比 14.8% 的青年对所在社区邻里熟悉。

二 青年群体间的社会融入状况比较分析

（一）在职青年、大学生和中学生群体的比较分析

本次调查结果显示，从家乡来看，学生群体外来人员比重高，在职青年则土生土长的广州人比重高。大学生群体中外来人员比重是 74.9%，中学生群体中外来人员比重是 60.6%，在职青年群体中外来人员比重是 37.5%。新广州人在三大群体中所占的比重分别是，在职青年 22.4%、大学生 11.2%、中学生 6.2%；土生土长的广州人在三大群体中所占的比重分别是，在职青年 39%、大学生 12.4%、中学生 29.7%。这说明，广州高校和中学林立，是教育资源比较丰富的地区，全国各地青年都比较愿意来广州读书，特别是广州的大学生生源比较广泛，来自五湖四海，体现了广州对其他地区青年的巨大吸引力。因此，本文将这三大重点群体的社会融入状况进行

比较分析如下。

1. 心理融入状况比较

身份认同方面差异较大，在职青年最认同自己的身份是广州人，其次是中学生，认同度最低的是大学生。有38.6%的在职青年认同自己是广州人，有30.5%的中学生认同自己是广州人，有13.8%大学生认同自己是广州人。

生活自豪感方面差异相对均衡，在职青年生活在广州的自豪感最高，其次是中学生，最低的是大学生。占47.6%的在职青年表示生活在广州感觉自豪，占37.6%的中学生表示生活在广州感觉自豪，占33.4%的大学生表示生活在广州感觉自豪。

城市归属感方面差异相对较小，在职青年最愿意把自己看作这个城市的一部分，其次是中学生，最低的是大学生。占52.7%的在职青年把自己看作这个城市的一部分，占41.2%的中学生把自己看作这个城市的一部分，占39.7%的大学生把自己看作这个城市的一部分。

2. 经济融入状况比较

对广州发展机会期望方面差异较小，在职青年对广州的发展机会评价最高，其次是大学生，最低的是中学生。55.7%的在职青年看好自己在广州的发展机会，53.7%的大学生看好自己在广州的发展机会，50.2%的中学生看好自己在广州的发展机会。

对广州的包容性与兼容性评价方面相对均衡，在职青年对广州的包容性与兼容性评价最高，其次是大学生，最低的是中学生。63.5%的在职青年表示广州的包容性与兼容性高，53.4%的大学生表示广州的包容性与兼容性高，42.1%的中学生表示广州的包容性与兼容性高。

在广州生活幸福感方面差异较大，在职青年在广州生活幸福感最高，其次是中学生，最低的是大学生。49.1%的在职青年感觉在广州生活很幸福，42.7%的中学生感觉在广州生活很幸福，35.7%的大学生感觉在广州生活很幸福。

3. 文化融入状况比较

广府文化的接受度方面差异不大，在职青年最喜欢广府文化，其次是大学生，最低的是中学生。57.7%的在职青年喜欢广府文化，44.7%的大学生喜欢广府文化，42.5%的中学生喜欢广府文化。

粤语水平方面差异较大，在职青年的粤语语言融入度最高，其次是中学生，最低的是大学生。粤语的熟练程度，44.1%的在职青年粤语说得非常流利，26.0%的大学生粤语说得非常流利，29.9%的中学生粤语说得非常流利；7.6%的在职青年既听不懂又不会讲粤语，16.5%的大学生既听不懂又不会讲粤语，14.1%的中学生既听不懂又不会讲粤语（见表5）。

表5　在职青年、大学生和中学生粤语水平比较

单位：%

类别	非常流利	流利,略带地方口音	不太流利	听得懂但不会讲	既听不懂又不会讲
在职青年	44.1	25.8	16.7	5.8	7.6
大学生	26.0	24.1	24.3	9.2	16.5
中学生	29.9	20.9	15.0	20.1	14.1

粤式饮食文化方面的差异相对均衡，在职青年最喜欢吃粤菜、喝广式早茶，64.5%的在职青年喜欢吃粤菜、喝广式早茶，49.6%的大学生喜欢吃粤菜、喝广式早茶，44.6%的中学生喜欢吃粤菜、喝广式早茶。

4. 社区融入状况比较

社区邻里的熟悉程度方面差异不大，在职青年的社区融入度略高于大学生。23.1%的在职青年和本社区的邻里、街坊及其他居民互相之间关系熟悉，21.5%的大学生和本社区的邻里、街坊及其他居民互相之间关系熟悉（见表6）。

表6　在职青年和大学生的邻里熟悉程度比较

单位：%

类别	非常熟悉	比较熟悉	一般	不太熟悉	非常不熟悉
在职青年	3.0	20.1	40.8	24.9	11.2
大学生	2.1	19.4	43.4	22.7	12.3

社会关系网络强弱方面的差异，中学生由于处在中学阶段，友谊比较深，朋友圈比较广；而大学生的人脉资源是最薄弱的，他们的同辈支持相对比较薄弱；在职青年的社会支持则处于中间（见表7）。

表7　在职青年、大学生和中学生社会关系网络比较

单位：人

类别	支持和帮助的朋友/熟人	可以诉说心事的朋友/熟人	可以讨论重要问题的朋友/熟人	可以借钱（5000元为标准）的朋友/熟人
在职青年	6.95	3.40	3.39	7.09
大学生	5.52	3.18	3.2	8.28
中学生	10.44	5.18	5.67	—

因此，总体上，在职青年的社会融入程度是最高的，其次是大学生，最低的是中学生；经济融入和心理融入的差异是比较突出的，文化融入和社区融入的差异是比较小的。在职青年、大学生和中学生，他们是处在不同年龄段的青年群体，也是不同年代的青年，中学生群体主要是"00"后青年，大学生群体主要是"95后"青年，而在职青年主要是"80后"和"90后"青年，他们的社会融入状况差异随着人生的发展会逐渐削减。

（二）本地青年、新广州青年和外来青年群体的比较分析

本次调查结果显示，从家乡来看，31.4%的青年是土生土长的广州人，17.2%的青年是新广州人（户口由市外迁入广州），49.8%的青年是外来人员（户口不在广州），1.6%的青年则选择"其他"选项。已有的研究成果显示，本地青年、新广州青年和外来青年的社会融入状况差异比较明显，也是需要重点关注的。因此，将这三大群体的社会融入状况进行比较分析如下。

1. 心理融入状况比较

身份认同方面的差异是比较大的，土生土长广州青年最认同自己的身份是广州人，其次是新广州青年，最低的是外来青年。近八成（78.6%）的

土生土长广州青年认为自己是广州人，20.6%的新广州青年认为自己是广州人，6.5%的外来青年认为自己是广州人。

生活自豪感方面差异相对均衡，土生土长广州青年生活在广州自豪感最高，其次是新广州青年，最低的是外来青年。73.9%的土生土长广州青年表示生活在广州感觉自豪，36.5%的新广州青年表示生活在广州感觉自豪，26.2%的外来青年表示生活在广州感觉自豪。

城市归属感方面的差异相对较小，土生土长广州青年最愿意把自己看作这个城市的一部分，其次是新广州青年，最低的是外来青年。70.3%的土生土长广州青年把自己看作这个城市的一部分，43.3%的新广州青年把自己看作这个城市的一部分，36.3%的外来青年把自己看作这个城市的一部分。

2. 经济融入状况比较

青年在广州发展机会期望方面的差异相对较小，土生土长广州青年对广州的发展机会评价最高，其次是新广州青年，最低的是外来青年。64.2%的土生土长广州青年看好自己在广州的发展机会，52.6%的新广州青年看好自己在广州的发展机会，50.2%的外来青年看好自己在广州的发展机会。

青年对广州的包容性与兼容性评价方面相对一致，土生土长广州青年对广州的包容性与兼容性评价最高，其次是新广州青年，最低的是外来青年。76.5%的土生土长广州青年表示广州的包容性与兼容性高，58.3%的新广州青年表示广州的包容性与兼容性高，47.2%的外来青年表示广州的包容性与兼容性高。

青年生活幸福感方面的差异相对较大，土生土长的广州青年生活幸福感最高，其次是新广州青年，最低的是外来青年。73.1%的土生土长广州青年感觉在广州生活很幸福，41.0%的新广州青年感觉生活很幸福，29.5%的外来青年感觉生活很幸福。

3. 文化融入状况比较

青年的广府文化接受度方面差异相对较小，土生土长广州青年最喜欢广府文化，其次是新广州青年，最低的是外来青年。76.7%的土生土长广州青年很喜欢广府文化，47.4%的新广州青年很喜欢广府文化，39.7%的外来青年很喜欢广府文化。

青年的粤语水平差异相对较大，土生土长广州青年的粤语熟练度最高，其次是新广州青年，最低的是外来青年。96.6%的土生土长广州青年粤语说得非常流利，52.4%的新广州青年粤语说得非常流利，44.3%的外来青年粤语说得非常流利；0.5%的土生土长广州青年既听不懂又不会讲粤语，11.1%的新广州青年既听不懂又不会讲粤语，16.9%的外来青年既听不懂又不会讲粤语。

青年的粤式饮食文化方面差异相对均衡，土生土长广州青年最喜欢吃粤菜、喝广式早茶，其次是新广州青年，最低的是外来青年。81.6%的土生土长广州青年喜欢吃粤菜、喝广式早茶，54.8%的新广州青年喜欢吃粤菜、喝广式早茶，45.3%的外来青年喜欢吃粤菜、喝广式早茶。

4. 社区融入状况比较

青年社区的邻里熟悉程度差异较大，土生土长广州青年与社区邻里间的熟悉程度最高，其次是新广州人，最低的是外来人员。39.6%的土生土长广州青年和本社区（村）的邻里、街坊及其他居民互相之间关系熟悉（包括非常熟悉和比较熟悉），13.1%的新广州青年和本社区（村）的邻里、街坊及其他居民互相之间关系熟悉，15.6%的外来青年和本社区（村）的邻里、街坊及其他居民互相之间关系熟悉（见表8）。

表8　本地青年、新广州青年和外来青年的社区邻里熟悉程度

单位：%

类别	非常熟悉	比较熟悉	一般	不太熟悉	非常不熟悉
土生土长广州人	6.2	33.4	41.6	14.7	4.1
新广州人	0.3	12.8	45.6	26.1	15.3
外来人员	1.4	14.2	39.1	29.8	15.6

青年社会关系网络强弱方面的差异，土生土长广州青年本地优势明显，新广州青年和外来青年的差异不大，外来青年的社会关系网络略高于新广州青年（见表9）。土生土长广州青年具有先天的血缘、乡缘等社会关系网络，

在获得朋友支持帮助、诉说心事、讨论问题和借钱等方面具有优势。在研究中发现，外来青年的社会关系网络在获得朋友支持帮助、诉说心事、讨论问题和借钱等方面强于新广州青年，新广州青年的社会支持有待提升。

表9　本地青年、新广州青年和外来青年社会关系网络比较

单位：人

类别	支持和帮助的 朋友/熟人	可以诉说 心事的朋友/熟人	可以讨论重要 问题的朋友/熟人	可以借钱 （5000元为标准） 的朋友/熟人
土生土长广州人	9.46	4.36	4.56	12.60
新广州人	5.32	3.12	3.00	4.88
外来人员	5.83	3.21	3.26	5.20

因此，总体上，广州本地青年的融入程度是最高的，其次是新广州青年，最低的是外来青年；本地青年、新广州青年和外来青年群体间的心理融入程度差异是最大的，融入程度相对较为均衡的是经济融入和文化融入，社区融入程度的差异是相对较小的。土生土长广州青年由于"生于斯长于斯"的缘故，心理融入程度是最高的；其次是新广州青年，由于新广州青年获得了广州的身份，因此其内心的归属感是比较强烈的；最低的是外来人员，这是未来需要引起重视的问题。

四　结论、预测与对策建议

（一）结论

第一，广州青年总体上社会融入状况较高，青年积极融入广州社会发展。青年在心理融入方面是比较弱的，三成多青年认可自己广州人的身份，四成多青年在广州生活感觉很自豪，近五成青年把自己看成这个城市的一部分；经济融入方面，五成多青年表示广州有更多的机会让自己去实现梦想，近六成青年表示广州的包容性与兼容性高，四成多青年感觉在广州生活很幸

263

福；文化融入方面，五成多青年表示喜欢广府文化，六成多青年粤语说得流利，近六成青年喜欢吃粤菜、喝广式早茶；社区融入方面，二成多青年熟悉所在社区的邻里，青年在广州人均有 7.12 个关系密切的朋友，人均有 3.61 个可以诉说心事的朋友，人均有 3.68 个可以讨论重要问题的朋友，人均有 7.42 个可以借钱的朋友。

第二，青年社会融入存在一定层次性和差异性。广州青年整体上经济融入和文化融入状况较好，心理融入和社区融入状况较差。广州青年的社会融入状况受到个体主观因素和客观因素的影响，年龄、在广州居住时间、文化程度、职业、婚姻状况、居住的社区类型等都是影响青年社会融入状况的重要因素。

第三，青年社会融入存在群体差异性。在职青年群体、大学生、本地青年、新广州青年群体的融入状况较好，中学生、外来青年群体融入状况相对较差。青年群体间的社会融入差异的鸿沟，一方面是群体特性导致的，另一方面也是社会融入的条件和环境导致的。因此，未来要进一步缩小青年群体间的融入差距，营造良好的社会融入环境，促进青年群体融合发展。

（二）预测

第一，广州青年未来逐步更好地实现社会融入，广州对青年的吸引力进一步加强。近年来，各城市为了抢夺青年人才，纷纷出台吸引青年人才的政策。广州这两年也从降低落户门槛、鼓励青年来穗就业创业等方面加大吸引青年人才的力度。随着广州经济实力和软实力的进一步提升，广州青年在城市发展中的融入程度会逐渐增强，进一步巩固对广州的归属感。

第二，广州青年朝着融合趋势发展，群体间深度融合发展力度增强。广州是充满青春活力的城市，不同类型青年在广州都可以拥有属于自己的筑梦空间。这些不同类型青年群体，在广州这座充满魅力的城市中相互包容；未来不同青年群体的接受度将会提升，不同青年群体间将会更好地实现深度融合发展。

第三，广州青年的社会融入服务体系逐渐完善，青年社会融入的环境逐渐提升。随着对青年社会融入问题的重视，青年的社会融入工作体系逐渐搭建，这将会推动建立促进青年社会融入的长效机制，更好地促进青年在广州的社会融入，提升青年对广州的归属感、认同感和获得感。

（三）对策建议

第一，推动青年群体间的融合发展，建设青年融合发展型城市。广州是青年心目中的一线城市，来自五湖四海的青年都在广州追梦，这些不同类型的青年群体构成了多元的广州社会，为广州的发展带来了生机与活力。不同青年群体在广州的社会融入程度是存在差异的，他们在广州的发展程度也存在一定的差异。以青年发展为导向，推动青年群体间的融合发展，汇聚各类青年群体的力量，促进活力城市的发展。城市的发展依托于青年力量，青年得到了发展，城市也就充满了发展的潜力。积极凝聚青年人才来广州发展，为青年的发展搭建舞台，建设青年融合发展型城市，为各地的青年提供追梦的希望与寄托。

第二，以社区为着眼点，借助社工和志愿者力量推动青年的社区融入。社区是青年在广州发展的落脚点，社区是促进青年社会融合的重要平台。要依托社区组织，借助专业的社工队伍和广泛的社区志愿者力量推动青年的社区融入，解决青年在社区融入方面遇到的问题与困难。当前广州一些社区已经开始探索青年的社会融入项目，这些项目以推动青年的社会融入为导向，积极营造"共建共治共享"的社区融合发展局面，提升青年对所在社区的归属感。充分发挥社区的引领作用，引导青年参与社区公共生活，搭建社区青年交流平台，提升青年的社区关系网络，建立良好的社会资本。

第三，提升青年的服务工作，培养广州青年对城市的认同感与归属感。以青年社会融入发展需求为导向，解决青年融入广州社会所面临的问题，促进广州青年的深度融合，在服务青年工作方面走在全国前列。当前，青年社会融入方面比较迫切的需求是住房问题，广州在解决青年住房问题方面进行了积极探索，建立了大批青年公租房、青年人才公寓等，但是，青年对住房问题是比较关注的。随着青年的成家立业，他们对于住房的需求更加迫切。

因此，以青年住房需求为着眼点，服务青年的社会融入需求，推动青年发展的需求，以服务吸引凝聚青年。

参考文献

1. 张庆武：《青年流动人口社会融入问题研究：以北京市为例》，《青年研究》2014年第5期。
2. 王军、叶一舟、陈静仪：《中国新生代农民工文化融入研究报告》，见陈光金主编《中国青年发展报告 NO.1：社会融入与社会参与》，社会科学文献出版社，2018。
3. 杨菊华：《中国流动人口的社会融入研究》，《中国社会科学》2015年第2期。
4. 周皓：《流动人口社会融合的测量及理论思考》，《人口研究》2012年第3期。

广州青年权益发展状况研究

谭丽华　周理艺*

摘　要： 研究调查了当前广州青年的权益需求、权益法律法规认知、维权意愿以及对自身权益维护行为之结果的满意度，并分析了影响青年维权意愿的机制。研究发现，生存权益和发展权益是广州青年较为关注的权益内容，主要体现在关注教育、医疗和个人发展等方面的权益；广州青年对相关权益的法律法规有一定的了解认知，但仍普遍缺少系统学习；广州青年合法维权意愿较高，但采取维权行动的比例较小，青年对维权手段效果和维权结果的满意度评价为一般；青年的社会支持状况、法律认知和维权效果会对青年的维权意愿和行动有显著的影响；未成年人权益得到广州社会各界关注，在青少年权益教育中开展了广泛多样的活动，在青少年维权行动上亦有良好的社会基础和成效；青年发展是广州发展成为粤港澳大湾区及"一带一路"重要城市的人才保障，预计未来广州青年权益状况将在继续深入展开家校及社区的未成年人权益宣教法律维护、在校青年及在职青年生存权和发展权的法律法规完善、社会支持及青年权益维护个案支持等方面进一步完善。

关键词： 青年权益　维权意愿　广州

* 谭丽华，广州市团校、广州市穗港澳青少年研究所助理研究员，博士；周理艺，广州市团校、广州市穗港澳青少年研究所研究助理。

一 研究背景和意义

青年权益是指青年受法律保护的合法权利和利益。郭开元等在《中国青少年权益保护发展进步的总体状况》中指出，青年的权益包括生存权、发展权、受保护权、参与权。

党的十八大以来，党和国家高度重视和亲切关怀青年的成长和发展，通过党和国家支持、有关部门密切合作、共青团协调、社会参与，共同加强和改进青年权益保护工作。青年权益保护工作取得了新的发展进步，权益保护的法律体系趋于完善，权益保护的工作模式不断创新。

近年来，广东省全面重点推进青少年群体工作，着力解决影响青少年健康成长的突出问题，预防和减少青少年违法犯罪，帮助青少年健康成长，助力平安广东建设，努力实现南粤大地处处都有阳光。日前，广东省委、省政府正式出台《广东中长期青年发展规划（2018～2025年)》并发布实施，聚焦当前广东省青年成长发展迫切需要关注的核心权益。

广州市紧跟国家和广东省的步伐，一直关注和完善青年人的权益保障工作，前几年推动出台《广州市未成年人保护规定》，为未成年人保护工作提供法律保障，而且充分调动社会力量保障青年权益，如成立了"金不换合适成年人服务中心"、建设"青年地带"社工站，将青年权益保障工作落到实处。

本研究使用问卷调查和案例研究的方法了解广州青年权益保障方面的现状，研究在校中学、大学青年及在职青年等不同青年群体权益保障状况的异同，明确不同青年群体权益保障的认知、意愿及行为，探索青年权益保障的影响机制，分析了近年广州青年权益维护个案的有益行动及成效，预测广州青年权益维护工作将稳步进展。

二 青年权益现状

（一）青年对青年权益关注情况

总体来看，广州青年最关心的权益前三项分别为教育（41.7%）、医疗（40.3%）、个人发展（32.2%），可以看出广州青年比较关心个人的发展权益和生存权益，而这几方面也是近年来社会发展的热点问题。

1. 在职青年对各项权益的关注度均低于青年总体情况

与总体青年的各项权益关注度相比，在职青年对各项权益的关注度均低于总体情况，他们最关注的权益前三项分别是医疗（16.7%）、教育（13.5%）、社会保障（12.8%），与总体此三项的关注度40.3%、41.7%、31.0%的差距较大。以往的调查显示，在职青年在教育方面更多的是关注整个社会的教育环境或者是子女的教育问题，而并不是自身的受教育情况。在职青年对就业和创业方面的关注度只有7.3%和4.1%。相比其他青年群体来说，在职青年自身的资源相对较多，社会支持度相对较高，他们可以有效地维护自身的权益，因此相对其他青年群体，他们对自身权益的关注度会低于总体情况。

2. 大学生对教育权益和就业权益关注度明显

大学生青年关注的权益排名前三项分别是教育（45.7%）、就业（33.9%）和医疗（31.9%）。作为学生群体，大学生关注自身的受教育的权益，同时他们也面临着毕业后的择业问题，因此大学生关注就业方面的权益。而大学生对创业方面的权益关注度远低于就业权益的关注度。

3. 除教育权益，中学生关注安全权益和未成年人权益

中学生青年关注的权益排名前三项分别是教育（43.1%）、安全（39.8%）、未成年人权益（32.8%）。调查显示，目前中学生对自身安全意识较高，他们较为关注校园欺凌等危害其身心安全的问题，而且中学生对未成年人相关法律法规有一定的认知。得益于近年来教育与宣传的普及，中学

生维护权益的意识得到明显提升。

4.男性青年关注个人发展，女性青年关注安全权益

通过对男女青年群体关注的权益项目比较发现，男性青年关注的权益排名前三项分别是教育（39.2%）、医疗（35.7%）、个人发展（34.9%），女性青年关注的权益排名前三项分别是医疗（44.7%）、教育（43.9%）、社会保障（33.5%）。男性青年对创业、个人发展、财产权益的关注度高于女性青年，女性青年对教育、医疗、社会保障、安全等权益比男性青年更为关注。总体来说，男女青年群体关注的权益大体一致，但也有差异，男性青年更偏向于个人发展权益，女性青年更偏向于生存权益（见表1）。

（二）中学生对未成年人权益认知状况

1.中学生对未成年人权益法律法规有浅显认知

中学生大都了解未成年人保护方面的法律、公约，但是认真学习过的比例比较小。调查显示，超过四成的中学生听说过《未成年人保护法》《预防未成年人犯罪法》《义务教育法》《儿童权利公约》《中国儿童发展纲要》等法律、公约，比例分别为43.1%、45.3%、42.9%、44.9%、45.5%。有二至三成的青年浏览过上述的法律、公约，但是认真学过上述法律、公约的比例较小，仅占一成左右。五个法律、公约比较，中学生对《未成年人保护法》《义务教育法》的了解学习程度相对较高，对《儿童权利公约》《中国儿童发展纲要》的了解和学习程度相对较低（见表2）。

2.中学生关注如何预防校园欺凌

调查发现，中学生最迫切需要了解的权益知识前三项分别是：预防校园欺凌（57.3%）、预防性侵害未成年人（42.2%）、预防拐卖未成年人（35.2%）。近年来，校园欺凌、性侵未成年人都是社会比较关注的社会现象。中学生迫切需要了解这些方面的权益知识，从侧面反映了这些现象的严重性以及对未成年人的危害性。加强中学生在这些方面的权益知识的学习，可在一定程度上预防这些现象的发生（见图1）。

表1 青年最关心的权益分析

类别	总体		在职青年		大学生		中学生		男		女	
	N	百分比（%）	N	百分比（%）	N	百分比（%）	N	百分比（%）	N	百分比（%）	N	百分比（%）
未成年人权益	448	17.5	204	4.5	108	18.0	136	32.8	189	16.9	250	17.8
预防未成年人犯罪	515	20.1	303	6.6	121	20.2	91	21.9	229	20.4	272	19.4
教育	1069	41.7	616	13.5	274	45.7	179	43.1	439	39.2	617	43.9
医疗	1034	40.3	762	16.7	191	31.9	81	19.5	400	35.7	628	44.7
就业	646	25.2	332	7.3	203	33.9	111	26.7	280	25.0	358	25.5
创业	341	13.3	186	4.1	82	13.7	73	17.6	205	18.3	128	9.1
社会保障	795	31.0	582	12.8	126	21.0	87	21.0	314	28.0	470	33.5
财产	442	17.2	301	6.6	74	12.4	67	16.1	217	19.4	215	15.3
人身	376	14.7	202	4.4	89	14.9	85	20.5	161	14.4	210	15.0
安全	739	28.8	397	8.7	177	29.5	165	39.8	275	24.5	451	32.1
个人发展	827	32.2	520	11.4	183	30.6	124	29.9	391	34.9	424	30.2
维护人格尊严	331	12.9	147	3.2	84	14.0	100	24.1	156	13.9	166	11.8
其他	21	0.8	9	0.2	7	1.2	5	1.2	10	0.9	10	0.7

表2 中学生对法律、公约的学习了解程度统计

单位：%

类别	不知道	听说过	浏览过	认真学过
《未成年人保护法》	11.1	43.1	32.0	13.8
《预防未成年人犯罪法》	10.5	45.3	31.4	12.9
《义务教育法》	9.5	42.9	34.4	13.2
《儿童权利公约》	25.4	44.9	23.4	6.3
《中国儿童发展纲要》	29.3	45.5	19.3	5.9

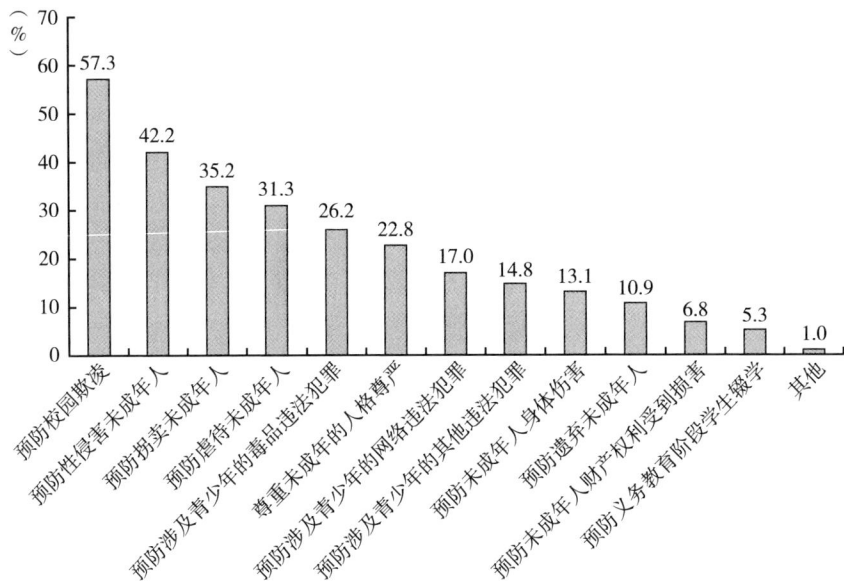

图1 中学生最迫切需要了解的权益知识

（三）青年权益遭遇侵害情况

1. 约三成在职青年和中学生青年认为自身权益曾经受到损害

调查显示，超过三成受访广州青年表示自身权益曾经受过损害。其中，32.7%的在职青年自身权益曾经受到损害，29.9%的受访中学生自身权益受到损害。由此可以看出，青年权益保护工作还有待提高。

表3 关于"是否遇到自身权益受损的事情"的统计

类别	总体		在职青年		大学生		中学生	
	频率	百分比（％）	频率	百分比（％）	频率	百分比（％）	频率	百分比（％）
是	799	33.9	485	32.7	208	40.0	106	29.9
否	1561	66.1	1000	67.3	312	60.0	249	70.1
合计	2360	100.0	1485	100.0	520	100.0	355	100.0

2.大学青年认为自身权益受侵害情况较多

相比在职青年和中学生青年，大学生青年认为自身权益受到损害的比例更高。40.0％的受访大学生表示自身权益曾经受到损害。一方面，相对于中学生来说，大学生有较高的权益认知和保护意识，他们更能辨别自身权益是否受到侵害。另一方面，相比在职青年，大学生的物质或社会支持等资源较弱。他们对自身权益的保护能力可能不及在职青年，权益可能更容易被侵害。所以，大学生青年认为自身权益曾遭遇侵害的比例较高。

（四）青年的维权状况

1.青年的维权意愿较高

当自身权益受到损害时，青年的维权意愿较高。总体来说，83.7％的受访青年当自身权益受到损害时，有较高意愿维护自身的权益，意愿程度非常高的占比35.9％，意愿程度较高的占比47.8％。不同职业身份的青年的维权意愿没有显著的差异。从性别角度来比较，男女青年表现的维权意识也没有明显的差异。由此可以看出，整个广州青年群体对于维权的意愿是较高的，没有出现小群体性的差异（见表4）。

2.青年愿意通过合法有序的方式维护自身权益

调查发现，广州青年维权方式表现出如下特点。

一是青年有较高意愿采用法律途径和政府渠道有序地维护自身合法权益。调查发现，受访的在职青年群体中有62.9％的青年通过采取法律措施维权，58.5％的青年通过向政府职能部门反映的方式维权；在大学生青年群体中，相应的比例分别为60.1％和43.3％；在中学生青年群体中，相应的比例分别为

61.9%和43.7%。男青年中,有63.5%的比例愿意采用法律途径,有53.6%愿意通过政府渠道;女青年中,有60.9%的比例愿意采用法律途径,有51.8%愿意通过政府渠道。相反,自己在网上曝光、上街表达等行为的比例都相对较低。

二是青年偏向采用自己熟悉的渠道维护自身利益。调查发现,在职青年向亲友熟人寻求帮助(30.5%)以及向工作单位反映情况(28.6%)的比例相对较高,大学生和中学生青年群体向亲友熟人寻求帮助以及向学校反映的比例相对较高。女性青年向亲友熟人寻求帮助的比例远高于男性青年,男女占比分别为41.6%和28.3%。

三是在维权时青年较少向社会团体、社会组织求助。调查发现,青年向社会公益组织的求助意愿低,在职青年的比例为7.2%,大学生比例为12.0%,中学生青年的比例为7.3%,男青年的比例为6.7%,女青年的比例为9.7%(见表5)。

3. 权益受损时较少青年会采取维权行为

发现自身权益受到损害时,超五成的受访青年明确表示会采取维权行为,其中,57.7%的在职青年表示有采取维权行为,65.5%的大学生有采取维权行为,52.6%的中学生有采取维权行为。明确表示不采取维权行为的青年约占两成,还有两成表示看情况。相对来说,大学生采取维权行为比例更高。

相比而言,当自身权益受到损害时,男性青年比女性青年更愿意采取维权行为。数据显示,男性青年有采取维权行为的比例是58.7%,女性青年有采取维权行为的比例是52.3%(见表6)。

(五)青年对维权的满意度

1. 青年对维权手段效果评价一般

受访青年表示,采取维权手段效果一般,较低比例受访青年认为维权效果非常好。调查显示,51.2%的青年认为维权手段效果一般,认为效果非常好的只有6.9%。而且在职青年、大学生青年之间的差异性并不明显(见表7)。由此可知,青年维权手段效果并不理想。因此,维护青年的合法权益,必须创新青年维权手段,不断增强青年的维权效果。

表 4 自身权益受到损害时青年的维权意愿分析

类别	总体		在职青年		大学生		中学生		男		女	
	N	百分比（%）	N	百分比（%）	N	百分比（%）	N	百分比（%）	N	百分比（%）	N	百分比（%）
意愿非常高	924	35.9	555	35.6	206	34.3	163	39.5	414	37.0	498	36.0
意愿较高	1229	47.8	751	48.2	301	50.2	177	42.9	528	47.1	683	47.8
一般	383	14.9	230	14.8	85	14.2	68	16.5	160	14.3	214	14.8
自己忍了	36	1.4	23	1.5	8	1.3	5	1.2	18	1.6	17	1.4
合计	2572	100.0	1559	100.0	600	100.0	413	100.0	1120	100.0	1412	100.0

表 5 维护权益的手段分析

类别	总体		在职青年		大学生		中学生		男		女	
	N	百分比（%）	N	百分比（%）	N	百分比（%）	N	百分比（%）	N	百分比（%）	N	百分比（%）
向政府职能部门反映	1354	52.6	913	58.5	260	43.3	180	43.7	602	53.6	731	51.8
采取法律措施	1598	62.1	982	62.9	361	60.1	255	61.9	713	63.5	859	60.9
向媒体曝光	629	24.4	397	25.4	167	27.8	65	15.8	332	29.6	291	20.6
自己在网上曝光	365	14.2	209	13.4	113	18.8	43	10.4	183	16.3	179	12.7
向亲友熟人寻求帮助	917	35.6	477	30.5	258	42.9	182	44.2	318	28.3	586	41.6
向学校反映	543	21.1	91	5.8	247	41.1	205	49.8	228	20.3	301	21.3

续表

类别	总体		在职青年		大学生		中学生		男		女	
	N	百分比(%)	N	百分比(%)	N	百分比(%)	N	百分比(%)	N	百分比(%)	N	百分比(%)
向工作单位反映	580	22.5	446	28.6	90	15.0	43	10.4	249	22.2	323	22.9
向工会寻求帮助	210	8.2	155	9.9	37	6.2	18	4.4	85	7.6	122	8.7
向共青团组织寻求帮助	195	7.6	99	6.3	51	8.5	45	10.9	84	7.5	107	7.6
向妇联寻求帮助	136	5.3	83	5.3	31	5.2	22	5.3	40	3.6	94	6.7
向公益组织寻求帮助	214	8.3	112	7.2	72	12.0	30	7.3	75	6.7	137	9.7
上街表达	17	0.7	7	0.4	6	1.0	4	1.0	10	0.9	6	0.4
自己忍了	162	6.3	86	5.5	48	8.0	28	6.8	64	5.7	93	6.6
其他	32	1.2	17	1.1	9	1.5	6	1.5	14	1.2	18	1.3

表6 关于"自身权益受到损害时，是否有采取维权的行为"的统计

类别	总体		在职青年		大学生		中学生		男		女	
	频率	百分比(%)	频率	百分比(%)	频率	百分比(%)	频率	百分比(%)	频率	百分比(%)	频率	百分比(%)
有	550	55.3	265	57.7	127	65.5	51	52.6	279	58.7	262	52.3
没有	218	21.9	102	22.2	33	17.0	22	22.7	94	19.8	119	23.8
看情况	226	22.7	92	20.0	34	17.5	24	24.7	102	21.5	120	24.0
合计	994	100.0	459	100.0	194	100.0	97	100.0	475	100.0	501	100.0

表7　采取的维权手段效果分析

类别	总体		在职青年		大学生		中学生	
	频率	百分比（%）	频率	百分比（%）	频率	百分比（%）	频率	百分比（%）
效果非常好	70	6.9	26	5.7	14	7.3	13	12.7
效果比较好	257	25.3	96	21.1	50	25.9	29	28.4
效果一般	519	51.2	232	50.9	102	52.8	43	42.2
效果不好	168	16.6	102	22.4	27	14.0	17	16.7
合计	1014	100.0	456	100.0	193	100.0	102	100.0

2. 青年对维权行为结果满意度一般

对于维权行为的结果，受访青年对此的满意度处于一般中等。调查显示，48.8%的青年对维权结果满意度表示一般，只有7.2%表示非常满意，有24.0%认为比较满意的。在职青年、大学生青年、中学生青年的评价并没有显著的差异。对维权行为的满意度，青年评价主要集中在一般（见表8）。由青年对结果满意度的评价可知，社会必须增强青年权益保护效果，提升青年对此的满意度。

表8　对自己维权行为的结果的满意度分析

类别	总体		在职青年		大学生		中学生	
	频率	百分比（%）	频率	百分比（%）	频率	百分比（%）	频率	百分比（%）
非常满意	73	7.2	26	5.7	16	8.3	11	11.1
比较满意	244	24.0	96	21.2	48	25.0	21	21.2
一般	497	48.8	212	46.8	92	47.9	46	46.5
不满意	153	15.0	90	19.9	23	12.0	15	15.2
非常不满意	51	5.0	29	6.4	13	6.8	6	6.1
合计	1018	100.0	453	100.0	192	100.0	99	100.0

三　青年维权影响机制分析

（一）社会支持状况影响青年维权意识和维权行为

研究发现，青年的社会支持状况对青年的维权意识和是否采取维权行为具有非常显著的影响。本次调查的社会支持包括政府职能部门、法律、媒体、互联网、亲友熟人、学校、工作单位、工会、共青团组织、妇联、公益组织等方面。

以维权意愿为因变量，以性别、户籍状况、婚姻状况、年龄和社会支持为自变量进行多元线性回归分析。分析结果显示，在控制性别、户籍状况、婚姻状况、年龄状况后，青年的维权意愿与社会支持状况具有显著的正相关关系（Sig. = 0.000，B = 0.106）。这表示，随着青年人的维权渠道和支持的增加，青年的维权意愿也会增强（见表9）。

表9 青年维权意愿与社会支持回归分析

模型	非标准化系数		标准系数	t	Sig.
	B	标准误差			
（常量）	2.894	0.089	—	32.532	0.000
男性	0.023	0.029	0.015	0.771	0.441
独生子女	0.026	0.035	0.016	0.730	0.465
广州城镇	0.108	0.039	0.071	2.755	0.006
广州农村	0.053	0.048	0.024	1.093	0.275
外地城镇	0.059	0.043	0.032	1.374	0.170
初婚	−0.036	0.044	−0.020	−0.806	0.421
再婚	−0.086	0.225	−0.008	−0.385	0.701
离异	−0.074	0.237	−0.006	−0.314	0.754
年龄	−0.002	0.004	−0.013	−0.530	0.596
社会支持	0.106	0.009	0.242	12.136	0.000
R^2	0.064				

通过具体分析可以发现，选择向政府职能部门反映、采取法律措施、向媒体曝光、网上曝光、向学校反映、向工作单位反映、向共青团组织寻求帮助、向公益组织寻求帮助等途径维权的青年的维权意愿高于不选择这些途径的青年，如选择向政府职能部门反映的青年，其维权意愿非常高的比例为43.9%，高于不选择这个渠道青年的比例27.4%，卡方检验效果显著。

青年的维权意愿与青年的社会支持是相互影响的。一方面，维权意愿高的青年在权益受到损害时会寻求各种渠道维护自己的权益；另一方面，维权渠道的畅通、社会的支持可以保障青年的维权，提高青年的维权意愿（见表 10）。

表 10　维权意愿与维权手段的交叉分析

单位：%

类别		如果您自身权益受到损害,维护权益的意愿				卡方检验
		意愿非常高	意愿较高	一般	自己忍了	
向政府职能部门反映	不选择	27.4	47.9	22.3	2.4	151.784 ***
	选择	43.9	47.5	8.0	0.5	
采取法律措施	不选择	23.2	47.2	26.9	2.8	246.500 ***
	选择	44.0	48.0	7.4	0.6	
向媒体曝光	不选择	33.4	49.3	15.8	1.6	26.487 ***
	选择	44.5	42.7	11.8	1.0	
自己在网上曝光	不选择	34.5	48.9	15.2	1.4	17.989 ***
	选择	46.0	40.4	12.2	1.4	
向亲友熟人寻求帮助	不选择	36.4	47.9	13.9	1.8	6.988
	选择	35.5	47.3	16.5	0.8	
向学校反映	不选择	36.7	46.1	15.4	1.7	13.563 **
	选择	33.7	53.4	12.5	0.4	
向工作单位反映	不选择	35.8	46.6	15.8	1.8	15.839 **
	选择	37.0	51.3	11.5	0.2	
向工会寻求帮助	不选择	35.7	47.6	15.2	1.5	7.417
	选择	40.7	48.8	10.5	0.0	
向共青团组织寻求帮助	不选择	35.2	48.1	15.2	1.5	11.113 *
	选择	46.4	42.7	10.4	0.5	
向妇联寻求帮助	不选择	36.0	47.7	14.8	1.5	2.275
	选择	38.5	46.7	14.8	0.0	
向公益组织寻求帮助	不选择	35.5	47.6	15.4	1.5	9.739 *
	选择	42.7	47.9	8.9	0.5	
上街表达	不选择	36.0	47.7	14.9	1.4	2.662
	选择	52.9	41.2	5.9	0.0	
其他	不选择	36.1	48.0	14.5	1.4	14.410 **
	选择	34.4	28.1	37.5	0.0	

* <0.05，** <0.01，*** <0.001。

以是否采取维权行为为因变量，以性别、户籍状况、婚姻状况、年龄和社会支持为自变量进行二元 Logistic 回归分析。分析结果显示，控制了年龄、性别、是否独生子女、户籍、婚姻状况后，青年是否采取维权行为与青年的社会支持具有显著的正相关关系（Sig. = 0.001，B = 0.191）。这表示，随着青年人的维权渠道和支持的增加，青年在权益受损的情况下更愿意采取维权行为。青年是否采取维权行为与青年的社会支持是相互影响的。增强青年的社会支持、增加维权渠道对保障青年维护自身权益非常有必要（见表11）。

表11　青年是否采取维权行动与社会支持 Logistic 回归分析

类别	B	S. E,	Wals	df	Sig.	Exp（B）
年龄	− 0.035	0.021	2.603	1	0.107	0.966
性别(男性)	− 0.266	0.174	2.337	1	0.126	0.767
是否独生子女(是)	− 0.291	0.215	1.827	1	0.177	0.748
户籍(广州城镇)	—	—	1.820	3	0.611	—
广州农村	0.239	0.279	0.733	1	0.392	1.270
外地城镇	0.001	0.258	0.000	1	0.997	1.001
外地农村	− 0.130	0.230	0.320	1	0.572	0.878
婚姻状况(未婚)	—	—	2.811	3	0.422	—
初婚	0.396	0.254	2.434	1	0.119	1.486
离异再婚	− 0.248	1.247	0.039	1	0.843	0.781
离异单身	0.757	1.113	0.463	1	0.496	2.133
社会支持	0.191	0.058	10.709	1	0.001	1.211
常量	1.498	0.562	7.104	1	0.008	4.471
R^2	0.031					

具体来看，政府职能部门、法律、媒体、亲友熟人的支持对青年是否采取维权行为具有正向的影响作用。如选择向政府职能部门反映情况的青年，其采取维权行为的比例为 61.6%，高于不选择青年的比例 47.9%，卡方检验显著。因此，加强政府职能部门、法律、媒体、亲友熟人的支持可以有效改善青年的维权行为（见表12）。

表 12   是否采取维权行为与维权手段的交叉分析

单位：%

类别		是否有采取维权行为			卡方检验
		有	没有	看情况	
向政府职能部门反映	不选择	47.9	26.3	25.8	19.202***
	选择	61.6	18.0	20.4	
采取法律措施	不选择	46.2	25.7	28.1	21.020***
	选择	61.1	19.3	19.6	
向媒体曝光	不选择	51.6	23.3	25.1	16.273***
	选择	66.0	17.6	16.4	
自己在网上曝光	不选择	55.6	21.4	23.0	0.468
	选择	53.5	23.9	22.6	
向亲友熟人寻求帮助	不选择	57.5	23.5	19.0	16.675***
	选择	51.0	18.7	30.3	
向学校反映	不选择	53.8	22.4	23.8	3.292
	选择	60.8	19.6	19.6	
向工作单位反映	不选择	55.5	22.3	22.2	1.244
	选择	54.5	20.0	25.5	
向工会寻求帮助	不选择	55.1	22.1	22.8	0.774
	选择	57.4	17.6	25.0	
向共青团组织寻求帮助	不选择	55.5	21.6	22.9	0.499
	选择	51.6	25.0	23.4	
向妇联寻求帮助	不选择	55.2	21.6	23.2	0.939
	选择	56.4	25.5	18.2	
向公益组织寻求帮助	不选择	54.7	22.3	23.1	2.146
	选择	62.7	16.0	21.3	
上街表达	不选择	55.0	21.9	23.1	4.885
	选择	100.0	0.0	0.0	
其他	不选择	55.5	21.7	22.8	0.892
	选择	42.9	28.6	28.6	

* <0.05，** <0.01，*** <0.001。

（二）法律条例认知对青少年维权意识和维权行为的影响

近年来，国家陆续出台了保护青年权益的法律条例，尤其是未成年人权益保护方面的法律条例，如《未成年人保护法》《预防未成年人犯罪法》《义务教育法》《儿童权利公约》《中国儿童发展纲要》等。相关法律条例是青年权益保护工作开展的基础。

本次研究抽取了以上几个法律条例来调查青少年对其的了解程度。调查发现，多数青少年对其了解程度为一般。而研究发现，对法律条例的熟知程度对其维权意识和是否采取维权行为有显著的影响。对相关法律条例越了解的青年，维权的意愿也越高；相反，对法律条例了解程度较低的青年，维权的意愿也相对降低。例如，对《未成年人保护法》认真学过的青少年，维权意愿非常高的比例为54.4%，对《未成年人保护法》不知道的青少年，维权意愿非常高的比例下降为38.6%。《预防未成年人犯罪法》《义务教育法》《儿童权利公约》《中国儿童发展纲要》也出现了同样的结果，卡方检验效果显著（见表13）。

表13　维权意愿与法律法规交叉表

单位：%

类别	《未成年人保护法》				卡方检验
	不知道	听说过	浏览过	认真学过	
意愿非常高	38.6	31.6	45.0	54.4	20.749 *
意愿较高	36.4	46.9	42.7	35.1	
一般	20.5	20.9	10.7	10.5	
自己忍了	4.5	0.6	1.5	0.0	

类别	《预防未成年人犯罪法》				卡方检验
	不知道	听说过	浏览过	认真学过	
意愿非常高	39.0	31.9	44.5	58.5	22.281 **
意愿较高	36.6	47.0	41.4	34.0	
一般	19.5	20.5	12.5	7.5	
自己忍了	4.9	0.5	1.6	0.0	

类别	《义务教育法》				卡方检验
	不知道	听说过	浏览过	认真学过	
意愿非常高	32.4	34.5	41.8	57.4	24.968 **
意愿较高	35.1	45.4	44.0	35.2	
一般	27.0	20.1	12.1	7.4	
自己忍了	5.4	0.0	2.1	0.0	

类别	《儿童权利公约》				卡方检验
	不知道	听说过	浏览过	认真学过	
意愿非常高	34.7	38.8	39.6	69.2	
意愿较高	44.6	41.0	47.9	26.9	17.086*
一般	17.8	19.1	12.5	3.8	
自己忍了	3.0	1.1	0.0	0.0	

类别	《中国儿童发展纲要》				卡方检验
	不知道	听说过	浏览过	认真学过	
意愿非常高	35.9	38.4	39.2	75.0	
意愿较高	41.9	42.2	50.6	20.8	20.172*
一般	19.7	18.4	10.1	4.2	
自己忍了	2.6	1.1	0.0	0.0	

* <0.05，** <0.01。

对相关法律条例的了解程度也对青少年是否采取维权行为有显著的影响。对《未成年人保护法》认真学过的青少年，有采取维权行为的比例为87.0%；而不知道《保护法》的青少年，有采取维权行为的比例为60.0%。《预防未成年人犯罪法》《义务教育法》《儿童权利公约》《中国儿童发展纲要》也出现了同样的结果，卡方检验效果显著（见表14）。

表14 维权行为与法律法规交叉表

单位：%

类别	《未成年人保护法》				合计	卡方检验
	不知道	听说过	浏览过	认真学过		
有	60.0	41.3	50.9	87.0	52.5	
没有	16.0	32.5	23.6	0.0	23.5	17.557**
看情况	24.0	26.3	25.5	13.0	24.0	

类别	《预防未成年人犯罪法》				合计	卡方检验
	不知道	听说过	浏览过	认真学过		
有	52.4	44.0	50.9	87.5	52.7	
没有	19.0	29.8	24.5	4.2	23.6	14.969*
看情况	28.6	26.2	24.5	8.3	23.6	

类别	《义务教育法》				合计	卡方检验
	不知道	听说过	浏览过	认真学过		
有	50.0	44.3	52.7	80.8	52.7	
没有	18.2	29.1	23.6	11.5	23.6	11.572
看情况	31.8	26.6	23.6	7.7	23.6	

类别	《儿童权利公约》				合计	卡方检验
	不知道	听说过	浏览过	认真学过		
有	40.5	48.2	66.7	75.0	52.7	
没有	23.8	28.9	15.6	16.7	23.6	11.231 **
看情况	35.7	22.9	17.8	8.3	23.6	

类别	《中国儿童发展纲要》				合计	卡方检验
	不知道	听说过	浏览过	认真学过		
有	37.3	50.6	66.7	84.6	52.7	
没有	29.4	27.8	12.8	7.7	23.6	14.705 *
看情况	33.3	21.5	20.5	7.7	23.6	

$*<0.05$，$**<0.01$。

可见，对青少年进行相关的普法教育，对青少年提升维权意愿、通过法律途径维护自己的合法权益是有帮助的。

（三）青年维权效果及满意度对维权意识的影响

研究发现，青年维权的效果对其日后的维权意愿有显著的影响。当青年觉得自己的维权效果好时，他们的维权意愿会更高；当青年对其维权结果感到满意时，他们的维权意愿也会有所提高。相反，当青年的权益受到损害时，其维权后的效果不理想，对维权结果的满意度低，那么其维权的意愿也会相对降低。数据显示，当青年觉得自己维权手段效果非常好时，其维权"意愿非常高"的占比为66.7%，"自己忍了"的比例为1.4%；觉得维权手段效果不好的青年，维权"意愿非常高"的比例为35.5%，"自己忍了"的比例为6.0%。由此可见，青年的维权效果对青年的维权意识有正向的影响（见表15）。

表 15　维权效果与维权意愿交叉表

单位：%

类别		您采取的维权手段效果怎么样？				合计
		效果非常好	效果比较好	效果一般	效果不好	
如果您自身权益受到损害，您有维护自己权益的意愿吗？	意愿非常高	66.7	40.7	33.7	35.5	38.1
	意愿较高	21.7	49.0	48.6	39.8	45.4
	一般	10.1	9.5	16.7	18.7	14.7
	自己忍了	1.4	0.8	1.0	6.0	1.8
	合计	100.0	100.0	100.0	100.0	100.0
Pearson 卡方		58.220 ***				

*** <0.001。

同样的，当青年对自己维权结果感到非常满意时，其维权"意愿非常高"的比例为 68.1%，"自己忍了"的比例为 1.4%；当青年对自己维权行为的结果感到非常不满意时，其维权"意愿非常高"的比例 43.1%，"自己忍了"的比例为 5.9%（见表 16）。

表 16　维权效果与是否采取维权行为交叉表

单位：%

类别		您对自己维权行为的结果感到满意吗？					合计
		非常满意	比较满意	一般	不满意	非常不满意	
如果您自身权益受到损害，您有维护自己权益的意愿吗？	意愿非常高	68.1	42.9	31.5	30.9	43.1	37.3
	意愿较高	23.6	46.6	50.5	46.1	35.3	46.2
	一般	6.9	9.7	17.0	19.1	15.7	14.8
	自己忍了	1.4	0.8	1.0	3.9	5.9	1.7
	合计	100.0	100.0	100.0	100.0	100.0	100.0
Pearson 卡方		60.914 ***					

*** <0.001。

青年在自身的维权方面，当以前有过不好的维权经历或者对维权结果不满意时，往往对自己以后的维权行为效用失去信心，当权益再受侵害时，他们的维权意愿往往有所下降。因此，有关部门及社会领域还应为加强青年权益保障增力增效，让青年坚信自身权益能得到合法的保障和维护，从而更好维护自身权益。

四 小结

通过以上研究，可以发现广州青年较为关注自身的生存权益和发展权益，主要体现在关注教育、医疗和个人发展等方面的权益。青年对有关权益的法律法规有一定的了解认知，但普遍缺少系统学习。青年虽然维权意愿较高，愿意通过合法的渠道维护自身的合法权益，但当利益受损时，真正采取维权行动的比例较小，青年对维权手段效果和维权结果的满意度评价一般。另外，青年的社会支持状况、法律认知和维权效果会对青年的维权意愿和行动有显著的影响。近年，广州在在读青少年权益宣教及权益维护个案支持上取得了突出的成效。保障青年的合法权益必须进一步完善提升政府支持、共青团协助、社会参与的多维支持体系，同时加强青年对自身权益的认知以及相关法律的学习，提高青年维权的效果和满意度，形成良好的社会氛围。

五 广州青年权益工作趋向及对策建议

（一）广州青年权益工作趋向

1. 大力开展在读青少年权益宣教及权益维护

广州形式多样的在读青少年权益宣教工作走进家校、走进社区、走进青少年当中，形成了社会组织联动参与、家庭、学校与社区开放支持、在读青少年广泛参与的良好局面；在读青少年权益维护个案做到了有关部门积极介入、社会组织协助参与，依法依规切实维护在读青少年权益。未来广州将在在读青少年权益宣教、切实为在读青少年权益提供个案支持两个方面继续深入细致开展工作。

2.大力维护在职青年发展权益

在职青年是广州城市发展的人才基石。为广州城市发展吸引、留住青年人才是广州人才政策的关键，为此，进一步提升维护青年权益，特别是青年发展权益是权益视角的重要人才政策，预计未来广州将在提升职业尊重、完善薪酬制度和福利保障、进一步保障青年生活需求等方面对广州青年给予更多关注和政策支持，减少广州在职青年生存与发展后顾之忧，为青年追求人生梦想、实现人生价值进一步提供权益保障。

（二）对策及建议

1.构建青年权益保护的社会支持体系

构建青年权益保护的社会支持体系，要动员、引导并支持市场和社会多元化的力量参与青少年公共事务的治理，维护青少年的合法权益。首先，要建设青少年社工队伍，在政府购买服务指导性目录中加入青少年事务社会工作服务，建设青少年事务社会工作人才队伍管理的信息系统平台，在青少年事务社会工作领域依法成立社会组织，承担和处理好青少年事务在维护青年权益的同时，做好青少年特别是重点青少年群体的服务管理与预防犯罪工作；其次，要发挥社会组织积极作用，与相关社会组织开展多元化的合作，通过政府购买服务、开展公益创投、培育孵化基地、搭建服务平台的方式与相关社会组织开展多元化的合作；最后，培育法律、心理等专业服务力量，与法律、心理专业组织合作，整合法律、心理专业人才资源，针对不同青少年群体，建立专业化维权工作团队和平台，完善12355的社会支持体系。

2.完善青少年权益保护的法律法规和政策保障

近年来，我国不断完善青年学习、就业、社会参与等各方面权益保障的法律法规，同时也完善了未成年人、残疾青年等特殊群体权益保护的法律体系。在完善法律体系的基础之上，还必须及时了解和研判青年发展状况，制定并完善青年教育培训、医疗卫生、劳动就业、社会保障等重点领域的政策法规，监督涉及青年发展权益的法律法规和政策执行，代表青年群体向有关部门反映问题、提出建议，及时有效解决青年实现发展面临的现实困难和突出问题，切实保障和落实青年的发展权利。在完善青年、青少年权益保护法律体系的同时，应该积极向社会宣传青年权益保护的法律法规，引导社会、学校、家庭加强青年权益保护法律观念，让青年熟知相关法律体系，懂得运用相关的法律法规维护自身合法权益。

3. 健全青少年权益保护工作机制

青年的权益包括多方面的权益，要针对不同的权益保护，落实相关部门的责任制，建立多部门联合合作机制，统筹推进青年维权体系建设。同时，必须设立监管监督机制，保障青年权益保护工作的落实到位。拓宽青年合法维权渠道，保证青年维权渠道畅通，提高青年维权的效果。共青团须密切关注青年权益保护工作，反映青少年普遍性诉求、维护青少年合法权益，开展"共青团与人大代表、政协委员面对面"、向相关部门提议工作，向社会购买服务开展青年权益保障工作，最终形成党和国家支持、有关部门密切合作、共青团协调、全社会共同参与的青年权益保护机制。

4. 关注特殊青年群体的权益保障

除保障普通青年、青少年的合法权益外，必须有针对性地保障特殊青年群体的合法权益，包括退役青年军人，残疾青年，流浪未成年人，失学、失业、失管青年等。

保障退役青年军人权益。加强对退役青年军人的政治引领、组织吸纳和生活关怀。加强退役青年军人创业培训、职业指导、技能学历提升，营造融洽氛围促进退役青年军人成长成才和社会融入，助力经济社会发展。

支持残疾青少年群体逐步融入普通教育，稳步提升残疾青少年受教育水平，落实残疾青年入学保障及资助政策。完善无障碍设施。重视服务残疾青年的专业康复训练，落实器材、场所等配套保障。健全残疾青年在教育、医疗、就业等方面的服务保障政策，提高保障水平和服务能力。落实青年精神障碍患者人文关怀和社区康复服务。鼓励和引导社会各界参与、支持残疾青年权益维护，培育理解、尊重、关心、帮助残疾青年的社会风尚。

加大对流浪未成年人的救助力度，促使其回归家庭，有针对性地解决流浪未成年人在心理、健康、技能等方面存在的问题。为符合条件的家庭困难的失学、失业、失管青年提供就业、就学、就医、生活等方面的救助。加大临时救助政策的落实力度，解决包括进城务工青年在内的困难群众突发性、紧迫性、临时性生活困难。加大对农村留守儿童的关爱保护力度，强化家庭监护主体责任，切实解决部分农村留守青少年中存在的学业失教、生活失助、亲情失落、心理失衡、安全失保问题。大力推进城镇基本公共服务向常住人口全覆盖，为进城务工青年与其未成年子女共同生活提供生活居住、日间照料、义务教育、医疗卫生等方面的帮助。

B.12
广州青年互联网运用状况研究

冯英子*

摘　要： 本文通过抽样问卷调查，对广州青年互联网运用状况进行深入分析。研究发现：广州青年手机上网时间大幅增加；上网内容集中在社交、听歌追剧、购物游玩三大领域；网络消费行为理性，多用手机移动支付方式；他们使用网络语言方便沟通，运用互联网技术展示自我，抖音、快手、动漫制作成为新潮流；互联网让青年人更好地参与社会公共事务。未来要从防治手机成瘾、正确引导网络亚文化、加强网络舆论监管和推进网络法治建设等方面来改善互联网环境，让青年人在运用互联网时受到更多积极影响。

关键词： 广州　青年　互联网

一　前言

互联网改变了我们的生活，拓展了我们的视野，让我们以最快捷的速度和最便捷的方式与全世界相连。对于青年人来说更是如此，他们通过网络来看电影、发微信、参与公共事件讨论……网络不仅是学习、工作的工具，更是生活的重要组成部分。

---

* 冯英子，广州市穗港澳青少年研究所助理研究员，硕士，主要研究方向为青少年发展、社会工作等。

据中国互联网信息中心（CNNIC）最新发布的《第 42 次中国互联网络发展状况统计报告》，截至 2018 年上半年，我国网民规模为 8.02 亿人，互联网普及率达 57.7%。其中，值得我们注意的是，手机网民规模已达 7.88 亿，上半年新增手机网民 3509 万人，较 2017 年末增加 4.7%，网民中使用手机上网的占比达 98.3%。以上数据说明，首先，移动互联网的使用频率已经远远超过传统方式，各类移动 App 正以其便利、高效、及时等优势逐步取代传统网络平台；其次，当前我国网民的主力军是青年群体、学生群体。截至 2018 年 6 月，10～39 岁群体占整体网民的 70.8%；其中 20～29 岁年龄段的网民占比最高，达 27.9%；10～19 岁、30～39 岁群体占比分别为 18.2%、24.7%。网民中学生群体规模最大，占比达 24.8%①。

2019 年 4 月，习近平总书记在全国网络安全和信息化工作会议上进一步指出建设网络强国的重要性，强调要加强网上正面宣传，旗帜鲜明坚持正确政治方向、舆论导向、价值取向，用新时代中国特色社会主义思想和党的十九大精神团结、凝聚亿万网民，深入开展理想信念教育，深化新时代中国特色社会主义和中国梦宣传教育，构建网上网下同心圆，更好凝聚社会共识，巩固全党全国人民团结奋斗的共同思想基础。从这一论断中我们不难看出，青年作为承载中华民族伟大复兴中国梦的重要主体，运用好互联网这个积聚青年的最大阵地，对当前青年思想引领、行动指导工作的重要战略意义。课题组于 2018 年上半年对广州市青年的互联网运用状况进行了调查，形成此报告。

二 广州青年互联网使用现状分析

（一）上网时长

1. 广州青年日均上网时长6小时以上，手机上网近4小时，远超电脑

据 CNNIC 数据，中国网民的人均周上网时长为 27.7 小时，日均上网

---

① 中国互联网络信息中心：《第 42 次中国互联网络发展状况统计报告》，2018 年 6 月。

3.96 小时。本次调查显示,广州青年每天总上网平均时长约为 6.34 小时,远超中国网民人均水平,相对 2016 年的数据也高出近一倍。

智能手机的普及、随处可见的 WIFI 信号、三大运营商的流量优惠、5G 时代的加速来临,让人们每天使用手机上网的时间越来越多。数据显示,2018 年广州青年每天手机上网时长约为 3.88 小时,多于电脑上网时长的 2.46 小时,手机已成为广州青年触网频率最高的设备端。在访谈中我们得知,广州青年日常使用的互联网设备以手机为主,观看视频、打游戏、社交、阅读新闻等都通过手机完成,而电脑(台式终端、笔记本)主要用于文字编辑等办公室工作或学习使用。进一步分析发现,中学生使用电脑上网的时间最短,大学生使用手机上网的时间最长,在职青年使用电脑的时间更多,与他们平时通过电脑办公有关(见图 1)。

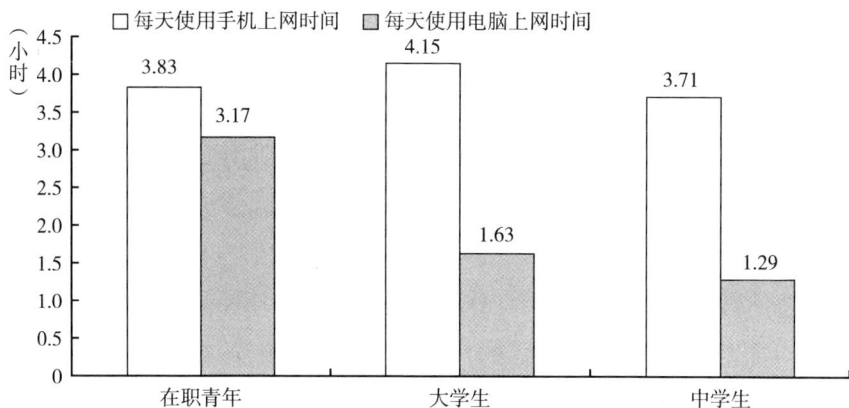

图 1　广州青年上网时间分析

2. 广州青年上网时长与年龄、职业相关

为进一步验证年龄与广州青年上网时长的相关性,我们进行相关分析后发现,广州青年每天总上网平均时长为 6.34 小时,与年龄显著相关(t = 0.118,P < 0.01),说明年龄越大,总上网时间越长,与图 1 的三类群体上网时间情况相符。

青年所从事的职业与他们的上网时长密切相关(sig. = 0.000)。数据显示，社会组织工作者上网时间最长，每天超过 8 小时；其次是商业、服务业人员，每天上网 7.56 小时；排在第三位的是办事人员，每天上网 7.18 小时；上网时长最短的职业是生产、运输设备操作人员及有关人员，为 5.82 小时（见图 2）。在访谈中我们也了解到，从事商业服务、社会服务工作的青年，常常通过 QQ、微信与同事沟通、与客户联系，很多重要通知、工作文件都由微信或电子邮件群发。由此可见，互联网已经深入到广州青年生活、工作的方方面面，成为他们工作的重要途径，从每天起床打开手机看微信到夜晚刷着"抖音"入睡，业已成为青年日常工作、生活的常态。

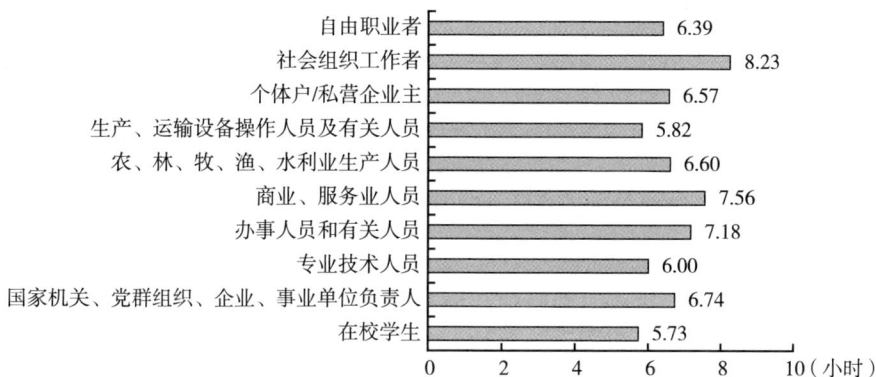

图 2　青年的职业与上网时间分析

3. 广州青年的上网时长受母亲学历影响

业界已有相关研究表明，孩子上网情况与父母存在某些方面的关联，例如，父母感情不好的孩子自己使用手机上网的比例明显比与父母感情好的孩子高①。受此启发，笔者将广州青年每天上网时长同他们个人学历背景和家庭主要成员——父母亲的学历背景做相关分析，数据显示，孩子的上网时长与父亲学历无关联，但与母亲的学历背景呈显著相关。具体来看，母亲学历为高中的青年人上网时间最长，为 6.71 小时，其次是小学及以下（6.49 小

———

① 杨斌艳：《未成年人互联网运用状况》，《中国未成年人互联网运用和阅读实践报告（2017～2018）》，社会科学文献出版社，2018。

时)、初中（6.13 小时）；母亲学历相对较高的广州青年日均上网时长要短一些，母亲为大专学历的青年每天上网时间为5.73 小时，大学本科及以上的为5.22 小时。据此，笔者认为，母亲的教育水平越高，孩子使用电脑的时间会越短，受到网络的影响会较小（见表1）。

表1 母亲学历与孩子上网时长分析

母亲学历	N	每天上网时长（小时）	单因素 ANOVA
小学及以下	495	6.49	
初中	758	6.13	
高中	537	6.71	3.683 **
大专	183	5.73	
大学本科及以上	196	5.22	

** p < 0.01。

4. 广州青年幸福感越高，日均上网时间越短

笔者对比了不同幸福感的青年上网时长，发现幸福感越低的广州青年，每天上网时间越长：感觉自己非常不幸福的青年每天上网高达7个多小时，比较不幸福的青年每天上网6.773个小时，感觉不好也不坏的每天上网6.36 小时，幸福感高的广州青年每天上网时间6.077 小时（见表2）。

表2 幸福感与上网时长相关分析

生活幸福感	N	每天上网时长（小时）
非常不幸福	67	7.287
比较不幸福	173	6.773
不好也不坏	959	6.357
比较幸福	923	6.207
非常幸福	208	6.077

（二）上网内容

1. 广州青年上网内容集中在社交、听歌追剧、购物游玩三大领域

根据调查，广州青年上网内容占比最高的是浏览社交网站、QQ、微信、

微博，比例高达 67.5%；排在第二位的上网内容是看直播、听音乐、追剧，比例为 47.8%；第三位是购物、玩游戏、查找旅游指南，选择这一项的广州青年比例为 43%（见图 3）。参考新浪数据中心发布的《2018 新浪媒体白皮书》，用户最常用的媒体渠道为移动新闻客户端（41.8%）与社交应用（35.2%），在社交应用和视频网站中，超过 1/4 的用户使用时间超过 4 小时；在移动新闻客户端中，有 57.4% 的用户使用时间在 30 分钟到 2 小时之间；结合 CNNIC 发布的中国社交应用用户行为研究报告，中国网络社交用户年龄结构 7 成以上是 35 岁以下的青年网民。由此可见，移动互联的发展、社交平台的多样化，极大限度地满足了广州青年的社交需求、娱乐需求，网络不仅渗透到了青年的工作中，还浸入到了青年的生活、娱乐休闲中。

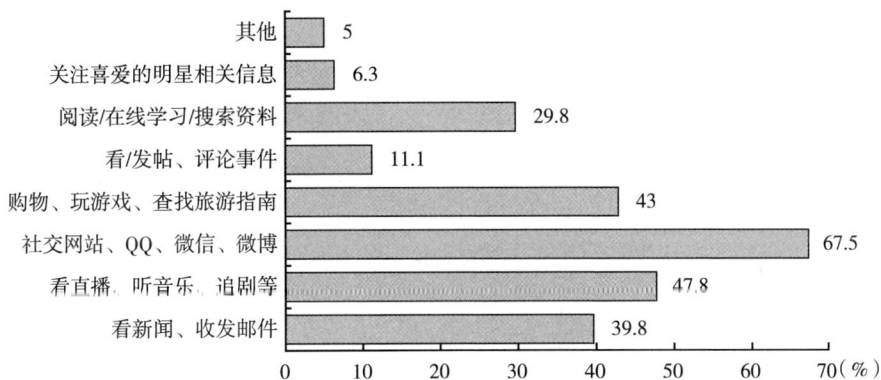

图 3 广州青年上网内容分析

2. 在职青年、中学生、大学生的上网内容有明显差别

为进一步了解不同青年群体的上网内容，我们做了进一步的数据分析后发现：广州青年最主要的上网内容是浏览社交网站，使用 QQ、微信、微博等社交媒体，且中学生选择这一项的比例最高，将近八成；其次是大学生，此项比例为 69.8%；在职青年最低，但也有 64.7%。广州青年看直播、听音乐、追剧等娱乐方式也有很大比例是通过网络完成的，也呈现出年龄越小，使用频率越高的特点，中学生使用网络看直播、听音乐、追剧的比例是 63.1%，大学生是 51.3%，在职青年是 43.3%。值得注意的是，在职

青年使用网络看新闻、收发邮件的比例为49.8%，将近五成，远高于学生群体，大学生上网内容选择这一比例的为30.4%，而中学生仅为19.0%（见图4）。

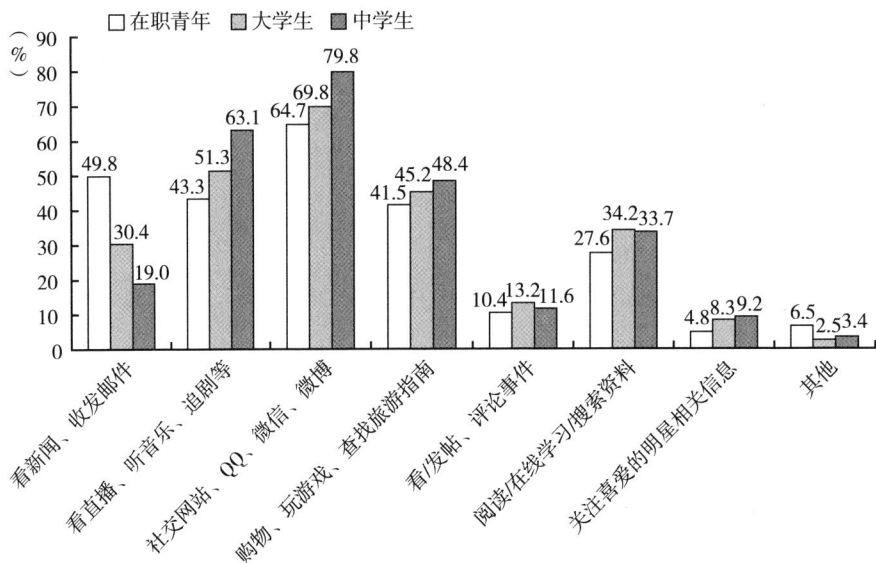

图4 不同群体青年上网内容分析

（三）网络消费

1. 2017年广州青年消费有1/3由网络支付完成，移动支付使用率高

本次调查显示，2017年，广州青年月均消费3588元，月均网络消费1094元，通过网络产生的消费约占到总体消费额的1/3。上网消费，尤其是手机支付，已经成为时下最流行、最便利的消费方式。支付宝、微信、银联钱包等快捷支付方式，正依托于互联网，渗入人们日常消费的方方面面，小到几元钱的公交地铁票，大到几万元的奢侈品，都可以通过手机网络支付完成。根据CNNIC《第42次中国互联网络发展状况统计报告》，截至2018年6月，我国网络购物用户规模达到5.69亿人，占网民总体比例达到71%，这说明有超过七成的网民会使用网络进行消费；手机网络购物用户规模达到

5.57 亿人，使用比例达到 70.7%。① 在 2018 年"天猫双十一购物节"，仅仅两小时成交量就达到了 1000 亿，总交易额达到 2135 亿元，广东省成为成交额排名全国第一，成交量排名全国第四名的城市，其中，青年人是网购大军中当仁不让的"主力部队"。

2. 广州青年网络消费行为趋于理性，更多用于必需品支出

由图 5 可知，广州青年上网消费主要集中在"买护肤品、衣服"（65.5%）、"外卖订餐"（52.0%）、"生活支出"（50.1%）这三大领域，通过网络来购买书籍、网络课程的比例也较高，有 23% 的青年选择这一项，还有 13.3% 的广州青年表示会上网订购旅游路线。可以看出，广州青年上网消费行为是偏理性的，并不会过多地花费在打赏主播、充值游戏等方面，更多的是用在日常所需的衣食住行上。

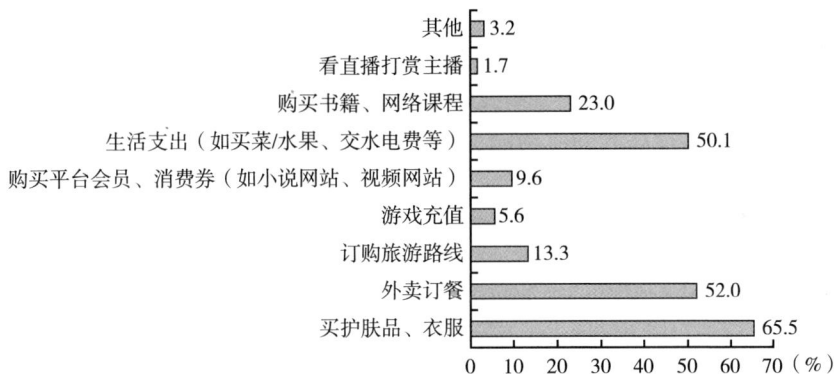

其他 3.2
看直播打赏主播 1.7
购买书籍、网络课程 23.0
生活支出（如买菜/水果、交水电费等） 50.1
购买平台会员、消费券（如小说网站、视频网站） 9.6
游戏充值 5.6
订购旅游路线 13.3
外卖订餐 52.0
买护肤品、衣服 65.5

0　10　20　30　40　50　60　70（%）

图 5　广州青年上网消费分析

值得注意的是，外卖订餐这一网络消费内容在近两年内可谓"异军突起"。截至 2018 年 6 月，我国网上外卖用户规模达到 3.64 亿人，相较 2017 年末增长 6.0%，其中，手机网上外卖用户规模达到 3.44 亿人，增长率为 6.6%，使用比例达到 43.6%。② 通过访谈我们了解到，现在众多青年习惯

① 中国互联网络信息中心：《第 42 次中国互联网络发展状况统计报告》，2018 年 6 月。
② 中国互联网络信息中心：《第 42 次中国互联网络发展状况统计报告》，2018 年 6 月。

于使用美团、饿了么等平台订购外卖，每到就餐时间，路上随处可见"飞驰"的"外卖小哥"，甚至在酷暑难耐的七八月，青年们之间还流行一个网络段子"我的这条命都是空调、WiFi 和外卖给的"。值得注意的是，在 1981 个未婚广州青年样本中，有 55% 的人表示会上网订外卖，在 576 个已婚的广州青年样本中，仅有 44% 的人选择此项，已婚青年上网订外面的比例要比未婚的低 11 个百分点，存在显著差异（$x^2 =$ 23.049，P < 0.001）。

表3 婚姻状态与网络订餐分析

类别		N	会上网订外卖	百分比	卡方
婚姻状态	未婚	1981	1089	55%	23.049 ***
	已婚	576	253	44%	

*** p < 0.001。

3. 男、女青年网络消费习惯显著不同

调查显示，男青年和女青年上网消费内容差异显著。女青年更爱护肤、置装，选择此项的女青年比例高达 84%，远高于男青年的 43.6%；女青年也比男青年更爱通过网络平台订购旅游线路，购买书籍、网络课程；而男青年更爱外卖订餐，有 57.3% 的男青年选择了这一项，高出女青年 9.2 个百分点；男青年上网消费会更多地用于购买会员、游戏充值、打赏主播，他们更乐于为娱乐类的网络内容买单（见图6）。

4. 户籍影响广州青年的上网消费习惯

进一步相关分析显示，青年的户籍与上网外卖订餐、订购旅游路线和生活支持消费显著相关。首先，城镇青年更爱上网点外卖，外地城镇青年外卖订餐的比例最高，为 57.4%，随后依次是广州城镇青年（53.0%）、外地农村青年（50.8%）和广州农村青年（47.8%）；其次，广州户籍的青年更擅长在网上订购旅游路线，比例由高到低依次是广州城镇青年（18.0%）、广州农村青年（16.7%）、外地城镇青年（11.3%）、外地农村青年（8.9%）；再次，外地户籍青年更爱通过网络购买生活用品，比例最高的是外地农村青

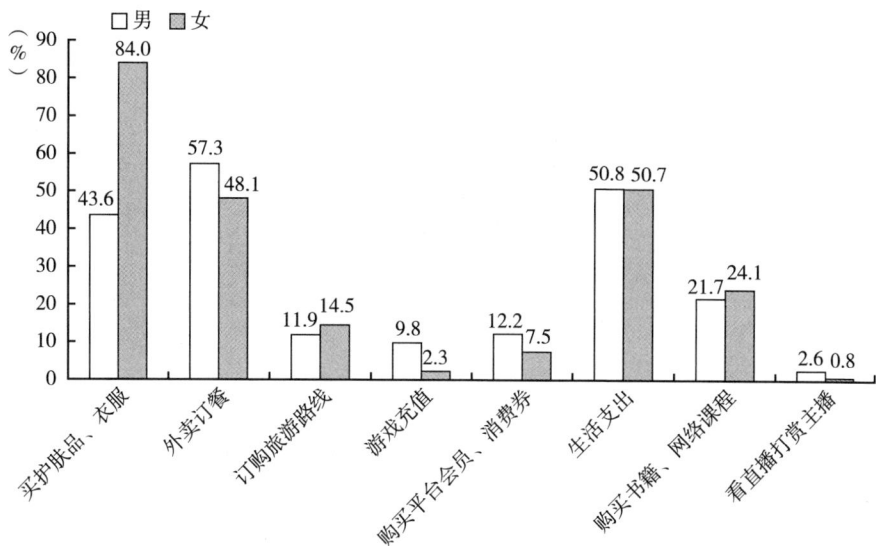

图6　不同性别青年的上网消费情况分析

年（54%），随后是广州城镇青年（50.4%），略高于外地城镇青年（49.3%），最后是广州农村青年（43.2%）（见表4）。户籍的不同，从一定程度上显示了广州青年所在地域的不同，网络购物的便捷性为农村青年、外地青年在广州的生活提供了便利，让他们更好地融入广州这个特大城市，享受城市带来的各项便利：各式各样的外卖选择、高度发达的物流服务、极其丰富的日常消费品……这些事物正通过互联网这个前所未有的广阔平台的触角伸向每一位广州青年。

5. 广州青年居住社区类型与上网消费情况相关

数据显示，居住在不同类型社区的广州青年在上网"外卖订餐"、"游戏充值"和"购买平台会员、消费券"的消费行为上呈现显著不同。其中，"外卖订餐"的网络消费差异较大（$x^2 = 54.499$，$P < 0.001$），住在单位社区的广州青年用网络外卖订餐比例最高（58.8%），其次是老城区和商品房小区的青年，比例均为55.6%，在农村、保障房社区居住的青年外卖点餐比例较低，分别是42.3%和41.8%（见表5）。

表4 不同户籍青年的上网消费情况分析

类别		户籍				合计	卡方
		广州城镇	广州农村	外地城镇	外地农村		
买护肤品、衣服	计数	589	229	302	567	1687	7.059
	百分比(%)	65.8	70.7	63.0	66.2	66.1	
外卖订餐	计数	474	155	275	435	1339	13.045*
	百分比(%)	53.0	47.8	57.4	50.8	52.4	
订购旅游路线	计数	161	54	54	76	345	42.858***
	百分比(%)	18.0	16.7	11.3	8.9	13.5	
游戏充值	计数	56	12	31	42	141	4.431
	百分比(%)	6.3	3.7	6.5	4.9	5.5	
购买平台会员、消费券	计数	85	33	46	81	245	0.157
	百分比(%)	9.5	10.2	9.6	9.5	9.6	
生活支出	计数	451	140	236	462	1289	17.909**
	百分比(%)	50.4	43.2	49.3	54.0	50.5	
购买书籍、网络课程	计数	212	69	115	193	589	1.136
	百分比(%)	23.7	21.3	24.0	22.5	23.1	
看直播打赏主播	计数	15	6	6	14	41	0.529
	百分比(%)	1.7	1.9	1.3	1.6	1.6	

* P<0.05，** p<0.01，*** p<0.001。

表5 不同社区青年的上网消费情况

类别		居住的社区类型							卡方
		未经改造的老城区	单一或混合的单位社区	保障性住房社区	普通商品房小区	别墅或高级住宅区	村改居、城中村	农村	
买护肤品、衣服	计数	265	142	47	290	18	107	55	20.559
	百分比(%)	65.8	58.4	59.5	64.7	67.9	70.0	71.6	
外卖订餐	计数	224	143	33	459	29	180	183	54.499***
	百分比(%)	55.6	58.8	41.8	55.6	51.8	50.4	42.3	
订购旅游路线	计数	48	42	5	134	10	44	44	23.068
	百分比(%)	11.9	17.3	6.3	16.2	17.9	12.3	10.2	
游戏充值	计数	29	13	2	51	3	18	16	8.329*
	百分比(%)	7.2	5.3	2.5	6.2	5.0	3.7	7.8	
购买平台会员、消费券	计数	51	28	6	68	7	29	41	9.170*
	百分比(%)	12.7	11.5	7.6	8.2	12.5	8.1	9.5	
生活支出	计数	207	111	37	415	22	214	207	21.696
	百分比(%)	51.4	45.7	46.8	50.3	39.3	59.9	47.8	
购买书籍、网络课程	计数	94	53	23	183	15	61	115	14.059
	百分比(%)	23.3	21.8	29.1	22.2	26.8	17.1	26.6	
看直播打赏主播	计数	3	6	0	11	3	8	9	13.750
	百分比(%)	0.7	2.5	0	1.3	5.4	2.2	2.1	

* P<0.05, ** p<0.01, *** p<0.001。

（四）广州青年的网络语言与行为

1. 超八成广州青年会使用网络语言，主要因为便于交流沟通

本课题调查了广州青年网络语言使用情况，仅有 16.8% 的青年表示从未使用过网络语言，41.8% 的青年使用网络语言是因为便于交流沟通，14.8% 的青年使用网络语言是随大流、受网络环境影响，14.4% 的青年是为了含蓄表达一些不能直说的内容，11.6% 的青年觉得使用网络语言时尚、有趣，能够表达个性（见图7）。

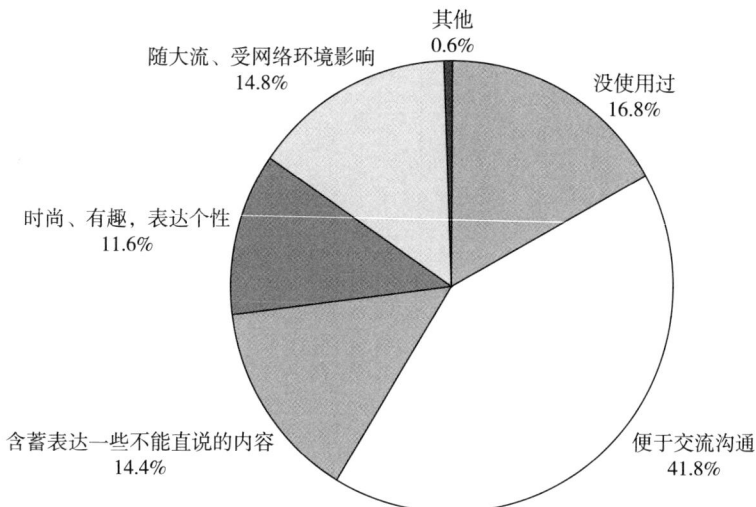

图 7　广州青年使用网络语言情况分析

2. 近三成的广州青年会学习网络主播的美妆方法和服装搭配，使用抖音、快手录制视频

当问及"您会在现实生活中进行哪些网络行为"时，选择比例最高的是"学习网络主播的美妆方法与服装搭配"（29.5%），其次是"使用抖音、快手等社交视频 App 录制视频"（28.0%），"参与电子竞技"也是被选比例较高的选项（21.7%），在"其他"选项里，有青年表示他们上网会进行"网文创作"，即我们常说的当网络写手（见图8）。

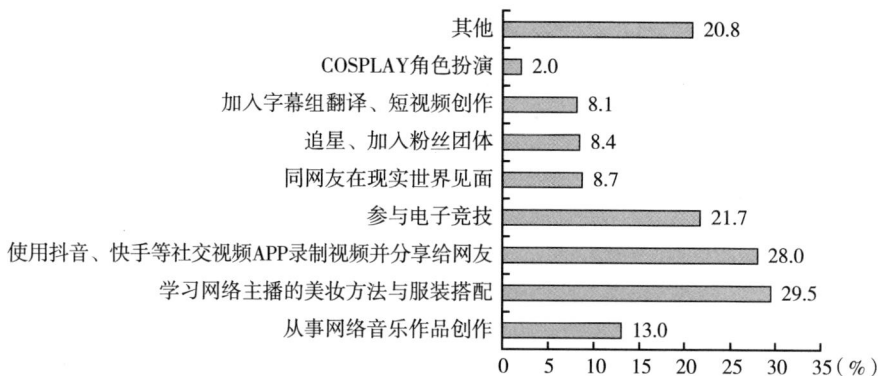

图 8　广州青年网络行为情况分析

从本次调查可以看到，青年的网络行为已越来越多样化，"网络直播"是这些新的网络行为兴起的一个重要媒介，从全国大数据来看，截至 2018 年 6 月，我国网络直播用户规模已达到了 4.25 亿人，2016 年，直播功能成为社交平台标配，直播用户中有 1/4 左右的人通过社交平台来收看直播，直播成为新的用户交流方式。社交与直播相结合，一方面丰富了社交应用的内容和形式，带动用户活跃度和用户黏性增加；另一方面以虚拟礼物为主的直播商业模式与社交应用进行融合，带动社交应用收入快速增长，如社交平台"陌陌"网络直播业务仅上线一年收入就占到整体营收的 79.1%。[①] 在这种大环境下，广州青年在网络上有更大的平台来展示自我，进行社交，极大地扩展了交友空间，方便了亚文化圈子的形成。

3. 在职青年与在校学生使用网络语言、行为情况不同

进一步对比在职青年、大学生和中学生在使用网络语言上的差异，发现在职青年对使用网络语言没有在校学生那么热衷，有 1/5 的在职青年未使用过网络语言，而在校生这一比例仅为 1/10 左右。而对比他们的网络行为情况则发现更为有趣的现象：大学生使用抖音、快手录视频进行社交的比例远远低于在职青年和中学生，但大学生更热衷于学习网络主播美妆、服饰搭配；追星、粉丝群体大多由在校学生组成，在职青年在追星上显得比较"冷静"；

①　中国互联网络信息中心：《2016 年中国社交应用用户行为研究报告》，2017 年 12 月。

中学生喜爱创作网络音乐作品，比例为22.4%，高于在职青年和大学生1倍（见图9）。不同的身份背景，决定了青年们的网络行为喜好。得益于网络的发达，青年们都能在网络上找到自己的兴趣点，并"自得其乐"。

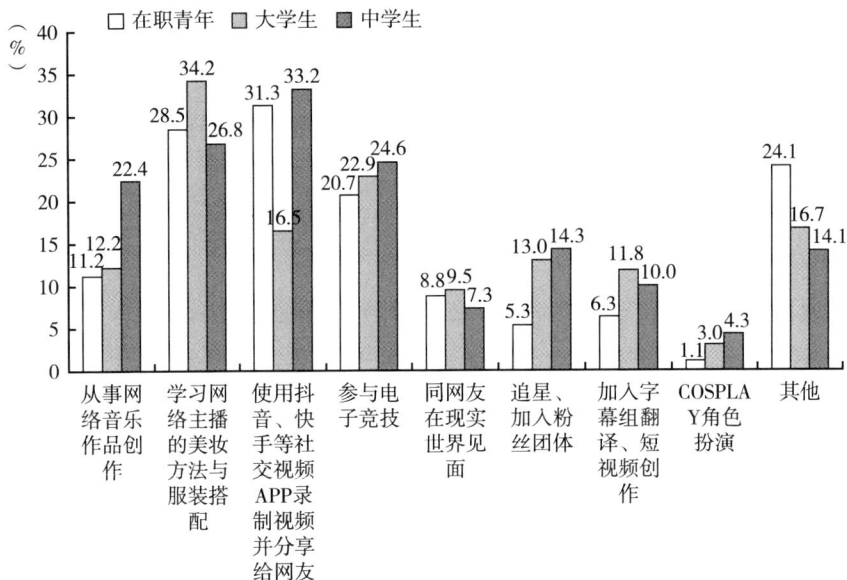

图9 不同群体青年的网络行为情况分析

（五）广州青年互联网技术使用情况

1. 广州青年擅长使用互联网技术，37%的青年会创办微博、微信公众号

互联网的发展，尤其是移动互联网疆域的进一步拓展，使网络上衍生出了很多让有才华的网友尤其是青年网友们兼职赚钱的方法。各大网文网站，例如晋江文学网、起点小说网，上面集聚了众多网络写手，有些著名写手凭借在网上发布的小说轻松月入过百万；又如一些微博大V，通过分享美文、制作短视频，收获众多粉丝，再用微博发布广告来获得收入。本次调查显示，有37.1%的广州青年会创办微博、微信公众号，23.6%会创作动漫、短视频作品，21.7%会使用网络技术设计表情包，还有14.9%的青年会在网上撰写、制作网游攻略（见图10）。

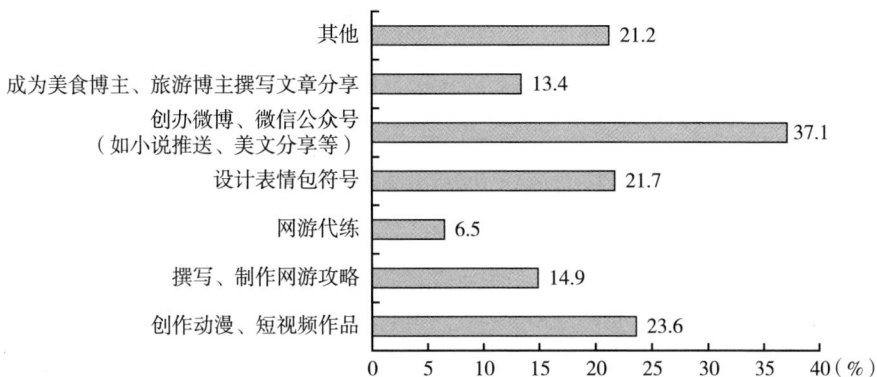

其他　21.2
成为美食博主、旅游博主撰写文章分享　13.4
创办微博、微信公众号（如小说推送、美文分享等）　37.1
设计表情包符号　21.7
网游代练　6.5
撰写、制作网游攻略　14.9
创作动漫、短视频作品　23.6

图10　广州青年使用网络技术情况分析

2. 不同学历青年使用互联网技术情况存在显著差异

进一步做相关分析，发现不同学历背景的广州青年使用互联网技术的情况各不相同。差异最显著的是"创作动漫、短视频作品"这一选项（$x^2 = 53.346$，$P < 0.001$），大学本科以下学历的青年选择比例明显要高于高学历青年；其次，在选择的总人数最多的"创办微博、微信公众号"中，大学本科及以上的青年比例明显高于较低学历青年（见表6）。

3. 男青年更爱制作视频、网游攻略，女青年更"文艺"

将性别与互联网技术使用情况做相关分析，发现男青年和女青年在使用互联网技术方面存在显著差异，具体表现为：男青年比女青年更爱创作动漫、短视频作品，比例分别为27.0%和20.8%；男青年撰写、制作网游攻略，进行网游代练的比例远高于女青年，尤其是有11.6%男青年会做网游代练，远高于女青年的2.2%。由此可见，在网络游戏这一板块，男性往往是主力军，例如2018年11月的《英雄联盟》全球总决赛（S8）上，来自中国LPL赛区的IG战队3：0横扫欧洲战队FNC，拿到了LPL赛区第一个全球总决赛的冠军，这一历史性战绩瞬间引发了全体青年的朋友圈"刷屏"。而女青年则显得更有"小资情调"，更文艺，她们"成为美食博主、旅游博主撰写文章"的比例远高于男青年，分别为17.0%和8.7%（见表7）。

表6 不同学历青年互联网技术使用情况分析

类别		小学及以下	初中	高中	大专	大学本科	硕士	博士	卡方
创作动漫、短视频作品	计数	3	42	139	158	197	18	1	53.346***
	百分比(%)	33.3	37.2	33.2	25.6	18.0	26.5	20.0	
撰写、制作网游攻略	计数	4	23	48	87	161	7	2	16.593*
	百分比(%)	44.4	20.4	11.5	14.1	14.7	10.3	40.0	
网游代练	计数	1	14	33	58	44	2	1	30.262***
	百分比(%)	11.1	12.4	7.9	9.4	4.0	2.9	20.0	
设计表情包符号	计数	0	34	109	145	209	14	2	17.994**
	百分比(%)	0	30.1	26.0	23.5	19.1	20.6	40.0	
创办微博、微信公众号	计数	5	25	144	222	433	29	2	17.751**
	百分比(%)	55.6	22.1	34.4	36.0	39.5	42.6	40.0	
成为美食博主、旅游博主撰写文章	计数	0	9	59	74	167	4	0	12.756*
	百分比(%)	0	8.0	14.1	12.0	15.3	5.9	0	

* P < 0.05, ** p < 0.01, *** p < 0.001。

表7 不同性别青年互联网技术使用情况分析

类别	创作动漫、短视频作品	撰写、制作网游攻略	网游代练	设计表情包符号	创办微博、微信公众号	成为美食博主、旅游博主撰写文章
男	27.0%	19.5%	11.6%	20.8%	31.9%	8.7%
女	20.8%	10.9%	2.2%	22.1%	41.3%	17.0%
T检验	3.543***	5.812***	9.012***	-0.750	-4.819***	-6.237***

*P<0.05，**p<0.01，***p<0.001。

4.中学生更爱创作动漫视频和制作表情包符号，大学生更爱写微博

对比不同身份背景的广州青年发现，中学生创作动漫、短视频作品的比例为37.9%，远超在职青年（20.7%）和大学生（21.7%）；中学生会设计表情包符号的比例也最高，为28.4%；大学生是创办微博、微信公众号的主力军，有42.7%的广州大学生会使用此项互联网技术（见图11）。这些数据显示出"85后"（在职青年）、"95后"（大学生）和"00后"（中学生）在互联网使用上的审美和兴趣差异，"00后"们喜爱更为活泼的作品呈现形式，"95后"则更爱有一定深度的文字作品，"85后"已参加工作，网络的娱乐功能低于工作功能，使用互联网技术更少。

（六）网络对广州青年的影响情况

1.青年认为网络让生活丰富、便利，可更好地了解国家大事

数据显示，有近一半的广州青年认为网络丰富了他们的生活，培养了兴趣爱好；有41.9%的广州青年认为网购、外卖、网络订票方便生活；有40.3%的广州青年通过网络了解国际、国家时事政治，增强了政治敏感度；还有35.0%的广州青年认为网络有助于学习、工作。由此可见，广州青年对网络影响的认知以积极、正面为主，也有一小部分受访者认为，网络会导致视力下降或疾病（13.7%），会浪费时间、精力从而影响学习、工作（10.4%），并且上网花钱太多（8.8%），网络成瘾也是他们担忧的一个问题（8.2%）（见图12）。

□ 在职青年 ▨ 大学生 ▨ 中学生

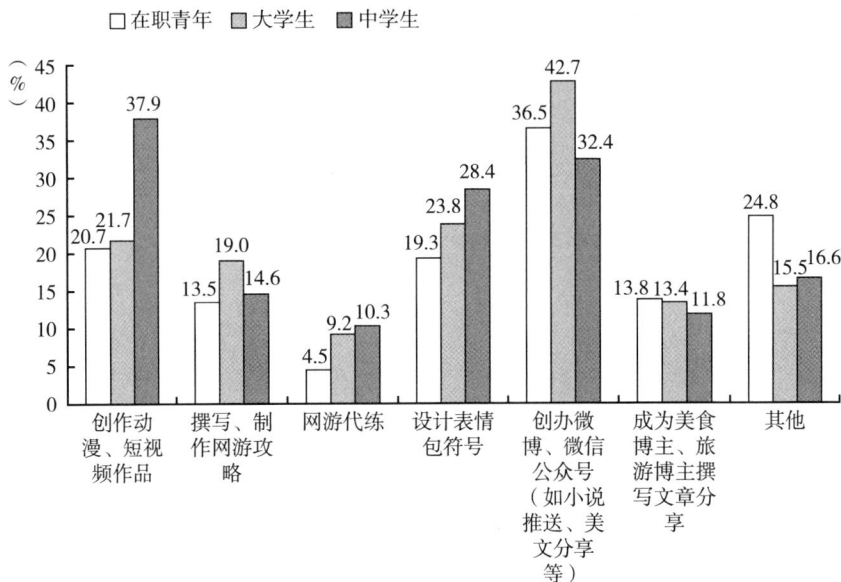

图11 不同群体青年使用网络技术情况分析

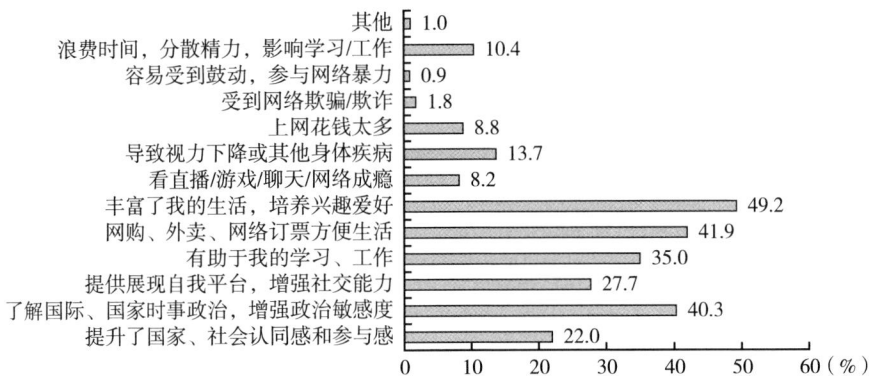

图12 网络对广州青年的影响情况分析

2. 男青年上网更关注国家大事，女青年更认可网购的便利性

将性别自变量与广州青年对网络影响的认知做卡方分析得知，女青年更加看重网络给生活带来的便利性（ $x^2=43.550$ ， $P<0.001$ ），认为网络的主

要影响是"网购方便生活"的女青年比例为47.8%，远高于男青年的比例（34.7%）；而在男青年中，认为网络带来的影响更多地在于"提升国家、社会认同感和参与感"（25.9%）和"了解国家大事，增强政治敏感度"（44.6%），如表8所示。

表8　不同性别与网络影响认知分析

网络影响认知	类别	性别		卡方
		男	女	
提升了国家、社会认同感与参与感	计数	293	261	19.718 ***
	百分比（%）	25.9	18.6	
了解国际、国家时事政治，增强政治敏感度	计数	504	519	15.714 ***
	百分比（%）	44.6	37.0	
提供展现自我平台，增强社交能力	计数	312	384	0.021
	百分比（%）	27.6	27.3	
有助于我的学习、工作	计数	382	508	1.560
	百分比（%）	33.8	36.2	
网购、外卖、网络订票方便生活	计数	393	671	43.550 ***
	百分比（%）	34.7	47.8	
丰富了我的生活，培养兴趣爱好	计数	515	736	12.859 **
	百分比（%）	45.5	52.4	
看直播/游戏/聊天/网络成瘾	计数	122	86	18.118 ***
	百分比（%）	10.8	6.1	
导致视力下降或其他身体疾病	计数	138	212	4.421 *
	百分比（%）	12.2	15.1	
上网花钱太多	计数	77	143	8.981 **
	百分比（%）	6.8	10.2	
受到网络欺骗/欺诈	计数	18	26	0.244
	百分比（%）	1.6	1.9	
容易受到鼓动，参与网络暴力	计数	10	13	0.012
	百分比（%）	0.9	0.9	
浪费时间，分散精力，影响学习/工作	计数	101	163	4.794 *
	百分比（%）	8.9	11.6	

*P < 0.05，**p < 0.01，***P < 0.001。

3. 青年认为网络带来诈骗现象的比例较2016年下降

对比 2016 年调查数据，笔者发现 2018 年广州青年认为网络会带来网络诈骗和网络暴力的人数、比例均有所下降。2016 年，课题组共发放了 3000份问卷，回收有效样本 2692 份，其中认为网络会让人受到网络欺骗的有106 人，比例为 3.9%；2018 年，课题组共发放 3000 份问卷，回收有效样本 2600 份，其中认为存在网络欺骗情况的仅为 44 人，比例为 1.7%。

表 9　网络诈骗情况分析

年份	网络影响:网络欺骗/欺诈		
	有效样本	N	百分比（%）
2016	2692	106	3.9
2018	2600	44	1.7

CNNIC 数据也显示，2018 年，网络诈骗比例呈明显下降趋势，虚拟中奖信息诈骗比例较 2017 年末下降 11.9 个百分点；遭遇虚假招聘信息诈骗的网民比例也较 2017 年末下降 6.8 个百分点。笔者认为，这一数据变化与政策环境的改善相关，正如习近平总书记所说，要推动依法管网、依法办网、依法上网，确保互联网在法制轨道上健康运行。2018 年 5 月，全国信息安全标准化技术委员会发布的《个人信息安全规范》切实将网民个人信息安全纳入政策保护范围，表现出国家对电信网络诈骗、侵犯公民个人隐私等违法犯罪行为的打击决心。

（七）主要结论

1. 移动互联网发展迅猛，广州青年上网时长大幅提升

本次调查显示，广州青年每天上网时长平均超过 6 小时，较 2016 年的3.73 小时有了大幅度提高，主要原因在于通过移动智能手机设备上网的时长增加了。除此之外，广州青年上网时长还与年龄大小以及他们的职业背景有关，具体表现为：年龄越大，总上网时间越长；从事第三产业主要是服务业的广州青年上网时间更长。笔者还发现，广州青年的上网时长与其母亲学

历高低有关，受教育水平相对较高的母亲，其子女使用电脑的时间会更短；幸福感越高的青年，上网时长也越短。

2. 社交、娱乐是广州青年的主要上网内容，不同群体喜好有明显区别

广州青年上网内容占比最高的是社交类平台或 App（67.5%），第二位是看直播、听音乐、追剧（47.8%），第三位是购物、玩游戏、查找旅游指南（43.0%）。就单个上网内容内部来看，不同群体青年喜好也有明显的区别，例如年龄越大的青年群体选择社交类上网内容的比例就越低，依次是中学生（79.8%）、大学生（69.8%）、在职青年（64.7%）。

3. 广州青年网络消费表现理性，多使用移动支付

支付宝、微信、银联钱包等手机移动支付方式改变了以往的消费模式，广州青年每月通过网络产生的消费已占当月总消费额的 1/3，平均每月网络消费支出 1094 元。消费内容主要集中于日常必需品方面，具体为"买护肤品、衣服"（65.5%）、"外卖订餐"（52.0%）、"生活支出"（50.1%）。其中，未婚青年使用外卖订餐的比例高于已婚青年；女青年更爱上网买护肤品和衣服，男青年更爱外卖订餐，为游戏充值；城镇青年更爱点外卖，广州户籍青年更爱上网订购旅游路线；住在单位社区的广州青年网络订外卖比例最高（58.8%）。

4. 网络语言便于广州青年交流沟通，玩抖音、快手成为时尚潮流

41.8% 的广州青年为便于交流沟通使用网络语言，其他原因为随大流、受网络环境影响（14.8%）或为含蓄表达一些不能直说的内容（14.4%）。有 28.0% 的广州青年爱用抖音、快手录制视频上传网络，展示自我、进行社交。对比在校生，在职青年没那么爱使用网络语言；对比大学生，在职青年和中学生热衷玩抖音、快手；"网络追星族"则大多由学生群体构成，分别有 14.3% 的中学生和 13.0% 的大学生会在网络上追星、加入粉丝团体。

5. 近四成广州青年会使用互联网技术创办微博、微信公众号

"创办微博、微信公众号（如小说推送、美文分享等）"是被选比例最高的互联网技术形式，有 37.1% 的广州青年选择了此项，其次是"创作动漫、短视频作品"（23.6%），也有 21.7% 的广州青年会用互联网技术来设

计表情包符号，此类青年往往有一个网络昵称——"表情帝"。进一步来看，男青年更爱制作视频（27%）、网游攻略（19.5%），女青年更"文艺"，她们往往是"美食博主"、"旅游博主"（17%）；而中学生创作动漫、短视频作品的比例是37.9%，远超大学生和在职青年，他们设计表情包符号的比例（28.4%）也最高。

6.互联网便利了青年生活，让他们更好地参与社会

41.9%的广州青年认为网购便利了他们的日常生活，40.3%的广州青年通过网络了解国家大事，增进社会参与度。对网络影响的正面认知越来越多，负面的诸如网络诈骗的比例下降，网络的规范性、安全性相较2016年有了很大的提升。

三 广州青年互联网行为特征及存在问题

（一）不同代际青年互联网运用存在差异，折射青年价值观新变化

回顾过往，我们不难发现，不同代际的青年人在人们心目中的形象是不同的，例如"90后"刚进入公众视野时，特别是在网络语境中时常与"非主流""另类""火星文"等负面词语联系在一起，而"00后"的在智能手机和移动互联网为代表的新媒介影响下，被称为"微一代""搜一代""iPad一代"等，他们是互联网"原住民"，伴随着移动互联网、移动智能设备共同成长，与网络有着天然的亲密关系。

本次调查选取的中学生主要为"00后"，大学生为"95后"，在职青年为"85后"。调查显示，不同代际的青年在互联网使用状况上有明显不同，越年轻的群体，在上网内容方面更倾向社交、娱乐内容。首先，他们的上网内容存在显著区别。上网内容中的"看新闻、收发邮件"，有49.8%的在职青年选择了此项，而大学生这一比例为30.4%，中学生比例最低（19.0%）；而在"浏览社交网站、QQ、微博、微信"一项上，中学生比例最高，为79.8%，随后是大学生（69.8%）、在职青年（64.7%）。其次，

在"追星"行为上存在显著区别，中学生最为热衷于追星，选择这一项的比例为9.2%，在职青年仅为4.8%。

不同群体的广州青年在互联网使用上存在区别，究其原因，主要是青年人作为当前最主要的网络群体之一，不同年龄段的网络主题对于网络意义建构和网络的实践逻辑不同，从而影响到网络环境、网络文化乃至网络舆论动态，同时他们自身的价值观也随着网络的逐步发展成熟形成不同的模样。具体可通过加拿大学者 Don Tapscott 在《互联网原生代》一书中对网络一代的特征或价值理念的论述来进一步理解（见表10）。

表10　网络一代的8个准则

想要自由，从选择的自由到表达的自由	利用互联网技术摆脱传统约束，将工作、家庭生活和社交生活整合到一起
钟爱自定义、个性化	现在的年轻人可以自我定制桌面背景、屏幕保护程序、新闻来源和娱乐活动，通过创建新的在线内容来创造网络
新的评估者	追求信息的透明度，具有市场影响力的网络一代能向企业和雇主提出更多要求
期待诚信和开放性	作为消费者或者被雇佣者，他们期待企业的价值观与自己一致
希望在工作、教育和社会生活中拥有娱乐和游戏	带着"好玩"的心态去工作，他们从最新的电子游戏中得到经验，知道实现目标的方法不止一种，具有创造性思维
合作和建立关系	在微博合作，在电子竞技时合作，互及微信，分享学校文件、工作文件或仅为娱乐
网络一代需要速度	在信息传播速度上，与朋友、同事和上司之间通信的发生比过去快得多，每个人发出的即时消息都应得到即时回复
创新者	想要最新的苹果手机来做更多新的事，不断寻找创新方式来合作、自我娱乐、学习和工作

资料来源：〔加〕唐·泰普斯科特著《互联网原生代》，张敬茹等译，机械工业出版社，2018。

Don 的描述，结合本次调查取得的一手数据说明，广州青年受到网络化时代的影响，价值观更具有现代性，他们的价值理念在网络世界中主要通过他们的网络行为表现出来：公共网络平台上的跟帖发言，社交平台上的自我展示，追逐时尚与潮流，使用网络流行语，开放、包容的社会态度，多元化的生活方式……网络时代，青年的思想更具有差异性，影响青年产生价值观偏差的新问题不断衍生：低俗的网络直播是另一种淫秽色情的传播模式，

"富家公子"们在网络上炫富反而引来一堆崇拜者，更有部分媒体为博眼球散播事关国家、政府的谣言……青年人正面对这一个"鱼龙混杂"的互联网，如何构建风清月朗的网络环境、规范各类网络主体的行为、通过网络正确引导青年形成健康价值观，将是未来青年工作的一大重点。

（二）网络文化变迁形成众多亚文化圈，青年思想易受网络舆论影响

当前网络上充斥着各种时髦新词，从2017年的"空巢青年"到2018年的"佛系青年"，互联时代每时每刻都在诞生带有标签性的网红词语、形象或歌舞，青年人根据他们自己的喜好，关注偶像明星、动漫人物、美食美妆博主，形成一个个亚文化小圈子。当一种亚文化不断发酵到全网皆知，并获得大批粉丝时，就具备了冲击主流文化的实力。关注青年群体网络亚文化，及时把握亚文化发展趋势，才能做到及时应对。

互联网作为一项技术改变了人们学习、工作、社交、生活的方式，带来了一种全新的文化，这种文化充满了自由、包容、快速、创新、多样性、不确定性等特质，影响着伴随互联网成长起来的青年一代。他们的思想极易受到自身所处亚文化圈子舆论的影响，当整个网络舆论渲染同一种主张时，个人往往会随波逐流。这就让网络舆论引导变成青年思想引领工作的重中之重。近两年常见的舆情反转事件，就是一些紧跟社会热点、关乎公众利益与矛盾、标注新闻热词的新闻事件，在后期新闻事实被揭露后的舆论，与在发展初期由于媒体报道不规范所形成的舆论相比呈现反转趋势。即网络群体的舆情表达游走于不同的舆论旋涡中，主流舆论或多数派意见数次向不同方向的倾斜，使得舆情表达最终发生反转。

（三）青年使用网络技术展现才华，网络内容监管难度增大

本次调查发现，越来越多的广州青年开始学习、运用互联网技术，他们会创办微博、微信公众号，创作动漫、短视频作品，设计表情包。例如，当前青年们活跃在快手、抖音、微博、微信上，通过手机 App 生产、加工并

传播了大量的网络短视频，出产速度快，影响范围广，参与人数多，在"B站"的一个著名"Up主"（视频发布者）常常有几万名活跃粉丝，如"共青团中央"在"B站"上就拥有186万粉丝，几分钟的短视频，常收获几十万点击量和数以千计的"弹幕"。

伴随网络技术而来的问题是：通过各类平台所发布的网络内容各式各样，监管难度增大了。例如当前国家正在严查的各类直播App。当前网络直播亚文化的第一大特点是用户数量多：据统计，截至2017年12月，我国网络直播用户规模达到4.22亿人，较2016年增长22.6%。其中，游戏直播用户规模达到2.24亿人，较2016年底增加7756万人。第二大特点是缺乏监管：如快手、抖音等，上面的一些"网红播主"堂而皇之地传播拜金主义、享乐主义，更有甚者传播淫秽色情内容；在直播中，有些主播会不停地提醒网友打赏，也就是花钱充值买礼物送给主播，孩子用父母的钱给主播打赏的新闻屡见报端。正如《人民日报》日前评论指出，现在的孩子都是网络原住民，注定要比上一代人更早接触网络、更需要网络，我们对那些不健康的信息要及时屏蔽，对散播不利于未成年人身心健康内容的平台要严加打击，要让网络空间清朗起来，这项工作不容易，但再难也要做①。

（四）网络是青年自我表达和社会参与的最自由场域，但需警惕网络语言暴力

网络是当前世界上发表言论最自由的场域，在网上发表言论已成为当前青年人最主要的言论方式。根据调查，广州青年表示，在网上阅读新闻的比例为39.8%，通过社交网站、即时通信设备同他人交换观点的比例高达67.5%，会发帖评论事件的也超过1/10。网络让青年人更好地进行自我表达、社会参与，他们积极地参与到公共事务的讨论当中来，青年人会在微博上发表对中美贸易战、个税制度改革的评价，也会对娱乐明星的桃色绯

---

① 熊建：《多入兰芷室 少进鲍鱼肆》，《人民日报》，http://media.people.com.cn/n1/2018/0605/c40606-30036744.html，2018年6月5日。

闻讨论得热火朝天。在这些言论中，我们常常能发现一些不理性的评论，青年人由于生活阅历尚浅，面临的网络世界信息纷繁复杂，轻信网络信息，因此在同网友讨论时容易情绪化和偏激化，更有甚者造成网络暴力事件。例如"人肉搜索"泄露个人隐私，网络谣言破坏社会秩序，网络水军引导言论等现象，都亟须改善，这些直接给政府部门的网络治理工作提出了挑战。

四 思考与建议

（一）合理分配休闲时间，防治手机成瘾问题

当我们走上地铁、公交、高铁，总是能发现90%以上的人都在"低头看屏幕"，似乎想通过看手机的屏幕，来把碎片化的时间填满。人手一部手机，随时随地刷微信朋友圈、微博热搜，生怕停下来就错过"劲爆"新闻。长时间上网尤其是低头"刷手机"，会给颈椎、眼睛带来损害，降低人与人自然交流频率，还会带来安全隐患。要防治手机成瘾，还需正向带动，为青年提供更多的娱乐方式。首先，进一步加强文化体育设施建设，加大马拉松赛事的举办力度，还可考虑公益徒步的方式，鼓励更多的青年人加入全民运动；其次，通过宣传引导，倡导人人自律，让青年人认识到时间宝贵、过度使用手机危害健康，要由人支配手机，而不是人被手机绑架和奴役；最后，学校可以充分开发兴趣社团的功能，让学生更多地加入现实世界的活动，建立现实世界的人际关系，引导他们更多地关注现实。

（二）关注亚文化圈子，引导青少年理智追星

网络亚文化往往代表着新鲜、有趣、个性，青年人尤其是未成年人多有"猎奇"心理，缺乏对信息进行常识性、客观性研判的能力，而主流思想由于长期高、大、空的特点，容易被青年选择性地放弃。同时，当前剧烈的社会经济变迁也影响着青年人的思想观念、价值追求、行为方式，青年群体本

身的社会分化问题已开始凸显，例如新生代农民工和大学生这两个子群体的教育经历、就业及生活状况和未来发展机遇都大为不同。青年群体内部存在的巨大差异，让我们在宣传主流文化、引导网络舆论时很难制定一套统一的工作模式，反而是各式各样的小众文化、网红主播、知名大 V 十分容易吸引不同类型的青年。在此种背景下，我们要关注网络亚文化圈子，一是要发掘、制作带有正能量的积极内容，能够与主流文化兼容，例如在 B 站上传播的"那年那兔"系列动漫，就是将中国近代史的内容融入卡通动漫故事中，获得众多青年粉丝；二是要放下身段，以"中立""不批判"的态度去看待各式各样的青年亚文化圈子，主动融入、了解青年所思所想；三是要加强监管，相关政府部门要主动挑起"担子"，加强监管，防止一些淫秽色情、拜金思想传播到青少年群体之中。其中，"粉丝文化"尤其值得重视，众多青少年因为喜爱同一个偶像明星，而聚集在一起成为一个内部团体，常进行粉丝集资、生日应援、接送机等行为。引导青少年理智追星，要加强青少年媒介素质教育，提高大众传媒的职业道德；偶像人物要规范自身行为并加强道德自律，给粉丝传播正能量；学校教育要注重对青少年的人文关怀。

（三）加强网络舆情监控，研发多样化的舆论引导方式

网络时代，失实信息迅速传播极易引发舆论危机，仅仅靠传统单一途径引导网络舆论已无法满足现实需求。一是要积极争取信息源的主导位置。在当前互联网舆论场中信息源增多、信息传播快、言论多样化的情况下，官方媒介影响舆论的办法应当从统一信息口径，转变为争取信息源的主导地位。二是完善新闻发布制度，注重时效，快速反应。及时、主动向社会提供信息，提高发布时效，力求在第一时间发布权威准确信息，以信息强势增强议程设置和舆论影响能力，尤其是对重大思想理论问题和实际问题，应及时定调，及时解释，抢夺话语权。三是加强同用户的沟通交流，例如举办一些活动，让青年网民针对某一重大社会热点发表评论，开展互动交流。四是积极发挥短视频新闻社交性强的优势，同秒拍、B 站等视频网站开展合作，将希望推送给青年人的内容制作成短视频，制作、开发富含主流文化引导作用的

动漫、宣传片。

（四）努力推动互联网法治建设进程，规范网络空间秩序

2018 年 9 月 28 日，广州互联网法院正式挂牌办案。自此，杭州、北京、广州三家互联网法院相继落成，开始探索互联网空间司法治理的"中国路径"。万物互联的时代，对互联网法治建设提出了更高的要求。一是要集中力量加快办理各类案件，通过专项治理行动震慑网络违法犯罪行为，规范网络空间秩序；二是要加强对网络文化市场内容的清理，尤其是加强对抖音等网络直播和短视频网站内容的审查；三是引导各类网络平台、组织在正确政治方向上进行业务行为，促使他们在法制轨道上健康有序发展。

参考文献

1. 中国互联网络信息中心：《2016 年中国社交应用用户行为研究报告》，2017 年 12 月。
2. 中国互联网络信息中心：《第 42 次中国互联网络发展状况统计报告》，2018 年 6 月。
3. 〔加〕唐·泰普斯科特著《互联网原生代》，张敬茹等译，机械工业出版社，2018。
4. 杨斌艳：《未成年人互联网运用状况》，《中国未成年人互联网运用和阅读实践报告（2017~2018）》，社科文献出版社，2018。
5. 熊建：《多入兰芷室　少进鲍鱼肆》，《人民日报》，http：//media. people. com. cn/n1/2018/0605/c40606 - 30036744. html，2018 年 6 月 5 日。

B.13
广州青年社会保障状况研究

邓智平　赵道静*

摘　要： 本研究从社会保险、社会救助、社会福利三大基础性社会保障系统出发，梳理青年社会保障的政策体系，并依托于青年发展状况问卷调查数据对广州青年社会保障的现状、存在问题和发展趋势进行分析。研究发现：广州青年享受社会保障的状况总体较好，社会保险参保率高，青年发展环境有较大改善，但青年对社会保障的满意度评价状况一般；青年社会保障政策体系存在诸如针对性不强、政策碎片化、管理体制不畅、发展不均衡等问题需要解决。本文认为，随着《中长期青年发展规划（2016~2015年)》和《粤港澳大湾区发展规划纲要》的实施，广州青年社会保障必将迎来巨大发展机遇。

关键词： 广州青年　社会保障　社会保险　社会救助　社会福利

一　研究背景

社会保障是关乎国计民生的重要领域，是全体人民共享国家发展成果的基本途径和制度保障。我国社会保障制度通过不断改革，形成了社会保险、社会救助和社会福利三大基础性保障系统，搭建起了以基本养老、基本医

---

* 邓智平，广东省社会科学院现代化战略研究所所长、研究员、博士；赵道静，广东省社会科学院社会学与人口学研究所助理研究员。

疗、最低生活保障制度等为重点的保障框架。党的十九大报告提出"加强社会保障体系建设。按照兜底线、织密网、建机制的要求,全面建成覆盖全民、城乡统筹、权责清晰、保障适度、可持续的多层次社会保障体系",为新时代社会保障体系建设指明了发展的方向。青年是国家经济社会发展的生力军和中坚力量,是国家的未来、民族的希望。青年由少年儿童过渡为成年人,需要在生理、心理、社会、文化多维度全方位去适应社会角色的转换。在此过程中,青年面临着健康、教育、技能、就业、创业、社交、婚恋、生育、住房、养老等非常广泛的生命阶段性任务①,由此产生了非常多元的现实需求,这些需求的满足都需要社会保障体系的支持。以往有关青年的社会保障政策分散在覆盖全民的社会保障政策之中,缺乏专门针对青年的社会保障政策体系,也没有建立专门负责青年政策的机构。2017 年,中共中央、国务院印发的《中长期青年发展规划(2016～2025 年)》,指出"青年兴则民族兴,青年强则国家强。促进青年更好成长、更快发展,是国家的基础性、战略性工程",青年社会保障作为促进青年成长发展的重要领域和青年的核心权益之一,被首次写入发展规划中。2019 年,广东省委、省政府发布实施的《广东中长期青年发展规划(2018～2025 年)》中,青年社会保障同样作为九大领域之一,被给予了具体措施和实施意见。青年社会保障在规划文本中的出现,意味着青年社会保障政策体系建设越来越受到重视,系统全面了解青年社会保障的状况也愈加重要。

目前,青年社会保障在学界并没有一个明确的概念界定,大多是对国家社会保障制度的概念诠释。青年社会保障的研究多从国家社会保障制度层面对某类青年群体的社会保障状况进行分析,较受关注的主要是大学生、青年农民工群体和残疾青年的社会保障问题。将青年社会保障从全局和整体角度出发进行研究的文献量较少,知网数据显示以青年社会保障为篇名的文献仅在 10 篇左右,其中,梁宏志、张士斌等从国际比较视野对青年社会保障制

---

① 《筑牢青年发展之基础——解读国家〈中长期青年发展规划(2016～2025 年)〉》,《中国青年报》2017 年 4 月 24 日。

度进行研究，指出发达国家青年保障政策更具体、更有针对性，青年保障更全面、水平更高，而包括中国在内的发展中国家青年社会保障政策较不完善，保障水平较低①；戴荣四探讨了青年社会保障的问题和对策，指出当前我国青年社会保障存在三个问题，分别是保障政策不够健全，动态监测指标体系不够完善及制度衔接不畅、效率低下，特殊群体易被忽视②；徐明从在职青年、在学青年和非在职在学的社会闲散青年三类群体入手，解构当代青年社会保障的问题，并将青年社会保障制度定义为"国家和社会依法建立，具有经济福利性的、社会化的青年生活保障系统。青年社会保障的内容可以包括青年社会保险、青年社会救助、青年社会福利、退役军人优抚待遇以及各项政府或企业补助、社会互助的政策措施"③；朱华鹏对青年社会保障政策进行梳理，提出我国青年社会保障政策经历的两大阶段，"关注弱势青年，预防型、补救性政策阶段"与"保护全体青年，发展型、普惠型政策阶段"，并在"获得感"语境下研究青年社会保障政策的构建问题④。虽然目前关于青年社会保障的系统研究不多，但随着国家和各省市青年发展规划的发布，可以预见青年社会保障研究将成为青年研究，尤其是青年发展政策研究的热点和重点。

二　青年社会保障政策梳理

要了解青年社会保障的状况，必然要了解涉及或覆盖青年群体的社会保障政策体系。本研究从社会保障的三大基础性保障系统出发，对当前我国的青年社会保障政策进行梳理。

---

① 梁宏志、张士斌、张天龙：《国际视野下的中国青年社会保障制度构建》，《经济问题探索》2010 年第 12 期，第 117 ~ 121 页。
② 戴荣四：《青年社会保障问题如何对症下药》，《人民论坛》2017 年第 10 期，第 66 ~ 67 页。
③ 徐明：《青年社会保障问题研究》，清华大学出版社，2018。
④ 朱华鹏：《"获得感"语境下中国青年社会保障政策构建》，《中国青年研究》2019 年第 2 期，第 40 ~ 46 页。

（一）覆盖青年的社会保险制度体系

我国现行的社会保险制度依据参保人是否从业可划分为城镇职工社会保险体系与城乡居民社会保险体系两大类。城镇职工的社会保险主要项目包括养老保险、医疗保险、失业保险、工伤保险与生育保险，符合参保条件的城镇职工均纳入此社会保险制度之中，这也是在职青年参加的主要社会保险项目。另外，灵活就业人员如个体工商户、自由职业者和新业态从业人员也可自行缴纳职工养老保险和医疗保险，享受社会保险服务。城乡居民社会保险体系涵盖的主要是居民养老保险和居民医疗保险，未从业的大学生和中学生群体一般只缴纳城乡居民医疗保险费，享受居民医疗保险。

（二）覆盖青年的社会救助体系

根据《社会救助暂行办法》，我国现行的社会救助体系主要包括城乡居民最低生活保障、特困人员供养、受灾人员救助、医疗救助、教育救助、住房救助、就业救助和临时救助。由于社会救助制度托底线、救急难，因此只要符合救助条件的所有居民都被纳入社会救助体系中。青年群体的社会救助是青年社会保障的重要内容，《中长期青年发展规划（2016~2025年）》指出，青年社会保障的发展目标是"社会保障体系充分覆盖青年急需的保障需求，并在各类青年群体之间逐步实现均等化"，发展措施主要集中在对残疾青年的关心关爱和扶持保障以及青年社会救助工作两个方面。其中青年社会救助重点包括对流浪未成年人的救助；为家庭困难的失学、失业、失管青年提供就业、就学、就医、生活等方面的帮助；解决包括进城务工青年在内的困难群众的突发性、紧迫性、临时性生活困难；解决部分农村留守儿童中存在的学业失教、生活失助、亲情失落、心理失衡、安全失保问题；为进城务工青年与其未成年子女共同生活提供生活居住、日间照料、义务教育、医疗卫生等方面的帮助等。

（三）覆盖青年的社会福利体系

我国现行的社会福利制度主要指政府出资为那些生活困难的老人、孤儿和残疾人等特殊困难群体提供生活保障而建立的制度。与青年群体相关的是残疾青年的社会福利，具体包括残疾人生活、康复、交通补助以及残疾人文化体育福利与残疾人托养服务等，还有残疾青年就业帮扶、残疾学生和生活困难的残疾人子女学生助学补助和高中阶段残疾学生资助政策等。

（四）与青年相关的其他社会保障

除了三大基础性保障体系，与青年密切相关的社会保障政策还包括就业保障和住房保障，以及对烈军属青年的社会优抚等。对于青年群体而言，劳动就业是最为基本的生存权利之一，就业保障服务也是青年最急需的保障需求。在我国现行的政策中，就业保障包括《劳动法》以及国家、省、市多个层面出台的各项就业促进、创业政策。在就业保障政策体系中，国家尤其重视高校毕业生的就业问题，出台了涵盖高校毕业生的就业指导、实习见习、职业培训、激励创业等一系列措施。住房保障是青年社会保障的另一个重要领域，由于青年步入社会初期、财富积累少、就业压力大，住房难问题较为突出。当前，政府在住房保障方面针对不同的人群，实行住房公积金制度与政府贴息制度以及补贴贷款利息等政策，同时还推出多种形式的政策保障性住房，具体包括两限商品住房（即"限套型、限房价、竞地价、竞房价"住房）、经济适用住房、政策性租赁住房以及廉租房等。

（五）广州市青年社会保障政策

广州历来十分重视青年发展，不断优化青年发展环境，完善青年社会保障相关政策。除了对国家和省级层面相关政策的贯彻落实，广州还积极创新青年社会保障相关政策，满足青年各方面保障需求。针对就业需求，建设大学生创业孵化基地和创业园区，开展"赢在广州"大学生创业大赛，实施全民技能培训计划。针对住房需求，制定共有产权保障房政策和人才公寓政策，实施"租购同权、租售并举"政策，目前租赁住房承租人已享受的公共权益覆盖八大方面29项内容。另外，广州放宽公租房租赁申请条件，明确新就业无房职工（个人、家庭）能申请租赁公租房，这能在一定程度上帮助刚工作的青年群体解决住房问题。针对来穗人口的工作生活需求，出台《广州市来穗人员积分制服务管理规定（试行）》及实施细则，扎实推进积分制入户、入学和积分制申请公共租赁住房工作，探索建立来穗人员随迁子女"积分医疗"工作；开展"来穗人员融合大学堂"培训活动；积极推进"互联网＋政务服务"能力建设，建立"广州市来穗人员服务管理视觉化传播基地"等。

三 广州青年社会保障的现状分析

为了更好地了解和掌握广州市青年社会保障的状况，广州市团校2018年面向广州11个区15～34岁常住青年群体开展了青年发展状况问卷调查，收集了在职青年、大学生和中学生这三类青年群体的社会保障享受情况、对社会保障制度安排的满意度评价、对社会保障的不足评价以及对总体发展环境的评价等数据信息。调查共回收有效问卷2590份，其中在职青年1569份，大学生605份，中学生416份。

从调查结果来看，广州青年享受社会保障状况总体较好，处于不同年龄阶段和社会角色的青年都能享受到相应的社会保障服务，青年发展环境持续向好；青年对社会保障的满意度评价一般，特别是对住房保障的满意度稍差些；同时，青年普遍反映了社会保障待遇水平不高、政策不健全、宣传不到位等问题。

（一）青年享受社会保障的状况

对照覆盖青年的社会保障政策体系内容，广州青年享受社会保障总体状况较理想，六成以上青年参与社会保险，接受社会救助的青年规模较小，残疾青年享有各类福利，部分青年享受政策性住房保障和相应就业服务。

一是青年社会保险参与率较高，不同职业青年社会保险参与有差异。调查结果显示：在职青年拥有"五险一金"的比重较高，90.4%的在职青年有医疗保险、80.4%有住房公积金、76.9%有养老保险、71.6%有生育保险、70.6%有失业保险、58.4%有工伤保险。比较不同职业青年的社会保险参与情况发现，国家机关、企事业单位人员、专业技术人员、办事及相关人员、社会组织工作者的社会保险参与状况要明显优于农林牧渔、商业和服务人员、生产和运输设备人员以及个体私营企业主。前者医疗保险拥有率均达到90%以上，后者拥有率低于85%；前者失业保险拥有率达到70%以上，后者拥有率在50%到68%之间；前者生育保险拥有率达72%以上，后者拥有率在50%左右；前者养老保险拥有率在77%以上，后者拥有率在55%到74%之间；前者工伤保险拥有率在57%以上，后者拥有率低于55%；前者住房公积金拥有率均在86%以上，后者拥有率低于75%。在所有职业中，社会组织工作者的各项社会保险参与率最高，自由职业者除了医疗保险参与率较高，其他"四险一金"的拥有率都是最低的。比较不同户籍在职青年的社会保险参与情况发现，无论是广州本地青年还是外地青年，城镇户籍青年的社会保险参与情况都要稍优于农村户籍青年，只是两者间参与差距较小，参与率差距均在1%至2%间。

由于在校学生与在职青年社会保险政策不同，在校生仅需购买医疗保险，因此调查结果显示广州大学生和中学生购买医疗保险比重高，其他保险比重低。其中大学生拥有医疗保险比重为83.5%；中学生拥有医疗保险比重为73.2%（见图1）。

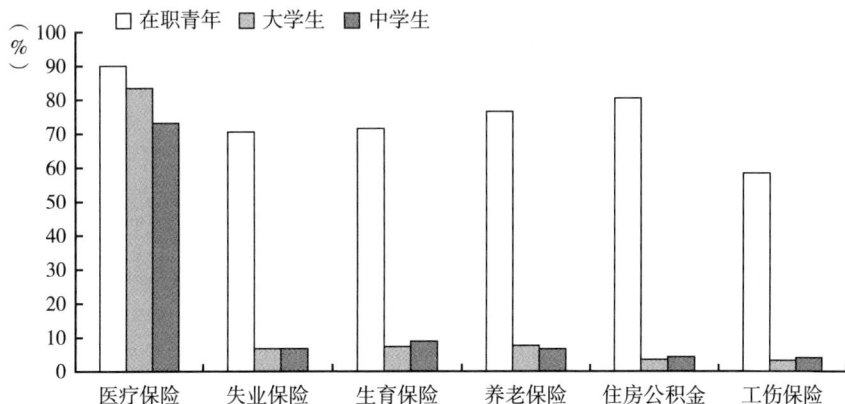

图1 广州青年社会保险参与状况

二是接受救助的困难青年和残疾青年规模较小。由于广州困难群众和残疾人规模总体相对较小，因此本次调查的青年中接受社会救助和社会福利的青年比重也较小。享受低保的青年仅94人，享受特困供养人员政府救助金的仅61人，享受临时救助的仅21人。被调查的残疾青年享受较多的福利政策是残疾人社会保险补贴，其次是重度残疾人护理补贴及贫困残疾人生活津贴等。（见表1）

表1 广州青年享受的社会救助与社会福利内容

单位：人，%

社会救助及 社会福利项目	在职青年		大学生		中学生	
	人数	百分比	人数	百分比	人数	百分比
低保	43	2.8	22	4.2	29	7.1
特困供养人员政府救助金	21	1.4	24	4.6	16	3.9
临时救助	4	0.3	8	1.5	9	2.2
贫困残疾人生活津贴	6	0.4	6	1.1	12	2.9
重度残疾人护理补贴	13	0.8	6	1.1	7	1.7
残疾人社会保险补贴	20	1.3	13	2.5	10	2.5
残疾人基本住房保障	6	0.4	6	1.1	5	1.2

三是青年就业和住房保障状况有待改善。在被调查的在职青年中，签订了劳动合同的青年仅占总体的37%，享受带薪休假的仅有30.2%，13.8%的青年享受病假工资，12.1%的青年享受产假工资。在就业培训方面，在职青年中仅有1.6%的人享受就业见习服务或补贴，7.4%的人享受职业培训与补贴；大学生中有6.8%的人享受就业见习服务或补贴，1.1%的人享受职业培训或补贴。在问及在职青年和大学生"曾经获得的资格证书"时，32.1%的在职青年和55.4%的大学生均表示没有获得任何资格证书。从调查数据来看，虽然国家、省和广州市出台了很多促进就业的政策，但真正接受国家政策扶持的青年比重还较小。

住房保障方面，被调查的青年中37.2%的在职青年、2.5%的大学生和15.2%的中学生是租房居住的，而租房居住的青年中能够租住公租房的比重较小，其中仅1.9%的在职青年，1.1%的大学生和3.2%的中学生租住在公租房。具体看租住公租房的在职青年特征，60% 为 25 岁以下；50% 为在广州居住 4 年及以下；37.9% 为广州城镇户籍青年，37.9% 为外地农村户籍青年；未婚青年占 69%，已婚占 31%；在职业分布上较为均衡，各类职业青年占 20% 左右。从调查结果来看，虽然当前青年能够租住公租房的比重较小，但已惠及部分新就业青年。

（二）青年对社会保障的满意度评价

一是广州青年对社会保障满意度总体评价一般，对医疗卫生保障最满意，对住房保障最不满意。调查结果显示，33.8% 的青年对社会保障总体评价为"比较满意"或"非常满意"，评价"不满意"和"较不满意"的比重为 11.0%，较大比重青年对社会保障满意度总体评价"一般"（47.6%）（见表 2）。在社会保障各方面的评价中，对医疗卫生方面的满意度评价最高，其次是社会救助和社会福利服务，满意度评价相对较差的是住房保障方面。如果以满意度得分，10 分为满分，6 分为及格分的情况来看，广州青年社会保障的满意度得分仅在及格线上，社会保障各方面的满意度得分均不高。另外，青年群体对残疾人社会保障、社会救助和社会福利服务等社会保障内容的知晓状况也不尽理想。

表 2　广州青年对社会保障满意度评价

单位：%

社会保障	不满意	较不满意	一般	比较满意	非常满意	不了解
对社会保障的总体评价	4.1	6.9	47.6	29.7	4.1	6.4
医疗卫生方面	6.9	9.1	45.1	30.2	3.6	4.3
就业创业方面	5.2	10.1	48.2	24.5	3.0	8.3
住房保障方面	11.3	16.0	43.0	18.9	2.7	7.3
残疾人社会保障	4.7	7.3	40.8	25.8	4.6	15.9
社会救助	4.7	8.0	42.8	26.6	4.7	12.0
社会福利服务	5.1	8.2	44.2	26.1	4.6	10.6

二是大学生对社会保障满意度评价较中学生和在职青年高。比较不同青年群体的社会保障满意度评价情况发现，大学生对社会保障的满意

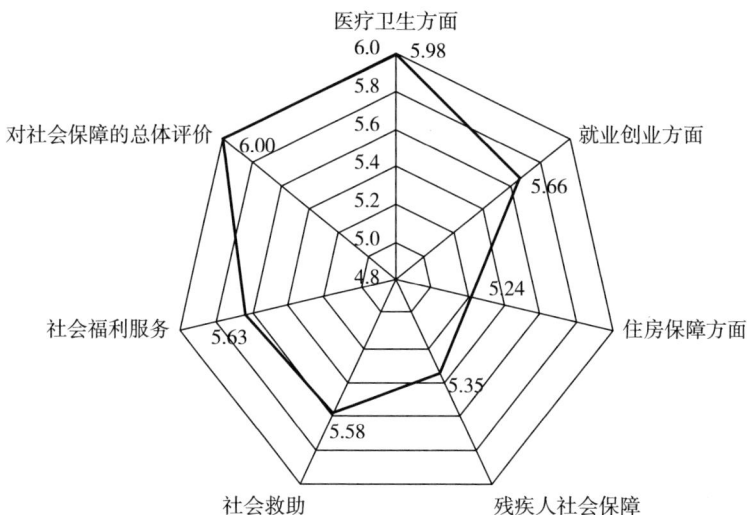

图 2　广州青年社会保障各方面满意度得分

注：本文满意度得分按照不满意赋值 2 分，较不满意赋值 4 分，一般赋值 6 分，比较满意赋值 8 分，十分满意赋值 10 分综合计算而得。

度得分最高，为 6.19 分，其次是中学生 6.15 分，在职青年对社会保障总体评价满意度得分相对稍低些，为 6.11 分（见图 3）。在社会保障各方面的评价上，在职青年满意度评价由高到低依次是医疗卫生、就业创业、社会福利、社会救助、残疾人社会保障和住房保障；大学生和中学生满意度评价一致，由高到低依次是医疗卫生、社会福利、社会救助、就业创业、残疾人社会保障和住房保障。

（三）青年对社会保障的不足评价

当问及广州青年"当前青年社会保障体系存在哪些不足之处"时，青年选择最多的前五个不足之处依次是"社会保障待遇水平不高"（37.4%）、"政策不够健全"（33.7%）、"政策宣传不到位"（23.2%）、"覆盖青年群体不足"（22.9%）以及"中学生或大学生社会保障不受重视"（18.0%）。另外，选择"青年群体间社会保障发展不均衡""不同区青年社会保障待遇

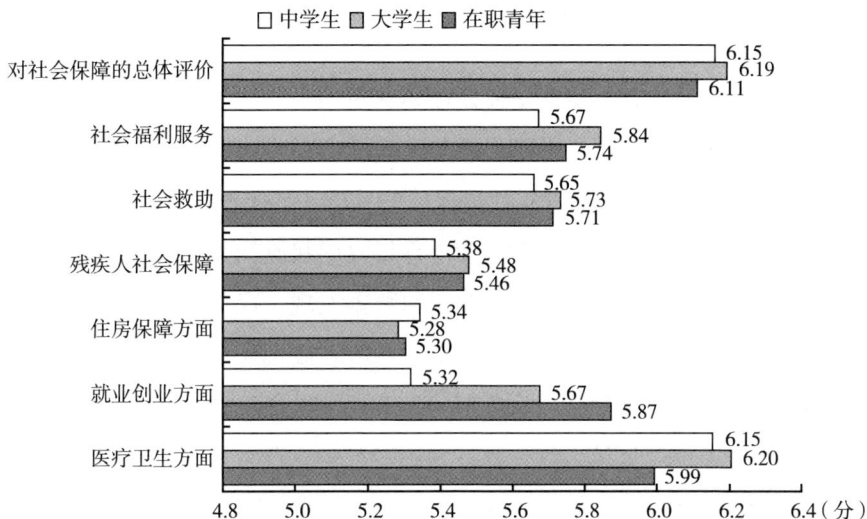

图3　不同青年群体社会保障满意度得分情况

水平差异大"的比重也在17%左右（见图4）。比较不同青年群体对社会保障不足的评价情况发现，在职青年、大学生和中学生对社会保障问题的评价基本保持一致，区别仅在于大学生和中学生比在职青年更关注"大学生和中学生社会保障不受重视"问题。

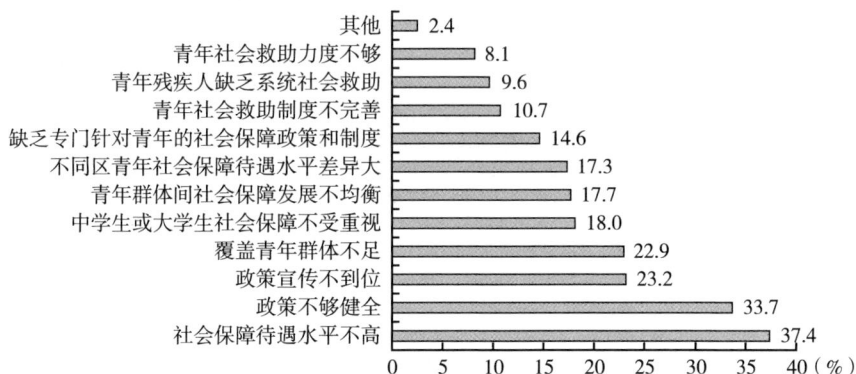

图4　广州青年对社会保障不足评价

（四）青年对发展环境评价

青年发展环境虽然不是青年社会保障政策体系的内容，但青年发展环境也是青年成长和发展的重要保障，因此从广义上说，青年发展环境也属于青年社会保障的范畴，能反映青年社会保障的状况。广州市团校自 2012 年开始将青年对发展环境的满意度评价纳入"青年发展状况调查问卷"中，到目前已收集四期跨度近八年的数据。比较四期数据发现，青年对自身发展环境的满意度评价持续向好，尤其是青年对家庭环境和成长环境安全的满意度得分有明显提高，如 2018 年青年对家庭环境评价"不满意"或"较不满意"的比重为 10.4%，评价"比较满意"和"很满意"的比重为 36.2%；2016 年调查数据中青年对家庭环境评价"不满意"或"较不满意"的比重高达 52%，评价"比较满意"和"很满意"的比重仅为 9.4%。经过两年的努力，广州青年的家庭环境和成长环境安全问题取得了积极的进展。相对而言，青年群体对青少年活动场所数量和青少年政策的满意评价比重有所下降，尤其是青少年活动场所数量的满意度得分下降比较明显。比较不同青年群体对发展环境的满意度评价，2018 年在职青年、大学生和中学生满意度评价最好的均是家庭环境和成长环境；相对评价较差的也是青少年活动场所和青少年政策（见图 5）。

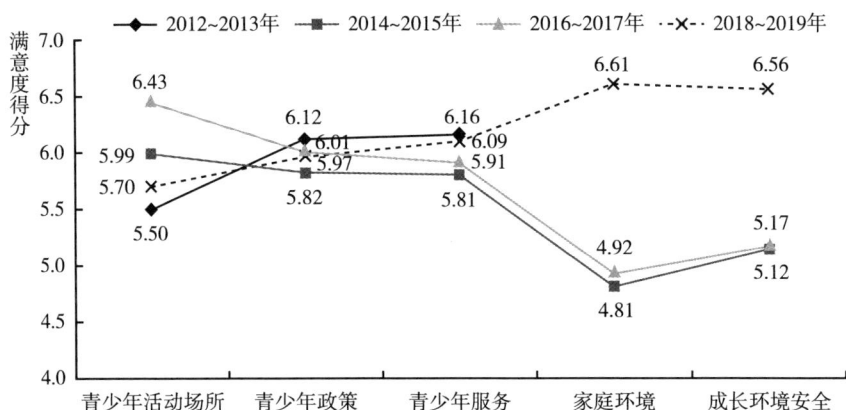

图 5　广州青年发展环境的满意度得分情况

四 广州青年社会保障存在的主要问题

通过对青年社会保障政策体系的梳理和广州青年社会保障问卷调查的分析发现，广州青年社会保障状况有其向好的一面，如青年参与社会保险的状况较好、青年发展环境有明显改善，但青年社会保障仍存在不少急需解决的问题，主要表现为以下几个方面。

一是社会保障政策体系青年针对性不足，青年社会保障政策体系尚未完全建立。青年群体相比其他年龄阶段的群体具有其独特性。首先是高度分化的特征。当代青年年龄跨度从"80后"到"00后"，有着不同的时代发展背景，不同年龄段青年和同一年龄段青年内部都是高度分化的，青年内部的高度分化意味着需求的高度分化。其次是易变多元的特征。当代青年思想活跃、善于关注新鲜事物和文化，自身成长发展的观念处于时时更新的状态，青年中诸如自由职业者、网络意见领袖、网络作家、签约作家、自由撰稿人、独立演员歌手、流浪艺人、网络主播等种类繁多的新兴群体和其从事的新兴业态越来越多。青年这种易变求新的特征也会导致需求的多样化。再次是脆弱性的特征。青年时期是人生的转折期，需要经历由家庭人、学校人向社会人转变的过程，若是没有强有力的社会保障，青年由于自身条件的不成熟和财富积累有限，很容易变得脆弱而不堪一击。与青年的多样化独特性需求相比，我国现有的青年社会保障政策恰恰缺乏对青年独特性的重视和考虑。梳理青年社会保障政策可以看出，现有的青年社会保障政策都包含在国家统筹的各项社会保障政策中，缺乏专门针对青年的社会保障制度或者统一的青年社会保障制度。由于现有的社会保障是全民覆盖的保障体系，对应的是全体职工或居民共性的最基本的保障需求，因此青年群体获得的也是基本的社会保障，青年特有的利益诉求在已有的社会保障体系中体现明显不够。

二是缺乏专门的青年社会保障管理机构，保障体制衔接不畅，实施不够全面。当前，我国从中央到地方尚没有成立专门制定和实施青年政策的组织或机构，这直接导致青年发展政策和青年社会保障政策的碎片化特征。与青年相关的社会保障主要在社会保障体系中，但我国的社会保障体系涉及人力资源和社会保障与民政两个部门，其中人力资源和社会保障部门承担着就业和社会保险的管理和服务职责，民政部门承担着社会救助和社会福利的管理和服务职责，同时教育、卫生健康、住房与城乡建设部门等也参与了部分青年的社会保障事务。各级共青团组织虽然对青年的整体发展负责，但对于青年社会保障的服务功能较弱。青年社会保障事务的多头管理使得不同类型的青年群体享受不同的社会保障政策，社会保障水平也差异明显，因此问卷结果显示青年反映最多的就是社会保障水平不高等问题。更为重要的是，各种政策间缺乏统一框架，难以发挥协同作用，又多以行政法规的形式存在，权威性不够，加上社会保障制度在执行过程中常常被打折扣，实施不够全面，导致青年的保障需求和权益并没有能够真正落实到位。问卷调查结果佐证了这一问题，完全拥有"五险一金"的在职青年仅占总体的60%左右，而在校生医疗保险拥有比率也不到85%，另外还有1.9%的在职青年、3.8%的大学生和12.3%的中学生没有享受任何社会保障服务和内容。

三是青年急需解决的就业和住房保障需求并没有得到妥善解决，青年全方位保障尚有很大进步空间。当前，我国社会主要矛盾已经转化为人民日益增长的美好生活需要和不平衡不充分的发展之间的矛盾，青年人对美好生活的需要在一定程度上代表了社会发展的走向。习近平总书记曾说，"随着经济社会快速发展，当代青年在学习工作生活条件总体改善的同时，在成长成才、身心健康、就业创业、社会融入、婚恋交友等方面也面临着新的困难和问题"，他多次强调"各级领导干部要关注青年愿望、帮助青年发展、支持青年创业，做青年朋友的知心人，做青年工作的热心人"，"想青年之所想，急青年之所急，代表和维护青少年普遍性利益诉求，努力为广大青少年成长成才创造良好环境"。青年社会保障就是青少年成长成才的发展环境，也是青年实现美好生活追求的基本保障，但现有的青年社会保障政策体系还不能全方位地保障青年的各项需求。通过调查我们发现，与青年工作生活联系最为密切的就业和住房需求，青年都没有得到满意的保障，其中住房保障需求是所有青年群体最不满意的方面，在职青年中签订劳动合作和享受职业培训的比重也不高。青年在其他方面如家庭发展、文化休闲、职业发展等方面的保障需求更没有完备的政策体系来支持，比如生育保障及家庭发展政策没有到位，导致国家放开二胎生育政策后，很多青年人仍然"不敢生"，普遍存在"生不起"和"养不起"的顾虑，生育意愿被不完备的社会保障政策所挤压。

四是青年群体间社会保障发展不均衡状况有待改善，对特殊青年群体的社会保障关注不够。通过问卷分析我们还发现了青年社会保障发展不均衡等问题。比如不同职业青年的社会保险参与率差异明显，在国家机关、企事业单位工作的在职青年社会保险参与率比其他职业青年的参与率高，尤其是灵活就业青年的参保率明显较低。不同户籍青年的社会保障也有差异。同时，特殊青年群体的社会保障没有引起足够的社会关注，就连青年自身对其的关注度也较低，问卷结果表明青年对残疾青年的社会福利以及困难青年的社会救助都了解不多。另外，还有很多青年群体的社会保障还存在制度空白，如新兴业态从业青年的社会保障、失业待业青年的社会保障、创业青年的社会保障、社会闲散青年的社会保障需求都没有得到足够的关注和保障。

五　结论、预测与对策

（一）主要的结论

通过对现状和问题的分析，我们得出的主要结论包括以下五个方面内容。

一是现有的青年社会保障政策分散在国家社会保障政策及其他相关部门政策中，从内容上包括青年的社会保险、青年的社会救助、特殊青年的社会福利和社会优抚以及与青年需求相关的就业、住房等保障政策。

二是广州青年享受社会保障的状况总体较好，在职青年、大学生和中学生都能享受到相应的社会保障政策，社会保险参与率较高。

三是广州青年对社会保障的满意度评价状况一般，社会保障各方面的满意度评价中"一般"评价比重最高。

四是广州青年发展环境正处于不断优化改善的状况，尤其是以往满意度评价稍差的家庭环境和成长环境安全问题在本期调查中有明显提升。

五是青年社会保障政策体系存在诸如针对性不强、政策碎片化、管理体制不畅、发展不均衡等问题需要解决。

（二）未来一个时期的趋势预测

一是国家《中长期青年发展规划（2016～2025年）》及《广东中长期青年发展规划》的发布对青年社会保障发展有重要意义。国家《中长期青年发展规划（2016～2025年）》是我国青年发展事业的重要里程碑，是新中国历史上第一次专门面向青年群体制定和出台的规划，规划的制定和实施是党和政府在青年工作领域从理念到实践的一次深化与创新。这次青年发展规划的发布实施同样也是青年社会保障的重要里程碑。首先，国家《中长期青年发展规划（2016～2025年）》是"青年社会保障"作为独立概念第一次出现在国家战略规划中，而接下来出台的《广东中长期青年发展规划》也将青年社会保障作为一个重要领域写入规划，可见青年社会保障问题越来越受重视。其次，在国家和广东省的规划文本中，青年社会保障的具体实施意见主要集中在青年社会救助和残疾人社会福利两个方面，这为青年社会保障事业指明了发展方向和重点，可以预期社会救助和社会福利将成为青年社会保障的重点领域。再次，青年社会保障工作的组织实施将得到优化。国家规划指出，要"把青年发展摆在党和国家工作全局中更加重要的战略位置，整体思考、科学规划、全面推进，努力形成青年人人都能成才、人人皆可出彩的生动局面，为实现'两个一百年'奋斗目标、实现中华民族伟大复兴的中国梦注入强劲、持久的青春动力"。围绕规划的编制实施以及未来监测评估，青年发展规划既注重与国民经济社会发展总体规划以及其他政府专项规划相协调衔接，也逐渐形成国家层面跨部门的综合性青年工作协调机制——青年工作部际联席会议机制，这为形成整体性、协同性、衔接性的中国特色的青年发展政策体系和工作机制奠定了基础。[①] 青年工作有了好

---

① 《筑牢青年发展之基础——解读国家〈中长期青年发展规划（2016～2025年）〉》，《中国青年报》2017年4月24日。

的组织实施和工作机制，青年社会保障的组织实施也必能得到优化改善。

二是粤港澳大湾区国家战略及《粤港澳大湾区发展规划纲要》的实施，给广州青年社会保障发展带来巨大机遇。粤港澳大湾区建设关乎国家重大发展，也与每个粤港澳大湾区青年乃至全国青年的自身发展息息相关，大湾区建设为青年提供了巨大发展机遇。《粤港澳大湾区发展规划纲要》指出，要"坚持以人民为中心的发展思想，积极拓展粤港澳大湾区在教育、文化、旅游、社会保障等领域的合作，共同打造公共服务优质、宜居宜业宜游的优质生活圈"，"促进社会保障和社会治理合作"。大湾区教育、文化、旅游、社会保障等领域的合作意味着大湾区青年在教育、就业、文化、社会保障等方面都将迎来更优质的服务，青年社会保障水平将得到提升。同时，广州作为大湾区城市群的中心城市，承担着区域发展的核心引擎重任，未来广州将有更多的青年人才集聚，青年交流更加频繁，青年社会保障也有更高的发展要求。这需要广州政府加大青年政策，尤其是青年社会保障政策的制定实施，为大湾区青年更好地在广州工作生活提供便利和保障。

（三）解决有关问题的建议

一是尽快出台广州市青年中长期发展规划和青年社会保障工作推进实施细则。贯彻落实国家和省发展规划精神，结合广州实际制定广州青年发展的总体规划，为青年社会保障提供政策指导和支持。

二是探索建立融合青年特征的青年社会保障体系。梳理整合分散在各个制度框架内涉及青年的社会保障政策和规定，分析研判青年群体的时代特征，利用大数据信息平台收集青年群体多方面的发展需求信息，对青年发展需求进行精细化分类与处理，针对不同青年群体、不同层面发展需求制定相应的社会保障政策。

三是强化青年社会保障工作的领导责任意识，构建包括青年社会保障政策在内的青年政策制定和组织实施的专门机构。习近平总书记在2018年同团中央新一届领导班子成员集体谈话时强调：青年工作，抓住的是当下，传承的是根脉，面向的是未来，攸关党和国家前途命运。各级党委要关注关心青少年成长，为他们成长成才、施展才华创造良好条件，构建完善的青年社会保障体系。

四是充分发挥共青团组织统筹青年工作的作用，更好联系服务青年，扩大共青团的工作覆盖面，强化服务意识、提升服务能力，千方百计为青年排忧解难，做广大青年信得过、靠得住、离不开的贴心人，增强团的吸引力和凝聚力。

参考文献

1. 徐明：《青年社会保障问题研究》，清华大学出版社，2018。

2. 石国亮：《我们为什么要面向青年出台专门的"规划"——从"青年是不是弱势群体"谈起》，《中国青年社会科学》2017 年第 4 期。

3. 梁宏志：《青年群体社会保障制度的中外比较与启示》，《开放导报》2010 年第 6 期。

4. 张士斌：《青年社会保障政策的国际比较与借鉴》，《探索》2010 年第 5 期。

5. 罗峰：《城市青年的幸福与忧愁："隐形贫困人口"的社会学分析》，《中国青年研究》2018 年第 9 期。

6. 孙翠勇：《大学生社会保障满意度调查研究与分析》，《新乡学院学报》2015 年第 8 期。

7. 邓大松、张郧：《返乡农民工社会保障问题探析——基于武汉市返乡青年农民工的调研数据》，《广西财经学院学报》2010 年第 1 期。

8. 修耀华：《论中国特殊群体的社会保护政策——青年劳动者社会保障制度研究》，《探索》2010 年第 6 期。

9. 李颖津：《青年发展与社会保障》，见北京市青年研究会《"面向新世纪的青年与青年工作"征文研讨会论文集》，2001。

10. 陈志夫、孙静：《青年劳动力资源状况分析与社会保障机制》，《河北青年管理干部学院学报》2004 年第 1 期。

专题报告

Special Report

B.14
广州青年价值观的代际差异研究

涂敏霞 刘艺非*

摘 要: 本报告利用2010~2018年广州青年价值观状况跟踪调查数据,把价值观分为人生成就观、幸福观、择偶观、择业观以及消费观五个有代表性的维度,并将青年群体划分为"80后"、"90后"、"95后"及"00后"等不同年龄群体,详细探讨八年来广州青年价值观的发展变化状况,并比较不同年龄层次青年价值观的异同。基于对调查数据的分析发现,报告给出相关思考及对策建议。

关键词: 价值观 人生观 广州青年

---

* 涂敏霞,广州市团校副校长,广州市穗港澳青少年研究所副所长、教授;刘艺非,广州时代数据服务有限公司,数据挖掘工程师。

价值观是指人区分好坏、美丑、益损、正确与错误，以及符合或违背自己意愿等的观念系统，通常是充满情感的，能为人的正当行为提供充分的理由。[①] 从内涵来看，价值观指信仰、激励、评价、判断和准则等内容，不仅是与情感紧紧相扣的信仰，也是与人们为之努力奋斗的目标相关的激励机制；价值观超越了特定的行为、物体和局面，其作为一种标准指导人们对行为、政治、种族、经济等事物的评价；价值观会随环境改变合适目标，能够转移重心，作为生活中引导人们的准则。从价值观的外延来看，价值观作为社会发展的动力，通过引导人类生产和生活顺利进行，进而在推动社会更新和人类进步的过程中发挥重要的作用。

世界各国都关注青年一代在社会发展中的重要作用，青年的发展在一定程度上预示着社会的未来。青年群体的价值观有着其独特的时代和社会意义，是体现国家社会发展现状的一个重要窗口，也是关系社会未来稳定的一个核心因素，正如习近平总书记指出，青年的价值取向决定了未来整个社会的价值取向。[②] 对青年价值观的持续关注和研究实际上是预测我国社会未来发展趋势的重要手段。

作为全国经济社会发展领先的城市，广州市地处我国的沿海地带、改革开放的前沿地区，吸引着来自全国的青年。广州青年的主观世界和行为方式的变化，既与中国青年、广东青年有许多基本相同的方面，又有一些自身独特的方面，这构成了广州青年的一种独特标志。然而，处于社会大转型中的广州青年，其世界观、人生观和价值观经历着演变和分化、矛盾和冲突，呈现复杂性、多样性，其发展面临不少问题和挑战。另外，当代青年群体的一个重要特征体现在青年群体内部存在较大的代际差异。"80后""90后""95后"等都成为不同年龄群青年自我标榜的独特标签，而近年，"00后"也成为青年群体的一员，这个新的群体又有着什么样的价值取向呢？

为了全面了解广州青年的发展现状，分析广州青年所面临的困难与挑

① 黄希庭、郑涌等：《当代中国青年价值观研究》，人民教育出版社，2005，第5页。
② 习近平：《青年要自觉践行社会主义核心价值观》，《人民日报》2014年5月5日。

战，以便党和政府制定出有效的政策促进广州青年的发展，广州市团校课题组从 2010 年起，每隔两年对广州青年群体的价值观状况进行跟踪调查。直至 2018 年，课题已进入第八个年头。八年的追踪调查对广州市青年进行了全方位的深入了解，并针对与青年相关的主要领域展开专题研究。在研究样本选择上，广州市青年价值观调查样本覆盖全市越秀区、海珠区、荔湾区、天河区、白云区、黄埔区、花都区、番禺区、南沙区、从化区和增城区 11 个行政区，年龄在 15～34 岁的广州常住人口被界定为本课题的研究对象。在抽样方法上，课题采用区层面的配额抽样和区内整群抽样相结合的方式进行。在调查内容上，课题涵盖了广州青年人生成就观、幸福感、择业观、择偶观及消费观等价值观主要维度。上述研究设计确保受访对象具有较强的代表性，并能全面反映广州青年的价值观的发展趋势。

回首八年，广州青年的价值观到底发生了什么值得关注的变化趋势？呈现着怎样的代际差异？在本次报告中，笔者将把价值观分为人生成就观、幸福观、择偶观、择业观以及消费观五个有代表性的价值观维度，对上述问题进行代际差异分析，并提出相关对策建议。

除了将广州青年作为一个整体进行分析，本报告亦同时将受访青年按照出生年份分为以下几个不同的年龄群："80 后"，1980～1989 年出生；"90 后"，1990～1994 年出生；"95 后"，1995～1999 年出生；"00 后"，2000～2009 年出生。① 本报告将比较不同年龄群青年价值观历年以来的结构及变化趋势，以更深刻地了解影响青年群体价值观的变迁。

一 广州青年人生价值观代际差异分析

（一）人生成就观

人生成就观是指人们对人生要取得成功主要取决于何种因素的认知，对

---

① 在早期调查中有"70 后"青年，但由于数量较少，而且在后期的调查中"70 后"也已经不在调查对象范围，因此本报告暂不纳入"70 后"青年进行比较分析。

这个问题的回答反映了人们如何实现人生价值的看法。在过去八年的调查中，课题组均持续地关注广州青年对个人成功的认知，在调查中，要求受访青年选择造就人生成功的最重要的一项因素。

1. 广州青年整体认同通过"个人努力"可以实现人生成功，"80后""90后"认同度较高

纵观八年的调查，在个人成就观上，广州青年呈现出比较稳定的态度结构。"个人努力"一直是广州青年认为造就个人成功的最重要因素，该项的选择比例在历次调查中均超过40%，并显著高于其他因素的比例。而在2018年的调查中，"个人努力"的选择比例更是达到49.70%，为八年来的最高水平。除了"个人努力"，"个人才能"也一直是广州青年认同度较高的影响人生成功的因素，历次调查中均有超过25%的青年选择该因素，但最新一次的调查结果显示，广州青年对"个人才能"的认同程度与前四期调查相比有所下降。

另一个比较明显的趋势是，尽管"人际关系"在历次调查中一直是占广州青年选择比例第三位的因素，但广州青年对"人际关系"造就人生成功的认同程度整体呈现不断下降的趋势，从2010年的15.46%下降至2018年的7.87%（见表1）。

表1 历年调查广州青年人生成就观发展变化

类别	2010年		2012年		2014年		2016年		2018年	
	百分比（%）	排名	百分比（%）	排名	百分比（%）	排名	百分比（%）	排名	百分比（%）	排名
个人努力	46.60	1	48.65	1	42.65	1	47.18	1	49.70	1
个人才能	26.29	2	26.27	2	27.74	2	28.57	2	25.72	2
人际关系	15.46	3	12.64	3	12.73	3	9.21	3	7.87	3
家庭背景	5.15	4	6.32	4	7.55	4	6.02	5	7.22	4
运气	4.03	5	4.34	5	6.77	5	6.80	4	6.57	5
学历	1.49	6	0.86	7	1.61	6	1.32	6	1.22	7
其他	0.97	7	0.92	6	0.95	7	0.89	7	1.70	6
样本量	1339	—	1519	—	3353	—	2573	—	2465	—

人生成功标准按照个体可控和改变程度可划分为"自致因素"和"非自致因素"两大类，为使分析更简洁，笔者进一步将"个人努力""个人才能""学历"归为"自致因素"，将"家庭背景""人际关系""运气"归为"非自致因素"，比较广州青年在个人成就观上的态度倾向特征（见表2）。历次调查结果均显示，广州青年选择自致因素作为个人成功最主要因素的比例一直维持在70%以上，而在2018年的调查结果中，选择自致因素的比例为历年最高，达到77.96%。整体而言，广州青年倾向于旗帜鲜明地将个人成功归因于以个人努力和个人才能为代表的基于个体自致的因素，这是具有积极意义的。

表2　历年调查广州青年人生成就观发展变化

类型	2010 年	2012 年	2014 年	2016 年	2018 年
	百分比（%）	百分比（%）	百分比（%）	百分比（%）	百分比（%）
自致因素	75.11	76.48	72.69	77.76	77.96
非自致因素	24.89	23.52	27.31	22.24	22.04
样本量（份）	1326	1505	3321	2550	2423

注：自致因素包括"个人努力""个人才能""学历"；非自致因素包括"家庭背景""人际关系""运气"。

2. "00后"群体对自致因素的认同程度最高

不同年龄青年群体在人生成就观上呈现出一定的代际差异（见表3）。"80后"、"90后"及"95后"青年在个人成就观上的态度结构虽略有波动但整体平稳，认同自致因素在个人成功中的作用的青年比例基本维持在70%以上。但历次调查的结果显示出一个明显的趋势，越年轻的青年群体，整体上越认可自致因素对个人成功的作用，同时对非自致因素认同程度越低。

"80后"青年对自致因素的认同程度在5次调查中均不高于75%，2014年更是低于70%；"90后"青年对自致因素的认同程度则基本高于75%，最高达到78.57%；"95后"青年对自致因素的认同程度均在78%以上，最高达到82.11%。值得关注的是，在2016年和2018年两次的调查中，"00后"广州青年对自致因素的认同程度均连续超过80%，分别为83.74%和84.28%，达到了历次调查其他年龄群均未达到的水平。

表3　历次调查不同年龄群广州青年人生观发展变化

年龄群	因素类型	2010年百分比(%)	2012年百分比(%)	2014年百分比(%)	2016年百分比(%)	2018年百分比(%)
"80后"	自致	74.54	74.82	69.27	73.21	74.57
	非自致	25.46	25.18	30.73	26.79	25.43
"90后"	自致	75.24	78.57	73.16	75.73	75.83
	非自致	24.76	21.43	26.84	24.27	24.17
"95后"	自致	78.33	80.70	78.22	82.11	78.18
	非自致	21.67	19.30	21.78	17.89	21.82
"00后"	自致	—	—	—	83.74	84.28
	非自致	—	—	—	16.26	15.72

注：自致因素包括"个人努力""个人才能""学历"；非自致因素包括"家庭背景""人际关系""运气"。

（二）幸福观

幸福观是指人们对什么是"幸福"的态度和看法，其中，如何选择幸福生活的评价标准是衡量人们幸福观的一个有代表性的问题。幸福生活的评价标准是多维度的，包括个体层面、家庭层面以及社会层面的因素。

1. "身体健康"是广州青年最重要的幸福感来源，"95后"对"身体健康"的重视程度不亚于"80后""90后"

八年的调查结果均显示，广州青年对幸福生活最重要标准的选择比例最高的前5个标准均为"身体健康"、"婚姻美满"、"事业有成"、"平和的心境"以及"生活富有"（见表4）。"身体健康"一直是广州青年选择比例最高的幸福生活主要标准，而且选择比例显著高于其他标准，从2012年的调查开始，该选项均保持在50%左右，最高达到2016年的54.39%。

近年的调查结果也显示出广州青年幸福观上的一些变化趋势。在前四次调查中，"生活富有"均为全体受访青年选择比例最高的第5位标准，而在2018年的调查中，"生活富有"的选择比例从以往的第五位跃升至第3位，在广州青年幸福感来源中扮演了越来越重要的角色。

表4 历次调查广州青年幸福观发展变化

选项	2010 年		2012 年		2014 年		2016 年		2018 年	
	百分比 （%）	排名	百分比 （%）	排名	百分比 （%）	排名	百分比 （%）	排名	百分比 （%）	排名
身体健康	41.79	1	53.75	1	47.93	1	54.39	1	52.53	1
婚姻美满	19.28	2	18.43	2	21.36	2	16.74	2	16.76	2
事业成功	12.54	3	7.86	3	9.32	3	6.83	3	8.75	4
平和的心境	6.96	4	4.30	4	4.48	4	5.46	4	3.35	5
生活富有	5.28	5	3.69	5	4.45	5	4.49	5	8.79	3
有一份自己 喜欢的工作	3.67	6	2.95	6	2.75	6	2.89	6	2.41	7
得到别人的尊重	3.08	7	1.90	7	1.67	8	1.79	8	2.94	6
为社会做贡献	1.83	8	0.92	11	0.91	13	1.21	11	0.90	9
良好的人际关系	1.61	9	1.84	8	1.44	9	1.37	10	0.61	12
其他	1.47	10	1.41	10	1.32	10	1.01	12	0.86	10
有社会地位	1.39	11	0.43	13	1.23	12	0.51	13	0.29	13
子女孝顺	0.59	12	0.86	12	1.88	7	1.91	7	1.14	8
有知心朋友	0.51	13	1.66	9	1.26	11	1.40	9	0.65	11
样本量（份）	1364		1628		3413		2563		2446	

2."生活富有"成为"80后"、"90后"和"95后"青年的最重要幸福生活标准之一

比较不同年龄群青年在幸福观上的态度倾向（见表5），"80后""90后"在幸福观上非常接近，"身体健康"及"婚姻美满"均一直占据在这两个群体幸福生活最重要标准的前2位，相比之下，"95后"青年的幸福生活标准则略显波动。在早期调查中，"95后"青年更看重"事业成功"，后来则更关注"婚姻美满"，此外，"平和的心境"也在2016年的调查中成为"95后"青年最重视的前3个幸福生活重要标准之一。

值得注意的是，上述分析指出在最新的一期调查中，广州青年对"生活富有"的认同程度越来越强，从年龄群的角度来看，这主要是当前作为青年主体的"80后""90后""95后"青年对该因素的认同程度有所提升所致。在2018年的调查中，"80后"、"90后"和"95后"青年幸福生活最重要标准比例最高的前3位中，"生活富有"均攀升至第3位。"00后"

青年在幸福观上则表现出一定的独特性。对"00后"青年而言，"事业成功"而不是"生活富有"依然是幸福生活最重要的标准之一。

表5 历次调查不同年龄群广州青年幸福观前3位发展变化比较

年龄群	2010年		2012年		2014年		2016年		2018年	
	因素	百分比（%）	因素	百分比（%）	因素	百分比（%）	因素	百分比（%）	因素	百分比（%）
"80后"	身体健康	42.99	身体健康	54.63	身体健康	48.23	身体健康	55.69	身体健康	55.34
	婚姻美满	20.19	婚姻美满	20.37	婚姻美满	25.21	婚姻美满	23.15	婚姻美满	26.70
	事业成功	12.23	事业成功	7.54	事业成功	8.85	事业成功	6.38	事业成功/生活富有	6.55
"90后"	身体健康	37.03	身体健康	51.10	身体健康	47.31	身体健康	52.93	身体健康	56.91
	婚姻美满	15.82	婚姻美满	18.72	婚姻美满	20.97	婚姻美满	17.33	婚姻美满	16.22
	事业成功	14.87	事业成功	8.15	事业成功	11.31	事业成功	7.78	生活富有	9.00
"95后"	身体健康	47.62	身体健康	54.63	身体健康	48.34	身体健康	55.93	身体健康	53.79
	事业成功	14.29	婚姻美满	9.90	婚姻美满	16.31	婚姻美满	10.39	婚姻美满	13.22
	婚姻美满	11.11	事业成功	9.58	事业成功	7.91	平和的心境	7.12	生活富有	9.63
"00后"	—	—	—	—	—	—	身体健康	51.54	身体健康	40.56
	—	—	—	—	—	—	婚姻美满	13.17	婚姻美满	14.81
	—	—	—	—	—	—	事业成功	8.40	事业成功	12.88

（三）择偶观

婚恋观是指人们关于婚姻、恋爱、家庭等方面的态度与倾向。其中，择偶观是婚恋观的一个重要组成部分，择偶观是人们在选择婚姻对象的过程中倾向于关注何种因素的观念。当今时代，青年人在谈婚论嫁的阶段往往深陷于到底是讲求"感情基础"还是"经济基础"，选择"志趣相投"还是"性格互补"等困境，青年择偶观的变迁从一个侧面反映了社会现实以及社会价值观的变化状况。在历次调查中，课题组均要求受访青年选择不多于三项其认为最主要的择偶条件。由于从2014年的调查开始新增了部分选项，且提问方式也有改变，为了保持分析内容一致，本次分析保留2014～2018年的三次调查结果作为分析对象。

1. 广州青年择偶最关心人品，越来越看重价值观匹配程度，对年龄的重视程度不断下降

2014～2018年的调查结果显示（见表6），广州青年在择偶过程中最看重"道德品质"和"性格"等主观层面的因素。"道德品质"是青年群体选择比例最高的择偶条件，三期调查中比例均超过40%。其次看重的条件是"性格"，选择比例维持在40%左右，稳居第2位。概而言之，广州青年择偶主要看人品。

近年的调查结果显示出广州青年的择偶观正在发生一些明显变化。第一，对"价值观"这一因素的重视程度有明显的上升，从三次调查的结果可以看到，"价值观"的选择比例一直在上升，从2014年的17.17%提升到2018年的36.55%，提升幅度超过一倍，排名也从第7位上升到了第3位，超过了往期调查中对"感情""相貌"的重视。第二，广州青年对"年龄"的重视程度有所下降，和"价值观"不同，"年龄"这一因素的比例在三次调查中是持续下降的，排名从2014年的第5位下降至2018年的第10位。这种择偶观念的转变可能也是越来越多"姐弟恋""忘年恋"出现的原因。

表6　历次调查广州青年择偶观发展变化

类别	2014 年		2016 年		2018 年	
	百分比（%）	排名	百分比（%）	排名	百分比（%）	排名
道德品质	41.90	1	43.39	1	41.85	1
性格	38.70	2	40.42	2	37.78	2
相貌	30.81	3	31.91	3	26.13	4
感情	26.25	4	25.71	4	24.40	5
年龄	19.97	5	15.60	7	13.87	10
能力	17.57	6	22.18	6	24.02	6
价值观	17.17	7	22.73	5	36.55	3
兴趣爱好	13.69	8	13.93	8	14.41	9
家庭背景	13.38	9	11.07	11	14.53	8
生活习惯	12.19	10	11.70	9	16.56	7
身体条件	11.94	11	11.44	10	11.03	11
学历	9.59	12	9.73	12	10.53	12
个人收入	7.67	13	5.79	13	8.38	13
职业	3.88	14	2.45	15	2.77	15
地域	3.68	15	3.79	14	2.92	14
亲友意见	3.48	16	2.04	17	0.92	19
户口	2.46	17	2.23	16	2.11	16
是否独生子女	2.04	18	1.56	18	1.65	18
住房	0.99	19	0.89	20	2.11	16
其他	0.79	20	1.04	19	0.77	20

2.“95后”“00后”青年比“80后”“90后”青年更看重“感情”因素

比较不同年龄青年群体近5年选择比例最高的前5位择偶标准的差异和变化趋势（见表7），可以看到尽管时间推移变化，不同年龄群体青年最看重的择偶标准也都集中在包括“道德品质”“价值观”“性格”“感情”“能力”等主观精神层面的因素。从2016年的调查开始，“年龄”因素已经不再出现在各年龄群体选择的前5位因素当中。而在2018年的调查中，不同青年群体对“相貌”的关注程度也已经跌出前3位。由此可见，一个明显的变化趋势是，青年群体在择偶过程中对主观精神层面的因素越来越关注，对生理层面的因素则越来越淡薄。

“80后”青年一直以来均最关注“道德品质”和“性格”这两大因素，但可以看到，“80后”青年对“相貌”的重视程度一直在下降，也不再关注"年龄"因素，对"能力""价值观"等因素则越来越看重。"90后"青年的择偶观变化趋势则略显波动，每期调查的情况都不尽相同，但近年"90后"青年对配偶"价值观"相匹配的期待大幅增加，2018年与2016年相比，选择比例上升15.58%，并列第一。类似的，"95后"青年同样表现出对"价值观"重视程度的大幅上升，2018年与2016年相比增幅为14.62个百分点，但不同的是，"95后"青年最关注的因素依然是"道德品质"。另外，"95后"青年对"性格"和"相貌"的关注程度也呈现不断下降趋势。"00后"青年在最近两期调查中表现出相对稳定的择偶观，最关注"道德品质"与"性格"，但也可以看到"00后"青年对"相貌"的选择比例在2018年下降了将近10个百分点。

此外，最新一次调查结果显示，"95后""00后"的关注因素和"80后""90后"有所不同。在历次调查中，"95后"和"00后"青年群体的前5个选择中均出现了"感情"因素，而在最新一次调查中"80后"和"90后"青年在"感情"上的选择比例已经不在前5之列，由于"80后""90后"青年已步入婚姻殿堂的比例比"95后""00后"更高，因此这也从一个侧面反映了处于不同婚恋阶段的青年群体对"感情"因素的认知差异。

表7　历次调查不同年龄群广州青年婚恋观前5位发展变化比较

年龄群	2014年		2016年		2018年	
	选项	百分比（%）	选项	百分比（%）	选项	百分比（%）
"80后"	道德品质	38.11	道德品质	41.97	道德品质	41.94
	性格	34.38	性格	37.22	性格	35.98
	相貌	26.22	感情	28.18	价值观	35.76
	感情	23.78	相貌	27.35	能力	24.50
	年龄	22.69	能力	23.42	相貌	22.08
"90后"	道德品质	44.12	性格	40.88	价值观	41.32
	性格	36.54	道德品质	39.97	道德品质	39.08
	相貌	29.06	相貌	30.66	性格	35.66
	感情	24.04	价值观	25.74	相貌	23.49
	能力	19.34	感情	24.06	能力	23.14

续表

年龄群	2014 年		2016 年		2018 年	
	选项	百分比（%）	选项	百分比（%）	选项	百分比（%）
"95 后"	性格	47.30	道德品质	46.28	道德品质	43.66
	道德品质	45.69	性格	40.54	价值观	40.12
	相貌	38.48	相貌	33.81	性格	38.54
	感情	32.04	价值观	25.50	相貌	27.80
	年龄	17.73	感情	25.21	感情	26.83
"00 后"	—	—	道德品质	48.16	道德品质	43.57
	—	—	性格	46.32	性格	41.91
	—	—	相貌	41.05	感情	31.95
	—	—	感情	24.47	相貌	31.74
	—	—	能力	18.95	能力	25.31

（四）择业观

除了面对婚姻恋爱问题，青年群体在当前人生阶段面临的另一重要选择是职业的选择。与择偶过程类似，在职业选择的过程中青年群体同样需要在不同类型的因素之间做出抉择，例如是更多考虑该职业的工资福利、社会地位、压力大小等现实因素，还是要看重有多少发挥空间、是否符合兴趣和所学专业等。令人困扰的是，这诸多因素之间往往是此消彼长的关系。择业观就是青年群体在选择职业过程中的态度倾向，这种态度倾向同样是青年群体价值观的一个重要剪影。课题组在每一期调查中要求受访青年在给定的不同类型择业因素中选择不超过 3 项其认为最重要的因素。

1. 青年择业关注"生存"与"发展"需要

观察 2014~2018 年的结果（见表 8），三期调查结果均显示，"收入高""工作稳定""符合自己兴趣、志向""适合自己的能力""上下班时间合适"是广州青年择业时最关注的因素，其中，每期调查均有 50% 左右的青年选择"收入高"作为择业的主要考虑因素。此外可以看到，在最新一次调查结果中，广州青年在择业过程中对"成就感"的重视程度有所提升，选择比例的排名从过往两期调查的第 8、第 9 位上升至第 6 位，说明广州青年越来越在乎在工作过程中满足自我实现的需求。

表 8　历次调查广州青年择业观发展变化

类别	2014 年		2016 年		2018 年	
	百分比（%）	排名	百分比（%）	排名	百分比（%）	排名
收入高	49.28	1	52.04	1	50.15	1
工作稳定	45.04	2	48.85	2	46.46	2
符合自己兴趣、志向	35.30	3	36.96	3	35.05	3
适合自己的能力	31.63	4	30.46	4	27.98	4
上下班时间合适	19.94	5	20.77	5	26.56	5
能发挥主动性	18.95	6	16.86	7	17.26	7
压力不大	16.97	7	17.61	6	16.68	8
有成就感	14.88	8	15.01	9	18.45	6
受人尊重	12.56	9	15.45	8	12.84	9
专业对口	9.36	10	9.10	10	10.57	10
有较多休假	8.74	11	7.54	11	9.34	11
不知道	1.67	12	0.89	12	1.58	12
其他	0.40	13	0.45	13	0.81	13

2. "80后""90后"青年偏好工作收入与稳定性，"95后""00后"关心个人发展与兴趣，"00后"更希望工作受人尊重

观察不同年龄群青年的择业偏好和变化趋势（见表 9），"80 后"和"90 后"青年的择业偏好非常接近，表现在两个方面：第一，历次调查中选择比例最高的 5 个因素完全相同。第二，在最新一次调查中，可以发现两类青年群体对"上下班时间合适"这一因素的偏好程度跃升至第三位，基于这种变化，当前两类群体偏好程度最高的前 3 位因素均为一些现实性因素。"80 后"和"90后"青年的差异在于，在最新一次调查中，"80 后"青年对"工作稳定"的偏好高于"收入高"。

与"80 后"和"90 后"青年不同，"95 后"与"00 后"青年在择业

过程中对个人发展类因素的偏好程度更强，具体表现为在最新一次调查中，"符合自己兴趣、志向"和"适合自己的能力"这两个因素的选择比例排名更高。特别是"符合自己兴趣、志向"这一因素，"95后"和"00后"青年的选择比例均超过40%，而"80后"与"90后"青年均只在30%左右。

"00后"青年显示出比较独特的择业标准偏好。第一，"00后"青年更在乎工作是否受人尊重，"受人尊重"这一因素在"00后"青年中均进入了前五位。第二，在"00后"青年偏好程度最高的5个因素中，个人发展类因素占了3席。多于其余年龄群体。

表9　历次调查不同年龄群广州青年择业观前5位发展变化比较

年龄群	2014年		2016年		2018年	
	因素	百分比（%）	因素	百分比（%）	因素	百分比（%）
"80后"	收入高	50.27	收入高	52.20	工作稳定	49.67
	工作稳定	45.04	工作稳定	50.30	收入高	47.68
	符合自己兴趣、志向	27.31	符合自己兴趣、志向	28.42	上下班时间合适	29.58
	适合自己的能力	26.09	适合自己的能力	25.09	符合自己兴趣、志向	28.92
	上下班时间合适	21.40	上下班时间合适	24.38	适合自己的能力	25.39
"90后"	收入高	47.44	收入高	50.97	收入高	52.42
	工作稳定	41.56	工作稳定	47.22	工作稳定	42.74
	符合自己兴趣、志向	37.61	符合自己兴趣、志向	32.08	上下班时间合适	32.00
	适合自己的能力	33.12	适合自己的能力	28.72	符合自己兴趣、志向	30.22
	上下班时间合适	20.83	上下班时间合适	22.12	适合自己的能力	28.69
"95后"	收入高	50.05	收入高	52.87	收入高	52.56
	工作稳定	48.53	符合自己兴趣、志向	47.56	工作稳定	44.63
	符合自己兴趣、志向	45.21	工作稳定	46.28	符合自己兴趣、志向	40.37
	适合自己的能力	38.58	适合自己的能力	33.95	适合自己的能力	27.68
	能发挥主动性	17.91	上下班时间合适	17.05	上下班时间合适	24.15

年龄群	2014 年		2016 年		2018 年	
	因素	百分比（%）	因素	百分比（%）	因素	百分比（%）
"00后"	—	—	工作稳定	53.68	工作稳定	53.11
	—	—	收入高	52.37	收入高	44.40
	—	—	符合自己兴趣、志向	46.32	符合自己兴趣、志向	40.25
	—	—	适合自己的能力	39.47	适合自己的能力	29.67
	—	—	受人尊重	17.37	受人尊重	22.41

（五）消费观

对青年群体价值观考察的最后一个重要维度是消费观。消费观主要是指青年群体在日常消费生活中一些典型的态度取向，如对待金钱的态度、消费的动机以及是否接受超前消费的观念等。消费观念深刻地影响着青年的现实消费行为，在当前消费品和消费形式日益多样、消费主义观念盛行的社会背景下，探究青年群体的消费观念状况有着重要的现实意义。

在本部分中，为了对历年调查的结果实现更简洁和直观的呈现，笔者对分析结果进行了如下处理。第一，由于消费观的调查内容在每期调查中都略有调整，本部分仅保留贯穿多次调查中且内容较典型的问题，以便更好地观察青年群体的消费观变迁，包括对节俭的态度、对金钱的态度以及对信贷消费的态度。第二，将原题目的态度选项进行如下分值转换：完全不同意＝1分，较不同意＝2分，一般＝3分，较同意＝4分，完全同意＝5分，不清楚处理为缺失值。对整体和各年龄组群体计算得分的均值，比较其消费观差异，分值越高表明青年群体对该说法的赞同程度越高。

1. 广州青年消费观念呈现传统倾向，但接受享受型消费和信贷消费的程度有所提升

纵观十年的调查结果（见表 10），在对待"节俭是值得提倡的"的看法上，整体而言青年群体的认同程度是非常高的，历年调查的态度得分均值

均保持在 4 分以上，即绝大部分青年对此都抱持"同意"态度，认为节俭这种品德在今时今日依然是值得提倡的，可见广州青年受传统消费观念影响较深。

在关于"我觉得人应该享受，有钱就该花"的问题上，2012～2016 年三期调查的结果显示，青年群体对这种享受型消费观念整体保持在一种"中立状态"，没有表现出明显的反对或赞同态度。不过可以看到，在 2012 年的调查中，该问题的态度倾向均值为 2.68 分，即当时青年群体对此整体抱持反对态度，但在其后的调查中，可以看到该均值有所上升，说明越来越多青年开始接受这种观念。

在"购物时我喜欢刷信用卡"的问题上，从 2012 年起，青年群体对该说法的认同程度大致呈现不断上升的趋势。在最新一次调查中，该问题的态度倾向均值高于 3 分，即青年群体在关于信贷消费的态度上虽然整体依然呈现中立状态，但也逐渐从以往的偏向"不同意"往偏向"同意"的方向发生转变。

表 10　历次调查广州青年消费观发展变化

单位：分

类别	2010 年	2012 年	2014 年	2016 年	2018 年
节俭是值得提倡的	4.45	4.12	4.04	4.17	—
我觉得人应该享受,有钱就该花	—	2.68	3.03	3.00	—
购物时我喜欢刷信用卡	—	2.65	2.91	2.79	3.16

2. "95 后""00 后"青年比"80 后""90 后"青年表现出更传统和保守的消费观

观察不同年龄群体的消费观状况和变化情况（见表 11），相比之下，"95 后""00 后"等群体表现出更传统和保守的消费观。

首先，在近期调查中，"95 后"青年比"80 后"和"90 后"青年更认同"节俭是值得提倡的"这种说法。在 2016 年的调查中，"95 后"青年的平均得分为 4.23 分，而"80 后"和"90 后"青年的平均得分分别为 4.13

分和 4.07 分。

其次,"95 后""00 后"青年对"我觉得人应该享受,有钱就该花"这种说法的认同程度均低于"80 后"和"90 后"青年,更偏向于否定该说法。"80 后"和"90 后"青年在该问题上的平均得分均在 3.10 分及以上,而"95 后"和"00 后"青年的平均得分均低于 2.90 分。

此外,"95 后"和"00 后"青年在"购物时我喜欢刷信用卡"这一说法上的认同程度同样均低于"80 后"和"90 后"青年。"80 后"青年平均得分为 3.32 分,明显高于其他群体,而"95 后"和"00 后"青年的平均得分均只有 3.10 分。

表 11　历次调查不同年龄群广州青年消费观发展变化比较

单位:分

类别	年龄群	2010 年	2012 年	2014 年	2016 年	2018 年
节俭是值得提倡的	"80 后"	4.50	4.11	4.01	4.13	—
	"90 后"	4.38	4.10	4.02	4.07	—
	"95 后"	—	—	—	4.23	—
我觉得人应该享受,有钱就该花	"80 后"	—	2.75	3.13	3.10	
	"90 后"	—	2.63	3.03	3.11	
	"95 后"	—	2.55	2.90	2.90	
	"00 后"	—	—	—	2.77	
购物时我喜欢刷信用卡	"80 后"	—	2.83	3.10	3.11	3.32
	"90 后"	—	2.46	2.88	2.75	3.18
	"95 后"		2.28	2.66	2.58	3.10
	"00 后"	—	—	—	2.53	3.10

二　广州青年价值观代际发展特点与成因

(一)年龄越小的青年,越认可只靠个人努力可以获得成功

历次调查结果显示,广州青年非常看重个人努力和个人才能等因素在人

生成功中所起的作用，这充分体现了当代青年群体深受个人主义价值观的影响，强调自致因素的作用，具有非常强的独立性和自我效能感，可以看到年龄越小的青年群体，受到这方面的影响越大，这在"00后"青年身上体现得最为明显。这样的价值观也反映了青年群体对当前中国社会日益开放的社会上向流动机制的认可，这是当代青年一种积极向上的人生观写照。

尽管中国社会自古以来都具有"关系型社会"的特征，以人际关系作为社会日常运作的重要基础，但从当代广州青年人生成就观的变化趋势来看，对人际关系的重视程度越来越低，可以预期，在未来依赖于各种"关系"实现个人成功和社会向上流动的观念将有可能不断弱化，这种观念的弱化也会反作用于现实社会，使得以关系为基础的各种社会"潜规则"进一步被削弱，个人能力将越来越受到尊重。

而另一种可能的解释是，年龄较小的青年群体，由于社会经验和社会资源相对缺乏，在实现人生目标的过程中更多地依赖自身的因素，在这个阶段，个人努力和个人才能的因素起着决定性的作用。随着年龄的增长和社会经验的增加，可供利用的外界资源将越来越多，青年的人生成就观也可能随着客观环境的变迁而发生一定的转变，如更关注人际关系及其他外界因素。

（二）90后青年更注重"生活品质"

"90后"这代人成长在改革开放快速发展的时期，在其成长过程中，中国人的生活越来越富足，因此，追求高品质生活成为很多人的生活目标。相对于"80后"来说，"90后"的不少父母为其子女创造了较好的经济条件。因此，对于"90后""95后"来说，幸福的生活除了要"身体健康""婚姻美满""事业成功"外，"生活富有"追求高品质的生活也是幸福生活的重要指标。

广州青年的幸福观整体呈现稳定的结构，八年来，被选为幸福生活首要标准比例最高的前3位均为"身体健康"、"婚姻美满"和"事业成功"，分别指代了个人—家庭—社会三个层面的要素，可以看到这种幸福观具有明显的个体本位，且从内而外扩展的特征。直至近年，越来越多广州青年看重

"生活富有"在幸福生活中扮演的角色。注重"生活品质"在"90后""95后"青年中更加明显。

"90后"和"95后"青年是当下青年群体的主体，处于事业的起步及上升阶段。对很多青年人而言，或许有成功的事业只是一种手段，而最终目的是从成功的事业中获取更高质量的生活。

（三）"90后"青年在择偶时更看重"价值观"的一致

以往的调查发现，广州青年择偶观大多表现为"重人品、轻物质"，一直以来广州青年均特别看重另一半的道德品质和性格，而在近年，对价值观的重视程度也有明显的上升，这种变化在"90后"和"95后"青年中体现得最为明显，这可能和近年社会中"三观"这一流行用语在青年群体中的兴起有关。由羊城晚报智慧信息研究中心等机构于2017年联合发布的《粉红z世代——中国95后数据报告》也发现类似的现状，该报告显示在择偶标准方面，"95后"青年普遍更加注重对方的内涵，如双方三观是否一致以及对方的性格等，而对外貌、经济情况以及学历水平等外在条件的关注度相对较低。[1]

相应地，青年群体在择偶过程中对相貌和年龄等自然属性的重视程度有所下降，特别是年龄因素下降得最为明显。实际上，在择偶过程中对婚姻对象年龄的重视程度越来越低已经成为全社会范围内的一个普遍趋势。例如1990年、2000年、2010年三期中国妇女地位调查数据的分析发现，中国夫妇婚龄差模式发生了较大变化，传统的"男大女小"的婚配模式有所改变，"男大女小"的婚姻明显减少；而"女大男小"的婚姻明显增多。该报告指出其原因可能与我国出生性别比持续偏高和婚姻观念的转变等因素有关。[2]可以预见，婚姻年龄梯度现象在今后的一段时间内将会不断弱化。

此外，与上述主观精神层面的因素相比，很多传统的择偶因素，如家庭背景、收入、学历、住房等社会属性因素在历次调查中也排在相对靠后的位

---

[1] 羊城晚报智慧信息研究中心等：《粉红z世代——中国95后数据报告》，第40页。

[2] 《80后90后婚恋模式出现新趋势，女大男小婚姻明显增多》，新华网，http://www.xinhuanet.com//2017-07/10/c_1121291087.htm，2017年7月10日。

置。这反映了婚姻观念的日益开放使得以"门当户对"为代表、建立在社会阶层匹配上的传统择偶和婚姻观念在当代青年群体中已经逐渐不占据主流地位。除此以外，当下深受青年群体欢迎的各类热播影视作品中，有不少跨家庭背景、跨社会阶层恋爱和结婚的故事情节，这可能是影响青年群体在择偶过程中淡化社会属性，注重观念、情感纽带的社会环境因素之一。

（四）"80后"青年在择业中更看重工作的"稳定性"，而"90后"更看重"个人价值"的实现

比较不同代际的青年，发现"80后"青年最注重工作稳定这一因素。"80后"青年在事业上从上升期逐渐进入平稳期或"滞胀期"，不论是工作热情还是生理条件上，都开始不如更年轻的群体，且普遍已成家立业，对生活、工作变动的承受能力逐渐降低，需要有稳定的收入来源来维持家庭生活。另一方面，近年社会上盛行一种"35岁危机"的说法，在人才市场上，不管是公务员事业单位招考还是私企招聘，大多数都会注明"35岁以下"，一些中小企业甚至要求30岁以下。[①] 此外，一些知名企业也流传出关于辞退35岁以上"老员工"的传闻，这无疑会引起该年龄群体的集体焦虑，故此不难理解"80后"青年为什么更关注工作稳定甚于收入高低。

相比"80后"青年，"95后"与"00后"青年在择业观中显示出更重视工作是否符合兴趣志向、是否适合自己的能力等个人发展因素的趋向，其中"00后"青年尤其关注工作是否受人尊重。这反映了较年轻的青年群体由于现实负担相对较轻，对事业具有一定的理想化追求，更希望通过职业过程实现个人人生价值，而不仅仅局限于一些物质因素。

（五）"80后""90后"均不同程度认同信贷消费，"95后""00后"信贷消费认同度低

广州青年的消费观念整体上显得较为传统，这说明了中华民族勤俭节约

---

① 《35岁就没有未来了？你离中年危机还远吗》，中国新闻网，http://www.chinanews.com/life/2017/04-25/8208929.shtml，2017年4月25日。

的传统美德在青年群体当中依然是根深蒂固。不过纵观八年的调查结果，我们也发现，传统的消费观念也出现了松动的迹象，表现在认同节俭值得提倡的程度有所下降，认同"有钱就该花"和"购物时我喜欢用信用卡"的程度越来越高，随着时间的推移，近年来青年群体的消费欲望越来越强，同时也越来越接受超前的信贷消费方式。

出现这种变化有两方面的原因，从主观上来看，青年群体正面临着不断增大的生活、工作压力，消费成为青年群体排解这些压力的重要途径之一。从客观上来看，近年整个社会环境为人们的消费活动创造了巨大的驱动力，体现在：第一，支付方式的便捷程度大大提高，通过手机上的支付宝、微信账号就可以进行几乎所有消费的移动支付，社会也开始进入"无现金"时代，除了便捷性，这种移动支付方式与传统的现金支付方式相比是一种"痛感"更低的方式，金钱支付的损失感大大削弱，钱很容易"不知不觉地溜走了"；第二，各大电商平台正在全年不间断地营造出一种"消费狂欢"的社会环境，这种环境大致上肇始于10年前出现的淘宝平台"双十一"促销活动，但时至2018年，各大电商平台基于营销目的创造出许多大大小小的"购物节"，且几乎贯穿全年的所有时间。[①] 在这样的社会环境下，商家不断构造出各种理由吸引人们进行消费，作为消费能力和欲望较强的青年群体亦不可避免地受到影响。

另外，调查结果显示，与"95后""00后"相比，年龄较大的"80后""90后"青年对"节俭是值得提倡的"的认同程度更低，对"有钱就该花""购物时喜欢刷信用卡"的认同程度更高。一个可能的解释是，消费观念是建立在消费能力的客观基础之上的，尽管年龄较低的青年群体是伴随着上述新兴消费方式和环境而成长起来的，但相比之下，目前"80后""90后"青年拥有更坚实的经济基础和消费能力，同时面临的各种生活、工作压力也更大，因此也更容易表现出明显更强烈的消费欲望。相当一部分"95后"和"00后"青年由于未踏入社会，对超前的信贷消费可能未具备

---

① 《2018年电商节日大全，电商节日有哪些》，搜狐网，http://www.sohu.com/a/224013901_100011651，2018年2月25日。

客观条件或者实际需求，例如未具有办理信用卡的资格，或未有汽车、住房等大额消费的需要，从而未对信贷消费有太多实际体验。此外，当下信贷消费在具体的实现上，除了传统的信用卡之外，主流的移动支付工具也提供了类似信用卡的支付形式，例如支付宝的花呗等，这使得在较年轻的青年群体可能不再需要通过"刷卡"的方式实现信贷消费，这也是"95后""00后"青年在"购物时喜欢刷信用卡"的认同程度相对较低的一个可能的因素，这也从侧面反映了一种客观物质条件的变迁。

三　思考与建议

（一）全社会都需要关心青年健康成长，引导青年群体树立正确的人生观和价值观

青年群体强调自身努力和才能在人生成就中的作用，在整体上是有积极作用的，但需要警惕的是，过于强调甚至夸大个人自身因素对个人成就的影响，将自身与其所处的组织环境割裂开来，也有可能使这些青年承受比他人更巨大的心理压力，陷入"单打独斗"的境地，长此以往会造成一定的负面影响。值得关注的是，尽管家庭在青年群体成长发展的初期阶段扮演着重要的支撑角色，但随着青年进入不同的人生阶段，家庭也逐渐成为青年的主要压力来源，即家庭已不再发挥纯粹的"支持"作用，而是产生双向的作用。

《在纪念五四运动100周年大会上的讲话》中，习近平总书记把培养青年一代上升到事关党和国家前途命运的重大战略任务高度，对关心青年工作提出了具体的要求，强调要做青年朋友的知心人、青年工作的热心人、青年群众的引路人。① 对此，团组织应成为青年群体在家庭生活之外的一个重要依靠，紧密团结青年群众，在生活、学习、工作、婚恋等不同方面对青年群

---

① 《做青年的知心人、热心人、引路人，习近平这样要求》，新华网，http://www.xinhuanet.com/politics/xxjxs/2019－04/30/c_1124438317.htm，2019年4月30日。

体进行有针对性的帮助和合理引导，要经常把青年"温度"的高低告诉给党，引导青年群体树立正确的人生观和价值观，并在条件允许的情况下提供更多实质性的支持。

（二）帮助青年解决生活困惑，重点关注"高龄青年"群体的就业和生活问题，陪伴青年群体度过"35岁危机"

近年"80后"青年群体关注"工作稳定"的程度超过了"收入高"，这从一个侧面反映了"高龄青年"越来越渴望"保住工作"而不是"赚更多钱"。同时，"高龄青年"由于在年龄上即将脱离"青年"的范畴且早已踏入社会，容易成为团组织工作的一个盲点。结合前述分析，团组织需要对"高龄青年"的就业和工作压力问题引起足够的重视。第一，团组织需要有针对性地收集高龄青年的个人及家庭信息，专门面向高龄青年提供就业信息、政策等的服务、培训以及适当的资源（如创业基金），尤其是当前处于失业状态的高龄青年；第二，充分利用团组织的舆论工具，在社会范围内降低诸如"35岁危机"等舆论为高龄青年所带来的负面影响，缓解高龄青年的年龄恐慌和焦虑现象，正确引导青年群体树立积极健康的职业观。其中，尤其需要重视的是青年在追求人生成功和幸福过程当中出现的"过劳"问题，首都经济贸易大学杨河清教授在森冈孝二的《过劳时代》一书的推荐序中指出，"中国的过劳问题已不容忽视……中国的过劳问题十分严重，而相关研究又是如此薄弱"[1]。对此，团组织应该及时开展关注青年群体过劳问题的心理疏导工作和相关学术研究。

（三）以传统节日为契机，倡导青年群体建立健康、可持续的婚恋观

青年群体在择偶过程中注重人品，且希望另一半的性格、价值观与自身相匹配，这种择偶观念对建立以情感纽带为基础的持久婚恋关系具有非常积

---

① 森冈孝二：《过劳时代》，新星出版社，2019，第Ⅶ页。

极的作用。但部分尚未踏入婚恋阶段的青年群体对此可能依然处于比较朦胧的状态，不知如何在"情感"和"物质"之间进行取舍，同时也容易受到各类影视作品的情节影响，形成一些脱离现实、过于理想化的婚恋观念。对此，团组织可结合当前我国振兴传统节日的政策精神，以元宵、七夕等传统节日为契机，举办以婚恋交友、家庭关系维护等为主题，形式多样的线上线下活动，可邀请成功的社会知名人士传授实际经验。特别是引导未进入婚恋阶段的青年群体建立在重视性格、价值观相匹配的前提下，如何适当权衡现实物质基础的健康、可持续的婚恋观念。

（四）普及正确的信贷知识，引导低龄青年群体提前树立理性消费观，警惕非法信贷平台对青年群体消费观和行为的负面影响

青年群体普遍抱持传统勤俭节约的消费观念是值得认可的现象。然而，信贷消费是市场经济发展的一种客观趋势，适当的超前消费对提高人们生活质量、拉动宏观经济增长具有一定积极作用。但信贷消费需要以一定的金融专业知识为基础，如果缺乏相关金融知识，则容易树立起错误的超前消费观念，形成大量非理性消费行为，产生一个个填不完的"无底洞"，严重影响青年群体正常的消费活动，尤其是尚在校园的低龄青年群体。团组织需要举办关于信贷消费专业知识的培训和讲座，普及相关金融专业知识、政策法规和案例，提前引导尚未有太多信贷消费的低龄青年群体树立健康、理性的信贷消费观。此外，要净化校园环境，与各大院校合作，加强舆论宣传力度，坚决杜绝各种类型的"校园贷""裸贷"等非法信贷平台和手段渗透到学生群体当中。

B.15

后 记

本书是在共青团广州市委员会指导下，由广州市团校、广州市穗港澳青少年研究所组织完成的。课题组成员从 2018 年 5 月开始进行广州青年发展研究方案的设计，于 2018 年 9 月至 2018 年 12 月进行调查数据的收集工作，自 2018 年 12 月起进行各篇报告的写作。课题组全体成员共同努力，利用最新的调查数据及相关的文献资料，与 2010 年、2012 年、2014 年、2016 年"广州青年发展状况"调查数据进行纵向比较研究，认真、细致地探索广州青年的最新发展动态，取得了最终研究成果。

《广州青年发展报告（2019）》是关于广州青年研究的第七本蓝皮书，是对广州青年发展动态的跟踪性研究。与之前的蓝皮书相比，该书章节上有其创新之处。一是《广州青年劳动就业人口发展状况研究》基于 2015 年全国 1% 人口抽样调查以及 1990 年、2000 年、2010 年全国人口普查数据，考察 1990 年以来特别是 2010～2015 年广州青年劳动年龄人口、青年就业人口规模及其性别年龄构成以及青年劳动参与状况的变化特点，描述青年就业人口的产业与行业、职业的构成状况及其变化特点。二是增加《广州青年价值观的代际差异研究》，对比 2010～2018 年的调查数据，分析近十年广州青年价值观的变化趋势。

本书由一个总报告、十二个分报告和一个专题报告组成，各部分执笔人和名单如下。

总报告

B1：沈　杰（中国社会科学院研究员，中国社会科学院大学教授，博士）

董艳春（天津商业大学公共管理学院讲师，博士）

分报告

B2：阎志强（中山大学社会学与人类学学院、中山大学人口研究所副教授）

　　彭　橙（中山大学社会学与人类学学院硕士研究生）

　　林炳龙（中山大学社会学与人类学学院硕士研究生）

B3：李超海（广东省社会科学院副研究员，博士）

B4：黄彦瑜（广东省社会科学院社会学与人口学研究所助理研究员，博士）

B5：杨秋苑（副主任医师，心理治疗师，广州市康复中心心理科主任，硕士）

B6：刘梦琴（广东省社会科学院社会学与人口学研究所研究员，博士）

B7：孙　慧（广州市穗港澳青少年研究所助理研究员）

B8：王　军（中山大学社会学系副教授、硕士生导师）

　　欧芃瑞（中山大学2017级社会学专业本科生）

　　夏威夷（中山大学2017级社会学专业本科生）

B9：吴冬华（广州市团校志愿者工作部部长，助理研究员）

B10：巫长林（广州市穗港澳青少年研究所助理研究员）

B11：谭丽华（广州市穗港澳青少年研究所助理研究员，博士）

　　周理艺（广州市穗港澳青少年研究所研究助理）

B12：冯英子（广州市穗港澳青少年研究所助理研究员）

B13：邓智平（广东省社会科学院现代化战略研究所所长、研究员，博士）

　　赵道静（广东省社会科学院社会学与人口学研究所助理研究员）

专题报告

B14：涂敏霞（广州市穗港澳青少年研究所副所长，教授）

　　刘艺非（广州时代数据服务有限公司数据挖掘工程师）

全书书稿由涂敏霞统稿。本课题问卷由涂敏霞统稿；问卷发放由涂敏霞、吴冬华、孙慧、丘异龄、谭丽华、巫长林、冯英子、周理艺负责；问卷数据录入由周理艺统筹负责；数据分析由李超海、周理艺及各报告的执笔人负责；英文翻译由罗飞宁统筹负责。

本课题在实施过程中，得到了社会各界的大力支持。首先，本课题在开展的过程中获得学界专家的建议和指导，课题研究严谨、科学。其次，本次调查样本数量较大，覆盖面较广，在问卷发放过程中，研究人员得到了街道、企业、高校和社会组织的帮助，尤其得到广州市越秀区团委、荔湾区团委、海珠区团委、天河区团委、白云区团委、番禺区团委、黄埔区团委、花都区团委、南沙区团委、从化区团委、增城区团委 11 个区团委的大力支持和帮助。对给予我们帮助的组织和个人，我们在此一并表示衷心的感谢！

由于时间仓促及研究人员的水平有限，本书错误之处在所难免。欢迎广大读者提出意见和建议，以便我们更好地改进今后的研究工作。

广州青年发展状况研究课题组
2019 年 6 月

Abstract

Annual Report on Youth Development of Guangzhou 2019 is composed by one general report, twelve subjects and one specific report. The general report draws the general outline of the multiple backgrounds and basic status of youth development, while the several sub reports unfolds in-depth, detailed empirical study on twelve fields including the development condition of employed labor, ideology and morality values, education, physical and psychological health, love and marriage, employment, consumption status and development, social participation, social inclusion, rights and interests, use of Internet and social security. Covering multidisciplinary perspectives including demography, sociology, social work, psychology, pedagogy, criminology, and politics, these sub reports gives in-depth study on contemporary youth's value appeal, ideology, thinking mode and life style, and provide objective, comprehensive reflection on the essential characteristics and tendencies contemporary youth's life and development as the response to the expectations and requirements of the new era. The special report makes a vertical comparison on the development and change of youth value in recent ten years.

According to research findings, there is a transition change in youth labor resource and basic structure, and there is a modern type of the service sector leading the three times industrial structure of employed population. In aspect of life happiness, health, wealth, career success and good marriage are considered to be the four standards of a happy life by young people, and efforts plus talents are considered to be the key of life success. In the meantime, economic and social development has provided favorable economic base and material conditions for youth education; young people have distinct tendency to pursue higher academic qualifications, and they have more diverse learning contents as well as learning paths. In aspect of physical and psychological health, insufficient income, busy schedule of learning and work stress are the main source of youth pressure. In aspect of value and attitude toward romance and marriage, youth people show more rationality and inclusion, and realistic and diverse value is the tendency. In the dimension of employment development, continue learning and getting enrolled by the in-system jobs are the major directions of young people's future career; income level, working stability and personal interests are the primary factors considered by youth when choosing an occupation. In aspect of consumption status, employed youth accounts for more than one third of the total consumption by online shopping population, much higher than undergraduates and middle school students; meanwhile, the youth group in general does not adhere to traditional consumption model of frugalness, but shows more modern concept of enjoying the consumption. In aspect of youth participation, young people hold unprecedented passion for political participation and political expression, showing the willingness to participate in national development. In aspect of social inclusion, young people show high level of cultural inclusion and economic inclusion, yet low level of mental and community inclusion. In aspect of rights and interests, young people pay more attention to the contents of education, medical care and personal development; they have high level of willing to safeguard their legal rights through legal channels, yet there are only a few cases of taking actual legal actions. The online activities of youth focus on three aspects, including social contact, music and TV series, shopping and entertainment; apps including Douyin, Kuaishou and Animation Production have become new ways of self-presentation. In aspect of social security, youth in general have a nice social security status and a high rate of joining social insurance, and the overall development for youth has been improved greatly, but young people have very ordinary satisfaction evaluation on the social security.

In general, Guangzhou young people are developing toward a promising direction, yet it is necessary to recognize that there is an urgent need for appropriate planning to drive the youth development. In order to motivate the comprehensive, sound development of youth, it is necessary to launch scientific planning, overall arrangement and effective enforcement from ideology, policy and mechanism; through concept innovation, policy perfection and mechanism efficiency, the new youth development environment can be established, the new youth working dimension can be formed, and more opportunities can be provided to youth. Young people can play a bigger role in society.

Contents

I General Report

Abstract: Guangzhou China's economic and social development is in an important strategic opportunity period in the new era. Guangdong Province has led the tide of China's reform and opening up. Guangzhou youth development has played a leading role in the development of youth throughout the country. The main developments of Guangzhou youth are: stable values and clear value orientation; education pursuit improvement, high enthusiasm for learning, diverse learning methods; emphasis on physical health, insufficient attention to mental health; increasingly open and romantic views on marriage and love, both inclusive and rational; the employment rate has risen steadily, and the entrepreneurial rate needs to be improved; the consumption concept and consumer behavior are all showing a rational development trend; the Internet is widely used and the technology level is high; the degree of social participation is increasing year by year, the social integration is higher; the youth rights awareness is strong, society The security situation is good. Although the overall development of Guangzhou youth is good, there are still some problems, such as uneven development of education, low employment satisfaction, and worrying psychological conditions. Therefore, it is of great significance to promote and improve the development of youth in Guangzhou by proposing countermeasures with strong pertinence and good operability.

Keywords: New ear; Guangzhou; Youth Development

Ⅱ　Topical Reports

B. 2　The Research on Youth Employed Population

　　Development in Guangzhou

Yan Zhiqiang , Peng Cheng and Lin Binglong / 028

Abstract: This report adopts the data of the 2015 sample survey of 1%
national population and the nationwide census data. The several elements this
report considered include the gross and increase, gender and age structure,
employment level, employment industrial and business structure, occupational
structure and changes of the youth employed population in Guangzhou from 1990
to 2015 especially 2010 to 2015. The report finds that the Guangzhou youth labor
resource and basic structure has experienced the major change, which is transition
from the peak to reduction in 2010 regarding youth working-age population size
and employed population size, and the proportions of these two items reduced to a
25-year low. There are three major transitions of industrial and business structure of
youth employed population, featured with the modern type of leading by the
tertiary industry and accelerated industrial upgrading. Youth employed population
occupational structure has seen a transition process of optimization, and the
employed population mainly concentrated in middle level occupations. There is
relatively large gap between gender and age structure in aspect of youth employed
population as well as the industrial and business structure and occupational
structure. These features of the tendencies of Guangzhou' youth employed
population are going to continue. This report analyzes the main problem of youth
employed population and raises recommendations.

Keywords: Guangzhou Youth; Labor People; Employed People; Employment
Structure; Occupational Structure

B. 3 Research on the Development of Youth Ideology and
Morality in Guangzhou   *Li Chaohai* / 070

Abstract：According to the statistical analysis result of the 2018 questionnaire survey about the state of youth development in Guangzhou, the youth is enthusiastic about learning new ideas and theories. New media has become an important channel for young people to learn new ideas and theories. The youth subjective well-being is very average at current development stage, and this value shows a downward trend along with the increase of age; also, the four major evaluation standards of this subjective well-being include physical health, wealth affluence, career success, and marriage happiness, and this evaluation system shows few change along with time changes; meanwhile, efforts and talents constitute the key element of the youth's life success in China, yet as time passes, family background continuously emerges as a significant element; young people have slightly changed views on religious beliefs while there are considerable amount of people holding that religions have the function of spiritual support; in addition, most of the young people accept the ideological and political education and have generally good understanding of the socialist core values, but the college students group have relatively lower recognition on the socialist core values. Based on these features of Chinese youth's views in aspects of life well-being, life success, religious belief and the socialist core values, it is necessary to pay high attention to the shaping of youth values and reinforce the publicity as well as education of values through blending the new elements of the era into this process; in the meantime, it is useful to constantly promote the re-liberation of ideologies and promote the consensus of youth values; what's more, it is critical to attach importance to the core value education of the undergraduates to push the realization of the unity of knowing and doing.

Keywords：Guangzhou Youth; Ideology and Morality; Life Happiness Evaluation System; Value

B. 4 Research on the Educational and Learning
Development of Guangzhou Youth *Huang Yanyu* / 098

Abstract: Based on the sample survey data of Guangzhou Youth Development Survey (2018) and the historical data since 2010, this paper makes an analysis and Study on the basic situation, development trend and future needs of Guangzhou Youth Education and Learning. The research shows that Guangzhou's economic and social development provides a good economic basis and material conditions for youth education and learning. The trend of Guangzhou's youth pursuing higher education is obvious. The new technology based on Internet has constructed a new intelligent learning environment, widened the channels and paths of youth learning, and the content and mode of learning are more obvious. However, the unbalanced development of education still exists. The trend of intelligent learning and family size miniaturization constructed by big data poses new problems and challenges for the development of youth education learning in Guangzhou. Therefore, we need to further improve the equalization of public education, timely change the concept of education, innovative education model to meet the needs of Guangzhou youth education and learning in the new era.

Keywords: Guangzhou Youth; Youth development; Youth education

B. 5 Research on Guangzhou Youth Physical and Psychological
Health Development *Yang Qiuyuan* / 119

Abstract: According to the survey result in 2018, the average time for physical exercise of Guangzhou youth showed an upward tendency, and the proportion of youth keeping exercising saw a distinct increase exceeding 70% ; but the proportion of youth who have no exercise reached up to 23.9% . In the meantime, the population difference exists; the employed youth have significant lack of exercise and the proportion of having no exercise reached up to 28. 6% . Guangzhou young people are shown to have physical health problems to certain degree, but not severe. Half of the young people reported to experience heavy pressure with subtle change of feeling and not obvious overall change; the major sources of pressure include insufficient income, academic tension and work stress. The occurrence rate extremely negative coping behavior of Guangzhou young people is relatively low with slight fluctuation and not obvious overall change. The crapulous coping behavior rate in 2018 is the lowest. Guangzhou young people do not have desirable psychological health condition, with slight fluctuation and not obvious overall change. The major recourse when facing difficulties or setbacks includes friends, parents, spouses and themselves. In 2018, the recourse to siblings raised to the third and the behavior of dealing on themselves reduced to the fifth.

Keywords: Guangzhou Youth; Physical health; Psychological health; Social Support

B. 6   Changes of Guangzhou Youth's Attitudes Toward

Love and Marriage   *Liu Mengqin* / 150

Abstract: Based on the data of five large-scale sampling surveys on Guangzhou youth in recent ten years, this chapter focuses on the youth's attitudes toward mate choice, marriage, fertility, sex and behaviors of establishing dating and marriage relationship, giving a comprehensive analysis on the changes of Guangzhou youth's attitudes toward love and marriage, and summarizing the main features and changing tendencies of Guangzhou youth marriage and loving attitude development in the recent ten years. On this basis, this chapter raises recommendations. The research notices that young people are facing conflicts between the traditional and modern views regarding love and marriage, leading to some confusions; in the meantime, young people are more tolerant and rational, making their views in this aspect more realistic and diverse. Young people in general can accept premarital cohabitation, but at the same time the rate of phenomena like flash marriage, puppy love, unmarried abortion and so on is in distinct raise. The marriage of young people has insufficient stability.

Keywords: Guangzhou Youth; Attitude Towards Marriage; Fertility Concept

B. 7 Research on Guangzhou Youth Employment Development

Sun Hui / 170

Abstract: Based on the data from the empirical investigation on youth development condition conducted in 11 districts in this city in 2018, this report gives detailed demonstration on Guangzhou youth employment condition, employment intention and demands, entrepreneurial intention and demands, and the guarantee of employment, rights and interests. The research has the following findings. Continuous learning and getting admitted to the in-system departments are the major directions of Guangzhou youth planning for future career. Guangzhou young people pay major attention to income level, working stability, and conjunction between interests and working contents. Raising payment is still the most urgent demands Guangzhou young people when seeking career development. Proving the competence is the primary motivation of Guangzhou young people starting their own business. They believe finding the right investment direction is the key to make the new venture a success. The employed young people have relatively high occupational stability. In addition, the research reveals relevant problems in young people employment, and puts forward political suggestions to promote youth employment through considering the diversity of young people groups and their demands as well as the actual economic and social development conditions of China.

Keywords: Guangzhou Youth; Employment and Entrepreneurship; Right Protection

B. 8   Current Situation and Development of Guangzhou
Youth Consumption   *Wang Jun , Ou Pengrui and Xia Weiyi* / 199

Abstract: Based on the data of the youth development questionnaire of Guangzhou in 2018, the study focused on the consumption status of young people in Guangzhou , special on the development of cultural consumpton. On the one hand, through the horizontal analysis of the consumption of young people, we give specific observation to the group's annual consumption; On the other hand, the research combined the data of 2009, 2012, 2014 and 2016 to conduct an in-depth analysis of the consumption trend. The study found that the overall consumption level of young people in Guangzhou has been increasing year by year, and the overall consumption in 2018 maintained at a high level, in which diet and Internet shopping accounted for a large proportion of the total consumption. For cultural consumption, book reading is the most common choice while travel and cultural visits are the least adopted; Generally, young people in Guangzhou no longer stick to the traditional frugal consumption mode but turn to the modern concept of enjoying consumption and consuming in advance. However, at the same time, their consumption behaviors also show the trend of rationalization. Finally, the research focuses on the cultural consumption of young people. Women and young people with rural household registration are still in a weak position in cultural consumption, so it is necessary to encourage and support them.

Keywords: Guangzhou Youth; Consumption Behavior; Cultural Consumption; Consumption View

B. 9   Research on Guangzhou Youth Participation Development
Wu Donghua / 224

Abstract: The contemporary youth, deeply engaged in the progress of social development affairs in various aspects, is the backbone force of national change and social promotion. According to the research results of the ten-year project Youth Development Status in 2010, 2012, 2014 and 2016, on the one hand, Guangzhou young people show soaring enthusiasm of political participation and expression, the intention to take the responsibility of participating in national development, the mental transition from political indifferent to political initiative, and the willingness to use Internet to express political ideas indirectly. On the other hand, more and more young people not only begin to participate in various mass organizations but also make active effort to establish social organizations spontaneously; among these young people, the rate and size of participation in voluntary service organization are a record peak. The Guangzhou youth in the new era has stepped onto the historical stage as an independent social force.

Keywords: Youth Participation; Political Participation; Social Organization; Volunteer Service

B. 10　Research on the Social Inclusion of Guangzhou Youth

Wu Changlin / 245

Abstract: The survey data of Guangzhou Youth Development Status not only depicts the condition and features of social inclusion of Guangzhou youth based on the four dimensions of mentality, economics, culture and community, but also analyzes the internal difference of the social inclusion from perspectives of gender, age, occupation and education background, providing a classified comparison on contemporary youth. According to the research, the Guangzhou youth have high degree of cultural inclusion and economic inclusion, yet the level of mental inclusion and community inclusion are relatively poor. Among the young groups of different ages, the employed youth have the highest social inclusion, following by the college students, and the middle school students have relatively poor social inclusion level. Among the youth groups of different birth places, citizen youth have the highest level of social inclusion, following by the new youth, and the migrated youth have the least social inclusion. To promote the social inclusion of Guangzhou youth, not only is the individual effort of young people necessary, but also the joint efforts from multiple parties are critical. In this way, young people can adapt into the society and get engaged in social and national development in a more active and confident manner.

Keywords: Psychology into; Economy into; Enculturation; Community Inclusion; Guangzhou Youth

B. 11 Research on the Development Status of Guangzhou
Youth Rights *Tan Lihua, Zhou Liyi* / 267

Abstract: The research focuses on contemporary youth's demands on rights and interests, recognition on laws and regulations, intention of safeguarding their legal rights, and the degree of satisfaction of the safeguarding results, and then analyzes the mechanism that influences the intention of safeguarding legal rights. According to the research, Guangzhou contemporary youth pay the most attention to the rights to live and develop, which are mainly reflected in education, medical care and individual development opportunity. Guangzhou Young people have understandings on relevant laws to a certain degree but still lack of systematic learning in general. Guangzhou Young people show relatively high degree of willingness to safeguard their legal rights via legal channels, yet there are only a few cases of taking actual legal actions. They have very average satisfaction degree regarding the effect of legal tools and results of safeguarding their legal rights. Their intention and action of safeguarding their legal rights are significantly influenced by social support, law recognition and effects of using laws for self-protection. The rights and interests of juveniles have drawn attention of the society, and there are various activities for education in this aspect, which show relatively desirable social effects. The development of youth is the talent guarantee of national development toward the direction of Guangdong and Hong Kong as well as other important cities of the Belt and Road Initiative. It is predicted that the future promotion of youth rights and interests will focus on the continuous unfolding propaganda and education on juveniles rights in schools and communities, the improvement of laws and regulations on employed youth's rights to live and develop, and the further perfection of social support and individual case support on youth's rights and interests maintenance.

Keywords: Youth Rights; Rights Protection; Guangzhou

B. 12 Research on the Internet Use Status of Guangzhou Youth

Feng Yingzi / 290

Abstract: This report, based on the data of 2018 Youth Development Status empirical investigation conducted in the total 11 districts in the city, gives in-depth analysis on the current situation of Guangzhou young people using Internet. According to the research, young people spend sharply increasing time on surfing the Internet with cell phone, and their online activities mainly include social contacting, listening to music, watching series, shopping and online games. The online shopping behaviors are generally rational, and the payment relies on mobile phones. They use cyber language to establish convenient communication and use the internet techniques to show themselves; apps like Douyin, Kuaishou and some other animation-making software become popular. Internet allows young people to participate in social affairs more effectively. In the future, it is necessary to enhance the supervision on internet consensus and the legal construction of network to prevent the spread of addiction to cyber space and direct the network subculture. In this way, young people can be more positively influenced when using the Internet.

Keywords: Guangzhou; Youth; Internet

B. 13 Research on Guangzhou Youth Social Security Status

Deng Zhiping, Zhao Daojing / 319

Abstract: This report focuses on the three basic social security systems including social insurance, social assistance, and social welfare, and sorts the policy system of youth social security systems. In the meantime, this report analyzes the current situation, problems and tendency of youth's social security through using the data of Youth Development Status Survey. The study finds that young people in general have desirable social security condition; the coverage of social security programs is broad, and the development situation has major improvements, yet the satisfaction degree is very average. The youth social security policy system has remained problems such as relatively weak pertinence, fragmentized policy, poor management system, and unbalanced development. The study holds that the youth social security will embrace great development opportunity along with the issue of Medium-and-long-term Plan for Youth Development as well as the Planning Outline for Development of Guangdong-Hong Kong-Macao Greater Bay Area.

Keywords: Guangzhou Youth; Social security; Social Insurance; Social Assistance; Social Welfare

Ⅲ   Special Report

Abstract: This report uses the data of the follow-up survey on youth values from 2010 to 2018, and sets total five representative dimensions including the view of life achievements, the view of happiness, the view of mate choice, the view of employment, and the view of consumption; in the meantime, this report discusses the development and changes of youth value in recent ten years and gives comparison and contrast on the youth values of different age groups, including the generation after 80's, 90's, 95's and 00's. There are five findings based on the survey data. Firstly, young people attach general importance to individual efforts in the process of pursuing life achievements; the younger generations show higher level of attention on this factor. Secondly, the affluence of wealth has increasing importance to life happiness, and the changes of economic environment drive young people to seek more realistic source of happiness. Thirdly, young people pay increasing attention to each other's values when it comes to mate choice, and the traditional marriage value fades constantly. Fourthly, economic benefit is the primary consideration of occupation choice; the midlife crisis at about 35 makes people born after 80's long for stable life, while the younger generations attach more attention to individual development. Fifthly, life and work pressure as well as the social environment of consumption binge together promotes the recognition level of youth group on hedonic consumption and credit consumption. Based on the above findings, this report provides relevant suggestions.

Keywords: Value; View of life; Guangzhou Youth

皮书系列

✤ 皮书起源 ✤

"皮书"起源于十七、十八世纪的英国，主要指官方或社会组织正式发表的重要文件或报告，多以"白皮书"命名。在中国，"皮书"这一概念被社会广泛接受，并被成功运作、发展成为一种全新的出版形态，则源于中国社会科学院社会科学文献出版社。

✤ 皮书定义 ✤

皮书是对中国与世界发展状况和热点问题进行年度监测，以专业的角度、专家的视野和实证研究方法，针对某一领域或区域现状与发展态势展开分析和预测，具备原创性、实证性、专业性、连续性、前沿性、时效性等特点的公开出版物，由一系列权威研究报告组成。

✤ 皮书作者 ✤

皮书系列的作者以中国社会科学院、著名高校、地方社会科学院的研究人员为主，多为国内一流研究机构的权威专家学者，他们的看法和观点代表了学界对中国与世界的现实和未来最高水平的解读与分析。

✤ 皮书荣誉 ✤

皮书系列已成为社会科学文献出版社的著名图书品牌和中国社会科学院的知名学术品牌。2016年，皮书系列正式列入"十三五"国家重点出版规划项目；2013~2019年，重点皮书列入中国社会科学院承担的国家哲学社会科学创新工程项目；2019年，64种院外皮书使用"中国社会科学院创新工程学术出版项目"标识。

中国皮书网

（网址：www.pishu.cn）

发布皮书研创资讯，传播皮书精彩内容
引领皮书出版潮流，打造皮书服务平台

栏目设置

关于皮书：何谓皮书、皮书分类、皮书大事记、皮书荣誉、
　　　　　皮书出版第一人、皮书编辑部

最新资讯：通知公告、新闻动态、媒体聚焦、网站专题、视频直播、下载专区

皮书研创：皮书规范、皮书选题、皮书出版、皮书研究、研创团队

皮书评奖评价：指标体系、皮书评价、皮书评奖

互动专区：皮书说、社科数托邦、皮书微博、留言板

所获荣誉

2008 年、2011 年，中国皮书网均在全国新闻出版业网站荣誉评选中获得"最具商业价值网站"称号；

2012 年，获得"出版业网站百强"称号。

网库合一

2014 年，中国皮书网与皮书数据库端口合一，实现资源共享。

权威报告·一手数据·特色资源

皮书数据库
ANNUAL REPORT(YEARBOOK)
DATABASE

当代中国经济与社会发展高端智库平台

所获荣誉

- 2016年，入选"'十三五'国家重点电子出版物出版规划骨干工程"
- 2015年，荣获"搜索中国正能量 点赞2015""创新中国科技创新奖"
- 2013年，荣获"中国出版政府奖·网络出版物奖"提名奖
- 连续多年荣获中国数字出版博览会"数字出版·优秀品牌"奖

成为会员

通过网址www.pishu.com.cn访问皮书数据库网站或下载皮书数据库APP，进行手机号码验证或邮箱验证即可成为皮书数据库会员。

会员福利

- 已注册用户购书后可免费获赠100元皮书数据库充值卡。刮开充值卡涂层获取充值密码，登录并进入"会员中心"—"在线充值"—"充值卡充值"，充值成功即可购买和查看数据库内容。
- 会员福利最终解释权归社会科学文献出版社所有。

社会科学文献出版社 皮书系列
SOCIAL SCIENCES ACADEMIC PRESS (CHINA)

卡号：978498818745
密码：

数据库服务热线：400-008-6695
数据库服务QQ：2475522410
数据库服务邮箱：database@ssap.cn
图书销售热线：010-59367070/7028
图书服务QQ：1265056568
图书服务邮箱：duzhe@ssap.cn

S 基本子库
UB DATABASE

中国社会发展数据库（下设 12 个子库）

全面整合国内外中国社会发展研究成果，汇聚独家统计数据、深度分析报告，涉及社会、人口、政治、教育、法律等 12 个领域，为了解中国社会发展动态、跟踪社会核心热点、分析社会发展趋势提供一站式资源搜索和数据分析与挖掘服务。

中国经济发展数据库（下设 12 个子库）

基于"皮书系列"中涉及中国经济发展的研究资料构建，内容涵盖宏观经济、农业经济、工业经济、产业经济等 12 个重点经济领域，为实时掌控经济运行态势、把握经济发展规律、洞察经济形势、进行经济决策提供参考和依据。

中国行业发展数据库（下设 17 个子库）

以中国国民经济行业分类为依据，覆盖金融业、旅游、医疗卫生、交通运输、能源矿产等 100 多个行业，跟踪分析国民经济相关行业市场运行状况和政策导向，汇集行业发展前沿资讯，为投资、从业及各种经济决策提供理论基础和实践指导。

中国区域发展数据库（下设 6 个子库）

对中国特定区域内的经济、社会、文化等领域现状与发展情况进行深度分析和预测，研究层级至县及县以下行政区，涉及地区、区域经济体、城市、农村等不同维度。为地方经济社会宏观态势研究、发展经验研究、案例分析提供数据服务。

中国文化传媒数据库（下设 18 个子库）

汇聚文化传媒领域专家观点、热点资讯，梳理国内外中国文化发展相关学术研究成果、一手统计数据，涵盖文化产业、新闻传播、电影娱乐、文学艺术、群众文化等 18 个重点研究领域。为文化传媒研究提供相关数据、研究报告和综合分析服务。

世界经济与国际关系数据库（下设 6 个子库）

立足"皮书系列"世界经济、国际关系相关学术资源，整合世界经济、国际政治、世界文化与科技、全球性问题、国际组织与国际法、区域研究 6 大领域研究成果，为世界经济与国际关系研究提供全方位数据分析，为决策和形势研判提供参考。

法律声明

　　"皮书系列"（含蓝皮书、绿皮书、黄皮书）之品牌由社会科学文献出版社最早使用并持续至今，现已被中国图书市场所熟知。"皮书系列"的相关商标已在中华人民共和国国家工商行政管理总局商标局注册，如LOGO（　）、皮书、Pishu、经济蓝皮书、社会蓝皮书等。"皮书系列"图书的注册商标专用权及封面设计、版式设计的著作权均为社会科学文献出版社所有。未经社会科学文献出版社书面授权许可，任何使用与"皮书系列"图书注册商标、封面设计、版式设计相同或者近似的文字、图形或其组合的行为均系侵权行为。

　　经作者授权，本书的专有出版权及信息网络传播权等为社会科学文献出版社享有。未经社会科学文献出版社书面授权许可，任何就本书内容的复制、发行或以数字形式进行网络传播的行为均系侵权行为。

　　社会科学文献出版社将通过法律途径追究上述侵权行为的法律责任，维护自身合法权益。

　　欢迎社会各界人士对侵犯社会科学文献出版社上述权利的侵权行为进行举报。电话：010-59367121，电子邮箱：fawubu@ssap.cn。

社会科学文献出版社